WESTEND

Mathias Bröckers
Christian C. Walther

11.9. – zehn Jahre danach

Der Einsturz eines Lügengebäudes

WESTEND

Mehr über unsere Autoren und Bücher:
www.westendverlag.de

Die Deutsche Nationalbibliothek verzeichnet diese Publikation in der Deutschen Nationalbibliografie; detaillierte bibliografische Daten sind im Internet über http://dnb.d-nb.de abrufbar.

FSC Mix
Produktgruppe aus vorbildlich bewirtschafteten Wäldern und anderen kontrollierten Herkünften
www.fsc.org Zert.-Nr. SGS-COC-003993
©1996 Forest Stewardship Council

ISBN 978-3-938060-48-3

Lektorat: Klaus Gabbert, Büro Z, Wiesbaden
Satz: Publikations Atelier, Dreieich
Druck und Bindung: CPI – Clausen & Bosse, Leck
Printed in Germany

Nicht in allen Fällen konnten die Inhaber der Bildrechte ermittelt werden. Wir bitten gegebenenfalls um Hinweis an den Verlag.

In dubio pro veritas

Die Autoren danken Andreas Westphalen und John Doe II für ihre überaus sachkundige und engagierte Mitarbeit sowie unzählige unersetzliche Hinweise. Wir ersuchen die Staatsanwaltschaft dringend, bei der anstehenden Neu-Untersuchung wahlweise Herrn Westphalen oder Mr. Doe zum »Chief of Staff« zu ernennen.

Inhalt

Auf den Schirmen, unter dem Teppich

Aufgeräumt, eingestürzt

Stillschweigend, der Rest

Stimmen zur Sache

»Wir sind der Überzeugung, dass die Wahrheit über »9/11« *jetzt* offengelegt werden sollte – nicht in 50 Jahren als Fußnote in den Geschichtsbüchern –, damit die Politik, die auf der Interpretation der 9/11-Angriffe durch die Regierung Bush-Cheney basiert, geändert werden kann. Wir fordern daher eine neue, unabhängige Untersuchung des 11. September, die die von unabhängigen Forschern dokumentierten und bislang von Regierungen wie Massenmedien ignorierten Beweise berücksichtigt.«

Yukihisa Fujita, Abgeordneter im Oberhaus des japanischen Parlaments, von 2007 bis 2009 Vorsitzender des Sangiin-Ausschusses für Außenpolitik und Verteidigung

»Bis heute … hat keine unabhängige Stelle, kein unabhängiges Gericht, die zur Verfügung stehenden angeblichen oder tatsächlichen Beweise überprüft und nachprüfbar in einem rechtsstaatlichen Anforderungen genügenden Verfahren festgestellt, wer für die Anschläge von 9/11 verantwortlich war … Es sollte deshalb in jedem Falle schleunigst auf strikt rechtsstaatlicher Basis überprüft werden, ob die offizielle Verschwörungs-Version, wie sie … gegenüber der Öffentlichkeit als Wahrheit ausgeben wird, auch tatsächlich der Wahrheit entspricht.«

Dieter Deiseroth, seit 2001 Richter am Bundesverwaltungsgericht und Experte für Völker-, Verwaltungs- und Verfassungsrecht

»Tatsächlich hält die offizielle Version einer genauen Überprüfung nicht stand.«

Roland Dumas, französischer Außenminister von 1984 bis 1986 sowie von 1988 bis 1993

»Es ist Zeit, dass wir die Wahrheit erfahren, so oder so, und dies werden wir auf dem Weg einer unabhängigen Untersuchung erreichen. Kennen wir nicht die Wahrheit über unsere Geschichte, wird dies unsere Zukunft gefährden.«

Jeanette Fitzsimons, seit 1996 Abgeordnete im neuseeländischen Parlament und Mitbegründerin der Green Party

»Was wohl noch beunruhigender ist als die offensichtliche Vertuschung, ist das gespenstische Schweigen der Massenmedien, deren offenkundige Weigerung anzuerkennen, dass gut belegte Zweifel an der offiziellen Version bestehen: einer Al-Qaida-Operation ohne Vorwissen von Regierungsvertretern.«

Prof. Richard Falk, Princeton University, Sondergesandter des Menschenrechtsrats der Vereinten Nationen.

»Ich war überrascht, dass niemand außer uns diese Fragen stellte, die Medien inbegriffen.«

Monica Gabrielle, 9/11-Witwe

»Wenn man anfängt, nach seinem eigenen Verstand zu urteilen und nicht nach dem, was einem erzählt worden ist, bleibt nur sehr wenig von der offiziellen »Geschichte« glaubhaft.«

Commander Ralph Kolstad, US Navy, früherer Kampfjetpilot, früherer Gefechtsausbilder an der US Navy Fighter Weapons School (Topgun); 20-jährige Navy-Karriere, 27 Jahre Erfahrung auf Verkehrsmaschinen, mehr als 23 000 Flugstunden

»Wenn unsere Regierung einfach nichts [getan] hätte, und das sage ich als ein alter Abfangpilot – ich kenne die Übungen, ich weiß, was es braucht, ich weiß, wie lange es braucht, ich weiß, wie die Abläufe sind, ich weiß, wie sie waren und was sie daran änderten –, wenn unsere Regierung lediglich nichts getan und die normalen Abläufe am Morgen des 11.9. zugelassen hätte, würden die Zwillingstürme immer noch stehen und Tausende von Amerikanern wären noch am Leben. Das ist Verrat!«

Robert Bowman, ehemaliger Leiter des US-»Star Wars«-Programms, Luftwaffenoberst und Kampfpilot

»Sie wollen mir erzählen, dass Rumsfeld von seinem Schreibtisch aufstehen und aus seinem Fenster das Pentagon in Flammen sehen musste, um zu wissen, dass etwas nicht stimmte? Wie kann das sein?«

Mindy Kleinberg, 9/11-Witwe

»Die Regierungs-Story, die man uns über 9/11 serviert hat, ist kompletter Bullshit, schlicht und einfach.«

Capt. Russ Wittenberg, früherer US Air Force-Kampfflieger mit mehr als 100 Gefechtseinsätzen; 35 Jahre lang Pilot für Pan Am und United Airlines mit mehr als 30 000 Stunden Flugerfahrung unter anderem auf den United-Flügen 93 und 175

»Die Idee eines solchen Angriffs war sattsam bekannt und vor dem 11. September als Möglichkeit im Rahmen von Militärübungen simuliert worden.«

Prof. John Arquilla, Naval Postgraduate School, Monterey, Kalifornien

»Terroristen hätten diese Operation mit vier entführten Flugzeugen nicht ausführen können, wenn sie nicht die Unterstützung eines Geheimdienstes gehabt hätten.«

Horst Ehmke, 1969 Bundesminister der Justiz, von 1969 bis 1972 Bundesminister für besondere Aufgaben und Chef des Bundeskanzleramtes sowie von 1972 bis 1974 Bundesminister für Forschung und Technologie, zeitweilig Koordinator für die Zusammenarbeit der Geheimdienste

»Wir werden bald die ganze Geschichte des 11. September erfahren müssen, weil dieses Thema so wichtig für Amerika ist. Aber dieses Weiße Haus will den Fall vertuschen.«

Senator Max Cleland, vormaliges Mitglied der 9/11-Commission, nach seinem Rücktritt im Dezember 2003

»Ich war schockiert, wie stark die Wahrheit von ihrer Beschreibung abwich ... Die (NORAD-)Bänder erzählen eine komplett andere Geschichte, als das, was uns und der Öffentlichkeit erzählt worden ist ... Das ist keine Meinungsmache. Das ist die Unwahrheit.«

John Farmer, Rechtsberater der 9/11-Commission

»Wir waren außerordentlich frustriert über die Falschaussagen, die uns gegenüber gemacht wurden.«

Tim Roemer, 9/11-Commissionsmitglied

»Es gibt vielerlei Gründe anzunehmen, dass es eine Alternative zu den Darstellungen in unserer Version geben könnte … Wir hatten keinen Zugang …«

Bob Kerrey, 9/11-Commissionsmitglied

»Ich glaube nicht auch nur eine Minute daran, dass wir alles richtig verstanden haben.«

Lee Hamilton, stellvertretender Leiter der 9/11-Commission

»Sie haben gelogen, sie haben alle gelogen.«

Patty Casazza, 9/11-Witwe

»Das [der 9/11-*Commission-Report*] war eine 580-Seiten-Vermeidung jeder ernsthaften Erklärung.«

Michael Meacher, seit 1997 Abgeordneter der Labour Party im britischen Parlament, Umweltminister von 1997 bis 2003

»Es hieß, die Geheimdienste müssten immer hundertprozentig richtig liegen, und die Terroristen müssten nur einmal Glück haben. Diese Erklärung für die verheerenden Anschläge des 11. September ist, wenngleich oberflächlich simpel, im Kern falsch. Denn die 9/11-Terroristen hatten nicht nur einmal Glück. Sie hatten immer und immer wieder Glück.«

Mindy Kleinberg, 9/11-Witwe

»Ich habe besonders als Wissenschaftlerin Probleme mit der offiziellen Verschwörungstheorie der Regierung, eben weil sie den Gesetzen der Wahrscheinlichkeit ebenso wenig entspricht wie denen der Physik.«

Dr. Lt. Col. Karen U. Kwiatkowski, US Air Force, vormalige Offizierin in Diensten des US-Verteidigungsministeriums (Political Military Affairs)

»Unsere Führung hat uns einen leeren Sopranos-Bildschirm serviert, mit einer furchtbaren Tragödie am Ende, während sie gleichzeitig unter dem Radar alles getan hat, sich unseren grundlegenden Gesetzen zu entziehen und allmählich unsere demokratischen Institutionen zu zerstören. Jeder

Amerikaner muss ganz genau das Muster des Zerfalls betrachten, das mit 9/11 begann.«

Terrell (Terry) E. Arnold, MA, früherer stellvertretender Leiter der Abteilung Terrorismusabwehr und Krisenmanagement des US State Department

»Was wir am Morgen des 11. September erlebt haben, war das Ergebnis einer bis ins kleinste Detail durchorchestrierten verdeckten Operation, die einen faschistischen Staatsstreich in unserem Land ermöglicht hat ... Diese Leute müssen verurteilt werden, wenn nicht von unserem eigenen Kongress, dann von einem internationalen Gericht in Den Haag, in den Niederlanden. Bush, Blair, Rumsfeld, Cheney sollten auf der gleichen Anklagebank sitzen wie Miloševiç und die kroatisch-serbischen Kriegsverbrecher.«

Wayne Madsen, Ex-US-Navy- und NSA-Geheimdienstler, spezialisiert auf elektronische Überwachungssysteme

»Ich habe meinen Mann verloren, aber ich habe auch mein Land verloren.«

Kristen Breitweiser, 9/11-Witwe

Vorwort

9/11 ist ein Film, den 2,5 Milliarden Menschen gesehen haben; 9/11 ist eine Katastrophe, die am 11. September 2001 fast 3000 Menschen das Leben kostete und Hunderttausende in den darauf folgenden Kriegen in Afghanistan und im Irak; 9/11 ist ein Ereignis, dessen Dimension und Symbolkraft alles in der Geschichte der Kriminalität und des Terrors Dagewesene übersteigt, eine Tat, die Angst und Schrecken in der gesamten Welt verbreitet hat. 9/11 ist das Verbrechen des Jahrhunderts – und es ist nach fast zehn Jahren noch immer nicht aufgeklärt. Die Hintermänner und die Finanzierung der Anschläge wurden nicht ermittelt, und die wahre Identität der »Hijacker« sowie die Planung und Durchführung der Tat blieben bis heute weitgehend unaufgeklärt, ebenso wie ihre direkten Folgen: der nahezu restlose Einsturz von drei Wolkenkratzern in Manhattan.

»Wir müssen die Wahrheit über den Terror aussprechen. Lasst uns niemals frevelhafte Verschwörungstheorien im Zusammenhang mit den Anschlägen des 11. September tolerieren, boshafte Lügen, die bezwecken, die Schuld von den Terroristen selbst abzulenken, weg von den Schuldigen«, hatte US-Präsident George W. Bush nach den Anschlägen vor den Vereinten Nationen in New York verkündet. Doch diese Wahrheit über den Terror des 11. September 2001 sind er und sein Nachfolger ihren Bürgern und dem Rest der Welt bis heute schuldig geblieben. Mehr noch: Sie haben alles dafür getan, die Ermittlung und Aufklärung der Anschläge zu verhindern und nicht der Wahrheit des 11.9. auf den Grund zu gehen, sondern den Grund für eine Kriegserklärung zu liefern.

Wir erinnern uns: Eine regierungsamtliche Untersuchung der Anschläge durch die Bush-Regierung wurde mit der Begründung abgelehnt, dies würde die Kräfte von der Verhinderung weiterer

Terroranschläge abhalten. Erst nach 15 Monaten und großem öffentlichen Druck seitens der Opferangehörigen wurde eine staatliche Untersuchungskommission eingerichtet: mit einem derart schmalen Budget und so geringen Untersuchungsbefugnissen, dass eines ihrer Mitglieder gleich wieder zurücktrat – und sich andere, wie die Leiter der Kommission, die Senatoren Thomas Kean und Lee H. Hamilton, nach Abschluss des Berichts bitter beschwerten, zahlreiche wichtige Dokumente und der Zugang zu entscheidenden Zeugen seien ihnen von der Regierung vorenthalten worden. So hat der Abschlussbericht der 9/11-Commission zwar ein wirkungsmächtiges Narrativ geschaffen – eine große Erzählung von Pleiten, Pech und Pannen, die es 19 Hijackern ermöglichten, mit Teppichmessern vier Flugzeuge zu entführen, die Luftabwehr stundenlang am Eingreifen zu hindern und drei Wolkenkratzer zu pulverisieren –, doch mit der Realität hat dieses Narrativ nur begrenzt zu tun. Denn weil der *Commission Report* zahlreiche Fakten ausblendet und die Realität zugunsten einer stimmigen Geschichte ignoriert, ist er kein Tatsachenbericht, kein Protokoll einer kriminalistischen Untersuchung, keine Ermittlung im staatsanwaltlichen Sinne, sondern eher das, was man heute Dokufiktion nennt – ein Stück, in dem fehlende Fakten und Beweise durch Spielszenen ersetzt werden.

2,5 Millionen Seiten Dokumente, 1200 Interviews, 1000 Stunden Audioprotokolle, 19 Hearings mit 160 Zeugen – die schiere Masse an Material, das die 80 Vollzeitmitarbeiter der Kommission zusammengetragen und gesichtet haben, ist eindrucksvoll. Da das Recherchebudget der Autoren allerdings knapp bemessen war, mag es verständlich sein, dass viele Zeugen, die etwa über das Leben der »Hijacker« in Florida und anderswo hätten berichten können, gar nicht gehört wurden. Für eine Überprüfung der Flugschulen und Lehrer, mit denen sie monatelang zu tun hatten, hat das Recherchegeld genauso wenig gereicht wie für eine Ermittlung, wie die Finanzierung der Anschläge vonstatten ging – und schon gar nicht hat es dafür gereicht, den harten Kern der 9/11-Legende zu dokumentieren: dass nämlich Osama Bin Laden, der Chefterrorist in der Höhle Tora Bora, tatsächlich 19 »Hijacker« entsandte, die dann ganz allein und nur dank ihrer magischen Teppichmesser die Twin Towers pulverisierten.

Wie sie dieses Wunder vollbrachten, wird zwar in zwei Kapiteln des Reports beschrieben – doch ein Kasten weist ausdrücklich darauf hin, dass hier der Ermittlungsbericht nun endgültig romanhaft wird, beruht er doch vorwiegend auf unüberprüften, unter Folter zustande gekommenen Aussagen von Kriegsgefangenen. Es sind dies vor allem die Erzählungen von Khalid Scheich Mohammed (KSM) – eines Phantoms, das keinem ordentlichen Gericht der Welt für Befragungen zur Verfügung steht; so wenig wie die Vernehmungsoffiziere, die den angeblichen Chefplaner verhörten und ihn dabei dutzendfach mit Waterboarding folterten. Der 9/11-Commission standen bei ihrer Rekonstruktion der Ereignisse nur die schriftlichen Protokolle dieser Folterverhöre zur Verfügung: ein Geheimdienstroman. Als »kostbare Wahrheiten, umgeben von einer Leibwache aus Lügen« werden denn auch die Aussagen von KSM in einer Fußnote beurteilt. Und in Umkehrung taugt dieses Urteil ziemlich perfekt als Beschreibung des gesamten 580-seitigen *Commission Report*: Er enthält kostbare Lügen, umgeben von einer Leibwache aus Wahrheiten.

Dass diese Dokufiktion heute als historische Wahrheit gilt, in den Lexika und Fachbüchern steht und im öffentlichen Bewusstsein fest verankert ist, hat indessen wenig mit ihrem Realitätsgehalt, aber umso mehr mit ihrer millionenfachen Verbreitung in sämtlichen Medien zu tun. Die Türme standen noch, als auf allen Nachrichtenkanälen der wahrscheinliche Schuldige – Osama Bin Laden – schon benannt wurde, und an dieser Schuldzuweisung hat sich seit dem frühen Morgen des 11. September 2001 nichts geändert. Handfeste Beweise für die Täterschaft Bin Ladens indessen wurden bis heute nicht vorgelegt.

Dass die Gleichung »9/11 = Bin Laden« dennoch in weiten Teilen der Öffentlichkeit wie ein Pawlowscher Reflex implementiert ist, kann also nicht an ihrem Realitätsgehalt liegen, sondern nur an der Penetrationshäufigkeit, mit der die Botschaft über sämtliche Medien und Kanäle eingeprägt wurde. Als Grundstein jenes Narrativs, das mit dem *Commission Report* drei Jahre später seine amtlich beglaubigte prosaische Form fand: die große Erzählung von Osama und den 19 Hijackern, die den schlafenden Riesen Amerika überlisteten und mitten ins Herz trafen. Eine mitreißende, mit den Bildern der einstürzenden Türme schockierende und tragische Geschichte, ein an Mythen und Märchen – vom Turm zu Babel über David und Goliath bis zum tapferen Schneiderlein – gemahnender Plot, ein überwältigendes, live übertragenes Weltereignis. Der Schrecken und die Unfassbarkeit dieses Ereignisses schrien nach einer Erklärung – »Wer?« und »Warum?« –, und die Antworten wurden geliefert: Bin Laden, denn er hasst Amerika. Innerhalb weniger Stunden mutierte der saudische Söldnerführer und Milliardärssohn in den Medien vom vermeintlichen und vermuteten zum einzigen Verdächtigen, und als dann in dem »hängengebliebenen« Gepäckstück Mohammed Attas ein Testament und weitere Dokumente für ein »islamistisch« motiviertes Selbstmordattentat auftauchten, wurde dieser Anfangsverdacht ideologisch bestätigt und mit den Fotos und den arabischen Namen der 19 »Hijacker« untermauert.

So völlig überraschend und aus heiterem Himmel, wie die Weltmacht Amerika in ihr Herz getroffen worden war, so schnell waren die Ermittlungen des Hauptschuldigen und der Täter abgeschlossen. Ein frühes Interview mit einem zweifelsfrei erkennbaren und klar sprechenden Osama Bin Laden, der jede Beteiligung an den Anschlägen bestritt, wurde einmal und nie wieder über die Mainstream-Kanäle gesendet; ein BBC-Bericht über arabische Männer, die sich in Marokko und Saudi-Arabien in den Tagen danach gemeldet und beschwert hatten, dass sie in den Medien mit ihren Namen und Fotos als »Hijacker« bezichtigt würden, obwohl sie zum Tatzeitpunkt gar nicht in den USA waren, geschweige denn dort Flugzeuge entführt hätten, wurde ignoriert. Ungeklärte Namen und Fotos stehen auch nach zehn Jahren noch in sämtlichen Veröffentlichungen zum Thema. Weder die BBC noch ein anderes Mainstream-Medium oder die 9/11-Commission sahen sich genötigt, der Frage nach der wahren Identität der Hijacker nachzugehen – schließlich, so die Kommissionsvorsitzenden Kean und Hamilton, könne ja kein Zweifel daran bestehen, dass am Ende des Tages »die 19 Täter tot waren«. In der Tat – wer hinter den als Hijacker identifizierten Täternamen wirklich steckte, wurde nie zweifelsfrei ermittelt.

Auch wir haben keine Recherchereisen unternommen, um etwa den Piloten Walid Al-Sheri aufzuspüren, der sich bei den US-Behörden in Casablanca über sein Foto auf der Hijacker-Liste beschwerte und am 11.9.2001 nachweislich in Marokko aufgehalten hatte – obwohl er laut *Commission Report* als rechte Hand Mohammed Attas einen Flugbegleiter erstochen haben soll, bevor die American Airlines 11 in den Nordturm raste. Solche Recherchen und Ermittlungen sind Aufgabe eines Staatsanwalts, der von Amts wegen gehalten ist, Verbrechen und ihrer Aufklärung nachzugehen – dies auch dann, wenn Politiker und Medien den Fall unisono als geklärt bezeichnen. Wir, als freischaffende Autoren und aufmerksame Beobachter, können diese Ermittlungen nicht führen, doch wir können Fingerzeige geben, wo in Sachen 9/11 zu ermitteln wäre, welche Zeugen unter Eid gehört werden müssten, welche Untersuchungen und Gutachten anzufordern, welche Akten und Dokumente zu sichten wären. Insofern ist dieses Buch als Handreichung für den (nicht vorhandenen) Staatsanwalt zu verstehen, als Auflistung der gröbsten Auslassungen, krassesten Ungereimtheiten und deutlichsten Widersprüche in der offiziellen Version der Ereignisse.

Wir haben keine Theorie zu bieten, schon gar keine Verschwörungstheorie, aber wir können beweisen, dass es sich bei der offiziellen Version der Ereignisse um eine Verschwörungstheorie handelt: um eine Hypothese, die sich zwar auf Hinweise und Indizien stützen kann, aber nicht auf stichhaltige, eindeutige Beweise. Wir haben George W. Bushs Diktum vor der UN-Vollversammlung, niemals »frevelhafte Verschwörungstheorien im Zusammenhang mit den Anschlägen des 11. September« zu tolerieren, die nur »von den Schuldigen« ablenken, beim Wort genommen – und fragen uns, von welchen »Schuldigen« eigentlich abgelenkt wird, wenn die Regierung selbst eine Verschwörungstheorie im Zusammenhang mit den Anschlägen des 11. September verbreitet: mit einem Hauptschuldigen Osama Bin Laden, gegen den das FBI nach eigenen Angaben keine konkreten Beweise hat, mit Tätern, deren wirkliche Identität ungeklärt ist, mit Tatortspuren, die mehr Rätsel aufgeben als Fragen beantworten, mit Wolkenkratzern, deren Pulverisierung alle Gesetze der Bauphysik sprengt, mit Standardprozeduren der Luftsicherheit, die außer Kraft gesetzt wurden, mit Militärmanövern, die an diesem Morgen mit Phantomflugzeugen und simulierten Radarsignalen die Fluglotsen verwirrten, mit militärischen Hauptverantwortlichen für die Luftsicherheit, die allesamt nicht auf ihrem Posten waren, mit Anthrax in der Post als eindeutiger Werbebotschaft für den umstrittenen Patriot Act – und ohne einen einzigen Verantwortlichen, der je von einem ordentlichen Gericht zur Rechenschaft gezogen worden wäre.

Auch wir kennen die Wahrheit des 11. Septembers nicht, wir wissen nicht, was an diesem Tag wirklich geschah; aber wir kennen die Lügen über den 11. September und wir wissen, wer sie in die Welt gesetzt hat.

Wenn der Kommissar im Krimi auf jemanden stößt, der über den Tathergang die Unwahrheit verbreitet, hat er es mit einer halbseidenen Figur zu tun, die automatisch zu den Verdächtigen zählt. Wenn also der Bürgermeister den Wilderer bezichtigt, das Gemeindehaus in Schutt und Asche gelegt zu haben, weil dieser ihm schon mehrfach mit Rache gedroht hat, dann ist für den Kommissar und den Leser alsbald klar, dass der Wilderer als Täter ausscheidet. Der Bürgermeister dagegen, der die falschen Anschuldigungen in die Welt gesetzt hat, wird seinerseits zum Hauptverdächtigen. Nur: Wie überführt man ihn, bei dem Anschlag selbst die Finger im Spiel gehabt zu haben? Der Pfarrer, der Dorfpolizist, der Wirt, der Gutsbesitzer, die Gemeinderäte, der Chef des Lokalanzeigers – niemand kann sich auch nur vorstellen, dass an diesem ungeheuerlichen Verdacht was dran sein könnte. Und wenn der Kommissar vorsichtig weiterbohrt, kriegt er zu hören: »Geben Sie acht auf das, was Sie sagen!« Also wird weiter bloß gegen den Wilderer ermittelt und keine andere Spur verfolgt. Der Bürgermeister begründet das damit, dass alle Kapazitäten zur Verhinderung weiterer Brandstiftungen und für die Jagd auf potentielle Feuerteufel gebraucht werden. Nur weil einige Angehörige der Brandopfer keine Ruhe geben, wird nach über eineinhalb Jahren doch noch eine Ermittlungskommission eingesetzt. Deren Mitglieder wählt der Bürgermeister nach eigenen Gnaden aus, und entsprechend gerät das Ergebnis ihrer »Untersuchung«: Der Wilderer war's! Dass die von »Bürgermeister« Bush handverlesene 9/11-Commission genau so agierte und exakt das gewünschte Ergebnis »ermittelte«, werden wir im Folgenden zeigen.

Dass sich das Narrativ von Osama und den 19 Teppichmessern – die Behauptung, dass 9/11 die Tat von 19 Einzeltätern war, die von Bin Laden aus einer afghanischen Höhle gesteuert wurden –, dass sich diese hanebüchene Story nun über fast ein Jahrzehnt als wahre, realitätsgerechte Beschreibung der Ereignisse halten kann, hat natürlich vor allem mit ihrer permanenten, penetranten Wiederholung auf allen medialen Kanälen zu tun. Sowie mit dem Bannstrahl »Verschwörungstheorie«, den dieselben Kanäle sofort aussenden, wenn Zweifel an der Geschichte laut werden. Die Methode ist ebenso simpel wie wirkungsvoll: Wenn jede alternative Sichtweise als gefährliche, unseriöse, frevelhafte »Verschwörungstheorie« aus dem öffentlichen Diskurs verbannt wird, kann es sich bei der offiziellen Verschwörungstheorie ja nur noch um die Wahrheit handeln.

Dennoch geben die unpassenden Fakten, die eklatanten Ungereimtheiten und offensichtlichen Vertuschungen keine Ruhe. In einer repräsentativen Umfrage 2006, fünf Jahre nach den Anschlägen, bejahten 36 Prozent der US-Amerikaner, dass ihre Regierung an den Anschlägen auf das World Trade Center entweder beteiligt war oder nichts unternahm, sie zu verhindern, weil sie im Mittleren Osten in den Krieg ziehen wollte. Seither ist die Zahl derjenigen, die die US-Regierung für involviert hält und die Anschläge als »inside job« sieht, weiter gewachsen, und kaum eine Talkshow, kaum ein Magazin hat nicht mindestens einmal einen Psychologen oder »Experten« aufgeboten, der diesen »offensichtlichen Hang zu Verschwörungstheorien« als irrational wegerklärt, schließlich glaubten die Leute ja auch an UFOs, Marienerscheinungen und Poltergeister. Außerdem sei das Sündenbockdenken sehr verbreitet, und den USA als größter Weltmacht würde eben am häufigsten der Schwarze Peter zugeschoben. Mit den Belegen, Fakten und Hinweisen der »9/11-Wahrheitsbewegung« – wie man die disparate und weltweite Gruppe der Skeptiker, Zweifler und Ungläubigen mit einem Sammelbegriff belegen könnte – findet eine konkrete Auseinandersetzung kaum statt, selbst der kleinste gemeinsame Nenner – dass angesichts der eklatanten Nichtaufklärung der Verbrechen eine Neu-Untersuchung stattzufinden habe – findet in den Großmedien kein Echo. Ebenso wenig wie die Ergebnisse einer repräsentativen Emnid-Umfrage zum Thema 9/11 Anfang 2011 in Deutschland, nach der 89,5 Prozent der Befragten der Regierungsversion der Ereignisse keinen Glauben schenken. Dass solche erstaunlichen Befunde der öffentlichen Meinung ihr

Dasein allenfalls am Rande fristen – in diesem Fall in dem Unterhaltungsmagazin *Welt der Wunder* (Heft 2/2011) –, ist indessen kein Wunder: Die Großmedien sind als Megafon von Industriekonzernen und Anzeigekunden nur mehr für systemerhaltende Nachrichten zuständig, die kritische Öffentlichkeit ist zur Emigration gezwungen, an die Ränder und ins Internet.

Und so gilt für den Mainstream der Medien 9/11 eben als erledigter Fall, nach dem man längst zur Tagesordnung übergegangen ist. Da diese Tagesordnung »Krieg« heißt, rütteln Zweifel an 9/11 auch am Grund jenes Krieges, zu dessen Beginn US-Vizepräsident Richard Cheney verkündet hat, dass er »länger als eine Generation« dauern wird. Und mindestens so lange, so steht zu befürchten, muss die Legende von den 19 Einzeltätern und ihrem Ex-Anführer Osama Bin Laden als Wahrheit und Realität verkauft und verteidigt werden. »Wir« – das sind auch deutsche Soldaten, die mit der Begründung in Afghanistan kämpfen, dass von dort der Jahrtausendverbrecher Bin Laden operierte, der für 9/11 verantwortlich ist. Wäre diese Begründung falsch, wären die in ihrer Folge begonnenen Kriege nicht nur ein Fehler, sondern ein Verbrechen. Schon dieses unmögliche Eingeständnis zwingt die Verantwortlichen, die Regierungen der USA und ihrer Alliierten, das Höhlenmärchen des 11. September weiter als Realität zu verkaufen.

Wir geben uns nicht der Illusion hin, diesen mächtigen Zauber mit unserem Buch auflösen zu können. Wir sind alles andere als optimistisch, was eine zeitnahe und unabhängige Neu-Untersuchung der Verbrechen betrifft; wir sind deprimiert über den Zustand der »freien« Medien und des unabhängigen Journalismus und staunen fasziniert über den durchschlagenden Erfolg einer globalen Gehirnwäscheoperation: des 9/11-Märchens als Realityshow. Als Autoren, Journalisten, Medienleute müssen wir deren »Machern« allergrößten Respekt zollen: Sie haben den Schockzustand, die Trance, in die das unfassbare Ereignis Milliarden von Menschen versetzt hat, nicht nur erfolgreich genutzt, eine hypnotische Suggestion einzupflanzen (»Osama war's!«), sie haben dieses Phantom auch erfolgreich auf eine ebenso phantomhafte Gruppe (»Al-Qaida«) und einen neuen Weltfeind (»Islamismus«) erweitert und halten diese unsichtbaren Dämonen mit immer neuen Meldungen dauerhaft am Leben. Obwohl es von Bin Laden seit Jahren kein glaubhaftes Lebenszeichen mehr gab, obwohl er vor seinem offiziellen Exitus durch Kopfschuss am 1. Mai 2011 schon achtmal für tot erklärt wurde, obwohl er eine Terrorbande namens »Al-Qaida« nie gegründet hat und obwohl die Ungereimtheiten und Widersprüche der ganzen Geschichte zum Himmel schreien. Das ist die hohe Schule der Massenmanipulation, und dieser Medienmagie etwas Wirksames entgegenzusetzen, fehlen uns die Mittel und die Macht. Wir sind nur mit einem gesunden Menschenverstand ausgerüstet, mit dem wir (meistens) in der Lage sind, Fakten von Fiktionen zu unterscheiden, Aufklärung von Desinformation, Ermittlungen von Vertuschungen und Untersuchungsberichte von Gefälligkeitsgutachten.

Dass wir mit diesem Buch – wie schon mit unseren vorherigen Büchern zum Thema – eine große schweigende Mehrheit von LeserInnen auf unserer Seite haben, scheint uns ebenso sicher zu sein wie die Tatsache, dass wir damit einmal mehr gegen den massenmedialen Wind pinkeln. Doch diese Unbill nehmen wir in Kauf – for the record und für die Historiker der Zukunft, die dereinst diesen Fall ja dann doch noch aufklären werden. Und um unseren Enkeln oder Urenkeln zu beweisen, dass zumindest nicht alle Altvorderen zu Anfang des Jahrtausends von der großen 9/11-Lüge eingelullt worden waren. Dass, wer es damals wissen wollte, es auch wissen konnte. Und dass die altbekannte Ansage »Aber wir haben von nichts gewusst« nicht mehr war als eine bequeme Ausrede.

Was man wissen kann, zehn Jahre nach dem Jahrhundertverbrechen, wenn man nur gewillt ist, etwas genauer hinzuschauen, haben wir auf den folgenden Seiten zusammengefasst – so kurz, wie es bei einem hochkomplexen historischen Ereignis gerade noch möglich ist, und so konzentriert auf Fakten, Dokumente (die den Ermittlern zweifellos in besserer Auflösung und Qualität vorliegen als uns) und befragbare Zeugen, wie es nötig ist, um weitere beziehungsweise erstmalige staatsanwaltliche Ermittlungen einzuleiten. Unter jedem Kapitel sind deshalb die vorzuladenden Zeugen, teils auch die freizugebenden Dokumente benannt, die zu einer Aufklärung des Sachverhalts herangezogen werden müssen. Jeder einzelne dieser ungeklärten, ungereimten, unmöglichen

Sachverhalte würde in einem ordentlichen juristischen Prozess zu einer Wiederaufnahme des Verfahrens führen, zu weiteren Ermittlungen, Zeugenvernehmungen, Beweisaufnahmen – und zu einer neuen Verhandlung. Dass eine solche Neu-Aufnahme der Ermittlungen in Sachen 9/11 geschehen muss – nicht nur im Namen der Opferangehörigen und der amerikanischen Bürger, sondern im Namen der Weltgemeinschaft, denn mit 9/11 wird Welt(kriegs) politik gemacht –, dass also eine Neu-Untersuchung des 9/11-Terrors unabdingbar und unausweichlich ist, daran kann nach der im Folgenden präsentierten Beweislast kein vernünftiger Zweifel bestehen.

Nein, wir finden uns nicht ab mit dem fatalistischen Ausblick, dass wir schon in einem postdemokratischen, neofeudalen System leben, dessen rechtsstaatliche Fassade nur noch Kosmetik ist, hinter deren Kulissen private Armeen und Geheimdienste die Exekutive übernommen haben und ausführen, was Finanz- und Industrie-Oligarchen in diskreten Hinterzimmern beschließen und von ihren Stenografen und Megafonen – den Medien – durch die Wiederholungsschleifen orgeln lassen. Wer in einer solchen Welt leben mag, kann die Verbrechen auch zum zehnten Jahrestag auf sich beruhen lassen. Wir – und angesichts der Umfragen könnte man sich sogar dazu aufschwingen zu sagen: »We, the people« – wollen das nicht. Möge also dieses Buch dazu beitragen, der Forderung von Millionen Menschen in den USA und rund um den Erdball zum Durchbruch zu verhelfen: »Re-investigate 9/11!«

Nachbereiter, Vorbereiter

1 Allgemeinwissen

Der offizielle Wissensstand am zehnten Jahrestag des 11. September 2001, zusammengefasst aus den Geschichtsbüchern sowie dem *Commission Report* der US-Regierung.

Auf Geheiß des aus Afghanistan operierenden Al-Qaida-Anführers Osama Bin Laden und seines Chefplaners Khalid Scheich Mohammed entführten am 11. September 2001 zwischen 8:13 Uhr und 10:03 Uhr 19 radikalislamische Terroristen vier US-Passagiermaschinen und lenkten diese in die Türme des New Yorker World Trade Center, ins Washingtoner Pentagon sowie in einen Acker bei Shanksville, Pennsylvania. Die 19 Selbstmordattentäter wurden zweifelsfrei als Al-Qaida-Mitglieder identifiziert.

Die vier Jets, gestartet in Boston (American Airlines 11 und United Airlines 175), in Newark (United 93) und Washington (American 77) konnten nicht von US-Kampfjets abgefangen werden, da das Militär nicht rechtzeitig von den Entführungen unterrichtet wurde. Im Fall der zuerst entführten Maschine (AA 11) blieben dem Militär neun Minuten zum Reagieren, im Fall der dritten (AA 77) vier Minuten, die beiden anderen Maschinen (UA 93 und UA 175) wurden erst nach ihrem jeweiligen Absturz als entführt gemeldet. Die zahlreichen am 11. September stattfindenden Militärübungen verlangsamten die Reaktion der US-Luftabwehr nicht, sondern beschleunigten diese bestenfalls. Die Dienstvorschriften wurden befolgt. Alle zuständigen Lotsen und Militärvertreter handelten rasch und verantwortungsvoll, es gab keinerlei Versäumnisse, wegen derer Einzelne hätten zur Rechenschaft gezogen werden müssen.

Ausländische Regierungen und/oder Geheimdienste waren nicht in die Planung und Durchführung der Terroranschläge involviert. Es gab keinerlei Vorwarnungen oder Vorkenntnisse über den Plan, der außerhalb der Vorstellungskraft aller Behörden und US-Geheimdienste lag.

Die beiden Türme des World Trade Center stürzten aufgrund der durch die hineinrasenden Flugzeuge entstandenen Zerstörungen sowie des in der Folge ausgebrochenen Feuers in sich zusammen. Das Gebäude 7 des World-Trade-Center-Komplexes wurde durch die herabfallenden Trümmer so beschädigt, dass es am Nachmittag dieses Tages ebenfalls zusammenfiel.

Die genauen Zusammenhänge des 11. September wurden vom FBI und einer von der US-Regierung eingesetzten Untersuchungskommission akribisch untersucht. Ihr Bericht erklärt vollständig und umfassend die Geschehnisse der Terroranschläge sowie deren Vorgeschichte.

Betrachten wir diese Darstellung im Folgenden im Detail. Punkt für Punkt.

2 Die Kommission

Die von der US-Regierung eingesetzte unabhängige 9/11-Commission hat mit ihrem Abschlussbericht vom Juli 2004 eine gründliche und umfassende Darstellung der Fakten und Hintergründe des 11. September 2001 vorgelegt.

Wenn dem so wäre, hätten wir dieses Buch nicht schreiben müssen, das auf jeder Seite das Gegenteil belegt, nämlich dass die 9/11-Commission weder alle Tatsachen und Hintergründe der Terroranschläge untersucht noch eine umfassende Darstellung der Ereignisse geliefert hat.

Dass eine Regierung nach einer großen Katastrophe gleich welcher Art eine Kommission einsetzt, die die Ursachen und die behördlichen Gegenmaßnahmen untersucht, gehört zum üblichen Vorgehen. Ob es sich um eine Naturkatastrophe, einen Polit- oder Finanzskandal oder um einen Großunfall handelt, spielt dabei keine Rolle – eine Kommission oder ein Regierungsausschuss ermittelt den Fall, verhört gegebenenfalls Zeugen und veröffentlicht die Ergebnisse der Untersuchung in einem »White Paper«, das als Grundlage für die Einrichtung künftiger Schutzvorkehrungen dient. Diesem selbstverständlichen Procedere folgten auch einige US-Senatoren, als sie wenige Wochen nach den Anschlägen einen Beschluss zur Einsetzung einer unabhängigen 9/11-Commission vorbereiteten und im Dezember 2001 als Gesetzesvorlage im Senat einbrachten. Eine Formalität, sollte man meinen, doch die Bush-Regierung opponierte. Eine solche Untersuchung, so richtete Vizepräsident Dick Cheney dem demokratischen Fraktionschef Tom Daschle aus, sei eine »sehr gefährliche und zeitraubende Ablenkung derjenigen von uns, die heute an der Frontlinie unserer Erwiderung arbeiten … Wir haben alle Hände voll zu tun.« Schon im

Oktober war dem Oppositionschef Daschle ja mit der postalischen Zustellung einer Prise Anthrax von einem unbekannten Absender (→ *Kap. 37*) dezent signalisiert worden, sich bei der Aufklärung der Verbrechen und dem Widerstand gegen den Patriot Act tunlichst zurückzuhalten – jetzt drohte der vielbeschäftigte Vizepräsident Cheney damit, die Demokraten in der Öffentlichkeit als landesverräterische Blockierer des »war on terror« zu porträtieren, wenn sie weiter auf einer Untersuchung bestünden.[1]

Die Familien der Opfer empfanden diese Verhinderung einer öffentlichen Untersuchung als Schlag ins Gesicht. Ohne ihre Entrüstung und ihre nicht nachlassenden Forderungen hätte es diese Kommission auch nie gegeben. Erst ein Jahr später, am 20. September 2002, deutete Präsident Bush an, die Einsetzung einer unabhängigen Untersuchungskommission nunmehr zähneknirschend unterstützen zu wollen. Wo Bushs eigentliche Prioritäten lagen, zeigt freilich sein am selben Tag dem US-Kongress überreichtes 31-seitiges Papier »The National Security Strategy of the United States«, in dem die seit mehr als einem halben Jahrhundert geltenden Prinzipien der US-Außenpolitik fundamental umgeschrieben wurden, zu einer Doktrin des »preemptive war«: »vorbeugende« Kriege der Vereinigten Staaten »gegen Nationen, von denen sie glauben, dass sie möglicherweise eine Bedrohung für die US-Sicherheit werden könnten« (→ *Kap. 3*).

Die Ungeheuerlichkeit dieser dem internationalen Völker- und Kriegsrecht hohnsprechenden Anmaßung spielte in den Nachrichten des Tages indes eine untergeordnete Rolle; die Topnachricht war ein anderer Kurswechsel, nämlich dass Bush auf Druck der Opferfamilien seinen Widerstand gegen eine 9/11-Untersuchung aufgegeben hatte. Erst sehr viel später wurde bekannt, dass der Autor des von Bush unterzeichneten Strategiepapiers jener Philip Zelikow (→ *Kap. 3*) ist, der im Januar 2003 als Executive Director berufen wurde, allerdings nicht ins Kriegsministerium, sondern in die »unabhängige« 9/11-Commission.

Vor der Berufung des Geschäftsführers mussten noch die Leitung und die Besetzung der Kommission bestimmt werden, und die Wahl des Weißen Hauses fiel auf Henry Kissinger. Dass der ehemalige Außenminister und Sicherheitsberater in viele Länder der Welt nicht mehr einreisen kann, weil er als Kriegsverbrecher sofort verhaftet werden würde, tat seiner Berufung ebenso keinen Abbruch wie die Tatsache, dass er am 11. September 1973 den blutigen Putsch in Chile und die Ermordung des Präsidenten Salvador Allende orchestriert hatte. Eine gewisse Expertise im Einfädeln und Vertuschen von Terror aller Art kann man bloody old Henry insofern auch nicht absprechen. Woran sein Vorsitz der 9/11-Commission scheiterte, war denn auch nicht seine Vergangenheit, sondern die Gegenwart. Kissinger verweigerte die für ein öffentliches Amt notwendige Offenlegung der Kunden seiner Beratungsfirma.

Lorie van Auken, die ihren Mann im WTC verloren hatte und mit vier anderen Witwen aus ihrer Nachbarschaft, den »Jersey Girls«, zu den engagiertesten Familienvertreten gehörte, konfrontierte Kissinger damit bei einem Treffen in seinem Büro:

> »›Ich muss Sie fragen: Haben Sie irgendwelche Klienten aus Saudi-Arabien? Haben Sie irgendwelche Klienten mit dem Namen Bin Laden?‹
>
> Im Raum wurde es totenstill. Kissinger, der sich gerade einen Kaffee einschenkte, war eindeutig erschrocken von Lories Fragen, er fummelte mit der Kanne und verschüttete Kaffee auf dem Tisch. Im selben Moment schien er die Balance auf dem Sofa zu verlieren und fiel fast auf den Boden.«[2]

So sieht es offenbar aus, wenn man vom Stuhl gehauen wird. Am nächsten Morgen schickte Kissinger ein Fax ans Weiße Haus und trat von seinem Amt zurück. Folgt man der »Unzensierten Geschichte der 9/11-Ermittlung«, die der *New York Times*-Veteran Philip Shenon unter dem Titel *The Commision* 2008 vorgelegt hat, wird deutlich, dass es der Bush-Regierung mit der Einsetzung dieser Kommission nie darum ging, die Verbrechen so umfassend wie möglich aufzuklären, sondern nur darum, möglichst jeden Schaden von sich fernzuhalten.

Als dafür geeignet galten Thomas Kean, der ehemalige republikanische Gouverneur von New Jersey, und der ehemalige demokratische Abgeordnete Lee H. Hamilton, die zum Leiter und zum Vizechef der Kommission berufen wurden. Hamilton ist ein persönlicher Freund von »Dick« und »Don«, Vizepräsident Cheney und Verteidigungsminister Donald Rumsfeld – und von den zehn weiteren Mitgliedern stehen neun in engen Verbindungen mit der Rüstungs- und Luftfahrtindustrie. Der Republikaner Fred Fielding arbeitet in einer Anwaltskanzlei, die United Airlines vertritt; John Lehman, der ehemalige Marineminister, hält große Investments beim Rüstungsunternehmen Ball Corp., das viele Verträge mit dem Pentagon hat; Slade Gorton hat als Anwalt enge Verbindungen zu Boeing; die Kanzlei von James Thompson macht Lobbyarbeit für American Airlines. Auf Seiten der Demokratischen Partei saßen in der Kommission mit Tim Roemer ein Repräsentant des Rüstungskonzerns Lockheed-Martin, mit Jamie Gorelick eine Direktorin von United Technologies, einem der größten Vertragsunternehmen des Pentagon, und mit Richard Ben-Veniste ein Repräsentant von Boeing und United Airlines, der als Anwalt einst den größten Drogenschmuggler der USA und Chefpiloten der Iran-Contra-Flotte der CIA, Barry Seal, vertreten hatte. Lee Hamilton, der Vizedirektor der Kommission, war damals ein Mitglied des Untersuchungsausschusses der Iran-Contra-Affäre und half seinen »Mituntersuchern« Cheney und Rumsfeld dabei, den von Bush sen. und Reagan inszenierten Waffen- und Drogenschmuggel mit einem Bauernopfer (Oliver North) unter den Teppich zu kehren.[3]

Dazu kam im Januar 2003 als geschäftsführender Direktor und operativer Chef der gesamten Untersuchung der enge Mitarbeiter, Kollege und Ko-Autor der nationalen Sicherheitsberaterin Condoleezza Rice, der bereits erwähnte Philip Zelikow. Deutete schon diese Besetzung an, dass von einer unabhängigen Ermittlung nicht die Rede sein konnte – nur wer Böcke zu Gärtnern ernennt, kann ein Desaster der nationalen Sicherheit von einem Freund der verantwortlichen Sicherheitsberaterin untersuchen lassen –, so machte das von Bush festgelegte Budget der Untersuchung – drei Millionen Dollar – vollends deutlich, dass es hier nur um eine Farce ging. Zum Vergleich: Der Ausschuss zur Untersuchung der Clinton-Lewinsky-Affäre war ein paar Jahre zuvor mit 30 Millionen Dollar ausgestattet, für die Ermittlungen zum Absturz der Columbia-Fähre 2004 waren 152, für die zur Challenger-Katastrophe 175 Millionen bewilligt worden. Nach zahlreichen Protesten erhöhte das Weiße Haus das lachhafte Budget zur Untersuchung des Jahrhundertverbrechens dann im März 2003 auf insgesamt 15 Millionen Dollar.[4]

Zu diesem Zeitpunkt nehmen auch die Kommissionsmitglieder und die vom Executive Director Philip Zelikow eingeteilten und kontrollierten Ermittlerteams endlich ihre Arbeit auf – ohne zu wissen, dass sie sich ihre Mühen eigentlich sparen können, denn das Drehbuch ihres Abschlussberichts ist bereits geschrieben worden: von Philip Zelikow. Die detaillierte Outline, in der er bereits im März 2003 festlegt, was der 9/11-Report enthalten wird (und was nicht), wird auf Anraten von Kean und Hamilton vor der restlichen Kommission und sämtlichen Mitarbeitern geheim gehalten.[5] Als das Dossier den Mitarbeitern nach über einem Jahr bekannt wird, kursiert unter ihnen alsbald eine Parodie auf die legendäre Kennedy-Untersuchungskommission – Titel: »The Warren Commission Report – Preemptive Outline«. Eine der satirischen Kapitelüberschriften lautet: »Single Bullet: We Haven't Seen the Evidence Yet. But Really. We're Sure«[6] – eine Anspielung auf Zelikows implizite Vorgabe: »Osama bin Laden and al-Qaeda: We Haven't Seen the Evidence Yet. But Really. We're Sure.« Wie so oft beschreiben auch hier die zynischen Kommentare des Fußvolks die Sache zutreffender als die dröhnenden Reden ihrer Großkopferten. Die als Prototyp einer Nichtaufklärungs- und Vertuschungsermittlung in die Geschichte eingegangene Warren-Kommission, die den Mord John F. Kennedys – wider alle Evidenz von mehreren Schützen – der »magischen Kugel« des Einzeltäters Lee Harvey Oswald zuschrieb, die sowohl den Präsidenten tötete als auch den vor ihm sitzenden Gouverneur verletzte, taugt in der Tat ganz ausgezeichnet zur Charakterisierung der 9/11-Commission.

Auf faktische Ermittlungen kam es nicht an, die Ergebnisse waren in »präemptiven« Grundlinien bereits festgelegt, und ihr Autor Zelikow sorgte in den kommenden Monaten mit harter Hand dafür, dass divergierende Tatsachen und unpassende Zeugen gar nicht erst ins Bild gerieten (→ *Kap. 23, 24*), geschweige denn, dass sich die Ermittlungen in irgendeine andere Richtung als Bin Laden und Al-Qaida richteten (→ *Kap. 3*). Angeforderte Unterlagen der Flugüberwachung oder Dokumente des Verteidigungsministeriums wurden der Kommission verweigert oder als angeblich nichtexistent unterschlagen,[7] den angeblichen Hauptzeugen des Al-Qaida-Plots, Khalid Scheich Mohammed (KSM), durfte kein Mitglied der Kommission verhören,[8] Ermittlungen zur »Saudi Connection« der »Hijacker« Khalid Al-Midhar und Salem Al-Hazmi wurden den Mitarbeitern »aus Kostengründen« untersagt, Regierungs- und Militärmitglieder mit gerichtlicher Vorladung (Subpoenae) zu Aussagen zu zwingen, wurde »aus Zeitgründen« unterlassen, auf eine Vereidigung von Präsident George W. Bush wurde verzichtet, er konnte über sein Tun und Lassen vor und am 11.9. beim Kaffeekränzchen im Weißen Haus mit ein paar ausgesuchten Kommissionären plaudern, zusammen mit seinem Vize Dick Cheney. Und so konnte es kommen, dass die National Commission on Terrorist Attacks Upon the United States nicht die große Verschwörung aufklärte, die zu dem Massenmord des 11.9. führte, sondern eine große Verschwörungstheorie produzierte, indem sie die schon in den ersten Minuten nach den Anschlägen in die Welt gesetzte Hypothese »Osama war's« mit möglichst stimmigen Belegen unterfütterte. Etwas anderes war in den von Professor Zelikow »präemptiv« festgelegten Grundzügen der Ermittlung niemals vorgesehen.

»We were set up to fail«, überschreiben Kean und Hamilton denn auch das erste Kapitel ihres Buch über die Arbeit der Kommission[9] – und führen aus, dass ihnen der Gedanke, zum Versagen verurteilt zu sein, schon gekommen sei, bevor sie sich im Dezember 2002 zum ersten Mal trafen. Was dann folgte, muss man sich als erfolgreiche Verdrängung dieser finsteren Ahnung vorstellen, denn am Ende des Buchs werten sie das Ergebnis ihrer Untersuchung als Erfolg. Mit ihrem Abschlussbericht sei ein Report veröffentlicht worden, den »eine große Mehrheit der Amerikaner akzeptieren kann«[10].

Das mag zumindest halbwegs stimmen – auch wenn laut Umfragen von einer großen Mehrheit kaum die Rede sein kann[11] –, doch eine halbwegs akzeptable Story ist keine Verbrechensaufklärung, eine vom Mainstream akzeptierte Geschichte keine Dokumentation der Ereignisse und ein aus Fakten und Fiktionen zusammengeschustertes Narrativ nicht die Aufdeckung einer Verschwörung, sondern nur eine weitere Verschwörungstheorie. Die erste wirkliche Untersuchung des Jahrhundertverbrechens steht noch bevor.

Vorzuladen:

- Thomas Kean, Lee Hamilton
- Philip Zelikow
- Dana Lesemann und Mike Jacobson, Redaktionsmitglieder der 9/11-Commission, die die »Saudi Connection« untersuchen wollten
- Max Cleland, demokratischer Senator, der die Kommission verließ, weil er sich nicht an Vertuschungen beteiligen wollte

3 Der Autor: Philip Zelikow

Dass mit Philip Zelikow ein enger Vertrauter der nationalen Sicherheitsberaterin Condoleezza Rice zum leitenden Direktor der 9/11-Commission berufen wurde, tat der Objektivität ihres Abschlussberichts keinen Abbruch.

> »Professor Zelikows Gebiet der akademischen Expertise liegt in der Schaffung und Erhaltung von, in seinen Worten, ›öffentlichen Mythen‹ oder ›öffentlicher Annahmen‹, die er als ›Glauben‹ definiert, den man als wahr annimmt (auch wenn man es nicht mit Sicherheit weiß) und in dem man sich mit der tonangebenden politischen Öffentlichkeit verbunden weiß. In seiner akademischen Arbeit hat er sich darauf spezialisiert, was er ›einbrennen‹ und ›formen‹ von Ereignissen nennt, die eine ›transzendente‹ Rolle einnehmen und deshalb ihre Kraft behalten, auch wenn die Generation, die sie erlebt hat, schon vergangen ist. Er sagt, ›dass die Erzählkraft der Geschichte damit zu tun hat, wie die Leser sich mit den Aktionen der einzelnen Figuren in Beziehung setzen können. Wenn die Leser keine Verbindung zu ihrem eigenen Leben herstellen können, werden sie von der Geschichte möglicherweise überhaupt nicht berührt‹.«[1]

Als wir in der Beschreibung des Miller Centers der Universität Virginia über das akademische Fachgebiet von Professor Philip D. Zelikow über das Wort »searing« stolperten und nachschlugen, dass man es mit »ätzen« oder »einbrennen« übersetzen kann, mussten wir für eine Schrecksekunde unsere nicht vorhandenen Hüte ziehen. Das passte. Was das Einbrennen und Formen von Ereignissen und die Konstruktion »öffentlicher Annahmen« betrifft, hat kein Autor, kein Intellektueller und kein Politiker dieses Zeitalters mehr geleistet als dieser Experte in der Schaffung und Erhaltung öffentlicher Mythen. Als Executive Director der 9/11-Commission, als Regisseur der Ermittlungen, als Spiritus Rector der Kommissionskommunikation und als Chefautor des 9/11-Reports hat Zelikow den Rang eines Geschichtsprofessors und Politikberaters hinter sich gelassen: Er hat Geschichte nicht nur gelesen und gelehrt, er hat sie gemacht. Und auch wenn man dieses Buch durchaus als Anti-Zelikow verstehen sollte, gebührt auf dem im Nachwort angeregten »Denkmal für Dick und Don« auch Phil ein Plätzchen. Zumal er nicht nur als Mythenmetz und Schöpfer des großen Narrativs vom 11. September eine entscheidende Rolle spielte, sondern auch als Visionär und Vordenker des Ereignisses selbst. Zusammen mit dem ehemaligen CIA-Direktor John M. Deutch verfasste Philip Zelikow 1998 ein Buch unter dem Titel *Catastrophic Terrorism: Elements of a National Policy*, in dem er im Konjunktiv formulierte, was zwei Jahre später geschehen sollte:

> »Was einmal Hollywoods und Tom Clancys Repertoire von alptraumhaften Szenarien war, ist als katastrophaler Terrorismus eine reale Möglichkeit. ... Ein erfolgreicher Angriff mit Massenvernichtungswaffen könnten sicher Tausende oder Zehntausende töten. Wenn die Bombe, die 1993 unter dem World Trade Center explodierte, nuklear gewesen wäre ..., wären Chaos und Zerstörung weit über unsere dürftigen Möglichkeiten einer Beschreibung hinausgegangen. ... Ein Akt des katastrophalen Terrorismus, bei dem Tausende ums Leben kommen und/oder Hunderttausende von ihren Lebensnotwendigkeiten abgeschnitten werden, wäre eine Wasserscheide in Amerikas Geschichte. ... Verfassungsmäßige Freiheiten würden eingeschränkt, die USA stellten, um sich vor weiteren Attacken zu schützen, die Grenzen des Erlaubten bei der Überwachung von Bürgern, der Gefangennahme von Verdächtigen und des Einsatzes tödlicher Gewalt in Frage. Dies hätte mehr Gewalt zur Folge, da entweder weitere Terroristen versuchen würden, den großen ›Erfolg‹ nachzuahmen, oder es zum Vergeltungsschlag der Vereinigten Staaten gegen die vermutlichen Verantwortlichen käme. Wie Pearl Harbor würde ein solches Ereignis unsere Gegenwart und Zukunft teilen, in ein ›Vorher‹ und ein ›Nachher‹.«[2]

Ob es wie bei Pearl Harbor noch über ein halbes Jahrhundert dauert, bis aufgrund freigegebener Akten die Wahrheit über den »Überraschungsangriff« ans Licht kommt – von dem die US-Regierung dank der Entschlüsselung des japanischen Funkverkehrs vorab informiert war[3] –, können wir nicht einschätzen. Sicher jedoch ist, dass das, was Zelikow 1999 im Konjunktiv formulierte, zwei Jahre später nun im Indikativ steht – nicht nur als Ereignis eines vernichtenden Terrorismus, sondern auch mit den von ihm genannten Folgen, der Einschränkung bürgerlicher Freiheiten (Patriot Act) und der Zunahme von Gewalt durch den Vergeltungsschlag der USA (War on Terror). Und was das »Vorher« und »Nachher« betrifft, kann der Professor mit Recht als der führende Kopf von 9/11 bezeichnet werden, denn er hat das Ereignis nicht nur im Voraus insinuiert und prognostiziert – und in seinem Papier »mehr als 100 Millionen Dollar« für ein Präventionsprogramm des Pentagon gefordert –, er hat das Ereignis auch im Nachhinein fiktionalisiert und mythifiziert: zu einer Legende von Pleiten, Pech und Pannen, die es 19 Studenten mit Messern ermöglichten, drei Wolkenkratzer mit zwei Flugzeugen zum Einsturz zu bringen, ohne dass Polizei, Geheimdienste oder Militär vorher und nachher etwas dagegen tun konnten. Alles, was in dieser Hinsicht auf seinen Schreibtisch kam – von den Able Danger-Erkenntnissen zu Mohammed Atta (→ *Kap. 8*), über die Whistleblower des FBI (→ *Kap. 38*) bis zu seinen eigenen Mitarbeitern, denen er untersagte, Zeugen zu den saudischen Geheimdienst-Connections der »Hijacker« Al-Midhar und Al-Hazmi zu vernehmen –, hielt Zelikow aus den Ermittlungen heraus. Wobei das Wort »Ermittlungen« für die von ihm orchestrierte 9/11-Untersuchung von Beginn an in die Irre führt, denn schon bevor die Recherchen überhaupt begannen, hatte er die Grundzüge des Abschlussberichts bereits geschrieben (→ *Kap. 2*).

Die Kommission, so hatte der Vorsitzende Thomas Kean zu Beginn der Untersuchung am 31. März 2003 verkündet, »will not point fingers«, und die Aufsicht, dass im Verlauf der Vernehmungen und Interviews mit keinem Finger auf irgendeinen Verantwortlichen gezeigt wird, oblag Philip Zelikow. Doch diese Vertuschungs- und Weißwaschaktion genügte dem ehrgeizigen Professor nicht – außer um die Reinhaltung der Westen seiner Auftraggeber im Weißen Haus wollte er sich auch um die Förderung ihrer Kriegsagenda verdient machen.

In den Recherchen von Philip Shenon über die Arbeit der Kommission finden sich zahlreiche Belege für das manipulative Treiben

Zelikows, zum Beispiel seine Auswahl der Zeugen, die bei den öffentlichen Hearings der Kommission gehört werden sollten. Bei der ersten Anhörung etwa ließ Zelikow eine Propagandistin des rechts-konservativen Thinktanks American Enterprise Institute bizarre Thesen über die Verwicklung Iraks in die Anschläge und mit Al-Qaida vortragen. Und der erste Zeuge überhaupt, Abraham Soafer von der Hoover Institution, hatte zwar zu 9/11 nichts zu sagen, empfahl der Kommission aber eindringlich, über die Vorzüge eines präemptiven Krieges nachzudenken. Dem Terrorismus mit polizeilichen Ermittlungen beizukommen sei »absurd«, und Präsidenten seien deshalb gezwungen, Kriege zu führen.[4]

Dass Zelikow die Ermittlungen zu den terroristischen Tätern eines Massenmords in eine Verkaufsveranstaltung für den Irakkrieg verwandelte, war kein Zufall. Er hatte im Vorjahr die neue »Bush-Doktrin« präemptiver Angriffskriege formuliert, er hatte mit Richard Cheney, Donald Rumsfeld, Paul Wolfowitz und Condoleezza Rice zu jenen gehört, die das Gerücht von Saddam Husseins Massenvernichtungswaffen und seiner Verbindung mit 9/11 als seriöse Tatsache verbreiteten, und er hatte 2002 als Mitglied des President's Foreign Intelligence Advisory Board (PFIAB) deutlich gemacht, weshalb die USA dem Irak den Krieg erklären müssten, selbst wenn sie von dort gar nicht angegriffen werden:

> »Warum sollte der Irak Amerika angreifen oder Nuklearwaffen gegen uns einsetzen? Ich werde Ihnen sagen, was ich für die eigentliche Gefahr halte, und zwar schon seit 1990 – die Bedrohung Israels. Und das ist die Bedrohung, die man nicht auszusprechen wagt, denn die Europäer, das will ich deutlich sagen, interessieren sich nicht für diese Bedrohung. Und die amerikanische Regierung will sich rhetorisch damit nicht zu sehr aus dem Fenster lehnen, weil es sich nicht gut verkaufen lässt.«[5]

Zelikows militaristischer Theorie eines »vernichtenden Terrorismus« war mit der monströsen Tat des 11.9. ein kaum zu übertreffendes Exempel beschert worden. So auch seinen Vordenkern und Stichwortgebern beim neokonservativen Project for A New American Century, die genau ein Jahr vor den Anschlägen in ihrem Papier *Rebuilding America's Defenses. Strategy, Forces and Resources for a New Century* ein »neues Pearl Harbor« beschworen hatten, um den »Clean Break«, den radikalen Umbruch zu einer Militarisierung der US-Außenpolitik, zu erreichen.[6] Mit der Federführung der 9/11-Ermittlungen fiel ihm selbst die Traumrolle zu, mit der Gestaltung des großen Narrativs ein monumentales Verkaufsargument für die Doktrin des präemptiven Krieges zu schaffen. Denn was sollte zukünftig Schrecken wie die Anschläge auf das WTC verhindern können, wenn sich auf keinen Verantwortlichen mit dem Finger zeigen, wenn sich kein Finanzier und Hintermann dingfest und vor Gericht bringen ließe, wenn bürokratische Mauern und Reibungen die Verfolgung von Verdächtigen unmöglich machen würde, wenn also selbst der entschiedenste Präsident, die wachsamsten Geheimdienste und die beste Polizei nicht in der Lage wären, solche Katastrophen auf amerikanischem Boden vorzubeugen? Da hilft nur ... vorauseilende, vorausschauende, vorauswirkende Aktion, präemptiver Krieg, also genau das, was Dr. Zelikow schon als neue Strategie der US-Außenpolitik in Worte gegossen hatte.

Der 9/11-Report hatte als Litanei von Pleiten, Pech und Pannen insofern eine doppelte Funktion: Er diente der Weißwaschung der Regierung und schuf den Mythos einer unvermeidlichen Verwundbarkeit durch einen vernichtenden Terrorismus, der nicht mehr mit Politik, Prävention und Polizei bekämpft werden kann, sondern nur mit Krieg. Sollten die rechtswidrigen Aggressionskriege in Afghanistan und Irak jemals in einer Art Nürnberger Prozess geahndet werden, käme ein Chefideologe wie Philip Zelikow um die Höchststrafe für Schreibtischtäter wohl nicht herum. Was die 9/11-Verbrechen betrifft, dürfte eine Anklage wegen Beihilfe durch Vertuschung und Betrug der Öffentlichkeit durch Falschbehauptungen und Mythenbildung beste Aussichten auf Erfolg haben.

Vorzuladen:

- Philip Zelikow

4 Der Kopf: Osama Bin Laden

Die Terroristen handelten auf Geheiß von Al-Qaida-Anführer Osama Bin Laden.

Daran kann kein Zweifel bestehen. »OBL«, spätestens im Mai 2011 auch offiziell verstorbener Chef der Terrorganisation Al-Qaida, plante und veranlasste die Anschläge des 11. September. Wäre das *nicht* zweifelsfrei bewiesen, hätten wir und unsere amerikanischen Verbündeten in Afghanistan nichts verloren. Davon abgesehen brauchten wir in dem Fall einen anderen Täter respektive Planer.

Fassen wir daher in gebotener Kürze die Beweislage zusammen.

Der Beschuldigte wies von Anfang an jede Beteiligung an den Anschlägen energisch von sich. Am 28. September 2001 gab Bin Laden in einem von der pakistanischen Tageszeitung *Ummat* veröffentlichten Interview zu Protokoll: »Ich habe bereits gesagt, dass ich mit den Anschlägen nichts zu tun hatte. … Ich hatte von den Anschlägen keine Kenntnis.« Bereits zwei Wochen zuvor, am 16. September, hatte Bin Laden durch seinen Gefolgsmann Abdul Samad der französischen Agentur AFP mitteilen lassen: »Ich erkläre kategorisch, dass ich diese Tat nicht begangen habe.«

Am 8. November empfing OBL den pakistanischen Journalisten Hamid Mir und wiederholte: »Ich habe mit den Anschlägen in den USA absolut nichts zu tun.« Worauf der Journalist ihn fragte, weshalb er am 7. Oktober dem Sender Al-Dschasira erklärt hatte, die Anschläge seien von Muslimen ausgeführt worden. Bin Laden erwiderte: »Die Amerikaner haben doch selbst eine Liste mit den verdächtigen Personen erstellt, die an den Anschlägen beteiligt gewesen sein sollen.«[1]

Damit stand zweifelsfrei fest: Der Verfolgte verfolgte die Nachrichten.

Das reichte aber nicht, um deswegen gleich das Land zu bombardieren und zu besetzen, das ihm angeblich Unterschlupf bot. Denn es fehlte ja weiterhin jeder Beweis für seine Beteiligung an den Anschlägen.

Zum Glück verplapperte sich der Terrorscheich.

Ein Video überführte ihn als Lügner. Ein im November 2001 aufgezeichnetes Gespräch Bin Ladens mit einem befreundeten Scheich wurde am 13. Dezember 2001 vom US-Fernsehen ausgestrahlt. Das 40 Minuten lange grobkörnige Videoband, unbemerkt aufgenommen in einer afghanischen Hütte, war von der US-Armee angeliefert worden beziehungsweise von Donald Rumsfelds Verteidigungsministerium (DoD). Es hieß, das Band sei Ende November in Dschalalabad aufgetaucht, »von jemandem zurückgelassen, der überstürzt aufgebrochen ist«[2]. Später erklärte das DoD, das Band sei den Behörden von einer Gruppe oder Einzelperson anonym zugespielt worden.

Bin Laden spricht auf dem Band mit seinem Besucher über den Anschlag, nennt »Mohammed Atta« als Anführer der Attentäter und erklärt auch gleich, weshalb er selbst, Bin Laden (früherer Bauunternehmer), anders als der Rest der Welt, auf den Einsturz der World-Trade-Center-Türme durch die Flugzeugtreffer hoffte. Er sei am 6. September über den genauen Anschlagstermin informiert worden und habe die Anschläge am 11. September ab 17:30 Uhr Ortszeit am Radio verfolgt.

Mit diesem Geständnis war Bin Laden überführt. Als Täter, Planer. Und Lügner. Und Leugner.

Zweifelsfrei. Na ja, fast zweifelsfrei.

Wann das Band beim DoD auftauchte, ist bis heute nicht ganz klar. Das Ministerium selbst ließ verlauten, es sei Ende November gewesen, CNN berichtete von Anfang November, der britische *Independent* unter Berufung auf Regierungsquellen vom 9. November. Jedenfalls hielt die US-Regierung das Band bis zum 13. Dezember zurück, denn Präsident Bush wollte alles haargenau geprüft wissen, ehe er sich entschloss, kurz vor dem Weihnachtsfest der christlichen Öffentlichkeit diesen alles entscheidenden Beweis für die Verderbtheit des 9/11-Islamofaschisten Bin Laden zu präsentieren.

Einige nicht unwesentliche Kleinigkeiten entgingen allerdings der akribischen Aufmerksamkeit der amtlichen Authentizitätsprüfer. Zum einen verwechselte der Video-Osama Zitate aus Koran und Hadith (also den Verkündigungen des Propheten)[3], zudem zitierte er ungenau. Des Weiteren erwies sich die vom Pentagon mitgelieferte Übersetzung in wesentlichen Teilen, insbesondere hinsichtlich der »geständigen« Aussagen, als falsch.[4]

Die prüfenden US-Experten hätten aber auch aus anderen Indizien schließen können, dass der Videogeständige möglicherweise nicht Bin Laden war, sondern ein schlechter Schauspieler. Denn nicht genug damit, dass Linkshänder Osama in dem Video mit rechts schreibt – er hat außerdem seit seinen letzten Auftritten ungefähr 40 Kilo zugenommen und sieht sich nicht mehr besonders ähnlich. Bis auf den angeklebten Bart. Zudem hatte der fanatische Glaubenskrieger in den Wochen zwischen den Anschlägen und seinem unfreiwilligen Geständnis offenbar die Religion gewechselt. Der Video-Bin wedelt mit der rechten Hand vor seinen Gästen herum, erfreut über seine gelungene Tat, und lässt alle stolz den dicken Goldring an seinem Ringfinger sehen.[5]

Ein Ehering? Warum nicht, Bin Laden war häufiger verheiratet gewesen. Aber die Materialwahl gibt zur Skepsis Anlass, denn die Sahih Al-Bukhari, wichtigste Quelle der islamischen Rechtsprechung (nach dem Koran), verbietet kaum etwas so kategorisch wie – eben, das Tragen von Gold.[6] Das hätte dem fanatischen Sunni-Prediger doch nun wirklich mal einer sagen können.

Die empörten Anführer des westlichen Rachefeldzugs gegen den Terror, George W. Bush und Tony Blair, sahen dank des akribisch untersuchten und als authentisch verifizierten Bandes Bin Ladens Schuld als endgültig erweisen an und lehnten sich sperrangelweit aus allen Fenstern. Selbst wenn die »Beweise« für den Gang vor ein ordentliches Gericht niemals ausgereicht hätten, einen Waffengang rechtfertigten sie allemal. Der Einmarsch in Afghanistan, so viel stand für Bush und Blair fest, war gründlich legitimiert. Man werde erst wieder abrücken, wenn OBL inhaftiert worden sei.

Dass Osama Bin Laden auf der FBI-Liste der weltweit meistgesuchten Verbrecher zu finden ist, versteht sich unter diesen Umständen natürlich von selbst. Sein Konterfei ziert die Top-10-Most-Wanted-Liste der Behörde. Was sich nicht von selbst versteht, sind die Verbrechen, deretwegen Bin Laden konkret gesucht wird. Nämlich in Verbindung mit den Bombenanschlägen vom 7. August

1998 auf die US-Botschaften in Daressalam, Tansania, und Nairobi, Kenia.

9/11 fehlt auf dem Steckbrief.[7]

Wer das für eine banale Nachlässigkeit des FBI hält, wird von der Behörde selbst eines Besseren belehrt. Auf Anfrage des Journalisten Ed Haas erklärte FBI Sprecher Rex Tomb im Juni 2006, 9/11 fehle deshalb auf der Osama-Steckbrief-Seite, weil »die Ermittlungen des FBI keine konkreten Indizien für Bin Ladens Beteiligung an 9/11« ergeben hätten.[8] Das ist, nach jahrelangen gründlichen Ermittlungen und einem zwischenzeitlich vorgelegten dicken *Commission Report*, doch etwas überraschend.

Wir halten daher fest: Osama Bin Laden bestritt bis zu seinem offiziellen Ableben in allen frühen und zweifelsfrei als authentisch anzusehenden Aussagen seine Beteiligung an der Anschlagsplanung, das erste aufgetauchte Beweisvideo ist als zumindest dubios anzusehen, auch die späteren Videos[9] wurden von den Fahndern nicht als definitive Beweise für seine Täterschaft gewertet und das FBI hat keine gerichtsfesten Hinweise auf Bin Ladens Beteiligung an 9/11.

Natürlich kann man all das für vernachlässigenswert halten. Man kann es auch gleich mit den Worten von Ex-Präsident Bush richtig einordnen, der noch zu Lebzeiten des Meistgesuchten sagte: »Terror ist größer als eine einzelne Person. ... Ich weiß nicht, wo er ist. Ich beschäftige mich auch nicht so viel mit ihm, ehrlich gesagt.«[10] Oder man kann, besser noch, mit den Worten von Oberbefehlshaber Richard Myers den Einmarsch in Afghanistan historisch korrekt bewerten: »Es war nie das Ziel, Bin Laden zu kriegen.«[11]

Gut. Aber sofern wir uns diesbezüglich alle einig sind sowie die Ansicht teilen, dass auch ein Exitus per Kopfschuss keinen Schuldbeweis darstellt, bedeutet das: Uns fehlt ein ganz wesentlicher überführter Täter, nämlich der Kopf der Operation 9/11.

Vorzuladen:

- Thomas de Maizière. Frage: Da Osama Bin Ladens Beteiligung an den Anschlägen des 11. September bis heute nicht zweifelsfrei bewiesen ist – was haben wir eigentlich in Afghanistan verloren?

- Vertreter des Pentagon und der in Afghanistan stationierten Truppen, zuständig für die Zustellung und Weitergabe des Beweisvideos aus Dschalalabad an die Medien: Wer präparierte den »Videobeweis«?
- FBI-Vertreter: Da Osama ihren langjährigen Ermittlungen zufolge nicht eindeutig als 9/11-Planer zu überführen war – wer könnte es dann gewesen sein? Wer plante und koordinierte die Anschläge? Khalid Scheich Mohammed? Immerhin, er gilt als »Mastermind« hinter dem Verbrechen, und er hat ein umfassendes Geständnis abgelegt. Sehen wir uns das gemeinsam etwas genauer an (→ *Kap. 7*).

5 Die Finanzierung

Woher die finanziellen Mittel für die Anschläge des 11. September stammten, ist völlig unbekannt. Ist aber auch egal.

Nicht genug damit, dass die Attentäter des 11. September im Vorfeld des Anschlags absolut unauffällig operierten, sie hinterließen auch keine Spuren, die uns verraten könnten, woher das Geld für ihre Aktionen stammte. Die offizielle Untersuchungskommission kommt zwar zu dem Schluss, die Durchführung der Anschläge müsse »400 000 bis 500 000 Dollar«[1] gekostet haben, kommt aber zu keinerlei Schluss, wer den Mittelsmännern und Attentätern all das Geld für ihre Tickets, Hotelzimmer und Teppichmesser überwies oder zusteckte.

Der *Commission Report* hält hierzu explizit fest, die »Herkunft der Mittel« bleibe »unbekannt«, die Regierung habe »nicht herausfinden können, woher das Geld für die 9/11-Angriffe stammte«. Hinzugefügt wird jedoch, dass diese Frage »von geringer praktischer Bedeutung« sei.[2]

Wer sich blind stellt, will nichts sehen. Alle anderen reiben sich hier allerdings die Augen und fragen sich, was das bedeuten soll. US-Regierung und die Kommission wissen nicht, woher das Geld für die Anschläge kam? Haben höchstens eine nicht näher erklärte »Ahnung«[3], wer die zahlreichen Übungsflug- und Ernstfall-Tickets wovon bezahlte? Und das ist von »geringer praktischer Bedeutung« und bleibt »unbekannt«?

Wieso eigentlich? Immerhin befindet sich das überführte »Mastermind« hinter den Anschlägen seit 2002 in US-Gewahrsam, genauer im Lager Guantánamo. Dort wurde Khalid Scheich Mohammed (→ *Kap. 7*) befragt, verhört und ausgiebig gefoltert und gab umfassend Auskunft über seinen grausamen Plan. Die Mitglieder

der Untersuchungskommission durften den Mann zwar weder sehen noch verhören noch ihm Fragenkataloge per Post schicken, aber wir dürfen doch davon ausgehen, dass irgendein CIA-Mitarbeiter spätestens im Rahmen der 183. Waterboard-Session auf die Idee kam, den finsteren Planer zu fragen, wie er denn zu dem vielen Geld für die Anschläge gekommen sei.

»Die Herkunft der Mittel bleibt unbekannt.«

Wem? Khalid Scheich Mohammed? Das ist durchaus möglich, stellt dann aber seine Glaubwürdigkeit als Drahtzieher dezent in Frage. Was wiederum nicht »von geringer praktischer Bedeutung« ist.

Im *Commission Report* wird mit keinem Wort auf den eng mit der CIA verbundenen pakistanischen Geheimdienst ISI eingegangen, auch nicht darauf, dass der damalige ISI-Chef General Mahmud Ahmad am 11. September 2001 in Washington mit dem späteren CIA-Chef Porter Goss frühstückte und durch seinen Agenten Omar Said Sheikh (→ *Kap. 6*) 100 000 Dollar an Mohammed Atta überweisen ließ. General Ahmad trat umgehend – nein, nicht vor die Presse, sondern: zurück, begab sich in den Vorruhestand und äußerte sich bis heute nicht zu dem Vorgang. Es fragte unseres Wissens auch niemand nach.

Den Autoren des *Commission Report* gilt dies nicht als »praktisch unbedeutend«, sondern als faktisch nicht mal der Rede wert.

Für eine Blanko-Entlastung ohne Angabe von Gründen reicht es aber allemal. Es hätten keinerlei Beweise vorgelegen, dass »irgendeine ausländische Regierung – oder irgendein ausländischer Regierungsbeamter – irgendwelche Mittel bereitgestellt habe«[4], wenngleich die Autoren einräumen, auch auf eine Beteiligung Al-Qaidas deuteten lediglich »Indizien hin« und die Kenntnisse über die Finanzierung der Operation im Vorfeld bleibe insgesamt »undurchsichtig«.[5]

Wir erlauben uns daher den schlichten Hinweis, dass eben nicht von geringer Bedeutung ist, sondern von entscheidender, woher die Mittel für die Finanzierung der Anschläge stammten.

Sofern KSM das auch unter Folter nicht weiß, kann er nicht das Mastermind hinter den Anschlägen sein. Dennoch weiß jemand, woher das Geld kam, und wo die Ermittlungen zu beginnen haben, liegt auf der Hand. Die Antworten kennen die CIA, der ISI und Omar Said Sheikh (→ *Kap. 6*).

Vorzuladen:

- Khalid Scheich Mohammed
- Ex-CIA-Chef-Porter Goss
- Ex-CIA-Chef George Tenet. Mitsamt ihren Buchhaltern und allen Kontoauszugsordnern
- Außerdem: die CIA-Beamten, die Khalid Scheich Mohammed im Lager Guantánamo verhörten
- Sowie Philip Zelikow, verantwortlicher Autor des *Commission Report*, der meint, die Herkunft der Mittel, mit denen dieser weltverändernde Anschlag finanziert wurde, sei von »geringer praktischer Bedeutung«

6 Die Verbindung: Omar Said Sheikh

Omar Said Sheikh und der pakistanische Geheimdienst ISI kommen im *Commission Report* nicht vor,[1] weil weder Agent noch Agentur mit den Anschlägen des 11. September etwas zu tun hatten.

Nie gehört, Omar Said Sheihk? Kein Wunder, aber trotzdem nicht gut. Rekapitulieren wir in gebotener Kürze, was wir wissen: Bis heute unwidersprochenen Berichten zufolge ließ der pakistanische Geheimdienst ISI Mohammed Atta 100 000 Dollar überweisen, ISI-Chef General Mahmud Ahmad trat unmittelbar nach Bekanntwerden dieser unheilvollen Verbindung zurück und hüllt sich bis heute in Schweigen.[2]

Der Mann, der in General Ahmads Auftrag Geld überwies, heißt Omar Said Sheikh und galt Ende 2001 nicht nur als Zahlmeister, sondern auch als Ausbilder der 9/11-Terroristen. Sheikh, geboren 1973 in England, avancierte Anfang der 90er Jahre zu Osama Bin Ladens »Lieblingssohn«, wurde 1993 in Indien beim Versuch festgenommen, gekidnappte britische Touristen gegen kaschmirische Separatisten auszutauschen, und zu einer langjährigen Haftstrafe verurteilt. 1999 wurde er von Flugzeugterroristen freigepresst, die eine Indian-Airlines-Maschine nach Kandahar entführt hatten, und reiste im gleichen Jahr nach England, um seine Eltern zu besuchen – was seine Entführungsopfer von 1993 alles andere als nachvollziehbar fanden.[3]

Wieso die britischen Behörden einen eben erst freigepressten Terroristen unbehelligt einreisen ließen, blieb unklar. Ebenso unklar blieb, auf wessen »Payroll« Omar zu diesem Zeitpunkt stand. Der des ISI, der CIA, des MI6 oder von Bin Laden?[4]

Unmittelbar nach den Anschlägen des 11. September tauchte nun ausgerechnet dieser Omar wieder in den vermischten Schlagzeilen auf, nämlich als sowohl als Al-Qaida-Terrorausbilder als auch als Mitarbeiter des pakistanischen Geheimdienstes ISI. Der Journalist, der diesen Zusammenhang als erster begriff, arbeitete für das *Wall Street Journal* und hieß Daniel Pearl. Pearl reiste nach Pakistan und begann zu recherchieren. Einen Tag nach der Meldung der *Times of India*, Omar Said Sheikh sei der Mann gewesen, der Atta Geld überwiesen habe, verschwand Pearl in Karatschi spurlos und wurde wenige Tage später, am 31. Januar 2002, ermordet. Das Video seiner grausamen Hinrichtung ging um die Welt.

Am 5. Februar 2002 stellte sich der Hauptverdächtige im Mordfall Pearl den pakistanischen Behörden und wurde nach langem, nichtöffentlichem Prozess am 15. Juli 2002 als Mörder zum Tode verurteilt. Sein Name: Omar Said Sheikh.

So weit, so schrecklich – aber auch so simpel. Der Zahlmeister und Ausbilder der 9/11-Attentäter hatte einen Journalisten umgebracht, der ihm und den Drahtziehern des Anschlags zu nah gekommen war.

Donald Rumsfeld bestätigte am 25. Februar 2002 einen Bericht der Londoner *Times*, wonach Omar für den ISI gearbeitet haben könnte, US-Außenminister Colin Powell dementierte umgehend. Der pakistanische Journalist Tariq Ali widersprach wiederum Powell energisch, und zwar im britischen *Guardian*. Ali betonte, Sheikh sei ein erfahrener ISI-Mann. »Würde er nach Washington ausgeliefert und entschlösse sich zu reden, würde die ganze Geschichte auffliegen.«[5]

Gleich wie: Die USA mussten die Auslieferung Omars verlangen. Denn ganz offensichtlich steckte der unklare Geheimagent mitten drin im Zentrum des 9/11-Plots, als Zahlmeister und Ausbilder. Aber auf wessen Geheiß hatte er gehandelt? Auf Geheiß des eng mit der CIA verbundenen ISI, dem Geheimdienst des in der Region wichtigsten US-Verbündeten Pakistan? Undenkbar. Undenkbar erst recht die Folgen, falls der ISI-CIA-Zahlmeister-und-Verbindungsmann Omar tatsächlich etwas anderes auspacken würde als »Al-Qaida war's«.

Omar musste zum Schweigen gebracht werden. Aber man konnte ihn ja nicht einfach umbringen, denn der Mann gab sich im pakistanischen Mordprozess selbstbewusst und war erkennbar verdutzt, dass man ihn tatsächlich zum Tode verurteilte. Worauf er zunächst einmal dem Richter drohte und anschließend sein Geständnis widerrief.[6] Danach hätte man ihn immer noch an die USA ausliefern und befragen können. Was nicht geschah.

Denn nachdem die Dinge so gefährlich lagen, wurde das monströse Problem »Omar« auf denkwürdige Weise aus der Welt geschafft – ausführlich dokumentiert von Chaim Kuperberg[7], Paul Thompson[8] sowie von uns an anderer Stelle[9]. Fassen wir hier nur kurz zusammen:

Während in Pakistan der Prozess gegen den Al-Qaida-ISI-CIA-Mann und Pearl-Mörder Omar lief, drängelte sich ein zweiter Zahlmeister und gleichzeitig Osama Bin Laden als »9/11-Mastermind« ablösender Scheich öffentlich nach vorn: Khalid Scheich Mohammed, kurz zuvor unter medialem Lärm als »rechte Hand von Osama Bin Laden« enttarnt, gab, statt sich zu verstecken, zunächst dem Al-Dschasira-Journalisten Yosri Fouda ausführlich Auskunft (in einem heimlichen Hinterzimmer)[10] und wurde schließlich am 11. September (sic!) 2002 von einem pakistanischen Sondereinsatzkommando festgenommen. Gemeinsam übrigens mit Ramsi Binalshibh, einem angeblich engen Vertrauten der 19 angeblichen Selbstmordpiloten. Bildjournalisten waren bei der Razzia zugegen, eindrucksvolle Fotos gingen um die Welt,[11] die Weltpresse verkündete, die Rätsel des 11. September seien nun fast vollständig gelöst: »War die Geschichte des 11. September 2001 bisher eine Art Puzzle, bei dem noch einige wesentliche Teilchen fehlten, ist das Bild jetzt, nach den Aussagen, nahezu vollständig – in einigen Bereichen sogar bis ins letzte Detail.«[12]

Zwar sollte der angeblich noch lebendige Khalid Scheich Mohammed auch im Rahmen diverser Waterboard-Folter-Sitzungen in Guantánamo nichts Wesentliches zur Ermittlung beitragen können (→ *Kap. 7*), aber das eigentliche Problem war mit seinem Auftauchen dann doch aus der Welt geschafft: Omar Said Sheikh.

Inwiefern?

Am 30. September vermeldete die amerikanische Nachrichtenagentur UPI, gut informiert aus Geheimdienstkreisen: »Nach Aussagen von zwei CIA-Mitarbeitern war *Wall-Street-Journal*-Reporter Daniel Pearl auf der Spur des Mannes, der mutmaßlich die Flugzeugentführungen und Angriffe des 11. September auf New York und Washington plante, als er in Pakistan entführt und ermordet wurde.«[13]

Das war nicht neu. Aber völlig neu war der Name des Mannes, dem Pearl auf der Spur gewesen war, denn der hieß laut UPI urplötzlich nicht mehr Omar Said Sheikh, sondern: Khalid Scheich Mohammed.

UPI erklärte lapidar: Zwar habe es Berichte über vier weitere Männer gegeben, die von der pakistanischen Polizei ebenfalls im Zusammenhang mit Pearls Ermordung verhaftet worden waren, aber nachdem ja nun die neuen Verdächtigen, KSM und Binalshibh, vor Gericht gestellt würden, müssten auch die Verfahren gegen die vier ursprünglich Verurteilten natürlich neu aufgenommen werden, da die frischen Fakten die Anklage gegen Omar gegenstandslos werden ließen.

Und Omar?

Omar Said Sheikh verschwand mit dem Auftauchen von KSM Mitte 2002 aus den Meldungen und von der Bildfläche – und mit ihm die ganze lückenlose Indizienkette, die darauf hinwies, dass CIA, ISI und Al-Qaida verflucht enge Verbindungen bei der Vorbereitung des 11. September unterhalten hatten. Sein Todesurteil wurde nicht vollstreckt, Omar sitzt angeblich bis heute im pakistanischen Knast und wartet zum zirka 40. oder 400. Mal auf eine Wiederaufnahme seines Verfahrens.[14] Seine Auslieferung wegen der Beteiligung an den Anschlägen des 11. September wurde von den US-Behörden nicht verlangt.

Im Juli 2004 erinnerte Michael Meacher, britischer Parlamentarier und Umweltminister in der Regierung Blair, im *Guardian* an den merkwürdigen Fall und wies darauf hin, wie überaus ungewöhnlich es sei, dass weder General Ahmad noch Omar Said Sheikh wegen 9/11 angeklagt und Gericht gestellt worden waren.[15]

Wir können aber davon ausgehen, dass die 9/11-Commission sich dieses entscheidenden Details in der Story angenommen hat. Oder?

Im August 2006 gab Lee Hamilton, der stellvertretende Vorsitzende der Kommission, dazu Auskunft – auf seiner Werbetour für das Buch *Without Precedent*, das er zusammen mit dem Kommissionsvorsitzenden Thomas Hamilton verfasst hatte. Befragt, ob

Omar Said Sheikh derjenige gewesen sei, der Atta 100 000 Dollar geschickt hatte, sagte er: »Darüber weiß ich nichts.« Und als CBC-Interviewer Evan Solomon nachhakte, ob die Kommission eine mögliche Beteiligung des ISI an den Anschlägen untersucht habe, erwiderte Hamilton: »Die kann es gegeben haben. Ich erinnere mich nicht, dass wir darüber etwas im Report geschrieben haben. Es kann sein, aber ich entsinne mich nicht.«[16]

Der *Report* erwähnt die Verbindung jedoch nicht, obwohl der Kommission schon im April 2004 Dokumente vorlagen, denen zufolge der frühere ISI-Chef Hamid Gul und die Agentur vollständig in Planung und Ausführung des gesamten 9/11-Plots involviert gewesen waren.[17] Und Omar Said Sheikh kommt im offiziellen Untersuchungsbericht erst recht nicht vor. Aber wir wissen ja, in welchem Knast er noch immer steckt. Angeblich. Und Pakistan, unser treuer Verbündeter im Kampf gegen den Al-Qaida-Terror, würde den Verbrecher gewiss gern ausliefern.

Nur darum bitten müsste die Pakistani vermutlich mal irgendjemand.

P.S.: Ein anekdotischer Nachtrag. Sechs Wochen vor ihrer Ermordung im pakistanischen Rawalpindi stand die designierte Premierministerin Benazir Bhutto dem Interviewer David Frost bei Al-Dschasira Rede und Antwort. Sie sagte, Omar Said Sheikh sei der Mann, der »Osama Bin Laden ermordete«[18]. Frost fragte nicht nach, und da Bhutto ihre Behauptung nicht wiederholte, durfte Bin Laden bis dahin weiter als lebendig gelten – Omar Sheikh allerdings weiterhin nicht als unschuldig.

Vorzuladen:

- Omar Said Sheikh
- General Mahmud Ahmad
- Hamid Gul

7 Der Kronzeuge: Khalid Scheich Mohammed

Das »Mastermind« des 11. September, Khalid Scheich Mohammed (KSM), legte nach seiner Verhaftung ein umfassendes Geständnis ab.

Nachdem Osama Bin Laden jede Beteiligung an 9/11 mehrfach kategorisch bestritten hatte (→ *Kap. 4*) und zudem Mitte 2002 die Beweiskette gegen den pakistanischen Geheimdienst ISI und Omar Said Sheikh als 9/11-Drahtzieher geschlossen zu sein schien (→ *Kap. 6*), tauchte überraschend ein ganz neuer 9/11-Drahtzieher auf, nämlich Khalid Scheich Mohammed. In einem pakistanischen Hinterzimmer gestand KSM, wie schon erwähnt, dem Journalisten Yosri Fouda,[1] er sei der Planer und Finanzier der Anschläge, worauf CIA und ISI ihm auf die Spur kamen und ihn in Karatschi verhafteten.

Wo und wann ist allerdings verblüffend unklar. Denn zunächst wurde KSM am 16. Juni 2002 als verhaftet gemeldet,[2] in Karatschi, dann als doch nicht verhaftet, um am 11. September 2002[3] erneut als verhaftet zu gelten, wieder in Karatschi, diesmal zusammen mit dem verhinderten 9/11-Hijacker Ramsi Binalshibh[4], was dann allerdings abermals bestritten wurde. Die Erklärungen reichten von »war er doch nicht« und »konnte entkommen« bis zu einem exzellent dokumentierten »wurde erschossen und beerdigt«.[5]

Da die bei der Razzia rein zufällig anwesenden internationalen Bildjournalisten nur Binalshibhs Verhaftung öffentlichkeitswirksam knipsten, blieb KSMs Aufenthaltsort (auf der Flucht, auf dem Friedhof oder längst in Guantánamo) unbekannt, bis Anfang März 2003 zum dritten Mal von seiner Verhaftung durch pakistanische Sicherheitskräfte berichtet wurde,[6] diesmal in Rawalpindi. Das FBI

Festgenommen 2002. Khalid Scheich Mohammed. Nicht im Bild. (Quelle: Reuters)

bestätigte das Datum, bestand jedoch darauf, es habe den pakistanischen Behörden massiv assistiert. 2006 behaupteten dann die Autoren des *Commission Report*, nicht nur das FBI, auch die CIA habe mitgeholfen, und verlegten den Ort der Festnahme wieder zurück – von Rawalpindi nach Karatschi.[7]

Zeugen berichteten auch diesmal, KSM sei nicht verhaftet worden, als genauer Ort des Zugriffs wurden Häuser unter verschiedenen Adressen genannt, überdies sei Mustafa Al-Hawsawi, angeblicher 9/11-Hauptfinanzier, gemeinsam mit KSM inhaftiert worden. Oder auch nicht. Oder stattdessen. Der britische *Guardian* kommentierte: »Die Story scheint fast vollständig erfunden zu sein«, und selbst der News-Mainstream, vertreten durch den Nachrichtensender MSNBC, raunte hinterher: »Einige Experten zweifeln sogar an, dass Mohammed tatsächlich erst am Samstag inhaftiert wurde, und vermuten, er werde wohl bereits seit einiger Zeit festgehalten, die Nachricht sei jedoch erst zu diesem US-amerikanischen und pakistanischen Interessen dienlichen Zeitpunkt öffentlich gemacht worden.«[8]

Immerhin: Die bereits im September 2002 gemeldete Verhaftung und Verschleppung von KSMs Gattin und seiner jungen Söhne wurde für den März 2003 bestätigt (beziehungsweise erneut gemeldet), und diesmal fragte sogar eine Journalistin besorgt nach, was die CIA mit den unschuldigen Angehörigen anstellen werde. Eine Antwort steht bis heute aus.[9]

KSM wurde umgehend von US-amerikanischen Agenten außer Landes geschafft, an einen Ort, der nicht einmal dem US-Präsidenten bekannt war.[10]

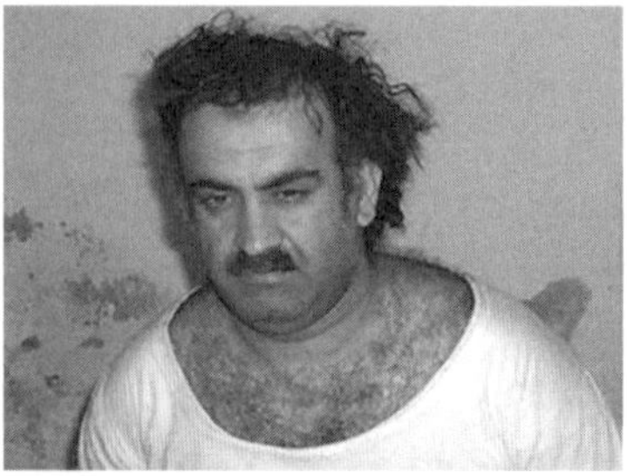

*Das 9/11-Mastermind, aufgenommen 2002 oder 2003 …
(Quelle: AP)*

*… und 2009, 183 Waterboarding-Sessions später.
(Quelle: Red Cross?)*

Der Presse präsentierte die CIA ein Foto eines angeschlagenen dicken Scheichs, dem erst im September 2009 ein von Mitarbeitern des Roten Kreuz aufgenommenes weiteres folgen sollte, und begann das vermeintliche Mastermind zu befragen, hinter verschlossenen Türen.

Da KSM nach Ansicht von Verteidigungsminister Rumsfeld kein »Kriegsgefangener« war, sondern ein »feindlicher Kämpfer«, galten für ihn nicht die Genfer Konventionen, daher war er von Anfang an zur kreativen Befragung, vulgo: Folter durch die CIA freigegeben. Ob dies auch seine Frau und seine Söhne betraf, ist nicht bekannt.

Unter dem Eindruck von unter anderem 183-Waterboarding-Sessions[11] legte der Scheich ein vollständiges Geständnis ab, das passenderweise die zu diesem Zeitpunkt längst massiv kritisierte offizielle Darstellung von 9/11 vollständig bestätigte.

Seit 2002 hat kein außenstehender Interessent KSM mehr persönlich zu Gesicht bekommen. Und das betrifft nicht nur die möglicherweise neugierige Öffentlichkeit oder irgendwelche Medienvertreter, das betraf auch die Mitglieder der offiziellen Untersuchungskommission. Obwohl der im April 2004 vorgelegte *Commission Report* massiv auf den Aussagen des Kronzeugen KSM beruht (mehr als ein Viertel der Fußnoten des *Report* weisen ihn als alleinige Quelle aus),[12] wurde der Zeuge nicht gehört.

Die Kommissionsvorsitzenden Thomas Kean und Lee Hamilton räumten ein, man habe nicht nur den Inhaftierten nicht befragen dürfen, sondern auch nicht jene, die den Verhörten verhörten.[13] Selbst die Abgabe schriftlicher Fragenkataloge beantwortete die CIA mit Zusammenfassungen der angeblichen Antworten, nie mit wortwörtlichen Aussagen des Inhaftierten. Alle Bitten der Kommissionsvorsitzenden, den Gefangenen wenn schon nicht befragen, so doch wenigstens sehen zu dürfen, wiesen CIA-Chef George Tenet und Verteidigungsminister Donald Rumsfeld unisono kategorisch zurück, obwohl Kean und Hamilton sich sogar bereit erklärten, einen ausgesucht zuverlässigen Kommissionsmitarbeiter von der CIA mit verbundenen Augen zum geheimen Aufenthaltsort des Inhaftierten fliegen zu lassen.[14] Die beiden Vorsitzenden verzichteten darauf, diesen Sachverhalt öffentlich zu machen,[15] und erwähnen in der Konsens-Abschlussfassung mit keinem Wort, dass praktisch alle Aussagen, auf denen ihr Bericht fußt, zweifelhaft sind und nicht im Mindesten gerichtsfest. Das hundertfach gefolterte Phantom wurde stattdessen völlig schmerzfrei permanent beim (von seinen Folterern kolportierten) Wort genommen.

Woher denn Al-Qaida die zirka 500 000 Dollar genommen hatte, die zur Ausführung des Anschlags erforderlich waren – diese Frage konnte KSM allerdings auch unter Folter nicht beantworten, weshalb sie im *Commission Report*, wie ebenfalls bereits erwähnt, als »von geringer Bedeutung« abgetan wurde (→ *Kap. 5*). Dass KSM schon vor seiner Verhaftung die richtigen Namen der Entführer nicht kannte, sondern sich nur an Codenamen erinnerte,[16] fällt da fast nicht mehr ins Gewicht. Er hatte ja ansonsten alles gestanden. Nicht nur »9/11 von A bis Z« und den Mord an Daniel Pearl, auch eine Verbindung zum verhinderten »Schuhbomber« Richard Reid sowie eine Beteiligung an so ziemlich allen geplanten und durchgeführten Anschlägen des letzten Jahrzehnts, unter anderem den »Bojinka-Plot«, Anschläge auf den Papst, Bill Clinton sowie die Plaza-Bank im Bundesstaat Washington. Da letztere erst drei Jahre nach KSMs Verhaftung gegründet worden war, unterstellte man ihm in diesem Fall – aber auch nur in diesem – »Aufschneiderei«.[17]

Im November 2009 kündigte US-Präsident Obama an, KSM und anderen Tätern werde nun endlich ein öffentlicher Prozess in New York gemacht. Es gab Widerstände, sogar vor den Kulissen, zumal die Anwälte des Chefplaners verlauten ließen, ihr Mandant werde, falls es je zu einer Anhörung komme, auf »nicht schuldig« plädieren.[18] Ex-Vizepräsident Dick Cheney stellte sein energisches mediales Zetern gegen den neuen Präsidenten allerdings nach der Ankündigung ein und zog sich nach einem leichten Herzanfall Anfang 2010 aus der öffentlichen Debatte einstweilen zurück. Obama ließ anschließend seine öffentliche Anklage-Idee ebenso pietätvoll wie stillschweigend fallen. Im November 2010 hieß es aus Regierungskreisen, KSM werde »auf absehbare Zeit« in militärischem Gewahrsam bleiben – ohne Prozess[19] –, aber als Präsident Obama am 4. April 2011 seine erneute Kandidatur für das oberste Amt ankündigte, ließ er gleichzeitig verlauten, den Angeklagten werde nun doch ein ordentlicher Prozess gemacht. Allerdings entgegen dem ursprünglichen Plan nicht mitten in New York, sondern ein bisschen weiter südlich. Vor einem Militärgericht. In Guantanamo Bay.[20]

Die Öffentlichkeit wird sich also weiter gedulden müssen. Geht es nach der US-Regierung, vermutlich nicht nur weitere zehn Jahre, sondern bis kurz nach KSMs irgendwann unvermeidlichem natürlichem Ableben.

Dennoch halten wir fest: Der Abschlussbericht der offiziellen Untersuchungskommission zu den Vorfällen, Hintergründen und Zusammenhängen des 11. September gründet sich zu wesentlichen Teilen auf die alles erklärenden Geständnisse des angeblichen Drahtziehers KSM. Diese Geständnisse halten selbst CIA-Fachleute erstens für nicht gerichtsfest, weil unter Folter erzwungen, zweitens für »zu 90 Prozent unzuverlässig«, wahlweise für »total fucking bullshit«,[21] und weisen darauf hin, dass der Mann inzwischen auch den möglicherweise verwertbaren kleinen Rest seiner Aussagen seinen Anwälten gegenüber widerrufen habe. Es bleibt also: Der sogar für die offiziellen Untersucher des 11. September komplett unsichtbare und nach permanenter Folter vollgeständige Chefplaner der 9/11-Anschläge befindet seit zirka 2002 (möglicherweise) in CIA-Gewahrsam und wurde nie öffentlich gehört.

Vorzuladen:

- Khalid Scheich Mohammed

Terroristen, Sündenböcke und Agenten

8 Der Ringleader: Mohammed Atta

Mohammed Atta, ein radikaler Islamist, war der Anführer der 19 Selbstmordterroristen.

Unser Dossier über Mohammed Atta, den vermeintlichen »Ringleader« der Hijacker, ist über 300 Seiten dick und enthält noch ein Vielfaches davon an Links und Quellen. Ein Grund für die Massen an Material zu Atta ist unter anderem, dass Wohnung und Umfeld der Hamburger Marienstraße, wo er mit einigen Freunden residierte, seit 1998 observiert worden waren – von der CIA, vom Landesamt für Verfassungsschutz, vom Bundesamt für Verfassungsschutz, vom BKA, vom Mossad ... Die Schlapphüte gaben sich dort quasi die Klinke in die Hand.[1] Einmal, berichtete der *Spiegel*, marschierte gar ein CIA-Mann in das Büro der deutschen Verfassungsschützer, um klarzustellen, wer in diesem Nest in der Marienstraße denn nun wessen Agent, V-Mann oder Spitzel sei. Was Atta betrifft, bekunden die deutschen Geheimdienstler bis heute, wäre ihnen in Hamburg nichts aufgefallen, was auf die 9/11-Planung hätte schließen lassen.[2]

Ähnliches bekamen wir auch von den Stadtplanern und Mitarbeitern des Büros zu hören, bei denen Mohammed Atta über vier Jahre als Bauzeichner gejobbt hatte. Sie bezeichneten ihn als scheuen, zurückhaltenden Mann. Als wir seinem ehemaligen Chef von den Sex- und Drogeneskapaden Attas in Florida berichteten, für die es zahlreiche Zeugen gibt und die der Investigativjournalist und Autor Daniel Hopsicker umfassend dokumentiert hat,[3] schüttelte er den Kopf: »Das kann nicht unser Mohammed sein. Wissen Sie, ich erwarte eigentlich immer noch, dass er hier zur Tür hereinkommt und sich das alles als Missverständnis aufklärt.« Das war im Sommer 2003.

Und aufgeklärt über den angeblichen Anführer der Hijacker ist bis heute so gut wie nichts, vielmehr haben sich seitdem noch weitere Unklarheiten ergeben – allen voran die 2005 aufgetauchten Berichte über ein geheimes Militärprogramm des United States Special Operations Command (SOCOM) namens »Able Danger«, das seit Oktober 1999 untersuchte, wie möglichen Terrorgefahren durch Analyse von Datenströmen zuvorzukommen ist. Nach Aussagen verschiedener Beteiligter und des Kongressabgeordneten Curt Weldon[4] tauchte schon Ende 1999 auf der Able-Danger-Verdächtigenliste der Name Mohammed Atta auf. Auch die späteren »Hijacker« Marwan Al-Shehi, Khalid Al-Midhar und Nawaf Al-Hazmi sollen durch diese Datenrecherche als Mitglieder einer »Brooklyn Cell« identifiziert worden sein. Nachdem Weldon wegen dieser Aussagen kritisiert wurde, outete sich Lt. Col. Anthony Shaffer als Weldons Quelle und führte weitere hochrangige Mitglieder des Able-Danger-Teams als Zeugen dafür an, dass Mohammed Atta auf einem der von ihnen erstellten Diagramme aufgetaucht war – und dass er, Shaffer, das FBI im September 2000 über die aufgedeckten Zusammenhänge informieren wollte, aber von Regierungsanwälten daran gehindert wurde.

Auch vor der 9/11-Commission machte Oberstleutnant Shaffer diese Aussage, und darüber hinaus deutlich, dass diese Verhinderung mit der Abwehrhaltung der CIA zu tun hatte. »Die CIA wird euch … niemals die besten Informationen liefern, denn wäret ihr erfolgreich bei dem Vorhaben, Al-Qaida zu identifizieren, würdet ihr uns die Show stehlen. Deswegen werden wir das nicht unterstützen«, zitierte Shaffer einen CIA-Repräsentanten.[5]

Nachdem 2005 sämtliche Daten der Operation Able Danger, insgesamt 2,5 Terabyte, und auch die privaten Unterlagen Shaffers vernichtet worden waren,[6] existierten nur noch Augenzeugen, die Mohammed Atta auf dem Diagramm potentieller Terroristen identifiziert hatten. Und die können bekanntlich auch mal irren, so dass das Verteidigungsministerium in seinem Abschlussbericht zu der Affäre 2006 erleichtert feststellte, es lägen keine Beweise vor, dass Able Danger einen Mohammed Atta oder einen anderen der 9/11-Terroristen identifiziert hätte – und die Sache diskret unter den Teppich kehrte: Der Karriereoffizier Anthony Shaffer wurde vom militärischen Geheimdienst DIA ehrenhaft entlassen – weil er für 67 Dollar Privatgespräche auf seinem Diensthandy geführt hatte.[7] Er hat seitdem in zahlreichen Interviews und Stellungsnahmen die Vertuschung der Able-Danger-Erkenntnisse öffentlich gemacht und kritisiert.[8]

Man könnte den Able-Danger-Fall als weiteren Beleg dafür lesen, dass es bürokratische Hemmnisse und Barrieren waren, die ein *connecting the dots*, die Verbindung aller Informationen über die Terroristen, im Vorfeld der Anschläge verhinderten – oder aber, wozu wir zugegebenermaßen neigen, als ein weiteres und eklatantes Beispiel für die Protektion, die die späteren »Hijacker« genossen (→ *Kap. 17*). Denn merkwürdigerweise ähneln Personal und Umfeld der »Hamburger Zelle«, die seit 1997 in der Marienstraße von diversen Diensten observiert wurde, ziemlich genau jener »Brooklyn Cell«, die von Able Danger 1999 identifiziert wurde, inklusive Mohammed Atta. Wie die Able-Danger-Mitarbeiter durch Recherchen in öffentlichen und nichtöffentlichen Datenmengen die Kandidaten möglicher Terrorgefahren fanden, ist nicht bekannt.

Diese Frage ist insofern entscheidend, als Atta & Co. zum Zeitpunkt ihrer Identifizierung als Mitglieder einer potentiellen Terrorzelle in Brooklyn offiziell noch nie US-Boden betreten hatten. Umso erstaunlicher (oder verständlicher?), dass der Leiter der 9/11-Commission, Philip Zelikow (→ *Kap. 3*), nichts davon wissen wollte, als ihm Anthony Shaffer darüber Informationen und (die zu diesem Zeitpunkt noch vorhandenen) Unterlagen dazu anbot. Über Able Danger wisse man ausreichend Bescheid, beschied das Büro Zelikows dem verdutzten Oberstleutnant.[9]

Warum will eine Untersuchungskommission der 9/11-Verbrechen von Erkenntnissen und der möglichen Vorgeschichte des angeblichen Anführers und Bandenchefs nichts wissen? Für die Generallinie ihres Abschlussberichts, 9/11 habe nur wegen einer Serie institutioneller Pleiten, Pech und Pannen stattfinden können, wäre die Erwähnung der frühen Identifizierung Attas und der bürokratischen »Wand« zwischen Diensten und Institutionen, die eine Verwertung dieser Informationen verhinderte, nur ein weiterer, in den Gesamttenor passender Punkt gewesen. Seine Vertuschung indessen weist eher auf ein Funktionieren der Bürokratie hin als auf deren Versagen: Die »Assets«, die verdeckten Mitarbeiter der einen Institution (CIA), fallen den unabhängigen Datenschnüfflern einer anderen Institution (DIA) als Verdächtige auf – und werden sodann mit bürokratischen Mitteln vor einer Enttarnung geschützt.

Nur eine solche Protektion kann die schlafwandlerische Sicherheit erklären, mit der sich die späteren »Hijacker« in den USA bewegten – wie zum Beispiel Mohammed Atta, der, ohne Einreisevisum, am 11. Januar 2001 aus Madrid kommend in Miami landet und nach einem kurzen Gespräch mit zwei Inspektoren 30 Minuten später den Flughafen verlässt, mit gleich zwei Visa! Auch hier könnten wir der offiziellen Pleiten-, Pech- & Pannen-Generallinie folgen – und die bürokratischen Fehlleistungen der zwei Inspektoren, die ihm ein Visum bis zum 9. Juli und eines bis zum 8. September 2001 ausstellten, wurden mittlerweile auch haarklein dargelegt[10] –, wären da im »Hijacker«-Umfeld nicht auch noch die Al-Midhars, die Al-Hazmis und ein halbes Dutzend weiterer haarsträubender Pass- und Visaangelegenheiten, die den jungen Arabern indessen keinerlei Probleme machten (→ *Kap. 17*). Eindeutig ein paar der immergleichen Pannen und Pleiten zu viel, um noch als Zufall durchzugehen.

Wir wissen nicht, wer die offizielle Vernichtung der Able-Danger-Daten und der Aufzeichnungen Shaffers veranlasst hat, die einen definitiven Beweis für die frühzeitige Identifizierung einiger 9/11-Täter darstellen könnten, halten aber die Aussagen von Anthony Shaffer und seiner Mitarbeiter für äußerst glaubwürdig. Die Vertuschung der ganzen Angelegenheit sowie die Degradierung des Whistleblowers (→ *Kap. 38*) scheint uns bezeichnend zu sein – nicht für ihre Irrelevanz, das Verbergen einer weiteren institutionellen Panne und auch nicht, wie Shaffer glaubt, für die Inkompetenz der Bürokratie, sondern für das Verbergen der schützenden Hand, die über Agent Atta und seinen »islamistischen« Kameraden wachte.

Der offiziellen Legende nach war Mohammed Atta ein islamistischer Terrorist, der im Auftrag Osama Bin Ladens die Anschläge des 11.9.2001 vorbereitete und ausführte. Wenn die oben zitierten Erkenntnisse der Able-Danger-Mitarbeiter der Wahrheit entsprechen – und es gibt wenig Grund, an ihnen zu zweifeln –, wurde er von den Datenschnüfflern des militärischen Geheimdienstes DIA schon frühzeitig als potentieller Täter enttarnt. Atta konnte sogar ohne irgendein Visum weiterhin in die USA einreisen. Er mietete unbeschwert Wohnungen, Autos und Flugzeuge, die er dann auch mal nach der Landung einfach auf der Rollbahn stehen ließ, statt sie ordnungsgemäß in den Hangar zu rollen,[11] er besuchte Bars und Striptease-Clubs, machte gern mal einen Sause in den Bars von Key West und hatte nach Angaben seiner Freundin Amanda Keller immer reichlich Geld und Kokain einstecken. Bevor er Ende August 2001 den Flug für den 11.9. buchte, hatte er bei American Airlines noch ein Frequent-Flyer-Konto eröffnet – was nach einem soliden Remake der Komödie *Tote tragen keine Karos* klingt, aber dennoch der Post-9/11-Realität entspricht: Selbstmordpiloten sammeln Bonusmeilen!

Geschenkt, könnte man da einwenden, das diente eben nur der Tarnung, mit der sich ein raffinierter Terrorist unauffällig macht. Dass er beim Grillen am liebsten Schweinerippchen futterte, in den Bars am liebsten Wodka trank und in Venice Beach mit einem Dessous-Model die Wohnung teilte – auch diese und weitere bemerkenswerte Eigenschaften, die der Reporter Daniel Hopsicker vor Ort in Venice bei Nachbarn, Vermietern und anderen Kontaktpersonen Attas herausfand, könnte der islamistische Selbstmordattentäter nur zu Tarnungszwecken an den Tag gelegt haben.[12] Ferner könnten die Kontakte mit europäischen Pilotenfreunden, die er in Florida regelmäßig traf, von Atta nur gepflegt worden sein, um seine geheime Al-Qaida-Mitgliedschaft zu verbergen. Dass einer seiner damaligen Kumpels im Umfeld der Flugschule Huffman Aviation und dem Flughafen Venice, der deutschstämmige Pilot Wolfgang Boehringer, noch ein paar Jahre später mit dieser Bekanntschaft prahlte, dann aber Fanning Island, eine abgelegene Insel im Südpazifik, mit seiner Jacht fluchtartig verlassen musste, wobei er seinen Bekannten dort versicherte, ihm werde schon nichts passieren, denn er arbeite für die CIA[13] – solche Bekanntschaften könnten, wie das Meilensammeln, das Schweinefleisch, die Sex-Bars und der Alkohol nur dem Zweck gedient haben, Attas fanatischen Islamismus zu verbergen. Im Laufe der Ermittlungen freilich wären die Nachbarn, Hausmeister und Vermieter, die Fluglehrer und Piloten, mit denen er zusammen war, und vor allem seine Mitbewohnerin Amanda Keller verhört und die raffinierte Tarnung des Agenten Atta nach und nach aufgedeckt worden – und die 9/11-Commission hätte anhand dieser Zeugenaussagen ein umfassendes Bild des Bandenchefs Mohammed Atta zeichnen können, der im Auftrag Osama Bin Ladens den westlichen Lebensstil einschließlich Las Vegas, Koks und Nutten perfekt adaptierte, um dann den Feind im Innersten mit einem grausamen Anschlag zu treffen.

Allein: Alle diese Fakten blieben im Kommissionsbericht außen vor. Kein Wort zum Beispiel zur Shuckums Bar in Hollywood, Florida, wo Atta und sein Begleiter Al-Shehi am 7. September gezecht hatten. Etliche Lokalzeitungen, die *New York Times*, das *Time Magazine* und andere Medien hatten die Aussagen des Managers Tony Amos über das Gelage zitiert, nach denen Atta fünf Wodka Orange und Al-Shehi derweil Rum mit Cola getrunken hatten. Auch die Barfrau Patricia Idrissi erkannte die »versoffenen« Typen wieder, als das FBI zwölf Stunden nach den Anschlägen in der Bar auftauchte und Fotos der beiden »Hijacker« vorlegte, und erinnerte sich an Attas finsteres Gesicht, als sie bei einer weiteren Bestellung nachgefragt hatte, ob er die bisher angelaufenen 48 Dollar denn auch bezahlen könnte : »You think I can't pay? I'm a pilot for American Airlines. I can pay my fucking bill.«[14]

Leider aber sind heute diese Zeugen nicht mehr auffindbar, und die Kommission gab sich keine Mühe, sie zu finden. Nachdem in den Tagen nach dem 11. September glaubwürdige Berichte über dieses Trinkgelage in verschiedenen Medien veröffentlicht worden waren, erfuhr die Geschichte nach kaum einer Woche eine erstaunliche Wendung: Nun zitierte die *LA Times* den Barmann Tony Amos mit dem Hinweis, Atta hätte an diesem Abend nur Cranberry-Saft getrunken und vor einem Videospiel gesessen. Auch im *Time Magazine*, das zuvor über die »versoffenen« Typen in Shuckums Bar berichtet hatte, war die Story am 30. September plötzlich alkoholfrei und hockte der Safttrinker Atta allein vor einem Videogame. Im *Commission Report* von 2004 war die Episode dann ganz verschwunden, wie alle anderen das Bild vom frommen und fanatischen Muslim konterkarierende Fakten. Für den 7. September vermerkt der Report in Sachen Atta nur: »Er flog von Fort Lauderdale nach Baltimore, vermutlich um das Team von Flug 77 in Laurel zu treffen.« Der Flug startete um 15:15 Uhr, was nicht mit dem abendlichen Trinkgelage in Shuckums Bar zusammenpasst, ebenso wenig wie mit einer Banküberweisung von seinem SunTrust-Konto in Fort Lauderdale, die er um 15:58 Uhr getätigt haben soll.[15]

Der geschäftige Terroristenanführer und devote Muslim hier, und da der trinkfreudige Liebhaber von Sex, Drugs & Rock'n'Roll, der laut Amanda Keller am liebsten die Beastie Boys hörte – das passt zusammen wie Heiliger Krieg und deren Hit »Fight for Your Right to Party«. Doch ein derart widersprüchliches Bild ergibt sich, wenn man alle bekannt gewordenen Fakten über Atta in Betracht zieht: der fromme Bauzeichner und Stadtplaner in Hamburg, der in einem afghanischen Camp »radikalisiert« wird, ebenso wie das mit Geld, Drogen und Blondinen ausgestattete Partybiest, das die Katze seiner Freundin Amanda abschlachtet, nachdem sie ihn aus der Wohnung geschmissen hat; der engstirnige Islamist, der ohne Koran nicht aus dem Haus geht und keiner Frau die Hand reicht, und der weltläufige arabische Agent, der über drei Reisepässe und ein halbes Dutzend Pilotenlizenzen verschiedener Länder verfügt; der Mann, der schon 1999 vom militärischen Geheimdienst als Terrorverdächtiger identifiziert wird, der aber auch noch 2001 ohne irgendein Visum in die USA einreisen kann. Der Terrorist, dem angeblich 100 000 Dollar über einen Mittelsmann des pakistanischen Geheimdienstes ISI überwiesen wurden (→ *Kap. 6*), dessen Finanzierung aber – wie die der gesamten Operation – von der 9/11-Commission einfach nicht untersucht wurde (→ *Kap. 5*).

Es kann durchaus sein, dass sich dieses widersprüchliche Puzzle des Profils »Mohammed Atta« dadurch ergibt, dass bei einigen der Augenzeugen und Berichte Verwechslungen und Irrtümer im Spiel waren. Unfassbar indessen bleibt, dass auch zehn Jahre nach der Tat keine mit halbwegs forensischer Präzision gewonnenen Erkenntnisse über den angeblichen Rädelsführer des Massenmords vorliegen. Dass dem so ist und dass hinter der Nicht-Ermittlung kein Zufall, sondern eine Regie steckt, zeigt eine der mysteriösesten Episoden im Zusammenhang mit Atta: seine Reise nach Portland am 10. September.

Laut *Commission Report* mieteten Atta und sein Begleiter Abdulaziz Al-Omari am 10. September in Boston einen blauen Nissan Altima und fuhren nach Portland, Maine. Dort übernachteten die beiden Männer im Comfort Inn und kamen um sechs Uhr früh zum Flughafen Portland, um den Flug (zurück) nach Boston zu nehmen. Dort trafen sie um 6:45 Uhr ein, rechtzeitig, um den American Airlines Flug 11 nach Los Angeles zu erreichen, der für 7:45

Uhr angesetzt war. Doch aus irgendeinem Grund erreichte Attas Gepäck den Anschlussflug nicht – als einziges aller Gepäckstücke – und lieferte dann den unwiderlegbaren Beweis der Al-Qaida-Verbindungen der Terroristen. So weit das offizielle, von der 9/11-Commission gelieferte Narrativ (→ *Kap. 13*).

Warum aber fuhr Atta, der doch schon in Boston war, am Tag vorher überhaupt nach Portland? Sofern er der Anführer der gesamten Operation und der vorgesehene Pilot der AA 11 war – welchen Grund kann es gegeben haben, die monatelang geplante Tat dem Risiko eines verspäteten Anschlussflugs auszusetzen? Sowohl der *Commission Report* als auch das FBI gestehen, dass sie »keine überzeugende Antwort« auf diese Frage haben.[16]

Und das mag damit zu tun haben, dass die gesamte Episode »Atta in Portland« nachträglich konstruiert wurde. In den ersten Tagen nach den Anschlägen wurde nämlich gemeldet, dass die heißen Spuren mit »arabischem Material« nicht in einem hängen gebliebenen Gepäckstück, sondern in einem weißen Mitsubishi gefunden wurden, der auf dem Parkplatz am Flughafen Boston-Logan entdeckt wurde und von Mohammed Atta zwei Tage zuvor gemietet worden war. Der blaue Nissan indessen, so meldete CNN am 12. September unter Berufung auf »law enforcement sources«, sei von den zwei verdächtigten »Hijackern« Adnan und Ameer Bukhari gemietet und nach Portland gefahren worden: »Wir haben ein Foto von ihm (Adnan Bukhari), der wie sein Bruder Ameer in Vero Beach, Florida, lebt.« In einem späteren Bericht am selben Tag meldete CNN unter Berufung auf den Polizeichef von Portland, zwei Männer seien von Überwachungskameras aufgezeichnet worden, als sie am Flughafen einstiegen, um den US Airways Flug 5930 nach Boston zu nehmen.[17] Am nächsten Tag führte CNN die Geschichte weiter aus und verwies auf »den weißen Mitsubishi«, der am Flughafen Boston sichergestellt wurde und, so die Quellen, von Atta gemietet worden war. Das Auto enthielt Gegenstände wie Flughandbücher in arabischer Sprache, die Mitarbeiter der Verfolgungsbehörden als »hilfreich« für die weiteren Ermittlungen bezeichneten.

Als hilfreich halten wir indessen fest, dass hier in den ersten zwei Tagen von einem blauen Nissan der Bukhari-Brüder in Portland und einem weißen Mitsubishi von Atta in Boston die Rede ist, in dem verdächtiges Material gefunden wurde. Doch dann, am 13. September nachmittags, meldete CNN, keiner der Bukhari-Brüder sei an den Anschlägen beteiligt gewesen. Ameer nämlich sei schon ein Jahr zuvor gestorben, Bruder Adnan hingegen schon deshalb kein 9/11-Täter, weil er sich inzwischen als quicklebendig entpuppt hatte. Man entschuldigte sich für die »Fehlinformation«, die »auf Informationen von verschiedenen Ermittlungsbehörden gründete«. Am nächsten Tag änderte sich die Geschichte weiter, nun zitierte Associated Press den Polizeichef von Portland, Michael Chittwood, mit den Worten, dass »einer der beiden Verdächtigen, der in Portland an Bord ging, Mohammed Atta war«. Jetzt wurde der blaue Nissan also von Atta nach Portland gefahren, das »verdächtige Material« befand sich laut AP vom 14. September aber immer noch in »einem anderen Auto, das von weiteren Verdächtigen benutzt und in Boston beschlagnahmt wurde«. Es dauerte weitere zwei Tage, bis die *Washington Post* die Geschichte in die bis heute gültige Form goss: Von den Bukharis war nicht mehr die Rede, den blauen Nissan hatten nun Atta und Al-Omari nach Portland gefahren, und die verdächtigen Beweise stammten nicht mehr aus einem weißen Mitsubishi, sondern waren ganz wo anders gefunden worden: »in seinem«, Attas, »Gepäck am Boston-Logan-Airport«. Erst am 16. September tauchte also das in Boston hängen gebliebene Gepäck Attas auf, das fortan inklusive Testament als heiliger Gral der Beweisführung den Grundstein des offiziellen Narrativs bildet[18] (→ *Kap. 13*).

Zementiert wurde dieser Grundstein durch ein FBI-Protokoll mit dem Datum »12. September, 9:35 Uhr«, das 2006 in den Prozess gegen den franko-marokkanischen »Anschlagsvorbereiter« Zacarias Moussaoui eingebracht wurde. Darin erklärt der FBI-Agent James K. Lechner, dass der in Portland gefundene blaue Nissan von Mohammed Atta gemietet worden war, dass die Namen von Atta und Al-Omari auf der Passagierliste der AA 11 gestanden hatten und dass das »American Airlines Personal in Logan zwei Taschen (eingecheckt von Atta) gefunden hatte, die auf den Flug AA 11 gelangen sollten, aber nicht geladen worden waren«. Außerdem vermerkt das Protokoll, dass eine am 11. September angeordnete Durchsuchung des Gepäcks viel verdächtiges Material zutage gefördert habe, »einschließlich Attas Testament«.[19]

Nur: Wenn das schon am 12. September um 9:35 Uhr alles bekannt war, warum berichteten die Non-Stop-Reports der Medien dann noch bis zum Nachmittag des 13. von den Bukhari-Brüdern, bis zum 15. von einem weißen Mitsubishi in Boston als Fundort der heißen Spur und erst am 16. von Attas hängen gebliebenem Gepäck? Warum wurden die Medien, die sich bei diesen Meldungen auf »Ermittlungsbehörden« (also auf das FBI) beriefen, von diesen vier Tage lang irregeführt? Dass sofort nach den beiden Bukharis gefahndet wurde, ist der wohl deutlichste Hinweis darauf, dass die Passagierlisten, nach denen das FBI vorging, von Beginn an manipuliert gewesen sein müssen – und die zweifelsfreien Originale bis heute nicht vorliegen.

Nachdem die Bukhari-Panne aufgeflogen war, musste Ersatz geschaffen werden. Als Ersatz-Hijacker werden vom 14.9. an nun wiederum zwei Brüder, Wail und Walid Al-Sheri geführt; auch zwei andere zuvor (von offizieller Seite) als Verdächtige genannte (und gesuchte) Männer – Amer Kamfar und Abdulrahman Al-Omari – werden ausgetauscht. Anstatt des ersteren firmiert seitdem Satam Al-Sukami, und Abdulrahman wurde durch einen Abdulaziz Al-Omari (→ *Kap. 10*) ersetzt. Dieser Al-Omari soll nun am 10. September derjenige gewesen sein, der anstelle der Bukharis mit Atta in dem blauen Nissan nach Portland fuhr. Am 5. Oktober legte das FBI einen Bericht und Bilder über Attas Aufenthalt in Portland vor. Ein Fotoausschnitt, allerdings ohne Datum, zeigt ihn und Al-Omari um 20:28 Uhr angeblich am Geldautomaten an einer Portlander Tankstelle. In den Prozess gegen Moussaoui 2006 wurde dann das ganze Foto als Beweisstück eingebracht, dieses Mal ist auch das Datum zu erkennen: 11-10-01.

Nun könnten wir das als Beweis werten, dass Atta am 10. November 2001 in Portland Geld abgehoben hat, oder aber – weil es sich beim Präparieren von Legenden und Beweisstücken eben auch um Handwerk handelt – schlicht als Pfusch am Bau und Beweis, dass dieses Foto ebenso gefälscht sein könnte wie die anderen Belege von Attas unerklärlichem Aufenthalt in Portland. Der Angestellte am Check-in-Schalter, Mike Tuohey, der Atta und Al-Omari in Portland abfertigte, erkannte die beiden später zwar auf den Bildern der Security-Kamera wieder, doch anders als gerade zuvor bei ihm am Schalter trugen die Herren jetzt keine Jacketts und Krawatten mehr, sondern offene Hemdkragen. Zudem enthält dieses Foto des Mohammed Atta, das um die Welt ging, zwei Zeitangaben (5:45 und 5:53 Uhr) was seine Echtheit als zweifelhaft erscheinen lässt. Wer waren also die zwei »Hijacker« dort? Die gesamte Geschichte von Atta in Portland ist mit derart vielen Ungereimtheiten gespickt, dass der Verdacht einer nachträglichen Konstruktion sehr naheliegt.

Ebenso wie der Verdacht, dass das 2006 veröffentlichte FBI-Protokoll, in dem die falsch bezichtigten Bukharis ebenso eliminiert sind wie der falsche Fundort der Beweisstücke, auf den Morgen des 12. September 2001 vordatiert wurde. Dass die Schatztruhe mit filmreifen Fundstücken (→ *Kap. 13*) präpariert wurde, können wir zwar nicht beweisen, im Umkehrschluss aber doch konstatieren, dass, wer diesen Koffer zu einem Selbstmordanschlag mitnimmt, nicht ganz dicht sein kann – und schon aufgrund dieser mentalen Disposition als Anführer einer derart komplexen terroristischen Operation eigentlich nicht in Frage kommt.

Vorzuladen:

- Lt.Col. Anthony Shaffer, Capt. Scott Phillpott, Dr. Eileen Preisser und weitere Mitarbeiter der Operation Able Danger
- Philip Zelikow und sein Assistent, die Shaffer 2004, als er die Dokumente zur Verfügung stellen wollte, ausrichteten: »We don't need you to come in. We have all the information we need on Able Danger.«
- Amanda Keller, die zwei Monate mit Atta in den Sandpiper-Apartments in Venice zusammenlebte, der das FBI nach den Anschlägen dringend riet, den Mund zu halten und in eine andere Stadt zu ziehen, wo sie 2002 von Daniel Hopsicker ausfindig gemacht wurde, ihm freimütig ein Video-Interview über ihre Zeit mit Atta und seinen deutschen (!) Freunden gab – ein Interview, das sie dann 2006 auf Nachfrage dementierte: Sie habe den Mann, mit dem sie auch im Bett war, wohl verwechselt.[20]
- Der Verwalter der Sandpiper-Apartments und die Nachbarin von Amanda Keller, Charles Grapentine und Stephanie Frederickson, die Attas Anwesenheit im Frühjahr 2001 bezeugen können.
- FBI-Agent Lechner und die Richter, die das Protokoll angeblich am Morgen des 12.9. unterzeichneten.

9 Die Hijacker: eindeutig identifiziert

Alle 9/11-Hijacker wurden eindeutig identifiziert und als Täter überführt.

»Nach einem Blick auf die arabischen Namen und die dazugehörigen Sitzplätze, Ticketkäufe und Passagierinformationen waren die groben Zusammenhänge umgehend analysiert. Die Zollbeamten konnten die 19 mutmaßlichen Hijacker binnen 45 Minuten identifizieren.«
Robert Bonner, Leiter der »Customs and Border Protection« vor der 9/11-Commission[1]

Als drei Tage nach den Anschlägen die ersten Namen der »Hijacker« veröffentlicht und über die Medien die betreffenden Fotos verbreitet worden waren, beschwerten sich umgehend sechs Männer, dass sie mit Namen, Geburtsdatum und zum Teil mit Bild als Terroristen aufgeführt wurden, obwohl sie sich zu diesem Zeitpunkt gar nicht in den USA aufgehalten hatten. Daraufhin berichteten die BBC, der Londoner *Telegraph*, aber auch die *New York Times*, die *Los Angeles Times* und andere über die »lebenden Verdächtigen« und »gestohlenen Identitäten«. Walid Al-Sheri etwa, ein Pilot der Saudi Arabian Airlines, protestierte in Casablanca bei amerikanischen und saudischen Behörden und gegenüber Journalisten. Er bestätigte, der Walid Al-Sheri auf dem Hijacker-Steckbrief des FBI zu sein und im Sommer 2000 in den USA Flugunterricht genommen zu haben. Danach sei er jedoch nicht mehr dort und schon gar nicht an den Anschlägen beteiligt gewesen, da er zur Tatzeit nachweislich an einem Fortbildungskurs in Marokko teilgenommen habe.[2] Auf der am 27. September 2001 vom FBI veröffentlichten und bis heute nicht zurückgezogenen zweiten Täter-

Der Pilot Walid Al-Sheri tauchte mit diesem Foto in der BBC und anderen Medien als »Hijacker« auf und beschwerte sich über die Verwechslung, da er zum Tatzeitpunkt nachweislich in Marokko war. Das Foto ziert die offizielle Tätergalerie bis heute. (Quelle: FBI)

liste steht er jedoch immer noch mit demselben Foto – ebenso wie sein Bruder Wail Al-Sheri, von dem der Sprecher der saudischen US-Botschaft am 21. September der *Los Angeles Times* berichtet hatte, dass es sich um eine Verwechslung handeln müsse, denn er habe noch nach den Anschlägen mit Wail und mit seinem Vater telefoniert. Zwar musste FBI-Direktor Mueller angesichts solcher Unstimmigkeiten bei der Veröffentlichung der Liste gestehen, dass einige Identitäten »noch nicht endgültig« geklärt seien – und CNN veröffentlichte am 28. September einen Steckbrief, auf dem unter den betreffenden Namen journalistisch korrekt vermerkt war: »identity disputed«. Doch geändert hat sich an den zweifelhaften Identitäten bis heute nichts, auch wenn FBI-Chef Robert Mueller im November 2001 erklärte, nunmehr »definitiv zu wissen, wer die 19 verantwortlichen Hijacker waren«.[3] Doch im *Commission Report* erschien noch 2004 dasselbe Foto, auf dem sich der unbeteiligte Pilot Walid Al-Sheri in Marokko erkannt hatte, nach wie vor – und es ziert die Galerie der 9/11-»Hijacker« bis heute.

Nun ist es bei Kriminellen ja keinesfalls unüblich, gefälschte Identitäten zu benutzen, und dass die Terroristen des 11.9. sich ebensolche verschafften, liegt durchaus nahe. Im Falle der beiden saudischen Diplomatensöhne namens Al-Sheri wurden ihre IDs jedoch nicht gestohlen, vielmehr meldete die in Saudi-Arabien erscheinende, englischsprachige Zeitung *Arab News*, dass es sich um ein Brüderpaar gleichen Namens handelt, deren Vater Muhammad Ali Al-Sheri sie seit zehn Monaten vermisst.

Nachdem die Berichte über die ungeklärten Identitäten der 19 vermeintlichen Täter mit dem Buch *Fakten, Fälschungen und die unterdrückten Beweise des 11.9.* (*FFB*) im Sommer 2003 in Deutschland eine größere Öffentlichkeit erreichten, machte sich der *Spiegel* unter der Headline »Verschwörung 11. September« daran, diese Zweifel zu zerstreuen, und fragte bei den Redakteuren der BBC und des *Telegraph* nach. Diese taten dann so, als seien sie damals einer Ente aufgesessen. Die BBC berief sich auf *Arab News*, die wiederum auf das Blatt *Asharq Al-Awsat*, und dessen Reporter Mohammed Samman dementierte nun seine eigene Geschichte. *Telegraph*-Redakteur David Harrison, der am 23. September 2001 geschrieben hatte: »Der *Telegraph* war die erste Zeitung, die die Männer interviewen konnte, seit sie erfuhren, dass sie auf der FBI-Liste der Hijacker stehen«, behauptete zwei Jahre später auf Nachfrage eines WDR-Fernsehteams, nie irgendein Interview mit einem der Betroffenen geführt zu haben.[4]

Nun ist es ja bei Journalisten keinesfalls unüblich, gefälschte Nachrichten in Umlauf zu bringen, auch reputierliche Medien wie die oben genannten sind davon nicht ausgenommen, und es kann durchaus passieren, dass in der Hitze des Nachrichtengefechts in den Tagen nach den Attacken auch die eine oder andere Ente mit durchrutschte. Dass sich aber bei einem halben Dutzend Zeitungen und Sendern unabhängig voneinander ein halbes Dutzend fälschlich bezichtigter »Hijacker« melden, ist der Entenbraterei ein bisschen zu viel. Auch dass es sich dabei jedesmal nur um falsche Schreibweisen oder ähnliche simple Verwechslungen handelte (zur Klärung des Walid-Al-Sheri-Mysteriums reichte der *Spiegel* ein Jahr später einen Piloten namens »Walid Al-Shri« nach, der sich in Marokko beschwert haben soll), ist unwahrscheinlich. Deshalb gelang es dem ehemaligen Nachrichtenmagazin auch nicht, den »Unsinn« mit seiner halbherzigen Recherche zu widerlegen (→*Anhang I*), und deshalb existieren Zweifel an der wahren Identität einiger »Hijacker« bis heute. Die immer mal wieder aufgetauchten Berichte, nach denen einige ihrer sterblichen Überreste anhand von DNA-Proben identifiziert wurden, sind allesamt zweifelhaft.[5]

Am 20. September 2001 hatte der saudische Außenminister Prinz Saud Al-Faisa nach einem Treffen mit Präsident Bush bekundet, dass »fünf der genannten Personen auf der Liste nichts mit dem Geschehen zu tun hatten«, was wohl der »Hast bei der Veröffentlichung« geschuldet sei – und dieses Statement auch auf der Website der saudischen Botschaft publiziert.[6] Als dann zwei Jahre später der *Spiegel* bei der Botschaft nachfragte, war das entsprechende Statement nicht nur gelöscht, die Saudis behaupteten nun auch, dass seine Königliche Hoheit, der Außenminister, irgendwelche Zweifel an der Identität der Hijacker niemals geäußert hätte: »HRH the Foreign Minister never gave such a statement.«[7] Warum lässt der saudische Minister zwei Jahre später dementieren, mit Präsident Bush über die zweifelhaften Hijacker-Identitäten gesprochen zu haben? Wenn, wie in dem Statement angedeutet, offenbar die Hast bei der Veröffentlichung zu den Fehlern führte – die dann aber eine Woche später korrigiert wurden, als das FBI am 27. September seine (bis heute) definitive Liste der Hijacker veröffentlichte –, warum kann man das auf Nachfrage nicht genau so bestätigen? Warum werden zwei Jahre später Presseerklärungen aus dem Netz gelöscht und die wörtlichen Erklärungen dementiert? Da Minister nicht ohne Not lügen, können wir davon ausgehen, dass die Zweifel nach wie vor bestehen, auch wenn man sich aus diplomatischen Gründen der offiziellen Lesart angepasst hat. Und diese Zweifel sind, mit Blick auf die veröffentlichten Passagier- und Hijacker-Listen, nach wie vor höchst berechtigt.

Wir kennen es von jedem Flughafen: Vor dem Einstieg in die Maschine wird die Identität anhand der Bordkarte mit der Passagierliste abgeglichen, verspätete Passagiere werden anhand dieser Liste ausgerufen und zum Gate gebeten. Diese Liste ist, im Falle eines Unglücks, für Polizei und Versicherungen das entscheidende Dokument zur Identifizierung der Insassen. Doch im Falle der vier verunglückten Maschinen wurde ein solches Dokument nicht veröffentlicht. In den ersten, von CNN am 13. September publizierten Listen fehlten nicht nur sämtliche arabisch klingenden Namen – was damit begründet wurde, dass es sich um Opferlisten (ohne Täternamen handelte) –, es befanden sich auch Personen darauf, die gar nicht geflogen waren, wie etwa das Ehepaar Natalie und Jude Larson.[8] Hätte CNN das Original-Dokument der Fluggesellschaften vorgelegen, wären solche Fehler ausgeschlossen gewesen, denn es gibt logischerweise nur eine Liste, auf der alle gebuchten, eingecheckten und eingestiegenen Passagiere verzeichnet sind. Und hätte das FBI seine Fahndung nach dieser Liste aufgenommen, wären in den ersten Tagen nicht völlig falsche Personen als »Hijacker« genannt worden (→ *Kap. 8, 10*).

Die 2005 in Terry McDermotts Buch *Perfect Soldiers* abgedruckten und angeblich vom FBI stammenden Faxkopien der Listen der Flüge der UA 175 und UA 93 (die auch im Moussaoui-Prozess 2006 vorgelegt wurden) sowie die zeitgleich im Internet publizierten Passagierlisten der beiden Flüge AA 11 und AA 77 können weder Grundlage der FBI-Fahndung noch der Medienveröffentlichungen gewesen sein. Auch die später im Prozess gegen Moussaoui gelieferte Darstellung der Flugzeugsitze und sämtlicher Namen hilft hier nicht weiter. Vielmehr geht es um genau jene Vorlage, von der Robert Bonner, der Leiter der Zoll- und Grenzschutzbehörde CBP, vor der 9/11-Commission unter Eid aussagte, dass man diese Liste »durch das beim Zoll gebräuchliche System« laufen ließ: »Und nach einem Blick auf die arabischen Namen und die dazugehörigen Sitzplätze, Ticketkäufe und Passagierinformationen waren die groben Zusammenhänge umgehend analysiert. Die Zollbeamten konnten die 19 mutmaßlichen Hijacker binnen 45 Minuten identifizieren.«[9] Das ging also, anders als vieles andere an diesem Morgen, offenbar recht fix, wobei sich die Frage stellt, warum dann in den ersten beiden Tagen nur von 18 Hijackern die Rede war (→ *Kap. 30*). Wichtiger freilich ist, dass bei dieser »Identifizierung« Leute ermittelt wurden, die gar nicht an Bord waren, aber über einen arabischen Namen sowie eine Pilotenlizenz verfügten, wie Adnan und Ameer Bukhari, die auf der ersten von CNN veröffentlichten Liste der »Hijacker« landeten: »Based on information by multiple law inforcement sources«[10] wurden sie als zwei Piloten der Todesflüge aufgeführt. Doch Ameer Bukhari hatte seinen Todesflug bereits genau ein Jahr zuvor ausgeführt, am 11. September 2000, als er mit einem Kleinflugzeug abgestürzt war. Und Adnan Bukhari wurde in Florida putzmunter aufgespürt, vom FBI verhört, einem Lügendetektortest unterzogen und mit einer Entschuldigung wieder entlassen (→ *Kap. 10*).

Hätten die falschen »Opfer«, die Larsons, und die falschen »Selbstmordattentäter«, die Bukharis, anhand der authentischen

Passagierlisten identifiziert werden können? Nein! Wie konnten dann diese Namen von den Behörden den Medien genannt werden? Alles spricht für den Verdacht, dass die veröffentlichten Listen der Hijacker von Anfang an manipuliert waren. Nur so ist es erklärbar, dass die anfangs als »Todespiloten« genannten Bukharis in die Fahndung gerieten und später durch zwei andere arabische Namen (Wail und Walid Al-Sheri) ersetzt wurden – und dass es direkt nach der Tat zu weiteren solcher Fahndungspannen kam. Die 2006 publizierten Kopien der Passagierlisten können diese Unstimmigkeiten nicht klären – hier sind alle Unstimmigkeiten bereinigt, alle Namen stimmen mit der offiziellen Legende überein. Doch wären sie echt, hätten die Buhkaris nie in die Fahndung geraten können …

Beweisantrag:

- Herausgabe einer beglaubigten Kopie der Original-Passagierlisten aller vier Flüge

Vorzuladen:

- Robert Bonner, der unter Eid die Unwahrheit gesagt haben muss

10 Verwechselt: die Al-Omaris

Bei der Fahndung nach den Hijackern kam es aufgrund verschiedener Schreibweisen arabischer Namen zu einigen Verwechslungen, doch diese wurden umgehend aufgeklärt und korrigiert.

Dass es bei der Fahndung nach anfangs 18, später 19 »Hijackern« zu der einen anderen Verwechslung kommt, etwa aufgrund von falschen Schreibweisen, ist zunächst einmal durchaus nachvollziehbar. Wenn etwa ein »Karl-Heinz Schmitz« auf der Passagierliste eines Fluges versehentlich als »Karl-Heinz Schmitt« geführt wird, kann es dann sehr wohl sein, dass die Polizei am Wohnort dieses »Schmitt« vorstellig wird. Bei den beiden Bukharis ist ein solches Versehen, eine Verwechslung mit den Namen der beiden Al-Sheris, allerdings ausgeschlossen, was uns zu dem Schluss führt, dass die Liste der Passagiere, mit der das FBI sofort nach den Anschlägen die Fahndung nach den Tätern startete, nicht das Original gewesen sein kann. Denn in Vero Beach, Florida, suchte das FBI am 11. September 2001 nicht nur nach den Bukharis, sondern auch nach einem weiteren verdächtigen »Hijacker«, der bis zum Jahr 2000 ihr Nachbar war und ebenfalls aus Saudi Arabien stammte: Abdulrahman Al-Omari. Dass dann drei Tage später der Vorname dieses Al-Omaris durch »Abdulaziz« ersetzt wird, könnte man ja notfalls noch als orthographische Panne durchgehen lassen – wie etwa eine Verwechselung von »Karl-Theodor« mit »Karl-Heinz«. Merkwürdig nur, dass es sich sowohl bei dem falsch bezichtigten Abdulrahman Al-Omari – der mit dem 11.9. nichts zu tun hatte und in Dschidda lebt – als auch bei den angeblichen Hijackern Adnan und Ameer Bukhari allesamt um Piloten handelt. Es scheint, als ob das FBI die verdächtigen Hijacker nicht nach der Passagierliste ermittelte – auf der sie einfach und klar, in alphabetischer Reihenfolge und in der Schreibweise, die sie beim Ticketkauf angaben, hätten stehen müssen –, sondern die Fahndung nach einer Liste ausrichtete, auf der arabische Namen mit Pilotenlizenzen standen.

Nachdem nun der falsche Abdulrahman Al-Omari am 13. September in Abdulaziz Al-Omari korrigiert worden war, meldete sich aus Riad ein entsetzter Abdulaziz Al-Omari, der bei der saudischen Telefongesellschaft arbeitete: »Ich bin kein Selbstmordattentäter. Ich bin hier. Ich lebe. Ich habe keine Ahnung, wie man ein Flugzeug fliegt. Ich habe damit nichts zu tun.« Allerdings war diesem Al-Omari während seines Studiums in Denver, Colorado, 1995 der Pass gestohlen worden, was darauf schließen lassen kann, dass ein Terrorist mit diesem gestohlenen Pass und somit falschem Namen unterwegs war. Aber wer steckte dann hinter der falschen Al-Omari-Identität? Am 16. September 2001 meldet die *Washington Post*, dass ein Mohammed Atta und ein Abdulaziz Al-Omari 1999 an der U.S. International Officers School auf der Maxwell Air Force Base, Alabama, beziehungsweise an der Aerospace Medical School auf der Brooks Air Force Base in San Antonio, Texas, eingeschrieben waren – was vom Verteidigungsministerium mit dem Hinweis beantwortet wurde, es handele sich »möglicherweise nicht um dieselben Personen«.

Okay: Wir haben also einen Telefoningenieur Abdulaziz Al-Omari mit geklautem Pass; wir haben einen vom US-Militär ausgebildeten Piloten Abdulaziz Al-Omari, und wir haben den vermeintlichen Selbstmordattentäter Abdulaziz Al-Omari, der am 10. September mit Atta in Portland fotografiert wurde. Dieser tauchte dann auch auf einem im September 2002 veröffentlichten Video auf, in dem er schwört – vor den eingeblendeten Trümmern des Pentagon – Amerika eine »blutige Botschaft« zu senden und den »Märtyrertod« zu sterben. Das Video mit diesem letzten Willen – auch vier weitere »Hijacker« (Ahmed Al-Hasnawi, Wail Al-Sheri sowie Said und Hamsa Al-Ghamdi) hinterließen solche Abschiedsvideos der Nachwelt – soll im März 2001 nach einem Training in einem »Terrorcamp« in Kandahar aufgenommen worden sein.

Kurze Zwischenfrage aus Sicht der PR-Abteilung von Al-Qaida: Wenn wir zu Propagandazwecken solche Bekennervideos unserer »Helden« vorbereitet haben, wieso erscheinen die erst ein, zwei, fünf Jahre später – und nicht ein, zwei Stunden oder Tage danach?

Aber zurück zu den falschen Piloten. Wir erinnern uns, dass das FBI im Morgengrauen des 12. September in Vero Beach, Florida, auftauchte und neben den Bukharis auch Al-Omari suchte, der in deren Nachbarschaft wohnte – aber einige Tage vorher nach Saudi-Arabien gereist war. Sein Haus wurde von 60 FBI-Beamten durchsucht, und die Vermieterin gab an, dass Al-Omari zwei Parkplätze gemietet habe, wovon einer auf Mohammed Atta lautete. So steht es im Protokoll des FBI[1]– kann aber schlicht nicht stimmen. Denn das zum Parkplatz gehörige Haus hatte Abdulrahman Al-Omari gemietet, der weder mit Atta noch sonst mit 9/11 zu tun hatte. Vielmehr rief er ausgerechnet während des Verhörs, dem sich sein Freund und Nachbar Adnan Bukhari beim FBI in Miami unterziehen musste, auf dessen Handy an, um sich aus Riad zu beklagen, dass er im Fernsehen als Flugzeugentführer genannt wird. Bukhari reichte den Hörer an den vernehmenden FBI-Mann weiter und konnte zumindest dieses Missverständnis schnell klären.

Was die Unklarheiten in Sachen Al-Omari indessen nicht beseitigt – im Gegenteil, denn im Januar 2004 präsentierte Susan Ginsburg vom Heimatschutzministerium der 9/11-Commission einen Pass von Abdulaziz Al-Omari, der im hängen gebliebenen Gepäck von Mohammed Atta gefunden worden sein soll. Dieses Gepäck und die Unstimmigkeiten über den Fundort des inkriminierenden Materials werden uns noch beschäftigen (→ *Kap. 8, 13*). Dass dort allerdings ein Pass von Abdulaziz Al-Omari gefunden wurde, erfährt die staunende Öffentlichkeit erst im Januar 2004. Haben die Beamten beim Durchsuchen des Gepäcks und der Kofferräume der Mietwagen zwar arabische Flughandbücher, Koranausgaben und Attas letzten Willen gefunden, aber den Pass von Al-Omari übersehen? Wenn nicht, warum werden in dem FBI-Protokoll vom Morgen des 12. September alle Fundstücke aufgelistet, aber nicht dieser Pass? Wenn das Gepäck Attas schon am 11.9. entdeckt und durchsucht wurde und außer dessen eigenem Pass auch der von Abdulaziz Al-Omari zutage kam – wieso wurde dann am nächsten Morgen das Haus von Abdulrahman Al-Omari durchsucht? Wieso wurden bis zum Nachmittag des 13. September die Bukharis als Mieter des blauen Nissan und Hijacker angegeben und der von Atta gemietete weiße Mitsubishi in Boston als Fundort der Spuren?

Der erst drei Jahre später offiziell erwähnte Pass des »richtigen«

Al-Omari verstärkt den Verdacht einer Notoperation, einer nachträglichen Konstruktion, der sich durch die gesamte »Atta in Portland«-Story zieht – und er weist eindeutig zu viele Al-Omaris auf, als dass er weiter ununtersucht durchgehen kann.

Vorzuladen:

- Alle Al-Omaris
- Die FBI-Beamten, die in Vero Beach fahndeten
- Die FBI-Beamten, die in Boston Attas Gepäck durchsuchten

11 Der Anschlag: perfekt vorbereitet

Die Geheimdienste hatten im Vorfeld der Anschläge keinerlei Hinweise auf die vollständig unauffällig agierenden Terroristen. Zum Beispiel auf Khalid Al-Midhar.

Dass es sich bei Khalid Al-Midhar um einen alten Bekannten der CIA handelte, die aber ihr Wissen über seine Aktivitäten vor dem FBI jahrelang verbarg und ihn erst am 23. August 2001 auf ihre Watchlist setzte – diese »Panne«, die auch der *Commission Report* seufzend bemerkt, wird im offiziellen Narrativ gern als Paradebeispiel für die bürokratische »Wand« zwischen CIA und FBI angeführt. Im Haus von Al-Mihdhars Schwiegervater Ahmed Al-Hada in Sanaa in Jemen, das als Al-Qaida-Nest und Kommunikationsknotenpunkt bekannt war, in dem unter anderem die Anschläge auf die Botschaft in Nairobi und auf die *USS Cole* im Oktober 2000 vorbereitet wurden – in diesem Terrorstützpunkt hörte die CIA seit 1998 alle Telefonate mit. Erst als sich im Februar 2002 der Sohn des Hausbesitzers beim Hantieren mit einer Granate selbst in die Luft jagte, sahen sich die CIA-Lauscher genötigt, ihren heißen Draht zu dieser Al-Qaida-Schaltzentrale aufzugeben und öffentlich zu machen. Und dabei einzuräumen, dass es sich bei Ahmed Al-Hada um den Schwiegervater des 9/11-Terroristen Khalid Al-Midhar handelte. Dieser hatte sich dort schon seit 1998 häufig telefonisch gemeldet, vor allem seit Anfang des Jahres 2000, als seine Frau dort lebte und eine Tochter zur Welt brachte und wo er sie im Juni 2000 auch besuchte. Obwohl also Khalid Al-Midhar in diesem mit Wanzen gespickten Terrorstützpunkt, der via Satellit auch unter fotografischer Überwachung stand, Stammgast war, obwohl Augen und Ohren von CIA und NSA alles registrierten, was dort ein- und ausging, und obwohl Al-Midhar auch bei einem Terror-Meeting in Kuala Lumpur im Januar 2000 beobachtet und vom malaysischen Geheimdienst auf Video festgehalten wurde (ein Film, der dann umgehend an die US-amerikanischen Kollegen ging), konnte er weiterhin über sein Multiple-entry-Dauervisum für die USA verfügen und problemlos ein- und ausreisen. Und nicht nur das – als er 1999 mit seinem Kollegen Nawaf Al-Hazmi nach San Diego kam, wurde er von Omar Al-Bayoumi, einem saudischen Geschäftsmann mit engen Verbindungen zum saudischen Geheimdienst GID, in Empfang genommen.[1] Der besorgte ihnen eine Wohnung und vermittelte den beiden »Studenten« auch das großzügige Stipendium, das sie fortan erhielten: von Prinzessin Haifa, der Frau des saudischen US-Botschafters Prinz Bandar, einem engen Freund der Bush-Familie. Wenn der *Commission Report* in Fußnote 122 behauptet, keine Beweise für diese Zahlungen gefunden zu haben, kann das insofern der Wahrheit entsprechen, als das Geld nicht direkt an die späteren »Hijacker«, sondern an die Frau ihres »Gastgebers« Al-Bayoumi ging. Ansonsten aber tat dieser alles, um seinen Klienten auf die Beine zu helfen. Er half beim Einrichten des Bankkontos, beim Mietvertrag und der Beantragung der Sozialversicherungsnummer und vermittelte seinen beiden Schützlingen dann auch im September 2000 die etwas schönere Wohnung am Lemon Grove, im Haus eines seiner Bekannten, einem Dr. Abdussattar Shaikh. Das war kein heimlicher Unterschlupf, Al-Hazmi und Al-Midhar standen im Telefonbuch und hatten unter ihrem Namen eine Dauerkarte für den Meeres-Themenpark Seaworld in San Diego. Sie waren somit ziemlich das Gegenteil von schwer getarnten Terroristen. Ihr neuer Vermieter indessen ist ein langjähriger inoffiziellen Mitarbeiter und Informant des FBI.

So leger sich die Behörden bei Khalid Al-Midhar 1998 ff. in Sachen Reisefreiheit und Visa-Erteilung verhielten – obwohl seine Terrorverbindungen bekannt waren –, so strikt gaben sie sich nach den Anschlägen bei seinem Vermieter und Gastgeber Dr. Abdussattar Shaikh. Der 9/11-Commission, die diesen wichtigen Zeugen befragen wollte, wurde eine Anhörung vom Justizministerium verweigert, der Zeuge erhielt aus Gründen der nationalen Sicherheit keine Aussagegenehmigung. Stattdessen wurde bekannt, dass der Herr Doktor 2003 vom FBI 100 000 Dollar für seine Dienste erhalten hatte,[2] was den Schluss zulässt, dass es sich bei ihm nicht gerade um einen kleinen IM handelt.

Weil aber – wie bei 9/11 leider traurige Routine – auch hier kein Pressevertreter nachhakte und die Frage stellte, warum ein Zeuge, der mit den »Hijackern« zusammenwohnte und sehr wohl Auskünfte über sie geben könnte, nicht verhört werden darf, klemmte sich der Journalist Daniel Hopsicker dahinter und brachte Erstaunliches zutage: Nicht nur der Doktortitel von Abdussattar Shaikh ist falsch, er ist auch kein ehemaliger Professor der San Diego State University, wie allenthalben gemeldet wurde, sondern einer dubiosen Briefkasten-Uni, die nicht nach einer akademischen Institution, sondern eher nach einer CIA-Tarnfirma riecht.[3]

Und er hatte Verbindungen zu einem weiteren falschen Doktor und FBI-Informanten in San Diego, dem Exil-Iraner und Waffenhändler Sam Koutchesfahani, der 1998 angeklagt worden war, als Chef eines Schleuserrings Hunderte islamische Studenten mit Bestechung und falschen Visa in Colleges in San Diego eingeschleust und betreut zu haben. Eine Arbeitsbeschreibung, die auch auf den falschen Doktor Abdussattar Shaikh zuzutreffen scheint – und der Schutz eines solchen Netzwerks dürfte der eigentliche Grund gewesen sein, warum die 9/11-Commission ihn nicht als Zeuge vernehmen konnte.

Fassen wir die Akte Khalid Al-Midhar noch einmal kurz zusammen: Seit 1998 wurde das Haus seines Schwiegervaters im Jemen observiert, in dem er ein und aus ging; 1999 wurde er von Omar Al-Bayoumi in Kalifornien empfangen, einem Saudi mit Geheimdienstverbindungen (von dem der *Commission Report* verharmlosend vermerkt, er sei ein »unwahrscheinlicher Kandidat für klandestine Beziehungen mit islamistischen Extremisten«); im Januar 2000 nahm er an einem Al-Qaida-Planungstreffen in Kuala Lumpur teil, das vom malaysischen Geheimdienst auf Video aufgezeichnet und den US-Behörden übermittelt wurde; er und seine »Studien«-Kollegen in San Diego erhielten über ihren Mentor monatliche Schecks von der Frau des saudischen US-Botschafters Prinz Bandar; im September 2000 nahmen Al-Midhar und Al-Hazmi eine neue Wohnung in San Diego, im Haus des FBI-Informanten Abdussattar Shaikh. Danach reiste Al-Midhar in den Jemen, wo im Oktober 2000 der Anschlag auf das US-Schlachtschiff

Cole erfolgte, für das sowohl Gäste des *safehouse* seines Schwiegervaters als auch Teilnehmer des Malaysia-Treffens verdächtigt wurden. Zum selben Zeitpunkt wurde der oberste Terroristenjäger des FBI, John O'Neill, davon abgehalten, im Jemen zu ermitteln, und erhielt von Bushs Botschafterin Barbara Bondine Einreiseverbot. Stattdessen wurde Khalid Al-Midhar im Juni 2001 ein frisches Einreisevisum für die USA erteilt.

Der unermüdliche Al-Qaida-Jäger John O'Neill indessen trat frustriert von seinem Amt zurück, und kaum hatte er Ende August sein Büro verlassen, setzte die CIA Khalid Al-Midhar auf die Watchlist für die Zuwanderungs- und Einreisebehörde (INS) und die Polizei. In diesem Eintrag wird er als »gefährlich und bewaffnet« bezeichnet, als jemand, der einer genauen Überprüfung (»secondary inspection«) zu unterziehen ist. Am 4. September widerrief das State Department sein gültiges Visum wegen »Beteiligung an terroristischen Aktivitäten«, am 5. September wurde dieser Widerruf in die INS-Watchlist eingetragen. Erst eine knappe Woche vor den Anschlägen also wurde der spätestens seit 1998 der CIA als militanter Islamist bekannte Khalid Al-Midhar, der bei einem FBI-Informanten zur Untermiete wohnte, zur Fahndung ausgeschrieben. Allerdings nicht wirklich, wie aus einem kaum beachteten Staff-Report der 9/11-Commission hervorgeht, der vier Wochen nach dem Abschlussbericht veröffentlicht wurde. Denn der Eintrag in die INS-Liste vom 5. September 2001, dass sein Visum widerrufen worden sei, war mit der Anweisung versehen, dass Al-Midhar nicht verhaftet werden solle, da das State Department ihn »als möglichen Zeugen in einer FBI-Untersuchung« identifiziert habe.[4]

Eine schützende Hand (→ *Kap. 17*) gewährte den späteren »Hijackern« also auch in den letzten Tagen noch immer freies Geleit – und ermöglichte es Kahlid Al-Midhar, seine Rolle als »Logistiker« (*Spiegel*) des 11.9. zu Ende zu spielen.

Wir unterdessen fragen uns, ob die Logistik und die Verbindungen des Khalid Al-Midhar nicht sehr stark darauf hindeuten, dass es sich bei ihm um ein »Asset«, einen »IM«, einen Agenten handelte, der in den USA tun und lassen konnte, was er wollte, weil er im Auftrag eines Geheimdiensts unterwegs war. Der zwar auf der Watchlist der CIA stand, weil er engste Verbindungen zu einem Al-Qaida-Nest im Jemen unterhielt, der aber von den saudischen Royals alimentiert und von saudischen Agenten umsorgt wurde und der bei einem FBI-Mitarbeiter zur Untermiete wohnte – kein einsamer Terrorist *under cover* im Feindesland, sondern ein Agent mit besten Kontakten.

Der Autor Lawrence Wright sprach mit einigen der Beamten der FBI-Einheit I-49, die für Al-Midhar und Al-Hazmi zuständig gewesen wäre, hätte sie denn von seiner Rolle erfahren. Dass sie davon nicht erfuhren, so glaubt »mindestens die Hälfte der Jungs im Büro«, hatte damit zu tun, »dass die CIA Al-Midhar und Al-Hazmi schützte, weil sie hoffte, die beiden zu rekrutieren«.[5] Oder, können wir hinzufügen, dass die CIA sie im Joint Venture mit den saudischen Kollegen[6] schon rekrutiert hatte als V-Männer (oder Agents Provocateurs?) in der »Logistikzentrale« von Al-Qaida …

Vorzuladen:

- Abdussattar Shaikh
- Omar Al-Bayoumi
- Der Verbindungsoffizier der CIA beim saudischen GID
- Der Beamte des State Department, der für die INS-Anweisung (»nicht verhaften!«) am 5. September 2001 zuständig war

12 Die Geheimdienste: ohne Vorkenntnisse

»Die Geheimdienstbehörden hatten keine geheimdienstlichen oder polizeilichen Informationen über die Verbindung von 16 der 19 Hijacker zum Terrorismus oder zu terroristischen Gruppen.«[1] Auch über die Brüder Salem und Nawaf Al-Hazmi wusste man anfangs nichts und erteilte ihnen freizügige Visa zur Mehrfacheinreise.

»Anfang 2000 hatten wir die Al-Hazmi-Brüder Salem und Nawaf ebenso im Blick wie Khalid Al-Midhar. Wir wussten von ihrer Verbindung zu Al-Qaida und teilten dieses Wissen mit der (Geheimdienst-)Gemeinde«, sagte NSA-Direktor Michael V. Hayden am 17. September 2002 vor dem Senate Select Committee on Intelligence aus. Wie Khalid Al-Midhar standen auch die späteren »Hijacker« Salem und Nawaf Al-Hazmi schon lange vor dem 11.9.2001 auf den Listen der CIA, wobei unklar ist, inwieweit es sich bei Teilen dieser Watchlist zur Beobachtung potentieller Gefährder um eine Liste zur Rekrutierung potentieller »Assets« handelte. Für Letzteres spricht, dass auch die Al-Hazmis weiterhin freizügig reisen konnten, obwohl Nawaf mit seinem Bruder Salem und Khalid Al-Midhar bei dem Planungstreffen in Malaysia beobachtet wurde. Auch dass er auf Seiten islamistischer Brigaden Mitte der 90er Jahre in Bosnien und wie sein Bruder auch in Tschetschenien eingesetzt worden war, war bekannt.

Dennoch verfügte auch Nawaf Al-Hazmi über ein Multiple-entry-Visum für die USA und reiste nach dem Meeting in Malaysia unbehindert wieder nach Los Angeles. Er mietete sich mit Al-Midhar in San Diego ein und wurde wie dieser von dem saudischen »Geschäftsmann« Al-Bayoumi und dem FBI-Mitarbeiter Abdussattar Shaikh betreut. Als die CIA im März 2000 eine Nachricht bekam, dass sich Al-Hazmi in den USA befände, fand sich in dem

Feld »Action required« der Hinweis auf die erforderlichen Aktivitäten: »None« (→ *Kap. 17*).[2]

Wo derart geringer Handlungsbedarf besteht, gibt es für die Betroffenen auch keinen Grund zur Tarnung. Al-Hazmi stand in San Diego nicht nur im Telefonbuch, er lebte auch völlig offen und veranstaltete sämtliche Aktivitäten unter seinem Namen, bis hin zur einer Dauerkarte für den Zoo in San Diego. Als Anfang Juli 2000 sein Visum abgelaufen war, erhielt er problemlos eine Verlängerung – und es schien ihm in Kalifornien zu gefallen. Mit Hilfe seines Vermieters, dem er sein Faible für mexikanische Frauen eingestand, gab Al-Hazmi sogar eine Kleinanzeige auf – »Saudischer Geschäftsmann sucht eine Braut, die hier und in Saudi-Arabien leben möchte« –, was insofern verwundert, als islamistische Selbstmordattentäter auf ihrer letzten Mission eher an den Jungfrauen im Paradies als an irdischen Bräuten interessiert sein sollten. Doch wie die »Hijacker« in Florida verhielten sich auch Al-Hazmi und Al-Midhar in San Diego weder wie fromme Muslime noch wie verdeckt operierende Terroristen. Ausländische »Geschäftsmänner« in dienstlicher Mission, vor Ort eng betreut von Agentenführen ihres Geheimdiensts – das scheint ihre Rollenbeschreibung dagegen sehr viel besser zu treffen.

Wie sein Bruder Nawaf war auch Salem Al-Hazmi spätestens seit 1999 den Lauschern der CIA bekannt, die das Al-Qaida-Nest von Al Midhars Schwiegervater im Jemen observierten, denn wie sein Bruder rief auch Salem öfter dort an. Doch wie zwölf weitere seiner »Kollegen« erhielt auch Salem Al-Hazmi im Juni 2001 vom US-Konsulat in Dschidda problemlos ein Visum. Laut Staff-Report der 9/11-Commission hatten die saudischen Behörden seinen Pass (wie auch den seines Bruders) mit einem unauffälligen Indikator gekennzeichnet, der ihn als militanten Extremisten auswies[3] – macht aber nix, wie die Maus in der berühmten Sendung sagen würde, denn die befreundeten US-Dienste wussten angeblich von einem solchen Code nichts und ließen die Brüder freizügig reisen.

Im bereits erwähnten Staff-Report der 9/11-Commission findet sich der Hinweis, dass Salem Al-Hazmi beim Einchecken in den Flug AA 77 am Dulles-Airport am 11. September keine Ausweispapiere mit einem Bild vorweisen konnte. Doch sein Ausweis mit Bild, so wird dort ebenfalls vermerkt, wurde in den Trümmern des

Pentagon gefunden,[4] wie auch die IDs seiner »Kollegen« Al-Midhar und Madjid Moqed. Während also von der gesamten ins Pentagon gekrachten Boeing kaum etwas Sichtbares übrig blieb, überlebte ausgerechnet ein Ausweis von Salem Al-Hazmi, den er zwei Stunden zuvor am Flughafen noch gar nicht hatte …

Vorzuladen:

- Omar Al-Bayoumi
- *Abdussattar Shaikh*
- Der Verbindungsoffizier der CIA beim saudischen GID

13 Intermezzo: getürkt

Im Rahmen der FBI-Ermittlungen tauchten diverse Beweisstücke auf, die die Täter zweifelsfrei überführten.

Sicherheitshalber weisen wir vor unserer kurzen Top-3-Fundliste ausdrücklich auf etwas hin, das im Rahmen *jeder* Ermittlung selbstverständlich ist: Ist eines oder sind mehrere »Beweisstücke« in einem Mordfall nachweislich getürkt, ist gegen den Türkenden dringend zu ermitteln. Denn entweder ist er ein verfolgungswürdiger geschmackloser Scherzkeks – oder er versucht, sein eigenes Verbrechen anderen anzuhängen, zum Beispiel 19 Arabern oder irgendwelchen Scheichs. Drum: Ist eines oder sind gar mehrere der nachfolgend unter die Lupe genommenen Beweisstücke als getürkt anzusehen, hatten die Türkenden a) Vorwissen und b) ein Interesse daran, das Verbrechen Al-Qaida in die Schuhe zu schieben.

Was sie für eine Anklage ausreichend qualifiziert, allerdings nicht als Ankläger. Denn selbst Laienkommissaren leuchtet unschwer ein: Werden Beweise gefälscht, um jemanden in den Knast zu bringen, gehören die Fälscher selber vor Gericht. Gleichzeitig ist aber bis zum Beweis des Gegenteils von der Unschuld der bisher Angeklagten auszugehen, denn die bewusste Herstellung von gefälschtem Belastungsmaterial sowie dessen Platzierung am Tatort hat den Fokus aller Untersuchungen umgehend und nachdrücklich auf die Fälscher zu lenken.

Beginnen wir mit dem Reisepass von Satam Al-Sukami, einem der Araber, die der offiziellen Darstellung des Tathergangs zufolge mitsamt Flug American Airlines 11 in den explosiven Feuertod des WTC-Nordturms rasten. Wir hatten Al-Sukamis Pass zwischenzeitlich als Gerücht zu den Akten gelegt, weil die seit 2001 gelegent-

Der Pass von Satam Al-Sukami. Vorgelegt vom FBI im Moussaoui-Prozess 2006. (Quelle: www.vaed.uscourts.gov) [1]

lich berichtete Existenz des Dokuments uns absolut unwahrscheinlich erschien (wenngleich wir ihn in unseren Veröffentlichungen zum Thema gelegentlich erwähnt hatten, angemessen skeptisch), aber 2006 tauchte der Pass wieder auf, und diesmal nicht gerüchteweise in irgendwelchen Schlagzeilen fragwürdiger Gazetten, sondern vor Gericht. Vorgelegt vom FBI im Prozess gegen den mutmaßlichen Terroristenhelfer Zacarias Moussaoui.

Gefunden und einem Polizisten übergeben wurde der Beweispass laut FBI sowie der 9/11-Commission[2] unmittelbar vor dem Kollaps der New Yorker Türme »von einem Passanten« in New York, einige Häuserblocks vom World Trade Center entfernt. Damit stand fest, dass Al-Sukami einer der Terroristen an Bord von American 11 gewesen war.

Noch im März 2003 hatte der britische *Guardian* kommentiert: »Die Ansicht, Mohammed Attas Pass [Anfangs hieß es tatsächlich, es habe sich um Attas Pass gehandelt] könne dem Inferno unversehrt entronnen sein, stellt die Gutgläubigkeit selbst des unerschütterlichsten Verfechters des entschiedenen FBI-Durchgreifens gegen den Terror auf eine harte Probe.«[3]

2006 legte das FBI sein Beweisstück dann aber tatsächlich vor. Den völlig unversehrten Pass, aus Al-Sukamis Brusttasche entweder kurz vor dem Einschlag der Terrormaschine aus einem Flugzeugfenster geweht oder auf mirakulöse Weise durch eine 30 000-Gallonen-Kerosin-Explosion sowie ein paar Dutzend Wände gesegelt, denn der Passinhaber hatte ja laut offizieller Darstellung nicht im

Heck, sondern in Reihe 2 oder im Cockpit einer Maschine gesessen, die sich mit 500 Meilen pro Stunde mitten in ein Hochhaus gebohrt hatte.

Der Pass war, wie die Kommission feststellte, »manipuliert worden«,[4] ebenso wie der von Abdulaziz Al-Omari. Aber natürlich stellte die Kommission nicht in Frage, dass der gefundene Pass aus dem Flugzeug gefallen war. Dazu waren die akribisch gesammelten Visa im Pass zu aufschlussreich für die ermittelnden Behörden, ließ sich doch auf diese Weise zweierlei belegen: zum einen Al-Sukamis terroristische Reisen im Vorfeld des 11. September 2001, zum anderen, dass er überhaupt an Bord gewesen war, denn als einziger der »Hijacker« war er – als Tourist eingereist – den US-Behörden nicht gemeldet und verfügte nicht einmal über temporäre US-Papiere.[5]

Ein überaus nützlicher Fund also, dieser verräterische Pass. Mit dem problematischen Manko, dass er nicht aus der Maschine gerespektive entkommen sein kann.

Jedenfalls nicht nach unserem naturwissenschaftlichen Verständnis.

Attas Koffer

Wir erinnern uns: Mohammed Atta, »Ringleader«, der Anführer der 19 Terrorselbstmörder, reiste am 10. September von Boston nach Portland (aus Gründen, die selbst dem FBI schleierhaft blieben[6]), flog dann aber sehr früh am Morgen des 11. September wieder zurück nach Boston, wo er den letzten und wichtigsten Flug seines Lebens beinahe verpasst hätte (→ *Kap. 8*). Weshalb er, der Anführer, sich so verhielt, ist weiterhin unklar.

Klar ist hingegen, dass er zwei Beweise zurückließ: den einen in einem Mietwagen, den er am Vortag in Boston hatte stehen lassen, den anderen, weit bedeutender, in seinem Gepäck. Denn sein Koffer blieb versehentlich beim Verladen in Boston stehen (ebenso wie der seines Mitreisenden Abdulaziz Al-Omari). Die Koffer aller anderen Reisenden wurden mitgenommen – und beim Crash vernichtet –, nur die der Terroristen nicht. Man hatte einfach versäumt, sie vom Zubringerflug aus Portland weiter zu verladen. Und das entpuppte sich als wahrer Segen für die Ermittler.

Denn Attas Koffer enthielt nicht das, was man im Alibi-Gepäck eines Selbstmörders bestenfalls zu finden hoffen kann – schmutzige Wäsche und alte Zeitungen –, sondern entscheidende Beweisstücke. Unter anderem Attas Testament, 1996 verfasst und bestehend vor allem aus detaillierten Anweisungen für die Beerdigung (siehe unten). Sowie eine Anleitung für Entführer (ohne irgendwelche Details zum 9/11-Plan), handgeschrieben, von der man Kopien auch am Absturzort in Shanksville[7] sowie in einem Auto fand, das Mittäter Nawaf Al-Hazmi gemietet hatte, was nach Ansicht von Justizminister John Ashcroft zweifelsfrei bewies, dass die Täter sich gekannt hatten.[8]

Aber im Koffer steckte noch mehr Kostbares. Ein elektronischer Flugcomputer. Anweisungen für einen Flugsimulator. Lehrvideos »Wie man eine Boeing 747 und 757 fliegt«. Ein Klappmesser. Pfefferspray. Eine Ausgabe des Koran. Eine Pilotenuniform – nein, das nun doch nicht, dieser Fund wurde später nicht bestätigt, im Gegensatz zu allen anderen.

Zudem befand sich im zweiten von Atta aufgegebenen Koffer interessanterweise auch Abdulaziz Al-Omaris Pass.[9] Was doppelt erstaunlich ist. Denn erstens: Wieso trug Al-Omari seinen Ausweis nicht in der Jackentasche bei sich? Und zweitens, wichtiger: Wieso wollte das FBI am 13. September in Vero Beach einen ganz anderen Al-Omari festnehmen (nämlich den inzwischen ausgereisten Abdulrahman Al-Omari, → *Kap. 10*), obwohl der wahre Täter sich doch schon am 12. September via Kofferinhalt amtlich ausgewiesen hatte? Und wieso stand der Pass nicht auf der ursprünglichen FBI-Fundliste?

Später (im Moussaoui-Prozess) legte das FBI dann neben dem offenbar nachträglich aufgetauchten Pass sogar noch weitere bemerkenswerte Fundstücke aus dem Koffer vor. Atta hatte sich nämlich wahrhaftig alle Mühe gegeben, sich mittels seiner abgestellten Habseligkeiten nicht nur als islamistischer Terrorist zu outen, sondern auch lückenlos seinen Weg Richtung 9/11 zu dokumentieren. Sogar seine Meldebescheinigung aus Hamburg-Harburg und ein Schreiben mit Prüfungsergebnissen der dortigen Technischen Universität (→ *Anhang II und III*) hatten sich nun im Beweiskoffer befunden. Was den Behörden die Arbeit kolossal erleichterte.

Die Fragen seien allerdings gestattet: Wie blöd kann so ein geniales Terror-Mastermind eigentlich sein? Was sollte das? Wieso dieser Koffer? Wollte Atta sein Testament und seine Meldebescheigung vernichten? Es hätte einfachere Wege gegeben, als sie in den Laderaum seines Terrorfluges verladen zu lassen, aber vielleicht hatte er am Vorabend einfach kein Feuerzeug zur Hand gehabt. Oder wollte er im Gegenteil ein umfassendes Geständnis ablegen, das er nun, dank des Kofferfundes, tatsächlich ablegte? In diesem Fall ist weiterzufragen: Wie konnte er so sicher sein, dass der Koffer stehen bleiben würde? Anders gesagt: Musste er nicht davon ausgehen, dass der Koffer mit ihm kremiert werden würde? Und mit dem Koffer das darin enthaltene Testament mit all den haargenauen Anweisungen für seine Aufbahrung nach dem Ableben?[10]

Wir lesen: »Ich will mein Gesicht nach Osten wenden, gen Mekka. Ich sollte auf meine rechte Seite gelegt werden. Ihr solltet dreimal Asche auf meinen Körper werfen.« Welchen Körper, nach einem geplanten Vollgaseinschlag in ein Hochhaus?

Wie man den Koffer auch dreht oder wendet: Es fällt einem kein Grund ein, weshalb Mohammed Atta ihn so gepackt haben sollte.[11] Allerdings fallen einem ein paar Gründe ein, weshalb andere ihn so gepackt haben könnten. Wenn jedoch tatsächlich jemand anders »Attas« Koffer gepackt und ihn am Morgen des 11. September für das FBI in Boston abgestellt hatte, dann wusste dieser jemand *vor* dem Crash von Flug AA 11, dass Atta sterben würde – und war daran interessiert, ihn zu belasten.

Wer? Al-Qaida? Mitten drin im Bostoner Transportband? Interessiert daran, Atta zu überführen? Wäre da ein Bekennerschreiben nicht einfacher gewesen?

Noch immer keine ausreichenden Zweifel?

Der *New Yorker* zitierte im Oktober 2001 einen »hochrangigen Ex-Geheimdienstler« mit der schlichten Feststellung: »Was auch immer an Spuren hinterlassen wurde, wurde absichtlich hinterlassen – zur Verfolgung durch das FBI.«[12]

Neben Attas Kofferinhalt waren das:

- Marwan Al-Shehis Mietwagen, abgestellt am Flughafen Boston, darin unter anderem ein Zugangspass für gesperrte Bereiche des Flughafens sowie der Name der Flugschule, in der er und Atta in Florida Unterricht genommen hatten,
- der Müll des Motels, in dem Al-Shehi die Nacht vor dem Attentat verbrachte, darin Boeing-757-Handbücher, Flugkarten für die Ostküste sowie ein Lexikon Englisch-Deutsch,

- Nawaf Al-Hazmis Auto am Flughafen Washington-Dulles, darin eine Kopie von Attas Anweisungen, Zeichnungen eines 757-Cockpits, ein Teppichmesser sowie Karten von New York und Washington,
- ein von Ziad Jarrah und Ahmed Al-Hasnawi gemietetes Apartment, darin ein Notizbuch, ein Videoband sowie, überaus nützlich, Fotokopien ihrer Pässe.

Die Hijacker Nawaf Al-Hazmi und Khalid Al-Midhar ließen außerdem in einer Moschee in Laurel, Maryland, eine Tasche zurück, in der die Ermittler am 12. September Quittungen einer Flugschule aus San Diego fanden – Quittungen aus dem Vorjahr.

Wo die Hijacker sich im Rahmen ihrer komplett heimlichen Planung wann aufgehalten hatten, ließ sich zudem unschwer anhand ihrer Pizzabestellungen rekonstruieren, denn anders als normale Kunden zahlten sie jede Pizza grundsätzlich mit Kreditkarte – unter ihren eigenen Namen.

Alles Teil des Plans. Nicht aufzufallen. Keine Spuren zu hinterlassen. Keine Koffer zu vergessen.

Wenden wir uns einem letzten entscheidenden Beweisstück zu.

Jarrahs Abschiedsbrief

Nachdem dieser Brief dem FBI vorlag, stand zweifelsfrei fest, dass Ziad Jarrah der Anführer jener Viererbande gewesen war, die UA 93 entführt hatte und in einen Acker in Pennsylvania abstürzen ließ. Der Selbstmörder entschuldigte sich in seinem letzten Schreiben bei seiner langjährigen Freundin Aysel, er werde von nun an in einer anderen Welt sein – und an der geplanten Hochzeit, nämlich seiner eigenen mit Aysel, nicht teilnehmen können.

Den Brief schrieb Jarrah per Hand und auf Deutsch, endend mit »Leb wohl, für immer Dein – Ziad«.

Nein. Moment.

Endend mit: »Aufwiedersehen!!«, »Deinen Mann für immer«. Sowie »Ziad Jarrah«. Sowie »10. September 2001«.

»Ziad Jarrah«?[13] Als Unterschrift unter einem Brief an die Geliebte? Einem Abschiedsbrief?

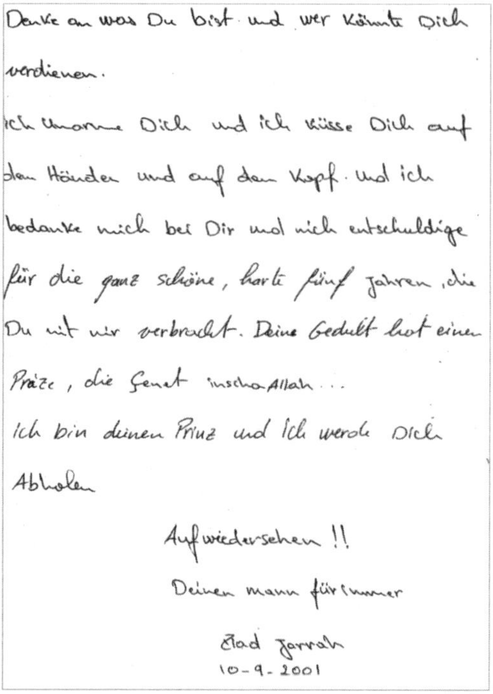
Denke an was Du bist und wer könnte Dich verdienen.
Ich umarme Dich und ich küsse Dich auf den Händen und auf den Kopf. Und ich bedanke mich bei Dir und mich entschuldige für die ganz schöne, harte fünf Jahren, die Du mit mir verbracht. Deine Geduld hat einen Präze, die Genat inscha Allah . . .
Ich bin deinen Prinz und Ich werde Dich Abholen

Aufwiedersehen !!
Deinen mann für immer
Ziad Jarrah
10-9-2001

Ziad Jarrahs Abschiedsbrief (Quelle: FBI)

Aber damit fangen die Merkwürdigkeiten erst an. Denn der Brief wurde nicht ohne weiteres versandt, als Dreiseiter, sondern als Teil eines Pakets, das (laut Frauke Scheuten, Sprecherin der deutschen Staatsanwaltschaft) auch kleinere Geschenke enthielt. Sowie »Papiere betreffend seinen Flugunterricht«.[14] Sowie seine Tauchunterlagen.[15] Also genau das, was man einem Abschiedsbrief beilegt. Und dieses merkwürdige Paket fand das FBI bei einer Hausdurchsuchung in Bochum, wo Jarrahs langjährige Verlobte Aysel lebte …

Nein, schon wieder falsch.

Das Flug-und-Tauch-Abschiedspaket schickte Jarrah am 10. September – an die falsche Adresse. Er hatte sich die Anschrift seiner zukünftigen Gattin offenbar nicht richtig gemerkt. Weshalb die Post das Paket mit dem Aufkleber »Adressat unbekannt« an den Absender zurückschickte. Weshalb es dem FBI in die Hände fiel. Und damit der glasklare Beweis: Jarrah war's!

Genug?

Ehe wir jetzt auch noch über die roten Stirnbänder zu philosophieren beginnen, die die Hijacker des Fluges UA 93 angeblich trugen und von denen eines nach dem quasi trümmerlosen 500-Meilen-pro-Stunde-Absturz nagelneu, unverbrannt und unverschmutzt 2006 beim Moussaoui-Prozess als Beweismittel vorgelegt wurde, halten wir doch lieber inne – und fest: Bei Betrachtung mancher Abschnitte der offiziellen 9/11-Beweiskette fragt man sich unweigerlich, für wie dumm die Drahtzieher das Publikum eigentlich halten – um dann ebenso unweigerlich einsehen zu müssen, dass die Drahtzieher recht haben mit ihrer Einschätzung. Der normalgestrickte *Bild*-Leser oder *Spiegel*-Redakteur erkennt offenbar nicht einmal die am dämlichsten getürkten »Beweisstücke« als Fälschungen und nickt bloß alles artig und ohne nachzudenken als gesichert ab, um sich sodann mit beruhigtem Murmeln auf die Position zurückzuziehen: Ja, dann beweisen Sie die doch mal schlüssig, Ihre Verschwörungstheorie!

Wir machen uns also sicherheitshalber der Redundanz schuldig: Sollte irgendwas aus diesem Sack Beweise getürkt und rechtzeitig vor Ausführung des Massenmordes an den richtigen Orten platziert worden sein, wollte der Platzierende sichergehen, dass Mohammed Atta und Konsorten umgehend und zweifelsfrei als Täter feststehen mussten. Was wenigstens bedeutet, dass der Platzierende im Vorfeld vom 9/11-Plan wusste. Woraus sich dann die Frage ergibt, weshalb er dieses Wissen für sich behielt.

Sobald der Platzierende ausfindig gemacht ist, ergeben sich aber daraus durchaus noch ein paar Fragen mehr. Zum Beispiel die, woher er die ganzen Unterlagen hatte. Zum Beispiel Attas Meldebescheinigung. Und seit wann.

Sowie die Frage, ob die Sündenböcke an Bord der Maschinen überhaupt von ihrem Märtyrerplan wussten – oder nur der geschickt Platzierende und seine Auftraggeber.

Vorzuladen:

- Die Mitarbeiter des Flughafens Boston, die Attas Koffer »fanden« oder stehen ließen
- Der Passant, der Sukamis Reisepass fand
- Ein Graphologe, der Jarrahs Abschiedsbrief überprüft
- Die zuständigen FBI-Beamten

14 Vorauswissen: Umzugshelfer

Als der Nordturm gerade getroffen worden war und alle Welt den Einschlag noch für einen schrecklichen Unfall hielt, jubelten in Sichtweite des WTC drei Israelis auf dem Deck eines Parkhauses und fotografierten sich mit Victory-Zeichen. Doch sie hatten mit den Anschlägen nichts zu tun.

Als Maria fast ein Jahr später ABC-News »ihre« Geschichte des 11.9. erzählte, wollte sie ihren Nachnamen nicht in der Öffentlichkeit genannt haben, obwohl sie als aufmerksame Bürgerin und Zeugin eine äußerst wichtigen Beitrag zur Aufklärung der 9/11-Verbrechen lieferte. Nur passte ihre Beobachtung nicht in das offizielle Narrativ und wurde deshalb sehr schnell unter den Teppich gekehrt.

Von ihrem Apartment in New Jersey hatte Maria einen freien Blick auf das World Trade Center, und als ein Nachbar sie kurz nach dem ersten Einschlag anrief, zückte sie ihr Fernglas. Doch mehr noch als der rauchende Turm erschreckten sie die drei Männer an einem weißen Umzugswagen, die sie vor sich auf dem Parkdeck ihres Hauses sah. Sie hatten eine Videokamera aufgestellt, fotografierten sich – im Hintergrund das brennende WTC – mit Victory-Zeichen und feierten: »Sie waren happy, überhaupt nicht geschockt, das kam mir sehr merkwürdig vor.« Sie notierte sich das Autokennzeichen und rief um 9:02 Uhr die Polizei an, um diesen Vorfall zu melden.[1]

BOLO (»Be On Lookout«) heißen die FBI-Bulletins, in denen die Beamten über Funk regelmäßig über gesuchte Personen informiert werden. Im Mittagsbericht am 11. September 2001 ist von drei Verdächtigen (und ihrem Fahrzeug) die Rede, die »möglicherweise in Verbindung mit den Terroranschlägen in New York stehen«. Gesucht wurde nach einem weißen Chevrolet-Van mit der Beschriftung »Urban Moving Systems« auf dem Heck, der zum Zeitpunkt des ersten Einschlags in das World Trade Center am Liberty State Park gesehen wurde – »mit drei Personen, die nach dem ersten Einschlag und den folgenden Explosionen beim Feiern beobachtet wurden. Das FBI Newark Field Office ersucht, wenn der Wagen lokalisiert wird, die Personen zu identifizieren und festzunehmen.«

Um 15:46 Uhr, 25 Minuten nachdem BOLO über Funk gegangen war, stoppten zwei Beamte des East Rutherford Police Departments den fraglichen Van und forderten die Insassen zum Aussteigen auf. Der Fahrer, Sivan Kurzberg (23), kam dem auch nach mehrmaliger Aufforderung nicht nach und musste herausgezogen werden. Die vier weiteren Insassen mussten mit gezogener Pistole zum Aussteigen gebeten werden. Ein Grund für ihre Festnahme wurde ihnen nicht genannt. Doch dann, so heißt es im Protokoll des Polizeioffiziers Scott de Carlo, »wurde mir vom Fahrer, ohne dass ich ihn gefragt hatte, gesagt: ›Wir sind Israelis. Wir sind nicht eurer Problem. Eure Probleme sind unsere Probleme. Das Problem sind die Palästinenser.‹«[2]

Die fünf Männer waren in der Tat Israelis und behaupteten, als Umzugshelfer zu arbeiten. In ihrem Wagen wurden Stadtpläne mit einigen markierten Orten gefunden, verschiedene ausländische Pässe, Teppichmesser und 4700 Dollar in bar. Nach Bomben schnüffelnde Suchhunde, so wurde am folgenden Tag berichtet, verhielten sich an dem Wagen, als ob sie Sprengstoffe gewittert hätten. Als das FBI zwei Tage später dann der Umzugsfirma Urban Moving Systems« einen Besuch abstattete, hatte sich der Besitzer Dominik Suter, ein 31-jähriger Israeli, schon eilig aus dem Staub gemacht und war samt Familie in die Heimat geflüchtet.

Die fünf Verhafteten wurden in den folgenden Wochen ausgiebigen Verhören und Lügendetektortests unterzogen, nach denen die FBI-Beamten überzeugt waren, dass es sich bei Urban Moving Systems um eine Tarnfirma des israelischen Geheimdienstes Mossad handelte – und dass ihre Mitarbeiter über ein Vorwissen der Anschläge verfügt haben müssen. Doch bevor das FBI weitere Details darüber ermitteln konnte, wann genau die Männer auf ihrer Aussichtsplattform eingetroffen waren und aus welchem Grund sie dort filmten und den ersten Einschlag feierten, als alle Welt das

Ganze noch für einen schrecklichen Unfall hielt, wurde die Untersuchung gestoppt. Ende November wurden die fünf Umzugshelfer still und heimlich nach Israel ausgeflogen. In den Medien spielte der Fall da schon gar keine Rolle mehr, bis die alteingesessene jüdische Zeitung *Forward* im Frühjahr 2002 eine investigative Geschichte ihres Reporters Marc Perlmann darüber veröffentlichte – und ABC-News den ehemaligen Anti-Terror-Chef der CIA, Vince Cannistraro, zu diesem mysteriösen Ermittlungsstopp befragte: »Es war keine Frage, dass der aus dem Weißen Haus kam. Im CIA-Hauptquartier war allen sofort klar, dass es auf eine Vertuschung hinauslief, damit die Israelis nicht in irgendeiner Art mit 9/11 in Verbindung gebracht werden. Dabei ist zu bedenken, dass es hier um Politik ging, nicht um Strafverfolgung oder Geheimdienstarbeit. Wenn jemand gesagt hat, wir wollen die Israelis hier nicht reinziehen …, wir wissen, dass sie uns wie die Hölle ausspionieren, wir wissen, dass sie möglicherweise im Voraus über die Attacken informiert waren, aber es wäre ein politischer Alptraum, damit umzugehen.«[3]

Wir haben verstanden. Es war in den Tagen und Wochen nach den Anschlägen politisch nicht opportun, gegen mögliche Mitwisser der Verbrechen zu ermitteln, sofern diese aus Israel stammten. Auch als sie nach ihrer Freilassung zu Hause in einer Talkshow auftraten – und einer von ihnen auf die Frage, was sie am 11. September 2001 so früh am Morgen auf diesem Parkdeck am Hudson River zu suchen hatten, antwortete: »Wir kommen aus einem Land, das jeden Tag Terror erfährt. Wir wollten die Ereignisse dokumentieren« –, war das kein Grund, weiter nachzuhaken.

Dennoch plädieren wir, nach nunmehr fast zehn Jahren, dringend dafür, die Herren staatsanwaltlich vorzuladen, um zu klären, wie sie derart pünktlich am passenden Aussichtspunkt derart in Feierlaune geraten konnten. Sowie der Frage nachzugehen, die auch schon den vernehmenden FBI-Beamten Kopfzerbrechen bereitete, dass sich nämlich professionelle Agenten beim Beobachten eines Ereignisses nicht derart überschwänglich verhalten würden: »Die Israelis empfanden irgendwie, dass ihr Geheimdienst gut gearbeitet hatte, d.h., sie feierten ihren eigenen Scharfsinn und ihre Fähigkeiten als Agenten.«[4]

P.S.: Vier der fünf »Umzugshelfer« haben 2004 eine Millionenklage wegen ungerechtfertigter Inhaftierung und schlechter Behandlung im Gefängnis eingereicht, die vom Gericht in New York verworfen wurde. Die Berufung ist derzeit noch anhängig.

Vorzuladen:

- Die fünf »Umzugshelfer« und ihr Arbeitgeber bei Urban Moving Systems: Sivan Kurzberg, Paul Kurzberg, Yaron Shmuel, Dominik Suter, Oded Ellner, Omer Marmari

15 Vorauswissen: Kunststudenten

In den ersten neun Monaten des Jahres 2001 wurden in den USA 140 israelische »Kunststudenten« verhaftet und ausgewiesen, die Beamten der Drogenbehörde DEA Bilder angeboten hatten. Sie lebten zwar vor allem in Orten, in denen sich auch die späteren »Hijacker« aufhielten, und oft in deren unmittelbarer Nähe, hatten aber mit den Anschlägen nichts zu tun.

Da es unmittelbar nach 9/11 politisch nicht opportun war, gegen eine als Umzugsfirma getarnte israelische Spionagezelle und ihr auffälliges Verhalten im Zusammenhang mit den Attacken strafrechtlich zu ermitteln, wundert es kaum, dass der Skandal um einen noch viel größeren Spionagering, der einige Wochen später aufflog, ebenfalls unter den Teppich gekehrt wurde. Denn auch hier stehen israelische Agenten im Mittelpunkt und auch hier gibt es merkwürdige Beziehungen zu den Anschlägen des 11. September.

Nachdem zahlreiche Beamte der Drug Enforcement Agency (DEA) im Winter 2000 den Sicherheitsbeauftragten ihrer Behörde auffällige Besuche von jungen Leuten gemeldet hatten, die sich als israelische Kunststudenten ausgaben und ihnen Bilder verkaufen wollten, fing die DEA im Januar 2001 an zu ermitteln und stieß auf Dutzende solcher Vorfälle in zahlreichen DEA-Niederlassungen im ganzen Land. Nicht nur die Drogenfahnder hatten in ihren offiziellen Büros sowie in ihren Privatwohnungen Besuch von solchen Kunststudenten bekommen, auch in eher diskreten Diensträumen und sowie weiteren sicherheitssensitiven Polizei- und Militäreinrichtungen waren sie aufgetaucht, um den Beamten Malereien in chinesischen Plastikrahmen anzudrehen. Ein 60-seitiges internes Memo der DEA informierte im Juni 2001 über diese Praxis und listete insgesamt 125 israelische Studenten auf, die seit März 2001 mit Namen, Pass- und Visanummer dingfest gemacht worden waren.[1]

Das interne Memo der DEA-Sicherheitsabteilung war für die Leitung des Justizministeriums bestimmt, doch es geriet durch ein Leck Anfang Oktober 2001 an die Medien. Nach ersten noch eher unspezifischen Vermutungen über einen möglichen Spionagering brachte eine Recherche des Fox-Reporters Carl Cameron Licht ins Dunkel. In einer vierteiligen Serie berichtete er Mitte Dezember, dass die ermittelnden Bundesbehörden die »Kunststudenten« als eine Agentengruppe verdächtigten, die Al-Qaida-Terroristen in den USA auf der Spur war und möglicherweise über ein Vorauswissen der Anschläge verfügte. Einer der Ermittler sagte Cameron: »Die Beweise, die diese Israelis in Verbindung mit 9/11 bringen, sind gesperrt. Ich kann Ihnen über die zusammengetragenen Beweise nichts sagen. Das sind geheime Informationen.« Mehr als diesen vagen Hinweis auf eine mögliche Mitwisserschaft der »Kunststudenten« gab es nicht, doch Cameron konnte berichten, dass 140 von ihnen in den letzten Monaten verhaftet und abgeschoben worden waren.

Eine explosive Geschichte, sollte man meinen – eine ganze Horde von Spionen, die möglichen Al-Qaida-Verdächtigen auf der Spur ist –, doch kein anderes der großen Referenzmedien griff das Thema auf. Stattdessen wurden Cameron und Fox-News von der Israel-Lobby unter Druck gesetzt, die politisch nicht opportune Geschichte zu widerrufen, was der Reporter verweigerte, doch nach noch vier Tagen verschwand die Reportage von der Fox-Website mit dem Hinweis »Seite nicht länger erhältlich«. Die Geschichte war tot und tauchte in den Mainstream-Medien nicht mehr auf – bis drei Monate später französische Journalisten in *Intelligence Online* und *Le Monde* darüber berichteten, die sich das DEA-Memo genauer angeschaut und herausgefunden hatten, worauf sich der Verdacht eines 9/11-Zusammenhangs begründete. Mehr als ein Drittel der »Kunststudenten«, die sich insgesamt auf 42 Städte verteilten, lebte Anfang 2001 just da, wo sich auch die Mehrzahl der späteren »Hijacker« aufhielten: in den Gemeinden Fort Lauderdale und Hollywood in Florida. Fünf von ihnen wohnten nur einen Steinwurf von Mohammed Atta entfernt in der Sheridan Street.

Das nun rief die US-Presse in Gestalt der *Washington Post* auf den Plan, die am 6. März 2002 den DEA-Report als »urban myth« abtat und versuchte, den Überbringer der Nachricht zu schlachten: Es sei nur ein einzelner DEA-Angestellter gewesen, der das Papier in Umlauf gebracht hätte, aus Ärger darüber, dass seine Theorien nicht ernst genommen wurden.

Bei der DEA und auch beim FBI und den Geheimdiensten sah man das freilich anders und nahm die Sache durchaus ernst, wie im darauffolgenden Mai eine Recherche von Christopher Ketcham für salon.com erbrachte.[2] Einerseits hatten die Ermittler keine eindeutigen Beweise gefunden, dass es sich bei den Kunstverkäufen um eine Aktion des israelischen Geheimdiensts handelte, andererseits waren die koordinierten Aktivitäten der »Studenten« derart dubios, dass es schwerfiel, hier nicht an eine Spionageoperation zu denken. Da DEA-Angestellte die ersten und häufigsten »Opfer« dieser Aktionen waren, bei einigen der Studenten größere Bargeldmengen sowie Telefonnummern von verdächtigen Drogenhändlern in Florida gefunden wurden – und die jüdische Mafia als Marktführer im Geschäft mit Ecstasy gilt[3] –, war der erste Verdacht, dass das organisierte Verbrechen hier versuchen würde, den »Feind«, die Drogenfahndung, auszuspionieren. Doch Mafiosi, die fesche Studentinnen losschicken, um die Büros der Drogenpolizei zu observieren, wären eine kriminalgeschichtliche Innovation, weshalb dieser Verdacht schnell verworfen wurde.

Also doch ein Spionagering. Aber was um alles in der Welt sollte den gewieften Mossad dazu bringen, einen Haufen Kids zu engagieren, um mit schlechter Kunst und noch schlechterer Legende – sie stellten sich als Studenten einer nicht vorhandenen »Bezalel«-Kunstakademie in Jerusalem vor – die Büros der DEA auszuforschen? Gegen Ende seiner Recherchen stieß Christopher Ketcham auf seinen *deep throat* in diesem Fall, als sich ein höherer Geheimdienstmitarbeiter anonym bei ihm meldete und einen wichtigen Hinweis gab: »Das war eine geräuschvolle Operation. Haben Sie mal *Victor/Victoria* gesehen? Da ging es um eine Frau, die einen Mann spielt, der eine Frau spielt. Vielleicht sollten Sie mal aus dieser Perspektive darüber nachdenken …«

Die »Kunststudenten« also als Agenten, die nur Agenten spielten, weil ihre ebenso geräuschvollen wie absurden Aktionen entdeckt werden sollten – um als verwirrende, über das ganze Land verstreute Nebelkerzen die perfekte Tarnung für die echten Agenten zu liefern, die als Kunststudenten die späteren »Hijacker« observierten. Dass sie dies taten – und ein paar von ihnen nicht nur zufällig in derselben Straße wie Mohammed Atta wohnten –, dieser starke Verdacht wird von einem Memorandum untermauert, das der renommierte US-Jurist Gerald Shea im September 2004 bei der 9/11-Commission und im Parlament einreichte.[4] Da es im Detail zeigt, dass überall in den USA, wo die späteren »Hijacker« von Mitte des Jahres 2000 an residierten, sich auch die »Kunststudenten« in ihrer Nähe aufhielten – in Oklahoma ebenso wie in Kalifornien, in New Jersey ebenso wie in Florida –, blieb es … folgenlos.

P.S.: Es liegt auf der Hand, dass die Nachrichten über die Ermittlungen gegen israelische »Umzugshelfer« und »Kunststudenten« Wasser auf die Mühlen antisemitischer Verschwörungstheorien lieferten. Anders als die einen Tag nach den Anschlägen im Internet kursierende und im Mainstream zuerst von der *Jerusalem Post* kolportierte Behauptung von 4000 am 11.9. nicht zum Dienst erschienenen jüdischen WTC-Angestellten, handelt es sich hier allerdings nicht um ein haltloses Gerücht – das freilich, wie schon in *FFB* (S. 174 ff.) beschrieben, seine Rolle als propagandistische Nebelkerze sehr gut erfüllte –, sondern um den polizeilich recherchierten und belegten Verdacht von Straftaten, die jeden nichtkorrupten Staatsanwalt der Welt zu Ermittlungen zwingen müssten. Was ja auch geschah – bis diese Fälle *par ordre de mufti* ad acta gelegt werden mussten.

Vorzuladen:

- Sämtliche in »Exhibit B« des Shea-Memorandums namentlich gelisteten »Kunststudenten«, die in der Umgebung der späteren »Hijacker« lebten

16 Vorauswissen: Insider-Händler

Die auffälligen »Börsenwetten« gegen die Fluggesellschaften United und American Airlines (sowie gegen im WTC ansässige Firmen) in den Tagen unmittelbar vor dem 11. September 2001 wurden gründlich untersucht und erwiesen sich als vollkommen normale Transaktionen von nicht mit Al-Qaida verbundenen Investoren.

In den Tagen und Wochen nach den Anschlägen sprach indes nichts für die »harmlosen Erklärungen«, die der *Commission Report* dann bis 2004 gefunden haben wollte – im Gegenteil. Die ungewöhnlichen Handelsvolumen von Aktienoptionen nicht nur der American Airlines und United Airlines, sondern auch von im WTC ansässigen Finanzfirmen wie Marsh & McLennan und Morgan Stanley sowie von Versicherungsunternehmen, die von den Anschlägen betroffen waren, schienen mehr als verdächtig zu sein. Sie galten in zahlreichen Medienberichten als heißeste Spur zu den Hintermännern der Verbrechen, nicht nur bei Journalisten und »Verschwörungstheoretikern«, sondern auch bei ausgewiesenen Kennern des Banken- und Börsenparketts, wie etwa dem damaligen Chef der Deutschen Bundesbank. Ernst Welteke sagte bei einem Treffen der europäischen Finanzminister in Belgien Ende September 2001 zu den Berichten über die Prä-9/11-Börsengeschäfte: »Es gibt immer klarere Hinweise, dass es auf den internationalen Finanzmärkten Aktivitäten gegeben hat, die mit dem notwendigen Insider-Wissen ausgeführt worden sein müssen.«[1]

Und in der Tat schienen die Zahlen für sich zu sprechen. In den Tagen vor 9/11 lag etwa das Handelsvolumen von United Airlines 285-fach, das von Marsh & McLennan 93-fach und das von American Airlines 60-fach über dem Durchschnitt.[2]

Im Oktober 2001 startete das Chicago Board Options Exchange (CBOE) zusammen mit der Börsenaufsicht (SEC) und dem FBI eine Untersuchung zu weiteren 35 Aktiengesellschaften, die im Zusammenhang mit dem 11.9. auffällige Transaktionen aufwiesen. Da es nicht allzu kompliziert ist, Kontoinhaber und Käufer von Aktien zu ermitteln, sollte man von einer solchen Untersuchung rasche Ergebnisse erwarten können, zumal die auffälligen Transaktionen nicht nur an den Börsen in den USA, sondern auch in London, Tokio und Frankfurt registriert worden waren und von daher ein gewisser Aufklärungsdruck bestand. »Wir werden alles tun, diese Leute zu finden und vor Gericht zu bringen«, hatte der Chef der SEC, Harvey Pitt, vor dem House Financial Services Committee bezeugt – danach hörte man zwei Jahre lang ... nichts. Abgesehen von einem schon im Vorfeld durchgesickerten namenlosen Kunden, der über die Deutsche-Bank-Tochter Alex Brown (DBAB) 2500 Put-Optionen auf United Airlines gekauft hatte – was den Ex-Polizisten und CIA-Experten Michael Ruppert aufhorchen ließ, der seit Jahren über die Verwicklung der Geheimdienste in Drogenhandel und Geldwäsche recherchiert hatte. Und Alex Brown war ihm mehr als nur ein Begriff. Die Bank hatte nicht nur die Carlyle Group und Brown Brothers Harriman finanziert, die eng mit der Bush-Familie verbunden sind[3] – auch hieß der ehemalige Direktor von Alex Brown »Buzzy« Krongrad. Der war in den 90er Jahren Assistent des CIA-Chefs James Woosley gewesen, wechselte dann zur »Finanzabteilung« seines Arbeitgebers und kehrte im März 2001, nachdem Alex Brown von der Deutschen Bank gekauft worden war, als Executive Director auf die dritthöchste Position der CIA zurück.[4]

Dass die pikante Verbindung eines CIA-Direktors mit einer Bank, deren Kunden im Verdacht stehen, im Vorauswissen um die Attacken extrem hohe Wetten auf den Absturz von United Airlines abgeschlossen zu haben, keine Wellen in den Mainstream-Medien schlug, mag noch verständlich sein. Es könnte sich ja mal wieder einfach um einen Zufall handeln. Dass aber auch Dutzende von anderen auffälligen Börsengeschäften – nicht nur mit Put-Optionen, sondern auch bei Aktien, Schatzbriefen, Öl und Gold – plötzlich kein Thema in den Medien mehr waren, lässt (rückblickend) auf eine Orchestrierung des Schweigens schließen. Die britische Börsenaufsicht Financial Services Authority erklärte am 16. Oktober die Untersuchung für beendet, da man keine Beweise gefunden habe, dass Osama Bin Laden und seine Hintermänner an solchen Transaktionen beteiligt gewesen seien – und damit war das Thema merkwürdigerweise erledigt, nicht nur in London, sondern auch in New York und den anderen Finanzplätzen.

Erst zwei Jahre später erinnerte sich das US-Magazin *Slate*, dass da doch mal eine superheiße Spur gewesen war, und fragte bei der CBOE in Chicago und bei der SEC nach: »Keiner hat irgendein Ergebnis bekannt gegeben. Die SEC hat keine Beschwerde im Zusammenhang mit illegalen Aktivitäten eingereicht, das Justizministerium hat keine Ermittlung oder Strafverfolgung bekannt gegeben.«[5] Ein Sprecher des FBI teilte daraufhin mit, dass eine gründliche Untersuchung durchgeführt worden sei und »keine Beweise existierten, dass irgendeine Person im Vorauswissen der 9/11-Anschläge mit irgendwelchen Börsenpapieren gehandelt hat«. So ist es dann auch in einem Briefing des FBI an die 9/11-Commission formuliert, das 2007 in redigierter Form an die Öffentlichkeit kam[6] – und durchaus Zweifel an der Gründlichkeit der Untersuchung aufkommen lässt.

In der von der Kommission veröffentlichten Zusammenfassung der FBI-Untersuchungen wird beschrieben, dass die Kommission das FBI auch nach den Berichten fragte, laut derer am Morgen des 11.9. »umfangreiche verdächtige Transaktionen« auf den im WTC befindlichen Computern von Banken und Kreditkartenfirmen abgelaufen waren. Dabei sollen bis zu 100 Millionen Dollar in der Hoffnung verschoben worden sein, dass die elektronischen Spuren durch den Kollaps des WTC vernichtet werden und entsprechend nicht mehr nachweisbar sein würden. In diesem Zusammenhang fragte die Untersuchungskommission auch nach den beschädigten Computerlaufwerken, die in den Trümmern des WTC geborgen und wiederhergestellt wurden.

Über die Datenrettung der im WTC-Schutt gefundenen Festplatten war Ende Dezember 2001 in den Medien weltweit berichtet worden, vor allem in Deutschland, da die in Pirmasens ansässige Firma Convar von den US-Behörden damit beauftragt worden war. Die pfälzischen Datenretter beherrschen ein weltweit einzigartiges Laserverfahren zur Rekonstruktion von Daten, das das ZDF in seiner *Heute*-Sendung am 11. März 2002 ausführlich vorstellte. Da hieß es, dass die Spezialisten von Convar bis dahin schon 400 Festplatten aus dem World Trade Center rekonstruiert hätten. Dass die ZDF-Journalisten in ihrem Beitrag nicht auf das Mysterium eingingen, wie Hunderte von Bürorechnern den Crash der Türme hatten überstehen können, die »unkaputtbaren« Flugschreiber der AA 11- und UA 175-Maschinen hingegen nicht, sei hier als weiteres Beispiel für die investigative Totalabsenz der Medien nur am Rande erwähnt.

Den dickeren Hammer – und ein Paradebeispiel für die Abwesenheit investigativer Ermittlungen von Kommission und Polizei in Sachen Insider-Trading – lieferte die Kommission selbst. Sie kam nach der Anhörung der FBI-Ermittler im August 2003 zu dem Schluss, dass solche Handelsaktivitäten nicht stattgefunden hätten, denn »die anwesenden Agenten hatten keine Kenntnis von der berichteten Datenrettung« – und: »Alles am WTC war fast völlig zu Puder pulverisiert, was es extrem unwahrscheinlich macht, dass irgendwelche Festplatten überlebten.«[7]

Sagt die Kommission, unter Berufung auf das FBI. Anderthalb Jahre nachdem das ZDF unter dem Stichwort »Geheimsache World Trade Center« diese Festplatten im Bild gezeigt hatte, die mit dem Absender »Department of Defense« in Pirmasens eingetroffen waren und, laut Angaben eines Mitarbeiters, nahezu alle rekonstruiert werden konnten. Unter besonderen Sicherheitsvorkehrungen und in Anwesenheit von Kontrolleuren des Auftraggebers. Sogar der Preis für die aufwendige Rettung wurde genannt: zwischen 25 000 und 50 000 Dollar pro Festplatte.

Dass offenbar das FBI und die 9/11-Commission von dieser aufwendigen Rettungsaktion nichts wussten beziehungsweise nichts wissen wollten oder durften, macht weitere Ermittlungen – unter Vorladung der Verantwortlichen im Pentagon – unabdingbar. Was die verdächtigen Börsenspekulationen betrifft, belegt der *Commission Report* in einer Fußnote deren Harmlosigkeit mit dem Hinweis auf einen Börsenbrief, der am 9.9. entsprechende Transaktionen bei den Aktien der Fluggesellschaften empfohlen habe. Und auch die 2500 Put-Optionen auf United Airlines hätten sich als unschuldig herausgestellt, seien sie doch auf »einen einzigen US-ansässigen institutionellen Investor mit keiner denkbaren Verbindung zu Al-Qaida« zurückzuführen.[8]

Nun wird niemand erwartet haben, dass das Depot für die extrem hohen Wetten auf einen UA-Absturz oder eine im WTC angesiedelte Firma auf einen Kunden namens Osama mit Anschrift in einer afghanischen Höhle lautet. Aber der Zirkelschluss der Kommissionsermittlungen ist deutlich zu sehen: Osama war's – und weil keine Transaktionen auf seinen Namen laufen, gab es auch keinerlei Vorauswissen bei Spekulanten. Da wissenschaftliche Studien aus den Jahren 2006 und 2010, in denen Ökonomen und Statistiker verschiedener Universitäten die auffälligen Börsentransaktionen untersuchten,[9] exakt zu dem gegenteiligen Ergebnis kamen und signifikante Belege dafür fanden, dass Insider ein Vorauswissen der bevorstehenden Attacken gehabt haben müssen, scheint auch hier eine Wiederaufnahme der Ermittlungen dringend geboten. Das empfand, in Abwesenheit von Strafverfolgung und Gerichtsbarkeit, auch David Callahan, der leitende Redakteur des Magazins *SmartCEO*, und beantragte nach dem Freedom of Information Act die Kopien der Akten der Börsenaufsicht SEC, welche der in Fußnote 130 des *Commission Report* bescheinigten Harmlosigkeit aller verdächtigen Börsentransaktionen zugrunde liegen. Wir zitieren hier aus der Antwort, die Callahan am 23. Dezember 2009 von der SEC erhielt, im Original:

> »This letter is in response to your request seeking access to and copies of the documentary evidence referred to in footnote 130 of Chapter 5 of the September 11 (9/11) *Commission Report* ... We have been advised that the potentially responsive records *have been destroyed*.«[10]

Damit bestätigt sich, was als heiße Spur für das merkwürdige Erkalten der heißen Spur des Prä-9-11-Insiderhandels bisher nur aus einer anonymen Quelle bekannt war, nämlich durch eine Mitarbeiterin der Chicagoer Börse, die dann von Robert Wenzel, einem Reporter des *Economic Policy Journal*, mehrfach zitiert wurde. Sie hatte ihm in den Tagen nach 9/11 berichtet, dass ihr CBOE-Chef ein Treffen mit Regierungsleuten hatte »oder Männern, die vorgaben, Regierungsleute zu sein«, die ihn angewiesen hätten, die Untersuchungen zum Optionshandel zu stoppen und die Unterlagen zu vernichten.[11]

Da ist also dringend zu ermitteln: Wurde eine sachgemäße Untersuchung des auffälligen Handels mit Put-Optionen vorgenommen? Wenn nein, warum nicht? Wenn ja, wo sind die Ergebnisse?

Vorzuladen:

- Der damalige CBOE-Chef William Brodsky
- Sein Vize Mark Duffy
- Der damalige Börsenpräsident Edward Joyce
- Die Mitarbeiter der Firma Convar, die an der Datenrettung beteiligt waren

17 Die schützende Hand

Dass die US-Geheimdienste von den Plänen der 9/11-Verdächtigen wussten und diese unterstützten, ist eine lupenrein haarsträubende Verschwörungstheorie, die jeder Grundlage entbehrt.

Die »Hijacker« bewegten sich, obwohl sie in den USA in geheimer und durchaus gefährlicher Mission unterwegs waren, keineswegs unauffällig. Sie zahlten mit Kreditkarten auf ihren Namen, besorgten sich Führerscheine, mieteten Wohnungen und Autos und meldeten sich bei Schulen und Fitnessstudios an. Irgendeinen Wert auf Tarnung und Verbergung ihrer Spuren scheinen sie nicht gelegt zu haben – weder bei ihren Aufenthalten in Bars und Striptease-Clubs noch bei ihren Besuchen in der Glitzerstadt Las Vegas. Auch bei ihren Auslandsreisen ließen sie keine besondere Vorsicht walten. Mohammed Atta konnte sogar ohne irgendein Visum wieder einreisen (→ *Kap. 8*), und Khalid Al-Midhar erhielt noch im Sommer 2001 ein neues Visum, obwohl er seit 1998 auf dem Radar der Geheimdienste war. Wie Al-Midhar hatten auch noch 14 weitere der »Hijacker« ihre Visa auf demselben US-Konsulat erhalten, in Dschiddah, Saudi-Arabien.

Dort war Michael Springmann von 1987 bis 1989 für die Visa-Erteilung zuständig gewesen und von der CIA häufig genötigt worden, Visa für Personen auszustellen, die ziemlich eindeutig einem militanten, terroristischen Hintergrund zuzuordnen waren. Weil Springmann nicht aufhörte, sich über diese dubiosen Praktiken zu beschweren, wurde er von seinem Posten entfernt und konnte es kaum fassen, als kurz nach den Anschlägen bekannt wurde, dass 15 der 19 »Hijacker« ihre Visa in ausgerechnet jenem Konsulat bekommen hatten, in dem er vor Jahren selbst tätig gewesen war und das ihm zufolge nahezu ausschließlich von der CIA betrieben und offensichtlich noch immer als Einschleusungsbüro für befreundete »Freiheitskämpfer« benutzt wird. Doch weder damals noch 2001 drang Springmann mit seinen Protesten bei den Verantwortlichen durch. Nach über 20 Jahren im diplomatischen Dienst gehört er heute zu den »9/11-Lawyers«, die sich für eine Neu-Untersuchung einsetzen.

Auch der *Commission Report* widmet sich ausführlich den Visa-Anträgen der »Hijacker«, von denen kaum einer vollständig und korrekt ausgefüllt war und die normalerweise hätten zurückgewiesen werden müssen, doch bucht er dies schlicht unter dem bewährten Motto »Pleiten, Pech & Pannen« ab. Wie aber Zufall, Inkompetenz und menschliche Fehler für die Unwahrscheinlichkeit gesorgt haben sollen, dass von den 19 »Hijackern« 15 mit fehlerhaften Visa einreisen konnten, erklärt der *Commission Report* genauso wenig wie den Umstand, dass das Konsulat in Dschiddah eine dokumentierte Geschichte als CIA-Schleuse für arabische »Freiheitskämpfer« hat. Nicht erst bei ihrem Aufenthalt im Land, sondern schon vor ihrer Einreise standen die »Hijacker« offensichtlich unter »Betreuung«, wobei sich der starke Verdacht einer schützenden Hand nicht nur aus dem suspekten Ort ihrer Visa-Erteilung ableitet, sondern auch aus einer sehr simplen Frage. Wenn es sich bei den späteren »Hijackern« wirklich um professionelle Terroristen handelte, wieso wurde dann bei einer Grundvoraussetzung des gesamten Plans (Visa und Einreise) so völlig dilettantisch und unerklärlich geschlampt? Welcher Teufel hat die Chefplaner der Tat geritten, dass sie den Erfolg der gesamten Großoperation schon im ersten Schritt einem derartigen Risiko der Entdeckung aussetzten? Hier scheint statt des Teufels eher ein Schutzengel im Spiel gewesen zu sein, der sich um derlei logistische Kleinigkeiten kümmerte – und dessen schützende Hand noch 2004 im *Commission Report* dafür sorgte, dass diese Zusammenhänge nicht offenkundig wurden (→ *Kap. 2, 3*).

Ebenso wenig wie die eklatanten Widersprüche bei der Frage, wann die »Hijacker« überhaupt zum ersten Mal in die Vereinigten Staaten eingereist waren. Für 15 der 19 liegen Hinweise und Zeugenaussagen vor, dass sie sich schon vor dem im *Commission Report* genannten Einreisedatum in den USA aufgehalten hatten.[1]

Diese Ungereimtheiten in Sachen Visa und Einreise fügen sich aufs Schönste zu den zahlreichen und übereinstimmenden Berichten von *Washington Post, Newsweek* und der Nachrichtenagentur Knight Ridder, dass einige der »Hijacker« in den 90er Jahren an US-Militäreinrichtungen ausgebildet worden sein sollen: Mohammed Atta an der Maxwell Air Force Base in Montgomery, Abdulaziz Al-Omari an der Brooks AFB in Texas und Said Al-Ghamdi am Defense League Institute im kalifornischen Monterey sowie drei weitere »Hijacker« an Militärinstituten in Florida. Im *Boston Globe* erschien daraufhin ein Dementi des Pentagon: »Einige der vom FBI genannten Verdächtigen hatten ähnlich klingende Namen wie ausländische Absolventen militärischer Lehrgänge in den USA. … Abweichungen in den biografischen Daten … weisen darauf hin, dass es sich wahrscheinlich nicht um dieselben Personen handelte.«

Als Daniel Hopsicker wegen dieses »wahrscheinlich« stutzte und wegen Mohammed Atta bei der US Air Force nachfragte, wurde ihm mitgeteilt, dass es sich um eine andere Person handelte, ein Kontakt zu diesem anderen Mohammed Atta jedoch wurde ihm verweigert. Einer der zwei Senatoren von Florida, Bob Nelson, richtete im Oktober 2001 eine offizielle Anfrage an Justizminister Ashcroft, ob die entsprechenden Presseberichte zuträfen, doch hatte er ein Jahr später, als Hopsicker in seinem Büro nachfragte, noch immer keine Antwort erhalten. Sie steht bis heute aus – und die Geschichte über die frühen Kontakte der späteren »Hijacker« zu US-Militäreinrichtungen wurde nie aufgeklärt.[2]

Es mag sein, dass es sich um zufällige Namensgleichheiten handelt, auch wenn das in einem halben Dutzend Fälle zugleich eher unwahrscheinlich ist. Bei einer Neu-Untersuchung kann diese Unklarheit durch Vorlage einer Liste der Lehrgangsteilnehmer und eine Überprüfung der Identitäten der Namensvettern indessen problemlos geklärt werden. Dass das nicht längst passiert ist, stärkt freilich den Verdacht, dass hier erneut eine schützende Hand am Werke ist, um die Verbindungen der »Hijacker« zu Militär und Geheimdiensten zu vertuschen. Wir verweisen in diesem Zusammenhang auf die Aussagen der Beamten der FBI-Einheit I-49, die für Al-Midhar und Nawaf Al-Hazmi in San Diego zuständig gewesen wären, hätten die Geheimdienste sie über den terroristischen Hintergrund der beiden Araber informiert. Dass sie von den militanten Islamisten vor ihrer Haustür nichts erfuhren, so glaubt »mindestens die Hälfte der Jungs im Büro«, hatte damit zu tun, »dass die CIA Al-Midhar und Al-Hazmi schützte, weil sie hoffte, die beiden zu rekrutieren«.

Oder, möchten wir hier im Konjunktiv hinzufügen, möglicherweise schon rekrutiert hatte. So wie einst Lee Harvey Oswald, den man zuerst bei paramilitärischen Anti-Castro-Truppen trainierte und danach Pro-Kuba-Flugblätter verteilen und als Kommunisten posieren ließ, um ihn schließlich als vorgeschobenen Kennedy-Mörder zu verwenden. Dass eine magische Kugel des »verrückten Einzeltäters« Oswald den Kopf JFKs durchschlug und den vor ihm sitzenden Texas-Gouverneur John Connally schwer verletzte, steht bis heute als offizielle Version im Geschichtsbuch – dort, wohin es auch schon das offizielle Märchen von den 19 fanatischen Islamisten mit ihren Teppichmessern geschafft hat. Professor Peter Dale Scott hat auf die Koinzidenz aufmerksam gemacht, dass die CIA 1963 Informationen über Oswald vor dem FBI zurückhielt, was ihm erst ermöglichte, seine Rolle zu spielen[3] – so wie Al-Midhar und Nawaf Al-Hazmi 2001 nur zu »Hijackern« werden konnten, weil dem FBI das Wissen über ihre terroristischen Verbindungen von der CIA 20 Monate lang vorenthalten worden war. Und dass die CIA-Verantwortlichen in beiden Fällen vor den Kongressermittlern behaupteten, die Informationen sehr wohl weitergegeben zu haben. Der *Commission Report* weiß jedoch davon nichts und wartet mit dem Schluss auf, dass »dies nicht der Fall war«. Gleichwohl sorgte Kommissions-Chef Zelikow dafür, dass sämtliche Details über die »Saudi-Connection« Al-Midhars und Al-Hazmis aus dem Abschlussbericht entfernt wurden (→ *Kap. 3*).[4]

Die somit verbriefte – und unter der »Pleiten, Pech & Pannen«-Decke versteckte – Tatsache, dass die CIA ihr Wissen über in die USA einreisende Terroristen vor dem FBI geheim hielt, legt einen starken Verdacht nahe: Der Geheimdienst hatte die Herren selbst unter Kontrolle und wollte sich von der Bundespolizei nicht ins Handwerk pfuschen lassen. Auch wenn die von Peter Dale Scott aufgezeigte historische Parallele nicht als Beweis gelten kann, sprechen sehr viele Indizien dafür, dass die »fanatischen Hijacker« ebenso an der Leine der CIA geführt wurden wie einst der »verrückte Einzeltäter« Lee Harvey Oswald.

Aber welche Einheit war dafür zuständig, welche Personen führten die Aufsicht, wer war zuständig für die Beobachtung und das Handling der späteren »Hijacker«? War es die CIA selbst, waren es befreundete Dienste oder eine externe Organisation, war es eine »CIA innerhalb der CIA«?

Mit diesen Fragen nähern wir uns dem dunklen Territorium des 9/11-Falls, was 2002 auch die Teilnehmer der 9/11-Kongressuntersuchung zu spüren bekamen, in deren Bericht 28 Seiten über die Verbindung von saudischen Agenten und den »Hijackern« geschwärzt werden mussten. Nachdem über einen *Newsweek*-Artikel im Dezember 2002 darüber etwas bekannt wurde, sahen sich die teilnehmenden Abgeordneten und Senatoren plötzlich einer Strafverfolgung wegen Geheimnisverrats ausgesetzt: FBI-Agenten durchsuchten ihre Büros und verhörten ihre Mitarbeiter. Für die einige Monate später startende 9/11-Commission war das ein deutliches Signal, dieses Territorium zu meiden, was dann dank Philip Zelikow auch geschah.

Ebenso systematisch ausgeblendet aus den Ermittlungen wurde die Tatsache, dass drei der vier späteren »Terrorpiloten« ausgerechnet bei Huffman Aviation in Venice Beach, Florida, trainiert hatten. Ausgerechnet deshalb, weil der kleine, unauffällige Flughafen des unauffälligen kleinen Rentnerstädtchens an der Küste eine ebenso verborgene wie unrühmliche Tradition hat – er wird seit Jahrzehnten für verdeckte Operationen des Militärs und der Geheimdienste genutzt[5] – und weil Huffman Aviation, eine von vielen tausend Flugschulen in den USA, alle Anzeichen einer Tarnfirma für solche Operationen trägt. Der nach 9/11 auf allen Kanälen als Besitzer der Flugschule auftretende Niederländer Rudi Dekkers fungierte eigentlich nur als Strohmann von Wally Hilliard, dem eigentlichen Investor, der außer dieser Flugschule auch noch einen Flugzeugverleih betrieb. In einem von Hilliards Lear-Jets waren im Juli 2000 knapp 20 Kilogramm Heroin beschlagnahmt worden, just zur selben Zeit, als sich Mohammed Atta bei Huffman anmeldete.

Dieser merkwürdige Zufall rief wenige Wochen nach den Anschlägen Daniel Hopsicker auf den Plan, der gerade eine Biographie über den größten Drogenschmuggler der US-Geschichte abgeschlossen hatte: Barry Seal. Das war der Chefpilot der Iran-Contra-

Operation, bei der Mitte der 80er Jahre insgeheim Waffen an den Iran verkauft und diese Einnahmen dann an die rechten Contras in Nicaragua weiterverschoben wurden, um deren Krieg gegen die sandinistische Regierung zu beflügeln. Als die Sache aufflog – neben der Waffenschieberei war auch im großen Stil mit Kokain gehandelt worden –, sorgte das für einen handfesten Skandal. Die illegalen Geschäfte waren vom Weißen Haus nicht nur abgesegnet, sondern von einem Mitarbeiter von Vizepräsident Bush, Ltd. Oliver North, auch organisiert worden.

Seine Recherchen in Venice Beach verschafften Hopsicker nun ein Déjà-vu-Erlebnis nach dem anderen: Wieder ging es um einen unscheinbaren Provinzflughafen, wieder ging es um Drogenhandel und geheime Machenschaften, und wieder geschah dies alles, vorbei an lokalen Zoll- und Polizeibeamten, mit Protektion von »ganz oben«. Und das alles ausgerechnet in dem kleinen Kaff, in dem Hopsickers Eltern ihren Lebensabend verbrachten und das er jedes Jahr an Thanksgiving besuchte – und aus dem die Weltpresse, nachdem sie die blaue Markise von Huffman Aviation abgefilmt hatte, ohne weitere Fragen wieder verschwunden war. Das gute Dutzend junger arabischer Männer aber war aufgefallen in dem mit einem Durchschnittsalter von 72 Jahren gesegneten Städtchen, doch was Hopsicker von Nachbarn, Vermietern, Taxifahrern und allen anderen Zeugen über die späteren »Hijacker« erfuhr, ergab ein etwas anderes Bild als das in den Medien verbreitete von religiösen, islamistischen Fanatikern (→ *Kap. 8*). Es landete ebenso wenig in den Hauptnachrichten wie die Hintergründe, die Hopsicker über Wally Hilliard und seine äußerst merkwürdigen Aktivitäten im Luftfahrtgeschäft herausfand: neu gegründete Fluggesellschaften, die keine Profite machten, weil sie mit ihrer Flotte nie Passagiere transportierten, Verleih-Jets, die regelmäßige Kokainflüge unternahmen, von Strohmännern geleitete Flugschulen, die Terroristen ausbildeten, sowie ein halbes Dutzend weiterer klandestiner Geschäftstätigkeiten, die alle auf ein ähnliches Muster von staatlicher und krimineller Kooperation schließen lassen, wie es mit dem Netzwerk der Iran-Contra-Operationen ans Licht gekommen war. Diese staatlich sanktionierten Drogen- und Waffengeschäfte wurden damals über einen kleinen Provinzflughafen in Mena, Arkansas, abgewickelt – eine Rolle, die mittlerweile, davon ist Hopsicker überzeugt, dem Provinzflughafen Venice Beach, Florida, zukommt. Dass die Mehrzahl der späteren »Hijacker« sich Venice Beach rein zufällig als Trainingsstandort aussuchte und dabei rein zufällig in ein solches Netzwerk geriet, ist zwar nicht auszuschließen, bei all den anderen vorliegenden Indizien zu einer »schützenden Hand« über den »Hijackern« aber äußerst unwahrscheinlich.

Vorzuladen:

- Die in den USA an Militäreinrichtungen ausgebildeten arabischen Männer, die zufällig Namensvettern der Attentäter sind, aber mit den Anschlägen nichts zu tun hatten
- Leitung und Belegschaft des US-Konsulats in Dschiddah 1998–2001
- Die Mitarbeiter der CIA, die die Weitergabe von Informationen über Al-Midhar und Nawaf Al-Hazmi an das FBI verhinderten
- CIA-Direktor George Tenet und CTC-Direktor Cofer Black
- Rudi Dekkers und Wally Hilliard von Huffman Aviation
- Alle von Daniel Hopsicker benannten Zeugen für die klandestinen Machenschaften am Flughafen Venice Beach, Florida

Politik und andere Posten

18 Bush in Sarasota

US-Präsident George W. Bush blieb am 11. September 2001 trotz der bestehenden Gefahr bis 9:35 Uhr in einer Grundschule in Florida sitzen, um »Ruhe auszustrahlen«[1].

Um kurz vor 9 Uhr, bei seiner Ankunft in der Emma-Booker-Grundschule in Sarasota, Florida, erfuhr Bush, dass soeben ein Flugzeug in den Nordturm des World Trade Center gerast war. Nach eigener Aussage (offiziell dokumentiert vom Weißen Haus)[2] hatte er diese erste Maschine sogar in den Turm einschlagen sehen (anders als der Rest der Welt) und fragte sich, wie ein Pilot einen solch schrecklichen Fehler machen konnte.

Unmittelbar nachdem die zweite Maschine um 9:03 Uhr den Südturm getroffen hatte, saß Bush im Klassenraum und wartete darauf, von den Grundschülern eine Ziegengeschichte vorgelesen zu bekommen, als sein Stabschef Andrew Card ihm zuflüsterte: »America is under attack!«

Bush stellte keine Fragen. Obwohl diese Mitteilung seines Stabschefs ihm keinerlei Details verriet. Zwar hielten die Russen an diesem 11. September kurz vor der Küste Alaskas eine Militärübung mit scharfen Atomwaffen an Bord von Bombern ab (→ *Kap. 22*), aber das war dem »Commander in Chief« im Zusammenhang mit dem Begriff »attack« keine alarmierte Nachfrage wert. Und seinem Stabschef erst recht nicht, denn der verschwand nach der Mitteilung sofort wieder, um die Kinder nicht weiter beim Vorlesen von *The Pet Goat* zu stören.

Bush blieb daraufhin sitzen und strahlte Ruhe aus. Er lauschte den eifrig lesenden Kindern, nahm zur Kenntnis, dass Ari Fleischer, der Pressesprecher des Weißen Hauses, ihm mittels einer handbeschrifteten Pappe signalisierte: »Sagen Sie jetzt noch nichts«[3], ohne sich oder sonst wen zu fragen, wozu er nichts sagen sollte. Erst nach zehn weiteren Minuten Streichelziegengeschichte zog er sich mit seinen Vertrauten in einen Nebenraum zurück, hielt um 9:29 Uhr eine kurze Ansprache und verließ um 9:35 Uhr endlich die Schule.

Damit wir uns nicht missverstehen: Nicht nur Präsident Bushs Verhalten war, gelinde gesagt, sonderbar, sondern erst recht das seiner Leibwächter, der zahlreichen Secret-Service-Agenten, die ihn begleiteten. Denn während zur gleichen Zeit Vizepräsident Richard Cheney vom Secret Service umgehend in den Bunker des Weißen Hauses evakuiert wurde (→ *Kap. 20*), blieben die Secret-Service-Agenten in Sarasota völlig ungerührt. Und ließen ihren Präsidenten sitzen.

Vergegenwärtigen wir uns die offizielle Darstellung. Der zufolge ging um 9:03 Uhr nicht nur Andrew Card von einem »Angriff auf Amerika« aus, sondern auch und vor allem der Secret Service – von einem Überfall, einem überraschenden Anschlag auf die USA mit entführten Passagiermaschinen. Amerika wurde angegriffen. Niemand wusste, wie viele Flugzeuge entführt worden waren, erst recht wusste niemand zu diesem Zeitpunkt, welche Ziele sie ansteuerten.

Bushs Aufenthaltsort an diesem Morgen war kein Geheimnis. Der Flughafen Sarasota, von dem aus im Minutentakt Passagiermaschinen starten, ist nicht weit entfernt von der Booker-Grundschule. Amerika wurde mit entführten Passagiermaschinen angegriffen. Gab es ein lohnenderes Ziel für die Terroristen als den Präsidenten selbst?

Die Secret-Service-Agenten um Bush herum hatten gar keine andere Wahl, als zu verfahren, wie Richard Cheney es in der allsonntäglichen NBC-Sendung *Meet the Press* anschaulich beschrieb: »Unter solchen Umständen handeln sie [die Secret-Service-Agenten] einfach. Sie sagen nicht ›Sir‹ oder fragen freundlich. Sie sagen einfach: ›Wir müssen sofort gehen‹, und packen einen.«[4]

Selbst wenn der Präsident beschlossen hätte, »Ruhe auszustrahlen« (wem gegenüber eigentlich, den Grundschülern?) – seine Personenschützer konnten ihm genau dies nach Lage der Dinge schlechterdings nicht gestatten, unter keinen Umständen. Erst recht nicht, da er seinen Wunsch niemandem mitteilte. Denn nachdem Andrew Card ihm ins Ohr geflüstert hatte, Amerika werde angegriffen, sprach Bush mit niemandem. Sondern saß einfach nur unschlüssig da, strahlte Ruhe aus, hörte den Kindern zu und verließ sich auf seine Sicherheitsleute.

Die offensichtlich sicher waren, dass ihm keine Gefahr drohte.

Die Untersuchungskommission befragte zu diesem Sachverhalt genau einen Mitarbeiter des Secret Service. Dessen Erklärung ist im Report wiedergegeben. Man habe es »nicht für zwingend notwendig gehalten, dass er [der Präsident] zur Tür rausrennt«.[5]

Diese Erklärung genügte der Untersuchungskommission. Man verkniff sich sogar die Nachfrage, ob es nicht zwischen »zur Tür rausrennen« und »Nichtstun« andere Handlungsweisen gegeben hätte, zum Beispiel die naheliegende Option »Präsident unaufgeregt, aber umgehend an einen sicheren Ort bringen«.

Noch einmal: Nach Lage der Dinge hatten die präsidialen Personenschützer gar keine andere Wahl, als ihren Präsidenten sofort in Sicherheit zu bringen. Warum taten sie es nicht? Wer gab ihnen die Anweisung, nicht tätig zu werden? Und wann? Vor Ort? Brian Stafford, Director des Secret Service, war unmittelbar nach dem zweiten Anschlag von der FAA-Chefin Jane Garvey alarmiert worden, bis zu elf Maschinen müssten als »möglicherweise entführt« gelten (→ *Kap. 23*). Warum wartete er? Musste er nicht damit rechnen, dass auch sein Präsident zu den Zielen gehören könnte, an einem jedermann und jedem Terroristen bekannten Ort, auf dem Präsentierteller in einer Grundschule direkt neben einem Flughafen, auf der eine Passagiermaschine nach der anderen startete?

Der Präsident blieb sitzen. Der Secret Service wartete. Worauf?

Vorzuladen:

- Die Secret-Service-Agenten, die an diesem Morgen darauf verzichteten, ihren Präsidenten aus seiner potentiell lebensgefährlichen Situation zu retten. Es ist dringend zu ermitteln, wer ihnen die Anweisung gab, nicht zu handeln – und wann.
- Secret-Service-Chef Brian Stafford
- Richard Cheney
- George W. Bush

19 Dienst nach Vorschrift

Dass es fast zwei Stunden dauerte, ehe Kampfjets endlich (erfolglos) versuchten, wenigstens die letzte der entführten Maschinen noch abzufangen, ist weder Militär noch zivilen Lotsen anzulasten. Die am 11. September 2001 geltenden Dienstvorschriften wurden befolgt.

Entgegen der Behauptungen mancher Skeptiker wurden die Standard Operating Procedures, also die Dienstvorschriften für den Umgang mit entführten Passagiermaschinen, am 11. September 2001 tatsächlich befolgt. Weil diese Vorschriften nämlich acht Wochen vor dem 11. September überraschenderweise geändert worden waren. Besser: auf den Kopf gestellt.

Denn nicht nur wurde der Genehmigungsweg für den Fall eines Falles erheblich länger, es lagen von Juli 2001 an auch alle Entscheidungsbefugnisse nicht mehr wie vorher in den Händen der jeweils Dienst habenden Offiziere, sondern in den Händen eines Einzelnen, nämlich des Verteidigungsministers Donald Rumsfeld. Dessen persönliche Zustimmung war von Juli 2001 an ausdrücklich erforderlich, wollte irgendwer überhaupt Abfangjäger in Richtung entführter Flugzeuge aufsteigen lassen.[1]

Das war neu. Eine noch nie da gewesene Vorschrift.

Um 8:22 Uhr schaltete American 11 den Transponder ab, nachdem die Piloten sich schon seit 8:14 Uhr nicht mehr per Funk gemeldet hatten. Als die Maschine um 8:26 Uhr dann auch noch den Kurs wechselte, war dies ein endgültiges Alarmsignal für die Fluglotsen, die spätestens jetzt – den Dienstvorschriften für *Notfälle* folgend – sofortige militärische Hilfe hätten anfordern müssen. Aber von einem *technischen* Notfall konnte unmittelbar darauf schon keine Rede mehr sein, und das veränderte die Sachlage vollständig. Denn zwei Minuten später stand den Lotsen kein einfacher Dienstweg mehr offen, da ein Unbekannter über sämtliche Frequenzen funkte: »We have some planes.«[2]

Von diesem Augenblick an mussten die Lotsen von einer Entführung ausgehen. Und sie mussten sich ab demselben Augenblick an den neuen, deutlich längeren Dienstweg halten – bis hinauf zu Rumsfeld höchstselbst. Dieser längere Dienstweg führte von den zuständigen Lotsen zunächst einmal über das regionale FAA-Hauptquartier in New England, das den Highjack Coordinator benachrichtigte, der dann wiederum die Meldung an den zuständigen Pentagon- respektive NMCC-Mitarbeiter weiterzugeben hätte, den Deputy Director of Operations (DDO). Dieser hätte die Erlaubnis seines Verteidigungsministers einholen müssen, Jets aufsteigen zu lassen, und erst danach das Militär benachrichtigen dürfen, also NORAD.

Am 11. September standen auf dem neuen verlängerten Dienstweg zufällig einige Hindernisse – und zwar an allen entscheidenden Stellen. Denn Mike Canavan, erst seit Jahresbeginn zuständiger Hijack Coordinator der FAA, der die Bitte um Unterstützung an das NMCC hätte weitergeben müssen, war an diesem Tag nicht auf seinem Posten. Sondern in Puerto Rico. Und verpasste nach eigener Aussage alles, was sich an diesem Tag ereignete.[3]

Ob irgendjemand den abwesenden Hijack Coordinator hätte vertreten sollen, ist nicht bekannt, denn die Mitglieder der Untersuchungskommission befragten ihn zwar, aber nicht zu seiner Rolle am 11. September. Dass Canavan überhaupt im Abschlussbericht erwähnt wird, verdankt er seinen Ausführungen zu einem früheren gescheiterten Einsatz mit dem Ziel, Osama Bin Laden in Afghanistan festzunehmen, denn vor seinem nur kurzfristigen Einsatz als Hijack Coordinator (von Januar bis Oktober 2001) war er ausgerechnet Kommandant des Joint Special Operations Command (JSOC) gewesen, zuständig für verdeckte Operationen im Rahmen der militärischen Terrorabwehr. Als temporärer Hijack Coordinator stellte er allerdings am 11. September das entscheidende Bindeglied in der Kommunikationskette zwischen FAA und Militär dar. Und fehlte. Die Frage, wer ihn vertrat – falls überhaupt jemand –, wurde von den Mitgliedern der Untersuchungskommission nicht gestellt.[4]

Canavans gedachter Vertreter hätte allerdings ohnehin ein Problem gehabt, denn wiederum zufällig war auch die nächste Dienstwegposition nicht adäquat besetzt. Der für die Einholung des ministerialen Abschussbefehls zuständige NMCC-DDO (Deputy Director of Operations), Brigadegeneral Montague Winfield, verließ pünktlich um 8:30 Uhr sein Büro, um an einer Konferenz hinter verschlossenen Türen teilzunehmen, und bat Captain Charles Leidig, ihn zu vertreten – einen Mann, der über keinerlei Erfahrung mit den exakten Abläufen im Ernstfall verfügte und erst seit August im NMCC tätig war. Trotz der sich im Folgenden dramatisch entwickelnden Situation im US-Luftraum blieben die Türen zu Winfields Konferenzraum von innen geschlossen, obwohl die Teilnehmer des Treffens lediglich über die Bewertung von Air-Force-Offizieren zu befinden hatten. Erst anderthalb Stunden nach Beginn des Meetings und nach dem Absturz der letzten Terrormaschine stand Winfield für seinen eigentlichen Job wieder zur Verfügung.[5]

Endgültig unbeschreitbar wurde der Dienstweg schließlich durch den im Wortsinn alles entscheidenden Mann, nämlich den Verteidigungsminister selbst. Denn auch Donald Rumsfeld war, wie Canavan und Winfield, während der Krisenstunden von 8:30 bis 10 Uhr nicht zu erreichen, bis zum Absturz der letzten entführten Maschine in Shanksville. Erst um 10:40 Uhr war er, nach eigener Aussage, über die Lage informiert.

Er befand sich in bester Gesellschaft, wie wir im nächsten Kapitel sehen werden.

Vorzuladen:

- Donald Rumsfeld. Zu fragen ist: Warum wurden die Dienstvorschriften für den Entführungsfall am 1. Juni 2001 so kompliziert geändert?
- Außerdem: die abwesenden Mike Canavan und Montague Winfield
- Sowie Captain Charles Leidig, der seinen Verteidigungsminister vor 10 Uhr nicht einmal auf dem Handy erreichen konnte

20 Auf verlassenem Posten

Verteidigungsminister Donald Rumsfeld, Vizepräsident Richard Cheney sowie die Oberbefehlshaber des US-Militärs, Richard Myers und Ralph Eberhart, erfuhren am 11. September erst gegen 10 Uhr Genaueres über den Angriff – und konnten daher nicht rechtzeitig reagieren.

US-Verteidigungsminister Donald Rumsfeld trat am 11. September um 8 Uhr seinen Dienst an, frühstückte in einem Konferenzraum mit Kongressabgeordneten und sprach über Raketenabwehrsysteme. Als er um 8:50 Uhr vom ersten Crash in New York erfuhr, orakelte er, dass noch ein weiterer bevorstünde,[1] ging in sein Büro und blieb dort. Um 9:05 Uhr informierten ihn seine persönlichen Assistenten Larry Di Rita und Torie Clarke, Amerika werde angegriffen, und erwarteten seine sofortige Teilnahme an den Videokonferenzen im Executive Support Center (ESC) oder einen umgehenden Besuch im National Military Command Center (NMCC), das sich am Ende des an seinem Büro vorbei führenden Korridors befindet. Aufgrund der im Juni 2001 geänderten Dienstvorschriften (→ *Kap. 19*) wurde Rumsfeld dort dringend gebraucht, denn nur der Verteidigungsminister selbst konnte das Aufsteigen von Kampfjets im Fall einer Entführung anordnen. Er blieb jedoch in seinem Büro, um »Telefonate zu erledigen« und seinen planmäßig für 9:30 Uhr angesetzten allgemeinen Briefing-Termin mit einem CIA-Mitarbeiter wahrzunehmen.[2] Was er dann auch tat, bis 9:38 Uhr, also bis zum Einschlag eines Flugzeugs in den Westflügel des Pentagon.

Auch nach dieser Explosion eilte Rumsfeld aber nicht etwa endlich ins NMCC oder ins ESC, sondern sofort zur fünf bis acht Minuten Fußmarsch entfernten Unfallstelle, half Sanitätern auf dem

Rasen vor dem Gebäude, ließ sich fotografieren und war für das verzweifelt nach ihm suchende NMCC während dieser Zeit »unauffindbar«. Erst um kurz vor 10 Uhr kehrte der Verteidigungsminister in sein Büro zurück, wo er kurz mit Präsident Bush telefonierte. Später befragt, konnten beide sich allerdings nicht erinnern, worüber sie gesprochen hatten.[3]

Danach, zwischen 10:00 und 10:15 Uhr, begab Rumsfeld sich nicht, wie von Militärvertretern weiterhin dringend erbeten, ins NMCC, dafür aber wenigstens – endlich – ins ESC und nahm an der vom Präsidentenberater Richard Clarke organisierten White-House-Videokonferenz mit Vertretern ziviler und militärischer Einrichtungen teil.[4] Gegen 10:40 Uhr war der Verteidigungsminister voll über die Lage informiert, um 13 Uhr ließ er den Piloten der Abfangjäger Verhaltensanweisungen für den Ernstfall geben.[5] Der seit 10 Uhr vorbei war.

So weit Rumsfelds eigene Schilderung und die seiner Mitarbeiter – schwarz auf weiß abgenickt von der offiziellen 9/11-Commission.

Richard Clarke, Nationaler Sicherheitsberater unter Bill Clinton und Vorgänger von Condoleezza Rice, koordinierte an diesem Morgen im Weißen Haus den Ernstfall. Die von ihm einberufene Videokonferenz begann seinen eigenen Angaben zufolge[6] um 9:10 Uhr. Unter den zugeschalteten Teilnehmern waren neben Clarke auch FAA-Chefin Jane Garvey und CIA-Chef George Tenet – sowie Donald Rumsfeld. Jedenfalls anfangs, denn er verschwand ja wieder in seinem Büro und dann ganz von der Bildfläche, um auf dem Rasen vor dem Pentagon nach dem Rechten zu sehen.

Wir halten fest: Rumsfelds Verhalten ist, freundlich formuliert, eigenartig, seine Erinnerung ungenau. Offenbar war er nicht erst um 10:40 Uhr im Bilde, wie er selbst vor der Kommission ausführte, sondern bereits um 9:10 Uhr. Was nicht weiter verwunderlich ist, denn zu diesem Zeitpunkt, also nach dem Einschlag des zweiten Flugzeugs ins WTC, wusste ja auch jeder CNN-Zuschauer, dass Amerika »under attack« war. Anders als jeder andere CNN-Zuschauer war allerdings Donald Rumsfeld am 11. September Verteidigungsminister – und unter anderem zuständig für das Aufsteigen von Abfangjägern. Sein Sanitätereinsatz auf dem Rasen vor dem Pentagon war nicht nur heldenhaft (da er ja nicht wissen konnte, ob nicht weitere Maschinen auf das Gebäude zusteuerten), sondern vor allem komplett verantwortungslos.

Die von der 9/11-Commission ausdrücklich beförderte Darstellung, »das Militär« habe bis zum Absturz des letzten entführten Flugzeugs um 10:03 Uhr überhaupt nichts vom Ernst der Lage gewusst, steht und fällt mit der Aussage des obersten Militärs. Der bemühte sich erfolgreich, vor 10:03 Uhr nicht auffindbar zu sein.

Wo aber steckte Richard Myers, an diesem Tag Oberbefehlshaber der Streitkräfte (beziehungsweise amtierender Befehlshaber der Joint Chiefs of Staff, da sich der eigentliche Oberbefehlshaber, Admiral Sheldon, auf Reisen befand)?

Myers selbst bot hierzu im Lauf der Jahre gleich drei einander widersprechende Darstellungen an, aber wir wollen uns hier an die letztgültige Version des *Commission Report* halten, derzufolge der General auf dem Capitol Hill mit Senator Max Cleland frühstückte, den ersten Crash für einen Unfall hielt, vom zweiten nichts erfuhr und sich erst nach dem dritten Crash zum nahe gelegenen – getroffenen – Pentagon begab, wo er gegen 10 Uhr eintraf.

Richard Clarke hatte das in den Commission Hearings ganz anders dargestellt und schon zuvor, in seinem ausführlichen schriftlichen Bericht,[7] einen Dialog mit Myers wortwörtlich wiedergegeben, in dem der an der Videokonferenz teilnehmende General um 9:28 Uhr einräumte, wegen der gerade statt findenden Militärübung »Vigilant Guardian« (→ *Kap. 22*) habe man Probleme, Abfangjäger zu schicken. Die auf den nahe der Hauptstadt gelegenen Militärbasen Andrews und Langley stationierten Jets würden noch eine Viertelstunde brauchen, ehe sie den Luftraum über Washington sichern könnten.[8] (Sie kamen dann wesentlich später, wie wir wissen, aber das interessiert uns an anderer Stelle (→ *Kap. 24*).)

Myers Erinnerung ist, wie die von Rumsfeld, anscheinend grob fehlerhaft. Der Oberbefehlshaber des US-Militärs wusste wohl nicht erst um kurz nach 10 Uhr, was passierte, sondern nahm seit spätestens 9:25 Uhr an der Krisenkonferenz des Weißen Hauses teil. Was alles andere als unerheblich ist, da das gesamte US-Militär an diesem Morgen Richard Myers' Befehlen unterstand – nicht nur einige Panzerdivisionen, sondern auch die Abfangjäger, die ein paar Stunden zu lange wahlweise am Boden blieben oder sich ausdauernd verflogen (→ *Kap. 22*).

Andererseits: Myers war ja nicht allein. Denn ihm zur Seite stand der Oberbefehlshaber des für die Sicherheit des US-Luftraums zuständigen NORAD, General Ralph Eberhart. Selbst wenn Myers tatsächlich nicht auf dem Posten gewesen war, sondern in Ruhe zu Ende gefrühstückt hatte, musste doch Eberhart seit spätestens 8:40 Uhr im Bilde gewesen sein und die Abwehrmaßnahmen koordiniert haben.

Eberhart trat seinen Dienst auf dem Stützpunkt Peterson, Colorado, gegen 8:30 Uhr an und wurde um 8:45 Uhr, unmittelbar vor dem ersten Crash in New York, von der Entführung des Fluges AA 11 unterrichtet.[9] Nachdem er vergeblich versucht hatte, den auf Reisen befindlichen eigentlichen Oberbefehlshaber des US-Militärs, Admiral Sheldon, zu erreichen, benachrichtigte er General Myers – laut Myers zwischen 9:03 und 9:30 Uhr –, wusste aber (wiederum laut Myers) zu diesem Zeitpunkt selbst nicht, dass bereits Jets von der Otis Air Base in Massachusetts aufgestiegen waren. Eine Erklärung für diese Wissenslücke Eberharts fehlt bis heute.

Nach dem Gespräch mit Myers blieb Eberhart zunächst auf seinem Posten, also auf der Basis in Peterson, um »die Kommunikation nicht zu unterbrechen«,[10] tat jedoch Minuten später genau das, und zwar mit erstaunlichem Ergebnis. Denn Eberhart setzte sich »gegen 9:30 Uhr« ins Auto und machte sich auf den je nach Verkehrslage halb- bis einstündigen Weg zum NORAD Operations Center in Cheyenne Mountain. Als er dort eintraf, war – wiederum seiner eigenen Aussage zufolge[11] – der Abschussbefehl für die entführten Verkehrsmaschinen gerade vom Vizepräsidenten erteilt und durch das NORAD-System weitergegeben worden. Das war, nachweislich, um 10:30 Uhr,[12] sprich: General Eberhart traf erst eine Stunde nach seiner Abfahrt aus Peterson in Cheyenne Mountain ein und ließ sich informieren, was in seinem Abwehrsystem inzwischen passiert war. Denn während der gesamten Fahrt von Peterson nach Cheyenne Mountain war der NORAD-Oberbefehlshaber aus bis heute ungeklärten Gründen nicht zu erreichen gewesen.[13] Ebenso ungeklärt bleibt, weshalb Eberhart um 9:30 Uhr überhaupt beschloss, die Location zu wechseln – zu einem Zeitpunkt, zu dem er, der NORAD-Commander, dringendst gebraucht wurde. In dieser Stunde jedenfalls, die der General schweigend in Stau und Handy-Funkloch verbrachte, waren Amerika und seine

Einwohner, wie Senator Mark Dayton später fassungslos feststellte, »komplett verteidigungslos«.[14]

Wir wissen bis heute erstaunlich wenig über die Gründe für Eberharts sonderbare Wege am 11. September. Über seinen fürderhin erfolgreichen Berufsweg wissen wir hingegen alles: Im Oktober 2002 wurde ihm aufgrund seines bemerkenswerten Krisenmanagements die Leitung der »primären militärischen Heimatschutz-Organisation« übertragen, des Northern Command (NORTHCOM).

Wo aber war, zu guter Letzt, Vizepräsident Richard Cheney – in Vertretung des morgens eine Grundschule besuchenden (*→ Kap. 18*) und erst am Abend nach Washington zurückkehrenden George W. Bush für den Verlauf des Tages faktisch »Commander in Chief« und amtierender Präsident?

Legendär ist in diesem Zusammenhang der Bericht von US-Verkehrsminister Norman Mineta, der am Morgen des 11. September mittendrin war, also im Weißen Haus, an der Seite von Dick Cheney. Mineta wurde nach eigener Aussage um 9:20 Uhr in den Bunker-Konferenzraum unter dem Weißen Haus gebracht, wo sich Cheney zu diesem Zeitpunkt bereits aufhielt. (Minetas – wenngleich nicht unumstrittene[15] – Aussage wurde von der Kommission vollständig ignoriert und aus deren Videoarchiv entfernt, kann aber dennoch weiterhin im Netz begutachtet werden.[16]) Richard Clarkes Schilderungen bestätigen indes Minetas Aussagen, jedenfalls grundsätzlich: Laut Clarke war Cheney um zirka 9:15 Uhr im Bunker eingetroffen,[17] was Medienberichte, die sich auf Condoleezza Rice' Aussagen zu den morgendlichen Abläufen im Weißen Haus stützten, unterstrichen.

Laut Mineta erfuhr nun Cheney im White-House-Bunker von einer Maschine, die sich Washington näherte. Nachdem ein Mitarbeiter dem Vizepräsidenten zum dritten Mal die – abnehmende Entfernung – mitgeteilt und ihn gefragt hatte, ob »der Befehl immer noch« gelte, fuhr Cheney den Überbringer der Nachricht an: »Natürlich gilt der Befehl noch! Haben Sie irgendwas Gegenteiliges gehört?« Das ereignete sich – laut allen Zeugenaussagen – um 9:25 oder 9:26 Uhr, etwa zehn Minuten vor der Pentagon-Explosion.

Der *Commission Report* ließ all diese Fakten links liegen und präsentierte eine ganz neue Version. Denn die Kommission stellte fest, dass Cheney erst um 10 Uhr in den Bunker gebracht worden war. Grundlage dieser maßgeblichen Realitätskorrektur war eine ominöse Secret-Service-Alarmierungs-Timeline – die dann allerdings leider, als »Skeptiker« sie sehen wollten, nicht mehr auffindbar war.[18] Dennoch stellte der *Commission Report* alle bis dahin gesammelten Aussagen richtig. Oder auf den Kopf, nämlich so:

> »Ab 10:02 Uhr gingen im Bunker Berichte des Secret Service über ein sich Washington näherndes – mutmaßlich entführtes – Flugzeug ein. Dieses Flugzeug war United 93. ... Irgendwann zwischen 10:10 und 10:15 Uhr teilte ein militärischer Mitarbeiter dem Vizepräsidenten und anderen mit, das Flugzeug sei 80 Meilen entfernt. Vizepräsident Cheney wurde um Erlaubnis gebeten, die Maschine angreifen zu dürfen. ... Der Vizepräsident genehmigte den Angriff auf die Maschine. Er sagte uns, der militärische Mitarbeiter sei ein paar Minuten später, vermutlich zwischen 10:12 und 10:18 Uhr, zurückgekehrt und habe ihm mitgeteilt, die Maschine sei 60 Meilen entfernt. Erneut habe er um eine Genehmigung zum Angriff gebeten. Der Vizepräsident sagte erneut ja.«[19]

Beachtlich. Der *Commission Report* verlegt also Cheneys »Umzug« in den Bunker um etwa eine Stunde nach hinten, erklärt den Flug AA 77 zu UA 93 und macht aus »natürlich gilt der Befehl noch!« (also der von Skeptikern vermuteten Stand-Down-Order für die Abfangjäger) einen markigen Befehl zum Abschuss. Einen Befehl, der allerdings passenderweise um 10:15 Uhr keine Folgen mehr haben konnte, da UA 93 bereits zehn Minuten zuvor abgestürzt war.

Eine Stunde mehr oder weniger, das ist natürlich generell und erst recht erdgeschichtlich gesehen keine große Sache, in dem Fall aber doch der Rede wert. Denn an dieser waghalsigen Umdeutung der Realität lässt sich trefflich zeigen, wie gründlich die Kommission (→ *Kap. 2*) gearbeitet hat.

Uns bleibt auch hier nur die Bitte um staatsanwaltliche Hilfe. Konfrontieren wir jene, die an diesem Morgen dringend hätten handeln können, ja, müssen, mit den Aussagen von Clarke, Mineta, Rice und so vielen anderen. Am besten auch gleich noch mit denen von Dick Cheney selbst, der am 16. September 2001 im Interview sagte, er habe im Bunker vom Pentagon-Crash erfahren.[20]

In genau dem Bunker, im dem er ja laut *Commission Report* erst eine halbe Stunde später eintraf.

Die Kernfrage also lautet: Meine Herren! Wieso wart ihr an diesem Tag alle zu zuverlässig »nicht auf dem Posten«? Und wieso widersprecht ihr euch bei jedem Erklärungsversuch alle, dass sich die Balken biegen?

Vorzuladen:

- Richard Cheney
- Donald Rumsfeld
- Norman Mineta
- Ralph Eberhart
- Max Cleland
- Richard Myers
- Christopher Cox
- Torie Clarke
- Larry Di Rita
- George Tenet
- Sowie der namentlich bis heute nicht bekannte junge Mann, der fragte, ob »der Befehl noch gilt«

21 Intermezzo: Schwundgeld

Wir kennen den Feind, der unsere westliche, freiheitsliebende Welt zu zerstören trachtet. Und wir sind im Begriff, diesen Feind vernichtend zu schlagen.

Natürlich kennen wir ihn, diesen Feind, und keine Sorge – wir rufen jetzt nicht irgendwelche Konspirologen oder bärtigen Präsidenten von nahöstlichen Bananenrepubliken in den Zeugenstand, sondern erneut einen verdienten Lautsprecher der offiziellen Welterklärungsfraktion: Donald Rumsfeld. Der nämlich nannte unseren Erzfeind beim Namen, am Vortag von 9/11, am 10. September 2001. An jenem Montag trat der damalige US-Verteidigungsminister vor die Presse, kam allen Whistleblowern zuvor und gestand den versammelten Journalisten einen Sachverhalt, der unter normalen Umständen geeignet gewesen wäre, vom Dienstag an für haufenweise weltweite Schlagzeilen zu sorgen. Den Feind, der eine »ernsthafte Bedrohung für die Sicherheit der Vereinigten Staaten« darstellte, beschrieb Rumsfeld mit eindeutigen Worten:

> »Dieser Feind ist eine der letzten Bastionen der Zentralplanung. Er regiert, indem er Fünf-Jahres-Pläne diktiert. Von einer einzigen Hauptstadt aus versucht er seine Forderungen über Zeitzonen, Kontinente, Ozeane und darüber hinaus durchzusetzen. Mit brutaler Konsequenz erstickt er das freie Denken und zerschmettert neue Ideen. Er zerrüttet die Verteidigung der Vereinigten Staaten und setzt die Leben von Männern und Frauen in Uniform aufs Spiel.«[1]

Rumsfeld sprach nicht von China. Auch nicht von Afghanistan oder dem Irak oder Al-Qaida. Der »Widersacher«, so Rumsfeld, »ist unserer Heimat näher. Es ist die Bürokratie des Pentagon.«[2]

En passant konnte er, der zuvor als Manager in den Vorständen diverser Großkonzerne tätig gewesen war, dann obendrein die ungefähre Summe der Feindesstärke benennen: »Einigen Schätzungen zufolge können wir Transaktionen in Höhe von 2,3 Billionen Dollar nicht nachvollziehen.«[3]

Die Billionen Dollar sind kein Übersetzungs- oder Tippfehler. Rumsfeld räumte tatsächlich – im O-Ton – »2,3 Trillion« im Lauf der Jahre verloren gegangene Dollar ein. Das jährliche Budget des Pentagon betrug damals knapp 400 Milliarden Dollar. Über den Daumen gepeilt, so erfuhren die fassungslosen Journalisten, war davon alljährlich regelmäßig etwa ein Drittel spurlos verschwunden. Versickert. Unauffindbar. Ohne Beleg.

Aufsehen erregte das Geständnis des Verteidigungsministers – überhaupt nicht. Denn ab dem 11. September hatten die USA und mit ihnen die erschütterte Welt ganz andere Sorgen und ganz andere Feinde als die Billionenbetrüger im Pentagon. Wir erinnern der Vollständigkeit halber dennoch gern noch einmal an die Rügen des General Accounting Office (GAO), das bereits seit den 70er Jahren gelegentlich moniert hatte, Milliarden und Abermilliarden versickerten aus dem Ministerium in dubiose Sumpfgebiete. Das Amt hatte sogar den Nutznießer benannt, nämlich »Rüstungsunternehmen und ihre Seilschaften im übrigen militärisch-industriellen Komplex«.[4]

Nach 9/11 fand das Thema »Der Feind im eigenen Land« höchstens noch am Rande statt, in Fachblättern oder auf den vermischten Unterhaltungsseiten der progressiven Presse. Aufmerksame Leser stellten dabei fest, dass das Problem nach Rumsfelds erschütternder Analyse höchstens insofern gelöst worden war, als der militärisch-industrielle Komplex sich fortan noch ungenierter als zuvor aus den öffentlichen Kassen bediente, ohne Quittungen am Tatort zurückzulassen.

Wie man das anstellt? Wie man 2,3 Billionen Dollar »verschwinden« lässt? Anhaltspunkte liefern die Zahlen des Jahres 2003, denn allein in diesen zwölf Monaten kam dem Militär einiges an Sachwerten abhanden, und zwar nicht etwa per Abschuss, sondern wie von Zauberhand. Unter anderem: 56 Flugzeuge, 32 Panzer und 36 Javelin-Raketenwerfer.[5] Zudem verrieten etliche Abrechnungen dezente Ungereimtheiten. So erwarb das Pentagon große Mengen Kaffeetassen für 7622 Dollar pro Stück,[6] nicht funktionierende Flugzeug-Armlehnen zum Stückpreis von 670 Dollar, Hämmer für 435 Dollar, Kugellager für 350 Dollar, Schrauben für 76 Dollar, Klobrillen für 640 Dollar, Waschbecken für 400 Dollar[7] – pro Stück, versteht sich.

Die Liste ließe sich beliebig fortsetzen, bis hinunter zu hundertfach überteuerten, millionenfach bestellten Dichtungen, Anspitzern und Blumenvasen. Und am Ende sind es all diese für sich genommen völlig unbedeutenden Beispiele von wie geschmiert funktionierender Vetternwirtschaft, die die US-Steuerzahler alljährlich 130 bis 200 für nichts und wieder nichts verschwendete Milliarden Dollar kosten.

Menschen, die mit einem Taschenrechner umgehen können, rechnen interessierten Zuhörern binnen zirka einer Minute überzeugend aus, was die Rettung der Welt kostet – inklusive der Lebensrettung all der Hunger- und Klimafolgetoten, die wir jährlich zu beklagen haben: 50 Milliarden Dollar. Also ungefähr die Summe, die man laut Vice Admiral Jack Shanahan allein als herumfliegendes »Kleingeld« aus dem Pentagon schütteln könnte, hätte man denn eine vernünftige Buchhaltung.[8] Solange diese fehlt, wird die Weltrettung im Pentagon-Budget alljährlich etwa drei- bis viermal unter »Schwund« verbucht.

Inzwischen aber, zehn Jahre danach, ist Rumsfelds »Feind« natürlich längst dingfest gemacht worden, ausradiert, diese existenzielle Bedrohung für die USA und den Rest der Welt. Selbst wenn es weiterhin als unpatriotisch gilt, Rüstungsausgaben in Frage zu stellen, sind diese natürlich gesunken, und angesichts der angespannten Finanzlage »versickert« seit langem erst recht kein müder Dollar mehr! Richtig? Denn wie sagte doch Rumsfeld schon am 10. September 2001: »Wir müssen das Pentagon vor sich selbst retten.«[9]

Er hat es nicht mehr geschafft, der aufrechte Kämpfer. Und sein ebenso aufrechter Nachfolger Robert Gates genauso wenig, bis heute.

Sämtliche bislang unternommenen Versuche, die verschiedenen »Buchungssysteme« des Pentagon zu koordinieren, sind kostspielig gescheitert,[10] kritische Fragen von besorgten Abgeordneten werden höchstens mit ausweichendem Murmeln beantwortet (das besonders sehenswerte Beispiel der Abgeordneten Cynthia McKinney[11] sei hiermit jedermann zur Ansicht empfohlen), und es hat sich bis heute nichts daran geändert, dass etwa ein Drittel des Budgets ohne Beleg »versickert«. Gelegentlich sickert allenfalls etwas durch, nämlich Informationen, und dann berichten zumindest Teile der englischen und amerikanischen Presse angemessen klein gedruckt unter »Ausland/Vermischtes« über verschwundene Milliardenbeträge – so etwa im Juli 2010, als die Behörden wieder einmal den Verbleib von neun Milliarden Dollar bewilligter Gelder für den Wiederaufbau des Irak nicht erklären konnten,[12] oder im März 2011, als bekannt wurde, dass die Firma des floridianischen Öl-Milliardärs und DoD-Spritlieferanten Harry Sargeant III statt 2,5 Milliarden Dollar fälschlich 200 Extra-Millionen in Rechnung gestellt und ausgezahlt bekommen hatte.[13] Schlagzeilen machen solche Enthüllungen nicht.

2010 betrug das Budget des Pentagon (inklusive der knapp 100 Milliarden für die Einsätze in »Übersee«) 698 Milliarden Dollar – 83 Prozent mehr als noch 2001.[14] Bezieht man die weiteren in den Budgets anderer Behörden versteckten Kosten für Landesverteidigung und -sicherheit mit ein, beläuft sich der jährliche Verteidigungshaushalt gar auf 1,2 Billionen Dollar.[15] Das gesamte Haushaltsdefizit der USA hatte 2009 1,42 Billionen betragen (wegen der Finanzkrise waren 960 Milliarden mehr fällig geworden als 2008, entsprechend 12,8 Prozent des BIP), bei einer Gesamtverschuldung von 13,5 Billionen (93 Prozent des BIP).

Was den Verteidigungsetat betrifft, dürfen wir mit Fug und Recht davon ausgehen, dass wie in den Vorjahren und -jahrzehnten etwa 25 Prozent der bewilligten 700 bis 1400 Milliarden Dollar in schwarzen Kassen landen werden, sprich: 175 bis 350 Milliarden Dollar per annum unauffindbar bleiben – beziehungsweise eingesetzt für den Bau und Erhalt von privaten Swimmingpools, Jachten, Militär- und Linienjets sowie bei Bedarf für größere Militäroperationen unter dem sprichwörtlichen Radar der Öffentlichkeit.

Der Feind? Ist bekannt.

Nicht bekannt ist allerdings, wenigstens den Autoren, weshalb wir NATO- und UNO-Partner meinen, das alles ginge uns nichts an und sei allein Sache unseres hochverschuldeten Verbündeten, an dessen Seite wir in Afghanistan Krieg führen, und das eben im Grunde nur mit der einigermaßen waghalsigen Begründung, Afghanistan beherberge den 9/11-Drahtzieher Osama Bin Laden – beziehungsweise *habe* ihn beherbergt (→ *Kap. 4*).

Weshalb wir zu einer entspannten Nachmittagsanhörung am Rande der komplizierteren 9/11-Ermittlungsfragen einige offizielle Vertreter zu einem aufklärenden Gespräch bitten. Kaffee und Kekse stellen wir, aber nur, wenn wir beides steuerlich geltend machen dürfen. Auskunft wird erbeten zur Frage, weshalb man angesichts eines gemeinsam geführten Krieges in Afghanistan meint, die durch das Pentagon in schwarze Kassen versickernden Billionen seien eine »innere Angelegenheit« unseres verbündeten Kriegsanführers.

Vorzuladen:

- Die Wirtschafts- und Finanzminister der westlichen Welt
- US-Finanzminister Timothy Geithner
- Friedensnobelpreisträger Barack Obama

Auf den Schirmen, unter dem Teppich

22 Manöver jenseits der Vorstellungskraft

Dass Selbstmordattentäter Flugzeuge entführen und ungehindert in Gebäude steuern konnten, lag nicht zuletzt an einem »Mangel an Vorstellungsvermögen«[1] seitens des Militärs, der Regierung und der für die Sicherheit der USA zuständigen Behörden.

Wir hatten bereits an anderer Stelle ausführlich dokumentiert, dass das terroristische Entführungsszenario nicht einmal außerhalb der Vorstellungskraft von durchschnittlich begabten Fernseh- und Kinomachern lag,[2] geschweige denn außerhalb der Vorstellungskraft der Nationalen Sicherheitsberater Richard Clarke und Condoleezza Rice.[3] Hier wollen wir daher lediglich festhalten, dass das US-Militär und andere Behörden den »unvorstellbaren« Fall 9/11 regelmäßig und fast gewohnheitsmäßig schon vor dem 11. September simulierten – sowie besonders gründlich am 11. September selbst, wenngleich die zahlreichen an diesem Tag stattfindenden Übungen im *Commission Report* keine Erwähnung fanden (außer in einer kurzen Fußnote auf Seite 452, in der man lapidar eine einzige der Übungen erwähnte und festhielt, diese habe die Reaktion der US-Luftabwehr um höchstens 30 Sekunden verzögert).[4]

Die im Anhang IV als Faksimile enthaltene Aufstellung der NORAD-Übungen zwischen 1998 und 2001 stammt aus den Archiven der 9/11-Commission. Aus dieser Liste geht unter anderem hervor, dass der Umgang mit Selbstmordterroristen an Bord von Flugzeugen bereits seit 1999 »geübt« wurde, ebenso wie die Reaktion der zuständigen Behörden: Videokonferenzen, initiiert vom National Military Command Center (NMCC) des Pentagon, das Abfangen von entführten Maschinen sowie praktisch alles andere, was dann am 11. September merkwürdigerweise nicht funktionierten sollte. Überdies widerlegt die Übungsübersicht die Behauptung der Autoren des *Commission Report*, das Militär habe, wenn überhaupt, grundsätzlich nur mit Bedrohungen von außen gerechnet, also durch entführte Interkontinentalflugzeuge. Dass diese Behauptung nicht zutraf, wussten die Mitglieder der Kommission allerdings schon, bevor ihnen die Liste vorlag, aus ihren eigenen Befragungen des Militärs.

Im Rahmen der im Juli 2001 bereits für Juni 2002 vorbereiteten NORAD-Übung Amalgam Virgo sollte die gleichzeitige Entführung zweier Inlandsflüge simuliert werden. Die Rolle der »Terroristen« sollten hierbei FBI-Agenten und kanadische Polizisten übernehmen, Militärbedienstete sollten als »Passagiere« fungieren.[5] Vor der Kommission erläuterte NORAD-Generalmajor Craig McKinley hierzu, Details wie die Tötung von Geiseln oder Abstürze der Maschinen habe man den »Skriptautoren« überlassen, um Kreativität und Krisenmanagement der Übungsteilnehmer auf die Probe zu stellen. Kommissionsmitglied Richard Ben-Veniste merkte an, diese geplante Übung zeige – entgegen NORADs wiederholten Behauptungen –, dass das Militär sich durchaus mit der Möglichkeit gleichzeitig gekaperter Inlandsflüge befasst habe.[6] Im *Commission Report* findet sich davon allerdings nichts.

Die im Anhang angeführte lange Liste der Übungen ist indes alles andere als vollständig, denn sie umfasst nur die Übungen des NORAD. Das Verteidigungsministerium und andere Behörden übten parallel, das DoD unter anderem im Oktober 2000. Simuliert wurden der Einschlag einer Passagiermaschine ins Pentagon (341 Tote) sowie, in Zusammenarbeit mit Krankenhäusern und zivilen Einrichtungen in Washington, die Folgen in Sachen Versorgung und Evakuierung der Opfer.[7]

Keine 14 Tage vor dem Ernstfall, am 30. August 2001, übte dann auch das US-Verkehrsministerium den Ernstfall entführter Flugzeuge und Warnanrufe vom Handy aus.[8] Als das DoT in den Tagen nach 9/11 in Sachen Transport und Verkehr gefordert war, machten die Mitarbeiter ihre Sache entsprechend gut.

Ein »Mangel an Vorstellungskraft« im Vorfeld?

Halten wir doch hier sicherheitshalber lediglich fest, dass man trotz der vielen Übungen von 1999 bis 2001 ausgerechnet das dann tatsächlich eintretende Szenario angeblich für wenig wahrscheinlich hielt. Dennoch verdient besondere Beachtung, was alles am Anschlagtag selbst geübt und simuliert wurde. Denn das zeugt nicht nur von beachtlicher Vorstellungskraft, sondern wirft auch einige entscheidende Fragen auf.

Gesichert ist inzwischen (unter Weglassung etlicher kleinerer Übungen und ohne Anspruch auf Vollständigkeit des umfangreichen Gesamtprogramms[9]):

Die Militärübung Northern Vigilance begann am 9. September und sollte am Abend des 11. September enden. Für die Übung wurden auch Kampfjets, die normalerweise im nordöstlichen Sektor der USA patrouillierten (also in dem am 11.9. tatsächlich angegriffenen Gebiet), nach Nordkanada und Alaska verlegt. Northern Vigilance war eine Reaktion auf eine russische Übung vom 10. bis zum 14. September, in deren Rahmen Langstreckenbomber auf das Nordterritorium der USA zufliegen sollten.

Die parallelen Übungen Vigilant Warrior und Vigilant Guardian fanden am 10. sowie 11. September statt (respektive wurden nach dem ersten Anschlag am Morgen des 11. September abgebrochen, wobei unklar bleibt, wann genau).[10] Hierbei handelte es sich offensichtlich um klassische War Games (Angreifer = Warrior gegen Verteidiger = Guardian), inklusive einer »Live-Fly-Übung« mit echten Maschinen,[11] die im Rahmen der Übungen als »entführt« zu gelten hatten. Mutmaßlich waren sowohl im Rahmen dieser Übungen als auch der Northern Vigilance »Inserts« vorgesehen, also simulierte Radarpunkte auf zivilen wie militärischen Radarschirmen (➔ *Kap. 23*). Was die verwirrte Frage teilnehmender Militärs am Morgen des 11. September erklärt: »Ist das echt oder Teil der Übung?«[12]

Bereits voll im Gange war zu diesem Zeitpunkt die vierte groß angelegte Militärübung, nämlich Global Guardian. Diese Übung, alljährlich durchgeführt und alle strategischen Kräfte der USA umfassend, wurde vom militärischen Oberkommando der USA unter Admiral Richard W. Mies geleitet, von der STRATCOM-Basis Offutt in Nebraska aus. Ebenso wie Vigilant Warrior war Global Guardian im März 2001 vorverlegt worden, vom sonst jedes Jahr üblichen Oktober-Termin auf den 11. September. Weshalb, ist nicht bekannt.

Ebenso wenig ist bekannt, was genau das strategische Oberkommando der USA an diesem Tag übte. Bekannt ist hingegen, dass der

»Commander in Chief« – George W. Bush – am frühen Nachmittag die Übungszentrale besuchte, also die STRATCOM-Basis in Offutt, statt direkt von Florida aus nach Washington zurückzufliegen.

Eine weitere Übung veranstaltete gleichzeitig das Hauptquartier des National Reconnaissance Office (NRO) in Chantilly, Virginia, 24 Meilen vom Pentagon entfernt gelegen. Das NRO, zuständig für das militärische Satellitenprogramm der USA und die möglichst gründliche Überwachung der Welt von oben, ist dem Verteidigungsministerium und der CIA unterstellt. (Alle Details unterliegen bis heute der Geheimhaltung. Wie groß der Anteil der NRO am jährlichen 500- bis 600-Milliarden-Dollar-Budget des Pentagon ist, entzieht sich der öffentlichen Kenntnis.) Am Morgen des 11. September 2001 simulierte das NRO den Einschlag eines Privatjets in einen der vier Türme auf dem eigenen Gelände. (Das gedachte Flugzeug, ein aus Washington-Dulles gestarteter Learjet, sollte um 9:32 Uhr beim NRO »einschlagen«, also fünf Minuten bevor in der Realität ein aus Washington-Dulles gestartetes Flugzeug ins Pentagon knallte.[13]) Alle NRO-Mitarbeiter wurden im Rahmen der Übung evakuiert. Nachdem sich herausstellte, dass aus der Übung Ernst geworden war, kehrten allerdings nur wenige der insgesamt 3000 NRO-Beschäftigten an ihre Arbeitsplätze zurück. Bis auf einen kleinen Kreis von »most essential employees« wurde die Belegschaft offiziellen Angaben zufolge nach Hause geschickt.[14] Radaraufzeichnungen des NRO für den Zeitraum des Anschlags liegen daher angeblich nicht vor – respektive unterliegen der Geheimhaltung.[15]

Simuliert wurde aber nicht nur in Chantilly, sondern gleichzeitig auch auf der Army Base Fort Belvoir, zwölf Kilometer entfernt vom Pentagon. Dort übte man ab 8:30 Uhr für den Notfall Rettung und Versorgung von Verletzten, was sich eine Stunde später als außerordentlich hilfreich erwies, nachdem das nahe gelegene Pentagon von einem Flugobjekt getroffen worden war.[16]

Etwas weiter entfernt, aber ebenfalls an passendem Ort, nämlich in Manhattan, wurde zur gleichen Zeit die Übung Tripod II vorbereitet, eine groß angelegte Simulation des terroristischen Ernstfalls für den Morgen des 12. September – wenngleich nur des vergleichbaren Ernstfalls nach einem Angriff mit Biowaffen.[17] Obwohl die Übungs-Notfallzentrale sich eigentlich hätte im World Trade Center 7 befinden sollen (das Gebäude war extra als Kommandozentrale für eben diese Notfälle ausgestattet), wich man auf den Pier 92 aus. Was sich als Glücksfall erwies, da WTC 7 am Nachmittag zusammenbrach, ohne von einem Flugzeug getroffen worden zu sein (→ *Kap. 34, 35*).

Die Federal Emergency Management Agency (FEMA), das »Technische Hilfswerk« der USA, war jedenfalls wegen der Tripod-Übung bereits in ausreichender Personalstärke vor Ort. Und konnte so – gottlob – sehr schnell reagieren, helfen, Verletzte versorgen und ohne Verzögerung mit dem Abtransport der World-Trade-Center-Trümmer beginnen.

Halten wir fest: Es fällt nicht leicht, bei diesem Übungseifer den Autoren des *Commission Report* zuzustimmen und Militär, DoD und diversen anderen Behörden einen »Mangel an Vorstellungsvermögen« zu attestieren. Allerdings ist die Diskussion, die Verschwörungstheoretiker und Freunde der offiziellen Theorie erbittert führen, wenig zielführend. Denn die Frage, ob die zahlreichen Übungen die Reaktion der US-Verteidigung verlangsamten oder im Gegenteil beschleunigten, ist bestenfalls zweitrangig.

Entscheidend ist: Hier übten nicht zwei Züge der freiwilligen Feuerwehr Brandenburg, sondern praktisch das gesamte US-Militär sowie etliche zivile Behörden – und das gleichzeitig, am 11. September. Da nun sogar die freiwillige Feuerwehr Brandenburg dringend gehalten ist, sich im Übungsfall abzustimmen (intern sowie mit Polizei, Krankenhäusern und Hilfswerken), damit nicht am Ende alle gleichzeitig üben und sich keiner um gleichzeitige Ernstfälle kümmern kann, dürfen wir davon ausgehen, dass erst recht die umfangreichen US-Übungen im Vorfeld gründlich abgestimmt waren.

Die entscheidende Frage lautet daher: Von wem? Wer koordinierte die Übungen von Militär, staatlichen und zivilen Behörden? Wieso wurden die normalerweise im Oktober stattfindenden Militärübungen ein halbes Jahr vor den Anschlägen vorverlegt? Und wieso alle ausgerechnet auf den gleichen Tag, den 11. September 2001?

Einfach so? Aus Jux und Dollerei? Ein alles umfassender – Zufall?

Wir sind gespannt auf die Antworten.

Und üben solange, notgedrungen, nämlich uns in Geduld.

Vorzuladen:

- Donald Rumsfeld
- Dick Cheney
- Condoleezza Rice
- Dazu Militärvertreter, NRO-Vertreter, CIA-Vertreter, die sich erinnern können: Wer von den Genannten war zuständig, welche Behörde, welche Person? Woher kamen die Anweisungen? Aus dem Weißen Haus? Vom National Security Advisor? Von der FEMA? Von der CIA? Und: weshalb die koordinierte Verlegung aller Termine auf den 11. September?
- Admiral Richard W. Mies (STRATCOM): Was fand im Rahmen der Übung Global Guardian statt, wann wurde die Übung beendet? Um 10:44 Uhr (dem – wie gemeldet – formalen Ende), bereits um 9:03 Uhr oder nach dem Pentagon-Anschlag um 9:38 Uhr? Und umfasste die Übung – wie einige Übungen in der Vergangenheit – »simulierte Ziele« auf den Radarschirmen von Fluglotsen?

23 Das Militär: zu spät informiert

Es gab keine »Stand-Down-Order«. Dass keiner der entführten Flüge rechtzeitig von Kampfjets erreicht wurde, hatte ausschließlich mit Kommunikationsproblemen zwischen zivilen Lotsen und Militär zu tun. Das Militär erfuhr von den jeweiligen Entführungen zu spät, um noch reagieren zu können.

Dass zwischen dem Beginn der Entführungen (um 8:14 Uhr) und ihrem Ende (um 10:03 Uhr) fast zwei Stunden vergingen und keiner der Kamikaze-Passagierjets binnen dieser zwei Stunden von Abfangjägern auch nur erreicht wurde, lässt sich nach Ansicht von Skeptikern nicht anders erklären als mit einer »Stand-Down-Order«, also einem Befehl »von oben«, den Attentatsmaschinen keine Jets hinterherzuschicken.

Verfechter der offiziellen Darstellung hingegen verweisen auf die abschließende Darstellung der Kommission, der zufolge das Militär zu keinem Zeitpunkt eine Chance hatte, die jeweils entführten Flüge zu erreichen, da die zivilen Lotsen die NEADS/NORAD-Verantwortlichen zu spät informierten, zudem das NEADS-Radar »nach außen gerichtet« und obendrein zu alt war, um die Maschinen orten zu können, und generell beträchtliche Verwirrung herrschte. Die zivilen Lotsen weisen den Vorwurf zurück, sie hätten das Militär zu spät benachrichtigt. Zur Verantwortung gezogen wurde jedenfalls hier wie dort – niemand.

Die Positionen von »offiziellen« und »skeptischen« Verschwörungstheoretikern sind bis heute diametral entgegengesetzt. Ehe wir nun einen Versuch unternehmen, Vereinbarkeit herzustellen – und die entscheidenden Zeugen dazu vorladen –, fassen wir die endgültige offizielle Darstellung und die Kommentare dazu kurz zusammen.

Die endgültige offizielle Version[1]

Ab 8:14 Uhr reagierte das Cockpit des Fluges American 11 nicht mehr auf Anweisungen der Bostoner Lotsen, auf 35 000 Fuß Flughöhe zu steigen. Die Lotsen mussten daher schon ab 8:15 Uhr davon ausgehen, dass etwas an Bord nicht stimmte, spätestens einige Minuten Funkstille später von einem ernsten Problem. Um spätestens 8:25 Uhr gingen die Bostoner Lotsen aufgrund eines Funkspruchs unbekannter Herkunft (»We have some planes«)[2] davon aus, dass Flug American 11 entführt worden war. Die Meldung von einer möglichen Entführung erreichte das Militär allerdings erst 13 Minuten später, um 8:38 Uhr; NEADS versetzte daraufhin zwei F-15-Jets auf der Basis Otis, Massachusetts, in Gefechtsbereitschaft. Der Befehl zum Aufsteigen – ein folgenloser Verstoß gegen die geltenden Dienstvorschriften (→ *Kap. 19*) – wurde um 8:46 Uhr erteilt, um 8:53 Uhr waren die Maschinen in der Luft.

Unterdessen hatten die NEADS-Radarexperten seit 8:38 Uhr versucht, American 11 auf ihren Radarschirmen zu orten, allerdings erfolglos. So wusste niemand, wohin die Abfangjäger fliegen sollten, weshalb man sie zunächst östlich von Long Island über dem Meer kreisen ließ, von 9:09 Uhr bis 9:13 Uhr.

Um 8:46 war der für das Militärradar unsichtbare Flug AA 11 ins World Trade Center gerast.

Um 9:03 wurde das Militär von den zivilen Lotsen in New York informiert, Flug United 175 sei möglicherweise entführt worden. Genau in dieser Minute schlug die Maschine in den Südturm des WTC ein.

Um 9:13 Uhr verließen die Abfangjäger aus Otis ihre Warteschleife vor der Küste und flogen nach New York, wo sie um 9:25 Uhr eintrafen und über der Stadt patrouillierten.

Auf der Basis Langley (unweit des Pentagon) standen um 9:09 Uhr zwei weitere Abfangjäger gefechtsbereit, um gegebenenfalls die Jets über New York zu verstärken oder abzulösen. Das Militär hatte bis dahin keinen Hinweis auf weitere möglicherweise entführte Flüge bekommen.

Um 9:21 Uhr meldete die Lotsen aus Boston, Flug American 11 befinde sich noch in der Luft und auf dem Weg nach Washington. Die Abfangjäger aus Langley starteten um 9:30 Uhr, um diesem »Phantomflugzeug« (→ *Kap. 24*) entgegenzufliegen.

Um 9:34 Uhr erfuhr das Militär, Flug American 77 werde vermisst. Die FAA bat das Militär zu keinem Zeitpunkt um Unterstützung wegen dieses Fluges.

Um 9:36 Uhr wurde dem Militär gemeldet, ein unidentifizierbares Flugzeug nähere sich dem Weißen Haus. Die von Langley aus um 9:30 Uhr gestarteten Jets befanden sich zu diesem Zeitpunkt wegen eines Missverständnisses über dem Atlantik, 150 Meilen entfernt von Washington. Die Jets wurden zurück nach Washington beordert.

Um 9:38 Uhr traf das zwei Minuten zuvor gemeldete Flugzeug das Pentagon.

Um 9:39 Uhr meldete die FAA dem Militär eine weitere Maschine als entführt, nämlich Delta Airlines Flug 1989. Die Maschine wurde vom Militärradar um 9:41 Uhr erfasst, NEADS verlor den Radarpunkt »89« zu keinem Zeitpunkt von den Schirmen und ließ widersprüchlichen Angaben zufolge Abfangjäger von den Basen Selfridge, Michigan, respektive Toledo, Ohio, aufsteigen, um den Flug abzufangen[3] – was sich dann allerdings als unnötig erwies, da die »Entführt«-Meldung sich als Irrtum entpuppte und Delta 1989 schließlich in Cleveland, Ohio, landete.

Um 10:07 Uhr informierte ein Verbindungsoffizier aus dem FAA-Center Cleveland das Militär, ein weiterer Flug, United 93, gelte als entführt. Diese Maschine war bereits um 10:03 Uhr in Pennsylvania abgestürzt.

Um 10:10 Uhr erreichten die Abfangjäger aus Langley Washington und patrouillierten über der Stadt.

Kurz: Das Militär wurde neun Minuten vor dem ersten Crash informiert, Flug AA 11 sei möglicherweise entführt worden. Das Militär wurde zu keinem Zeitpunkt vor dem zweiten Crash informiert, Flug UA 175 gelte als entführt. Das Militär wurde vier Minuten vor dem dritten Crash informiert, Flug AA 77 gelte als vermisst (nicht als entführt). Das Militär wurde zwölf Minuten nach dem Crash von United 93 informiert, der Flug gelte als entführt.

Weshalb das Militär in keinem der vier Fälle rechtzeitig Abfangjäger schicken konnte, um Schlimmeres zu verhindern.

Die inoffizielle Version

Dem Bostoner NORAD/FAA-Verbindungsoffizier Colin Scoggins zufolge war NEADS spätestens um 8:35 Uhr informiert, Flug AA 11 habe als entführt zu gelten (zwei bis drei Minuten früher als offiziell verlautet). Scoggins, militärischer Verbindungsoffizier in Boston, telefonierte im Lauf der folgenden zwölf Minuten praktisch ununterbrochen mit dem NEADS-Kommando und gab die Position des Radarpunktes exakt durch, den er auf den Bostoner Schirmen sehen konnte – eines Punktes, der direkt auf das Atomkraftwerk Indian Point am Ufer des Hudson River zuraste. NEADS konnte diesen Punkt trotz Scoggins' präziser Angaben auf den eigenen Radarschirmen nicht ausmachen und wusste daher nicht, wohin die startklaren Abfangjäger geschickt worden sollten. Erst um 8:45 Uhr, eine Minute vor dem Crash in New York, entdeckte NEADS-Master-Sergeant Joe McCain auf seinem Radarschirm ein mit hohem Tempo auf New York zufliegendes Objekt, 20 Meilen nördlich von Manhattan.[4] Allerdings war dies *nicht* das Objekt, das Scoggins die ganze Zeit beschrieben hatte, denn der, telefonisch mit McCain verbunden, sah nun *zwei* Objekte, vier Meilen voneinander entfernt, auf gleichem Kurs.[5]

Laut ursprünglicher NORAD-Response-Timeline (vom 18. September 2001) wusste das Militär bereits um 8:43 Uhr vom zweiten entführten Flug (United 175), der sich auf dem Weg nach New York befand. Es blieb daher ausreichend Zeit, Jets zu schicken. NORAD korrigierte sich später, man habe doch nichts gewusst, jedenfalls nicht um 8:43 Uhr. Sondern erst um 9:03 Uhr, also dem Augenblick, in dem die Maschine den WTC-Südturm traf.

Die Lotsen in Boston bemerkten um 8:51 Uhr, dass UA 175 Kurs und Transpondercode (→ *Kap. 28*) gewechselt hatte. Laut *Commission Report* diskutierten die Lotsen dies aber nun lediglich untereinander – obwohl fünf Minuten zuvor ein Flugzeug ins World Trade Center gerast war – und konnten sich zunächst nicht entschließen, das Militär zu benachrichtigen, weshalb dies erst um 9:03 Uhr geschah.

Kritiker wenden ein: Wäre das so gewesen, wieso wurden dann die zuständigen Lotsen nicht gefeuert?

Um 8:54 Uhr verschwand Flug AA 77 an der Grenze nach Ohio spurlos vom Radar. Die zuständigen Lotsen (in Indianapolis) fanden die Maschine nicht wieder und hielten sie für abgestürzt oder gelandet. Sie benachrichtigten daher erst um 9:24 Uhr das Militär – wie NORAD-Colonel Alan Scott 2003 im Commission-Hearing unter Eid zu Protokoll gab. Es blieben demnach 14 Minuten, um American 77 abzufangen. Allerdings hätte man die Langley-Jets dann nicht übers Meer schicken dürfen, sondern nach Westen, American 77 entgegen.

Der *Commission Report* korrigierte die zweite Timeline der Militäroberen von 2003 und stellte 2004 abschließend fest: Es gab überhaupt keine Meldung der FAA in Sachen American 77. Gesucht wurde – ab 9:24 Uhr – nicht American 77, sondern »Phantomflug 11« (→ *Kap. 24*), die irrtümlich als noch in der Luft befindlich gemeldete American 11, die urspünglich bereits um 8:46 Uhr von den Radarschirmen verschwunden war. American 77 wurde zu keinem Zeitpunkt als entführt gemeldet.

Die Skeptiker beeindruckte all das nicht, denn es blieb ja dabei: Binnen zwei Stunden war es der US-Luftabwehr nicht gelungen, auch nur eine der entführten Maschinen einzuholen. Was vorher immer geklappt hatte. Schließlich hatte NORAD doch in den Jahren vor 2001 verdächtigen Flugzeugen gewohnheitsmäßig Abfangjäger hinterhergeschickt. Militärvertreter erwiderten, diese Abfangmanöver hätten stets über dem Meer stattgefunden, nicht über US-Territorium, und von außen kommenden (Schmuggler-) Flugzeugen gegolten. Denn über dem Boden der USA habe niemand damit gerechnet, überhaupt jemals Flugzeuge abfangen zu müssen. Weshalb auch das NORAD-Radar nach außen gerichtet gewesen sei, nicht nach innen. Weshalb man die verdächtigen Flüge allesamt nicht auf den eigenen Radarschirmen gesehen habe. Beziehungsweise nicht einmal dann hätte sehen können, wäre man von der FAA rechtzeitig informiert worden.

Worauf die Skeptiker erwiderten, 1999 sei es NORAD doch möglich gewesen, binnen 16 Minuten den vom Kurs abgekommenen Privatjet des Golfers Payne Stewart abzufangen. Worauf die Vertreter der offiziellen Theorie erwiderten, mit »Skeptikern«, die nicht einmal wüssten, dass die USA über mehrere Zeitzonen verfügt, lohne sich keine Diskussion.[6]

Nach Ansicht der »Offiziellen« sind die Skeptiker also Knallköpfe. Die zivilen Lotsen waren überfordert – was Wunder bei dem Chaos, das sich am Himmel abspielte. Das Militär konnte nicht eingreifen. Ende der Durchsage.

Nach Ansicht der Skeptiker lügen die Militärverantwortlichen, dass sich die Balken biegen. Natürlich sahen diese die Maschinen auf den Radarschirmen. Und ignorierten die Meldungen der Lotsen. Und ließen ihre Jets am Boden stehen oder schickten sie absichtlich in die falsche Richtung.

Das Problem ist: Diese besondere Verschwörungstheorie braucht in der Tat einen ganzen Haufen Lügner und Mitwisser. Sowie eiserne Schweiger. Unter den zivilen Lotsen, erst recht aber unter den militärischen Radarbeobachtern. Sowie lügende Piloten. Und deren Einsatzleiter. Und deren Vorgesetzte. Von ganz unten bis ganz oben in den Befehlsketten.

Dass niemand rechtzeitig eingreifen konnte, erscheint dennoch als unwahrscheinlich. Denn es bleibt ja dabei: Binnen der fast zwei Stunden, die der Angriff dauerte, gelang es dem Militär nicht, wenigstens eine der Terrormaschinen zu erreichen. Und wenigstens zwei dieser Maschinen waren jeweils über eine halbe Stunde lang auf falschem Kurs unterwegs gewesen.

Wenn nicht eine groß angelegte Stand-Down-Verschwörung der Grund hierfür war, was dann?

Disconnecting the dots

Die Erklärung, die wir im Folgenden anbieten, unterscheidet sich in mancher Hinsicht von den diversen offiziellen und weniger offiziellen Erklärungsversuchen für das mysteriöse Versagen von FAA und NORAD am 11. September. Vor allem kommt sie ohne Verschwörer aus, ohne mutwilliges Verzögern, ohne Lügner, ohne Fälscher und ohne Inkompetenz. Dennoch ist sie eine Zumutung, denn ihre wenigstens theoretische Erwägung erfordert einen Gedankensprung, der nicht ohne weiteres zu bewerkstelligen ist – einen Gedankensprung, den der geneigte Betrachter allerdings wagen muss, will er sich der wahrscheinlichsten Erklärung für diesen entscheidenden Aspekt des Falles 9/11 nähern.

Halten wir sicherheitshalber fest: Wir wissen, dass am 11. September vier Passagiermaschinen ihre Transponder ausschalteten (Flug AA 11, AA 77 und UA 93) respektive den zugewiesenen Code doppelt änderten (Flug UA 175), dramatisch vom Kurs abwichen, teilweise von den Radarschirmen ganz verschwanden und den Funkkontakt zum Boden abrupt abbrachen. Keine der Maschinen sendete einen »Notfall«-Code (den pflichtgemäß in den Transponder einzugeben die jeweiligen Piloten nur eine Sekunde Zeit gekostet hätte).

Niemand weiß, was genau an Bord der Maschinen geschah. Nicht genug damit, dass die Schilderungen der von Bord aus berichtenden Zeuginnen und Zeugen widersprüchlich sind, erschwerend kommt hinzu, dass an der Absturzstelle in New York keiner der unzerstörbaren Flugschreiber oder Cockpit-Voice-Recorder geborgen werden konnte. Der in den Pentagon-Trümmern gefundene Cockpit-Voice-Recorder enthielt laut FBI-Chef Robert Mueller »nichts Nützliches«[7] und wurde im Abschlussbericht der 9/11-Commission gar als »not recoverable« deklariert. Lediglich aus der zuletzt in Pennsylvania abgestürzten Maschine (United 93) konnten beide Black Boxes sichergestellt werden (die halbstündige Aufzeichnung des Voice Recorder wurde indes bis heute nicht freigegeben, mit Hinweis auf laufende FBI-Ermittlungen). Auch konnten die sterblichen Überreste der Hijacker nicht zweifelsfrei identifiziert werden, sondern bestenfalls (in Washington und Shanksville) per Ausschlussverfahren. Zudem hatten die zuständigen Lotsen keine der abgestürzten Maschinen zum Zeitpunkt ihres Verschwindens von den Radarschirmen eindeutig identifiziert.

Streng genommen – und »streng« ist an dieser Stelle entscheidend – fehlt damit also jeder eindeutige Beweis, dass die gestarteten Flugzeuge mit den abgestürzten Flugzeugen identisch waren.

Betrachten wir dies im Zusammenhang mit der heillosen und unerklärlichen Verwirrung, die am Morgen des 11. September bei zivilen wie militärischen Lotsen herrschte, und rufen wir uns zudem in Erinnerung, dass an eben diesem Morgen eine ganze Reihe von Luftwaffen- und Militärübungen in vollem Gange war (→ *Kap. 22*), in deren Rahmen »Übungsmaschinen« in der Luft waren sowie mittels »Inserts« auf Radarschirmen der Ernstfall »entführte Passagiermaschinen« überzeugend simuliert werden sollte. Dann können wir uns allmählich einer Erklärung nähern, die einerseits sämtliche »Versager« auf ziviler wie militärischer Seite vollständig entlastet und andererseits keinerlei Raum lässt für hanebüchene Verschwörungstheorien.

Gehen wir also versuchsweise und bislang beispiellos davon aus, dass weder zivile Lotsen noch die Vertreter des Militärs lügen. Gehen wir stattdessen davon aus, dass wir es mit Unschuldigen zu tun haben. Mit ehrlichen Menschen, die versuchten, ihren Job zu machen. Menschen, die allesamt nicht für die CIA arbeiten.

Flug AA 11: Wie in den Tagen nach dem Anschlag ausführlich dokumentiert und berichtet, bemerkten die zivilen Lotsen in Boston vor 8:28 Uhr keinerlei Kursabweichung des Fluges American 11.[8]

Um 8:22 Uhr schaltete American 11 den Transponder aus. Damit wurde die Maschine unidentifzierbar – ein einfacher Punkt auf dem Radar, ohne Kennung, ohne Angaben zu Höhe oder Geschwindigkeit.

Unmittelbar nach dem Abschalten des American-11-Transponders begann ein unidentifizierbarer Radarpunkt auf den Schirmen der Controller in Boston südwärts zu wandern. Die Flugbegleiterinnen, die von Bord des Fluges AA 11 aus die American-Airlines-Zentrale anriefen, erwähnten keinen Kurswechsel, obwohl dieser abrupt und scharf hätte gewesen sein müssen (→ *Kap. 25*).

Die Bostoner Lotsen informierten das Militär von dem transponderlosen Radarpunkt und baten um Unterstützung. Die Militärlotsen bemühten sich, den verirrten Flug auf ihren eigenen Radarschirmen zu lokalisieren. Trotz exakter Positionsangaben aus Boston gelang ihnen dies nicht. Auf den Schirmen des Militärs erschien der gesuchte Punkt nicht, bis zuletzt.[9]

An »veraltetem Equipment« oder »nach außen gerichtetem Militärradar« lag das nicht, wie sich zeigte. Denn als um 9:39 Uhr der Flug Delta 1989 irrtümlich als entführt gemeldet wurde, fanden, wie bereits erwähnt, die Militärlotsen den dazugehörigen Radarpunkt sofort auf ihren Schirmen – und behielten ihn permanent im Auge, bis sich die »1989-entführt«-Meldung um kurz nach 10 Uhr als Fehlalarm entpuppte. Wir konstatieren daher: Es lag nicht am NORAD-Equipment.

Auf den FAA-Schirmen bewegte sich ein unidentifizierbarer Radarpunkt 20 Minuten lang von Nord nach Süd. Auf den NORAD-Schirmen nicht.

Dieses merkwürdige Phänomen sollte sich um 9:21 Uhr wiederholen, denn zu diesem Zeitpunkt taucht auf den FAA-Schirmen erneut ein nicht identifizierbarer Punkt auf – den man wiederum für Flug 11 hielt und den das Militär erneut nicht lokalisieren konnte. Aber dazu kommen wir gleich (→ *Kap. 24*).

Wenden wir uns zunächst – chronologisch – dem zweiten Flug zu.

Flug UA 175: Um 8:46 Uhr, im gleichen Augenblick, in dem das erste unidentifizierte Flugzeug ins WTC 1 raste, änderte United Airlines 175 ein paar Meilen weiter westlich seinen Transpondercode – zweimal. Der zuständige Lotse, zunächst abgelenkt durch den plötzlich verschwundenen »11-Punkt«, bemerkte den neuen Transpondercode auf seinem Schirm erst um 8:51 Uhr, rief United 175 per Funk, die sich nicht meldete, aber weiterhin mit Transponder auf Kurs war und diesen Transponder bis 9:03 Uhr nicht abschaltete.[10]

Bis 8:52 Uhr hatten die Lotsen absolut keinen Anlass, das Militär zu benachrichtigen, denn UA 175 schien auf Kurs zu sein, mit eingeschaltetem Transponder. Beunruhigt waren sie aber trotzdem, denn unmittelbar nach dem doppelten Umschalten des Transponders von UA 175 erschien auf ihren Schirmen ein Flugzeug mit unbekannter Transponderkennung im Steigflug über Allentown, Pennsylvania, mit Kurs New York.[11] Niemand wusste, was das für eine Maschine war. Und ob es überhaupt »echter Verkehr« war. Denn der zuständige Lotse schien sich schon früh zu fragen, ob er es nicht stattdessen mit »Input« zu tun hatte. Verwirrt fragte er um 8:54 Uhr die Maschinen in der Nähe des ominösen Radarpunktes:

> »Sehen Sie UAL 175 irgendwo? Und tun Sie mir einen Gefallen, Sie sehen das Ziel da mit [Transpondercode] 3321, das auf 335 [33 500 Fuß] steigt, weiß nicht, wer das ist … Wir haben hier möglicherweise eine Entführung, wir haben hier drüben gerade ein paar Probleme … Das kann echter Verkehr sein, keiner weiß es, ich kriege UA 175 momentan überhaupt nicht, und ich weiß nicht, wo der Flug hin ist.«[12]

Die Unterhaltungen der suchenden NEADS-Mitarbeiter wurden aufgezeichnet und veröffentlicht. Auf den Bändern ist ein nicht namentlich identifizierter Radartechniker zu vernehmen, der sagt: »I think this is good-damn input, to be honest«, worauf ein anderer erwidert: »Then this is a damn-messed up input!«[13]

Die Militärübungen (→ *Kap. 22*) waren zu dieser Zeit in vollem Gang. Wenigstens eine von ihnen umfasste simulierten »Input« – insertierte Radarpunkte auf den Schirmen.

Um 9:03 Uhr traf ein zweites zu diesem Zeitpunkt nicht identifiziertes Flugzeug den Südturm des WTC.

NORAD bestätigte später ausdrücklich, vertreten durch General Larry Arnold:

> »Tatsächlich wurde die Maschine später als möglicherweise entführt gemeldet, was … im Grunde nur zu weiterer Verwirrung führte, weil uns nicht klar war, welche Maschinen tatsächlich in die Türme gestürzt waren. Zu dem Zeitpunkt wussten wir nur, dass wir zwei Maschinen hatten, die in die Türme gestürzt waren. Und wir hatten zwei Maschinen, die als entführt gemeldet waren.«[14]

Eine dieser Maschinen, nämlich die später als Flug UA 175 deklarierte, raste mit einer Geschwindigkeit von 540 bis 580 Meilen pro Stunde in den Südturm des World Trade Center, obwohl die Höchstgeschwindigkeit einer Boeing 767 in »dünner Luft«, also in 35 000 Fuß Höhe, lediglich 480 Meilen pro Stunde beträgt und in wenigen hundert Meter Höhe maximal 380. Eine Erklärung für dieses Phänomen wäre, dass »Höchstgeschwindigkeit« ein äußerst dehnbarer Begriff ist. Eine alternative Erklärung wäre, dass eine leere Maschine deutlich schneller fliegt als eine Maschine voller Sitze, Passagiere und anderer Lasten. Piloten und maßgebliche Experten weisen jedenfalls seit Jahren darauf hin, die unmögliche Geschwindigkeit speziell dieser Maschine sei, in den Worten von Dwain Deets, dem jahrzehntelangen Leiter des Dryden Flight Research Center, der »Elefant im Zimmer«, den sämtliche Gäste bis heute hartnäckig ignorieren.[15]

Die vom Verlust zweier Maschinen betroffene Fluggesellschaft, United Airlines, konnte am 11. September 2001 erst um 11:55 Uhr bestätigen, ihr Flug 175 sei vermutlich ins World Trade Center gestürzt.

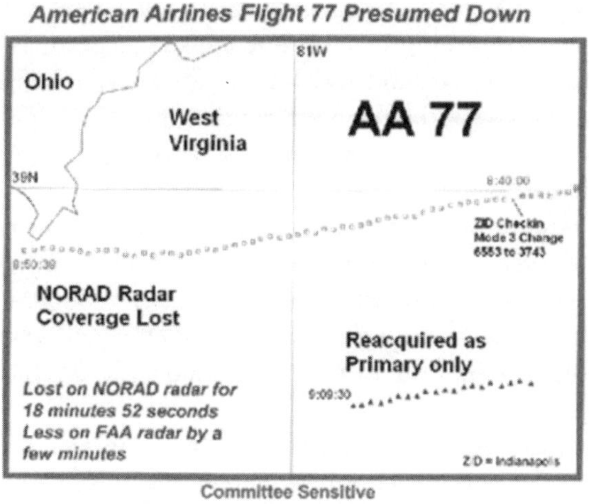

Aus den Archiven der 9/11-Commission: Oben die gesicherten Positionen des Fluges 77 bis zum Verschwinden um 8:50 Uhr. Unten ein mittels nachträglicher Datenanalyse durch die 84th Radar Evaluation Squad gefundenes, nicht eindeutig zu identifizierendes Flugzeug (nur Primärradar). Die Maschine, die das Pentagon traf, tauchte erst zwei Minuten vor dem Crash auf den Radarschirmen auf. (Quelle: www.scribd.com)[16]

Flug AA 77: Der *Commission Report* hält fest, entgegen früherer Berichte sei das Militär zu keinem Zeitpunkt darüber informiert gewesen, dass Flug American 77 als entführt zu gelten habe. Was durchaus glaubhaft klingt, betrachtet man die Fakten. Flug AA 77, gestartet in Washington, flog 30 Minuten westwärts, verstummte abrupt um 8:51 Uhr und verschwand um kurz vor 9 Uhr an der Grenze zu Ohio vollständig von den Radarschirmen der zuständigen Lotsen in Indianapolis. Die Lotsen versuchten den Radarpunkt wiederzufinden und riefen das Cockpit weiter über Funk – erfolglos. Ab kurz nach 9 Uhr galt Flug 77 als notgelandet oder abgestürzt.

Die Lotsen sahen keinen Anlass, das Militär zu benachrichtigen, denn eine notgelandete oder gar abgestürzte Maschine braucht keine Abfangjäger. Um 9:09 Uhr, fast 20 Minuten nach dem Verschwinden des Fluges 77, erfuhren die zuständigen Lotsen aus der American-Airlines-Zentrale, Flug 11 sei offenbar ins WTC gestürzt. Dennoch benachrichtigte niemand das Militär wegen American Airlines 77, denn es gab weiterhin keinen Grund. Der Flug war gelandet oder abgestürzt, nicht entführt worden. Er war einfach weg – und niemand wusste, wohin.[17]

Keiner der zahlreichen weiteren Lotsen, die zwischen der vermuteten Notlandestelle oder Absturzregion und dem weit entfernten Washington den US-Luftraum überwachten, bemerkte an diesem Morgen irgend etwas Auffälliges auf seinen Schirmen, erst recht kein Flugzeug, das (mit oder ohne Transponder) in die falsche Richtung flog.

Alle Meldungen, die FAA hätte American 77 ab 9:24 Uhr als »entführt« gemeldet, erweisen sich im Nachhinein als falsch. Die FAA meldete stattdessen – irrtümlich – Flug 11 als »still airborne« (→ *Kap. 24*).

Um 9:34 Uhr tauchte dann aus heiterem Himmel südwestlich des Pentagon ein Flugzeug ohne Transponderkennung auf. Die vorher unsichtbare Maschine überflog ungehindert den am besten gesicherten Luftraum der Welt, senkte sich in steilem Sinkflug in einer 330°-Kurve Richtung Pentagon (→ *Kap. 30*), überflog den Rasen, ohne ihn zu touchieren, mit einer Geschwindigkeit von mehr als 500 Meilen pro Stunde und wurde beim Aufprall in die lediglich fünf Stockwerke der gerade massiv erneuerten Hauswand, direkt über der Grasnabe, förmlich atomisiert (→ *Kap. 31*).

Flug AA 77 war um 8:57 Uhr in Ohio verschwunden. Kein Lotse sah die Maschine auf irgendeinem Radar, nirgendwo.

Um 9:34 Uhr tauchte ein Flugzeug nahe Washington auf und knallte vier Minuten später ins Pentagon.

Flug UA 93: United 93, um 8:28 oder 8:42 Uhr in Newark gestartet (→ *Kap. 26*), wurde, wie NORAD-Sprecher Colonel Scott im Mai 2003 unter Eid aussagte, bereits um 9:16 Uhr als entführt gemeldet, was laut *Commission Report* nicht stimmte, da United 93 zu diesem Zeitpunkt noch auf Kurs war und mit der Bodenkontrolle kommunizierte. Dennoch spricht die verwirrte Aussage des vereidigten Colonels Bände, denn der mysteriöse Flug UA 175 (siehe oben) sah anderen offenbar zum Verwechseln ähnlich. Zum Zeitpunkt, als Flug 175 seinen Transpondercode doppelt wechselte, befand die Maschine sich zufällig direkt über dem angeblich just gestarteten Flug UA 93 (→ *Kap. 28*). Anschließend befanden sich United 93 sowie eine dritte Maschine (Flug Delta 1989) auf genau dem Kurs, den auch Flug UA 175 eigentlich wählen sollte – allerdings verschwand offenbar einer der beiden Radarpunkte von den Schirmen, von 9:09 Uhr bis 9:27 Uhr, und es dauerte eine Weile, bis Lotsen und Militärs begriffen, was sie sahen. Oder eben auch nicht, denn um 9:27 Uhr meldeten die Bostoner Lotsen Flug Delta 1989 als vermisst – weshalb, ist bis heute unklar. »Entführt« wurde nämlich Minuten später United 93. Allerdings nie gemeldet. Colonel Scott erklärte entschuldigend, man habe wegen einer »ganzen Reihe« anderer gemeldeter »möglicher Entführungen« etwas den Überblick verloren.[18]

In der Tat. Wegen einer ganzen Reihe. Was sich schwerlich damit erklären lässt, dass an diesem Tag lediglich zwei oder drei Verkehrsmaschinen ihre Transponder ausschalteten und vom Kurs abwichen.

Um 9:41 Uhr, als UA 93 schließlich den Transponder ausschaltete und kurz darauf allem Anschein nach über Cleveland wendete, wurde wiederum Delta 1989 gemeldet, diesmal als entführt.[19] Die Liste der verdächtigen, unbekannten und möglicherweise entführten Flüge wurde länger und länger, am Ende standen elf Punkte an der FAA-Kreidetafel in Herndon, Virginia, alle mit Fragezeichen versehen. (Colonel Robert Marr sollte sich später erinnern, es seien insgesamt 21 Flüge als entführt gemeldet gewesen, General Larry Arnold sprach gar von 29.[20]) Ein TWA-Flug weigerte sich, Pittsburgh anzusteuern, ein Midwest-Express-Flug verschwand über West Virginia vom Radar, an Bord eines in Rockford gelandeten United-Fluges befand sich angeblich eine Bombe,[21] aber vor allem hatte man am Boden allergrößte Schwierigkeiten, »echten Verkehr«, »Übungsmaschinen« und »Inserts« auseinanderzuhalten.

Was die Übungsmaschinen betrifft, erklärte Colonel Alan Scott vor der Untersuchungskommission: »Und es gab Meldungen über weitere Maschinen, während wir anfingen, andere Flugzeuge umzuleiten, die an diesem Tag nur zu Übungszwecken draußen waren.«[22]

Immerhin: Die Übung wurde also allmählich beendet, gegen 10

Uhr. Was allerdings die irreführenden Inserts betraf, waren inzwischen auch die militärischen Radarüberwacher zunehmend vergrätzt. Denn nachdem man anfangs die »Anschläge« für einen Teil der an diesem Tag stattfindenden Übungen gehalten hatte,[23] war spätestens mit dem live übertragenen Einschlag eines Flugzeugs ins WTC um 9:03 Uhr klar, dass nicht alle »Inserts« nur auf den Schirmen von zivilen Lotsen herumflogen.

Die veröffentlichten Tonbandaufzeichnungen aus der NEADS-Zentrale belegen, dass allerorten Techniker ihre Kollegen aufforderten, ihre »Sim-Schalter« umzulegen, um »den Scheiß« loszuwerden (»You know what, let's get rid of this goddamn sim. Turn your sim switches off. Let's get rid of that crap.«[24]), d.h. allen künstlichen Input zu löschen – was aber offensichtlich nicht zum gewünschten Ergebnis führte, nämlich Klarheit.

Noch um 10:12 Uhr erreichen NEADS Anrufe aus der Kommandozentrale in Cheyenne Mountain, man solle alle »exercise inputs« beenden,[25] und auf den veröffentlichten NEADS-Bändern hört man nach dem Absturz der letzten »Terrormaschine« um 10:08 Uhr einen Radartechniker raunen: »Wenn das ein Übungs-Input ist, ist es aber ein guter.«[26] Welchen der »Inputs« der Soldat meint, ist unklar. Dem Zeitpunkt nach zu urteilen, nicht den ersten (Flug AA 11), sondern den letzten, den gerade »abgestürzten« Flug UA 93.

Zusammenfassung: Schon unmittelbar nach dem Übungstag ließ sich konstatieren:

> »Die Verwirrung nahm derartige Formen an, dass die FAA gegenüber Beamten des Weißen Hauses, die Präsident Bush nach Washington zurückbringen wollten, einräumen musste, man könne den Verbleib von sieben Maschinen nicht erklären. Vier dieser Maschinen stellten sich am Ende als die abgestürzten heraus – aber es sollte eine Weile dauern, das zu klären. Noch beunruhigender aber war, dass die FAA weitere anderthalb Stunden brauchte, drei weitere Maschinen auszuweisen.« [27]

Sieben Maschinen? Verbleib ungeklärt? Und vier dieser sieben »Verbleib-unbekannt«-Maschinen im Nachhinein als »abgestürzt erklärt«, teilweise trotz fehlender Black Boxes an den Unfallstellen (respektive trotz des Fehlens eindeutig zuzuordnender Flugzeugteile an den Unfallstellen in New York, Washington und Shanksville) – drei weitere »Verbleib-unbekannt«-Maschinen noch Stunden später »ungeklärt«? Wieso? Und: welche?

Was bleibt?

Flugzeuge waren verschwunden. Flugzeuge waren in Gebäude geflogen. Folglich mussten die verschwundenen Flugzeuge jene gewesen sein, die die Gebäude trafen? Das ist keine Kausalkette.

Festzuhalten bleibt: Auf den Radarschirmen der Bostoner Lotsen war allem Anschein nach ein insertierter Radarpunkt zu sehen – »Flug 11« –, der sich auf den Schirmen des Militärs zu keinem Zeitpunkt zeigte, weder zwischen 8:26 Uhr und 8:46 Uhr noch im späteren Verlauf des Vormittags, um 9:21 Uhr, als »Flug 11« erneut gemeldet wurde, diesmal als »Phantomflug 11« (→ *Kap. 24*). Flug 77 verschwand um kurz vor 9 Uhr in Ohio und ward nie mehr gemeldet oder gesehen. Zwei Minuten vor dem Pentagon-Crash um 9:37 Uhr tauchte nahe Washington eine unidentifizierte Maschine auf.

Nachdem die vorzuladenden Zeugen dies nochmals bestätigt haben, hoffen wir, »Stand-Down«-Vermuter und Militär-Verteidiger einstweilen mit dem Nachweis versöhnt zu haben: Es lügen weder die Lotsen noch die Radartechniker des Militärs noch die Piloten der Abfangjäger, denn sie konnten nicht wissen, dass sie es mit Inserts und Übungsmaschinen zu tun hatten, und sie hatten daher praktisch keine Chance, die Anschläge zu verhindern.

Auf wessen Geheiß Inserts und Übungsmaschinen für diese Verwirrung sorgten, wird mit den Zeugen zu klären sein. Sowie den Übungsleitern (→ *Kap. 22*).

Vorzuladen:

- NEADS/FAA-Verbindungsoffizier Colin Scoggins
- Joe McCain (NEADS), der eine Minute vor dem Einschlag eines Flugzeuges ins WTC 1 einen sich rasch bewegenden Radarpunkt 20 Meilen nördlich von New York entdeckte, der nicht Flug AA 11 darstellte
- Kevin Nasypany (diensthabender NEADS-Abschnittsleiter am 11. September) und seine NORAD-Radartechniker

- Sämtliche zuständigen Lotsen aus Boston, Washington, Cleveland und Indianapolis. Ab wann vermutete man, es mit Übungs-»Inserts« zu tun zu haben? Erst ab 10 Uhr, wie überall im »System«, oder schon um 8:30 Uhr, als die ersten merkwürdigen Punkte auftauchten? Hatte es vorher schon Übungen mit »Inserts« gegeben?

24 Das Gespenst: Phantomflug AA 11

Ein »Phantomflugzeug« verwirrte die gesamte US-Luftabwehr so nachhaltig, dass kein einziger Abfangjäger rechtzeitig in Richtung der tatsächlich gesuchten Maschinen aufsteigen konnte.

Dieses »Phantomflugzeug« ist wesentlich für die bis heute historische Version des 11. September, denn ohne das Phantom bliebe das vollständige Versagen der US-Luftabwehr vollständig unerklärlich.

Daher rekapitulieren wir den Stand der Dinge. Nach einer Meldung aus bis heute unbekannter Quelle[1] benachrichtigte die Flugleitstelle Boston um 9:21 Uhr das Militär (NEADS), Flug American 11 befinde sich noch immer in der Luft und fliege auf Washington zu. Das Militär zeigte sich ob dieser Meldung komplett überrascht, denn man ging bis zu diesem Zeitpunkt davon aus, dass Flug AA 11 um 8:46 Uhr ins New Yorker World Trade Center gestürzt sei. Colin Scoggins, der militärische Verbindungsoffizier in Boston,[1] korrigierte daraufhin, es müsse sich beim in New York abgestürzten Flieger um einen anderen gehandelt haben. American 11 galt um 9:21 Uhr weiterhin als entführt, das abgestürzte New Yorker Flugzeug als »ein drittes«[3] – neben Flug AA 11 (offenbar noch in der Luft) sowie Flug UA 175 (der noch als »möglicherweise entführt« galt, obwohl er bereits in den Südturm gestürzt war). Von Schwierigkeiten mit den Flügen AA 77 und UA 93 wussten Militär und Lotsen zu diesem Zeitpunkt, um 9:21 Uhr, noch nichts.

Das Militär konnte den gemeldeten Radarpunkt zwar nicht auf den eigenen Radarschirmen finden, reagierte aber dennoch auf den vermeintlichen Flug 11, der sich nach Angaben der Bostoner Lotsen weiterhin in der Luft befand und südwärts flog – auf Washington zu.

Um 9:30 Uhr wurden Abfangjäger von der Basis Langley aus gestartet, unweit des Pentagon, die wegen einiger Kommunikationsfehler zunächst über dem Atlantik herumirrten, bis sie sich schließlich auf die Suche nach dem gemeldeten Flug 11 begaben. Weshalb sie weit von Washington entfernt waren, als das Pentagon um 9:38 Uhr getroffen wurde – und sich die Meldung, Flug 11 sei noch in der Luft, als Falschmeldung entpuppte.

Der Urheber dieser Falschmeldung konnte nicht ermittelt werden. Colin Scoggins, der die Meldung weitergab, hatte in einer der zwei gleichzeitig stattfindenden FAA-Telefonkonferenzen von dem mysteriösen Flieger gehört und vermutete später, jemand aus Washington oder aus der FAA-Zentrale müsse sich eben vertan haben.[4]

Wegen dieser alles entscheidenden Ente konnte kein Abfangjäger das auf das Pentagon zufliegende Flugzeug abfangen oder abschießen (→ *Kap. 23*). Denn alle Alarmmeldungen hatten sich laut *Commission Report* immer auf den »Phantomflug 11« bezogen, das Militär hatte vor dem Pentagon-Knall zu keinem Zeitpunkt von Flug 77 gehört.[5]

Mit dieser völlig neuen Darstellung des Sachverhalts erklärten die Autoren des Report alles, was Militär und zivile Flugbehörden in den drei Jahren zwischen 9/11 und dem Abschlussbericht behauptet hatten, zu »Irrtümern«. Darunter alle offiziellen »Response Timelines«, denn die Militärs hatten in den Anhörungen im Mai 2003 eingeräumt, sie seien ab 9:16 Uhr über Probleme mit Flug UA 93 informiert gewesen, der um 10:03 Uhr bei Shanksville abstürzte *(**→ Kap. 26**)*, und ab 9:24 Uhr über Flug AA 77. Beides war nun, laut Abschlussbericht, nie der Fall gewesen. Das Militär hatte erst *nach* den jeweiligen Abstürzen erfahren, dass diese Flüge überhaupt in Schwierigkeiten gewesen waren. Alle »Möglicherweise-entführt«-Meldungen hatten sich immer auf »Flug 11« bezogen. Immer auf das Phantomflugzeug.

Aber warum hatte von 2001 bis 2004 – offensichtlich – niemand je von diesem Phantom gehört, das alles erklärte und vor allem das Militär vollständig entlastete? Wieso hatte kein Militärvertreter in den Anhörungen gesagt: »Es gab da diese Fehlmeldung«?

Die Erklärung klingt verblüffend einfach: Niemand hatte Colin Scoggins gefragt. Also jenen FAA-NORAD-Verbindungsmann, der die Ente (aus unbekannter Quelle) weitergegeben hatte. Erst als Mitarbeiter der Kommission 2004 auf die Idee kamen, Scoggins endlich zu interviewen, kam die »Phantom-Geschichte« ans Licht. Scoggins' »40 Anrufe« beim Militär, bis dahin ein Gerücht, wurden von ihm selbst bestätigt.

In den Augen von Skeptikern war die ganze Geschichte allerdings zu schön, um wahr zu sein. Man erklärte die ganze Phantom-11-Story daher zu einer Erfindung der Offizielle-Kommission-Verschwörer, Scoggins selbst gleich mit zum »Phantom« und bestand auf der Erklärung, es müsse eine Stand-Down-Order für die Abfangjäger (→ *Kap. 23*) gegeben haben.

Scoggins sieht das anders, vor allem besteht er darauf, keine Erfindung zu sein. 2006 meldete der Verantwortliche für das ganze Chaos sich unter Pseudonym in dem »Skeptiker«-Forum *Break for News* und erklärte, der Anruf »wegen des Phantom-Fluges 11 sei echt, und kein Fake«, und »er habe den Anruf getätigt«.[6]

Wir setzten uns mit dem Mann, der als »Cheapshot« in diesem Forum aufgetaucht war, in Verbindung, baten höflich um journalistische Aufklärung und bekamen sie schließlich in Form von ausführlichen Antworten auf unsere ausführlichen Fragen.[7]

Woher die Falschmeldung ursprünglich gekommen war, konnte Scoggins allerdings auch uns nicht erklären. Irgendwer aus Washington oder aus der FAA-Zentrale hatte sich verhört. Man hatte ihm, Scoggins, die Falschmeldung zugetragen, er hatte sie weitergegeben, an die NEADS-Zentrale. Aber wie schon bei seinen ersten »40 Meldungen« betreffend Flug American 11 zwischen 8:28 und 8:40 Uhr konnte das Militär nun auch diesen ab 9:21 Uhr gemeldeten »Phantomflug« nicht auf den eigenen Radarschirmen finden.

Die unter Eid befragten NORAD-Vertreter Generalmajor Larry Arnold, Colonel Robert Marr und Colonel Alan Scott erklärten ihre fehlerhaften Aussagen vor der Untersuchungskommission damit, sie hätten nichts vom »Phantomflugzeug« und Scoggins' Anrufen gewusst, da man Scoggins ja erst nach ihnen befragt hatte. Die drei hatten also gar nicht wissen können, was wirklich geschehen war. Mit Scoggins' Worten: »Sie konnten auch zwei Jahre später nur vermuten, … sie hatten keines der Bänder, auf denen aufgezeichnet war, dass ich sie benachrichtigt hatte.«[8]

Colonel Robert Marr, einer der durch Scoggins endlich entlasteten Militärvertreter, zeigte sich öffentlich erkenntlich und lobte den Verbindungsmann in Boston: »Scoggins verdient große Anerkennung, denn er war praktisch der einzige, der uns mit Informationen versorgte. Ich weiß nicht genau, woher er die hatte. Aber er versorgte uns mit Informationen, so gut er konnte.«[9]

In der Tat. Denn Scoggins lieferte nicht nur die falsche Information, »Flug 11« befinde sich noch in der Luft und steuere auf Washington zu. Scoggins war auch der Mann, der den ersten »Flug 11« auf dem Weg Richtung New York gemeldet hatte (und den das Militär ebenfalls nie auf den eigenen Radarschirmen sah (→ *Kap. 23*). Scoggins war aber auch der Mann, der um 9:34 Uhr meldete, ein Flugzeug nähere sich dem Weißen Haus. Worauf die NEADS-Zentrale die Luftraumüberwachung Washington anfunkte und von dort zu hören bekam: »Woher will Boston Center irgendwas von einem Ortungsziel in der Nähe des Weißen Hauses wissen!?« – und der dort zuständige Lotse einfach auflegte.[10]

Scoggins entrüstete sich auch im Nachhinein noch über dieses Verhalten des Lotsen in Washington,[11] nur – so ganz unrecht hatte der Kollege ja nicht mit seiner Frage: Woher »wusste« das weit entfernte Boston denn all das? Woher »wusste« nur Boston vom ersten »Flug 11« und dessen neuem Kurs, woher wusste nur Boston vom »Phantom-Flug 11« und dessen Kurs nach Süden? Woher wusste nur Boston von einem auf das Weiße Haus zufliegenden Objekt? Wieso meldete nur Boston schon nach der ersten »vermuteten« Entführung gegen 8:30 Uhr: »We have several situations going on here«? Wieso meldete nur Boston den zu keinem Zeitpunkt in Schwierigkeiten befindlichen Flug Delta 1989 zuerst als »vermisst« um 9:27 Uhr und dann als »möglicherweise entführt« (um 9:39 Uhr)? Was sich später als Irrtum entpuppte, ebenso wie »das Phantom«.

Wieso konnten die Bostoner Lotsen während des gesamten Anschlags exklusiv vermelden: »Ich sehe was, was ihr nicht seht«? Niemand sah, was Boston sah. Niemand hatte all diese speziellen Radarpunkte auf den Schirmen, schon gar nicht das Militär.

Was auch um 10:20 Uhr noch galt, als die Bostoner Lotsen einen unidentifizierbaren Radarpunkt vom Atlantik aus direkt auf sich selbst zukommen sahen. Scoggins' alarmierte Anfrage bei der für den Luftraum über dem Meer zuständigen Marine-Leitstelle »Giant Killer« brachte nicht das erwünschte Ergebnis, denn wieder einmal sah niemand, was Boston sah[12] – worauf die FAA-Zentrale den gefährdeten Bostoner Tower samt aller Lotsen umgehend evakuierte und die Quelle der Fehlmeldungen endlich, nachdem alle vier »Terrormaschinen« am Boden waren, versiegen ließ. Als die Lotsen ins Freie traten, war das Gebäude bereits von FBI-Einheiten und einem Sondereinsatzkommando umstellt, alle Mitschnitte der Kommunikation zwischen den Lotsen wurden beschlagnahmt.[13]

Wir schließen uns Colonel Robert Marr an: Scoggins war tatsächlich der einzige, der das Militär mit Informationen versorgte. Wieso diese Informationen so überaus speziell waren, ist allerdings weiterhin völlig unklar.

Der Informant selbst macht indes nicht den Eindruck, als wolle er weiteren Ermittlungen im Wege stehen. Er betont zwar, er sei kein Freund von Verschwörungstheorien, aber als ihn die 9/11-Wahrheitssucher des Team8plus im Forum *Break for News* detailliert zu möglichen »Übungs-Inserts« auf zivilen Radarschirmen befragten, räumte er ein, das Militär könne »Geisterziele in seine Simulationen einfügen. Ich denke, sie können die mit echtem Verkehr mischen, wenn wir simulieren.«[14]

Was eine vergleichsweise einfache Erklärung dafür wäre, weshalb Boston – und nur Boston – am Morgen des 11. September eine Menge Dinge sah (und meldete), die niemand sonst sah (und niemand sonst meldete, ➔ *Kap. 23*).

Halten wir fest: Für die alles entscheidende Meldung um 9:21 Uhr – »American 11 ist noch in der Luft« – kommen derzeit drei Erklärungen in Frage:

1. Der *Commission Report*, alle Militärvertreter und Scoggins lügen wie gedruckt. Es gab weder den Falschflieger noch die Meldung – was uns allerdings zurückbrächte auf »Start« und zur dann wieder berechtigten Frage, weshalb die Kampfjets American 77 und United 93 nicht erreichten. Sowie zur zusätzlichen Frage, weshalb die Kommission allerlei Dinge erfunden hat, um den Stand-Down-Befehl zu verschleiern.
2. Niemand lügt. Die Bostoner Lotsen sahen tatsächlich einen Radarpunkt auf ihren Schirmen. Das Militär sah diesen Punkt nicht, wie schon im Fall 11 sowie auch im Fall »unbekanntes Ziel

nahe des Weißen Hauses« (9:36 Uhr) und »unbekannte Maschine im Anflug auf Boston« (10:20 Uhr). Was hieße, dass es sich um mehrere »Inserts« handelte, auf die Bostoner Radarschirme projiziert im Rahmen der an diesem Tag stattfindenden Übungen (→ *Kap. 22*).

3. Niemand lügt. Es gab den Falschflieger tatsächlich, was dann allerdings hieße, dass »American 11« New York überflog und nicht in den Nordturm des WTC stürzte, sondern um 9:21 noch in der Luft war. Diese Maschine ohne Transponderkennung, die an diesem Tag nur zu »Übungszwecken« in der Luft war, von Nord nach Süd, wäre dann um kurz nach 9:25 Uhr bei Washington gelandet.[15] Oder später in auf der Militärbasis Offutt. Auch dafür spricht einiges, aber das dokumentieren wir auf den nächsten Seiten (→ *Kap. 32*).

Vorzuladen:

- Eine ganze Reihe von Lotsen (vor allem aus Boston) und Militärs (vor allem die des NEADS, die an diesem Tag vor Radarschirmen im Einsatz waren und nie sahen, was Boston sah)

25 American 11: Augenzeugen an Bord

Die Anrufe zweier Flugbegleiterinnen beweisen, dass fünf arabische Terroristen Flug American 11 entführten und ins World Trade Center lenkten.

Die anrufenden Stewardessen waren Betty Ong und Madeline Sweeney. Sweeneys Anruf wurde nicht aufgezeichnet, sondern später vom Angerufenen, dem American-Airlines-Manager Michael Woodward, aus der Erinnerung rekapituliert – er hatte sich während des Telefonats Notizen gemacht. Von Betty Ongs insgesamt 25 Minuten dauerndem Anruf bei American Airlines wurden die ersten viereinhalb Minuten aufgezeichnet und im Rahmen der 9/11-Commission Hearings öffentlich gemacht (ebenso vier Minuten des 20-Minuten-Gesprächs zwischen der von Ong kontaktierten Lydia Gonzalez und deren Vorgesetzten Craig Marquis).[1]

Betty Ong rief um 8:19 Uhr von einem Airphone aus die American-Airlines-Zentrale an und meldete, sie befinde sich an Bord des Fluges American 11. Zwei Passagiere (Sitze 2A und 2B) hätten in der First Class CS-Gas (Mace) versprüht, zwei Flugbegleiter niedergestochen, seien ins Cockpit marschiert und hätten die Tür verriegelt. Stewardess Ong und die anderen Flugbegleiter kämen nicht hinein.

Zwei Passagiere. Keine Wache vor der Cockpit-Tür. Keine Araber vor der Tür. Araber im Cockpit?

Ong erwähnte keine Araber. Laut Lydia Gonzalez, die den Anruf entgegennahm, konnte sie die Angreifer nicht beschreiben.[2] Ebenso wenig, wie es die anderen Mitglieder der Crew konnten, die Ong laufend über die Geschehnisse in der First Class informierten. Ong wies zu keinem Zeitpunkt des Gesprächs mit der American-Airlines-Zentrale darauf hin, dass die Hijacker arabisch aussähen – oder sonstwie anders als der typische US-Fluggast. Was verwundert, da dieses »ethnische Merkmal« der Crew sicherlich aufgefallen wäre.

Im weiteren – nicht aufgezeichneten Verlauf – des Telefonats gab Ong angeblich die Nummern zweier weiterer Sitze durch, auf denen Beteiligte an dem Hijack gesessen hatten. Die von ihr durchgegebenen Sitznummern (9A und 9B) korrespondierten nicht mit denen, die Flugbegleiterin Sweeney nannte (9D, 9G, 10B) und auch nicht mit denen, die die Kommission später angab (8D, 8G, 10B).

Die entscheidenden Fragen wurden in den Commission Hearings nicht gestellt, obwohl sie auf der Hand liegen. Da mehrere Crew-Mitglieder laut Zeugin Ong unmittelbar nach Beginn der Entführung ungehindert an die Cockpit-Tür klopften und versuchten, diese zu öffnen, befanden sich offenkundig alle an der Entführung beteiligten Personen, nämlich die von Ong gemeldeten zwei, von Anfang an im Cockpit. Der offiziellen Darstellung zufolge waren dies nicht nur die beiden Hijacker und die zwei Piloten, sondern sieben Personen – zwei Piloten und fünf Hijacker. Man fragt sich, ob die Kommissionsmitglieder die Abmessungen eines 757-Cockpits kannten.

Ongs Anruf belegt bloß: Die Passagiere der First Class sowie die klopfenden Flugbegleiter wurden nicht von vor der Tür postierten Hijackern bewacht oder eingeschüchtert.

Halten wir fest: Aus dem Anruf der Stewardess geht also zunächst einmal nur hervor, dass zwei Passagiere aus der First Class um 8:19 Uhr zwei Flugbegleiter und einen Passagier der First Class niedergestochen und die Cockpit-Tür von innen verriegelt hatten. Niemand hinderte die Crew, an die Tür zu klopfen oder daran zu rütteln, kein weiterer Entführer hielt sich in der First Class auf. Erst später fielen – laut Zweiter-Hand-Ohrenzeugen am Boden – den Flugbegleiterinnen weitere verdächtige Sitznummern ein oder auf. Was die Sitznummern betrifft, widersprechen sich die Ohrenzeugen.

Die merkwürdige Interpretation des eindeutigen Ong-Anrufs durch die Kommission endet aber nicht mit der Annahme von drei zusätzlichen Entführern. Denn Ong erwähnte im weiteren Verlauf des Telefonats offenkundig keinen Kurswechsel der entführten Maschine, sondern nur »unruhiges« Flugverhalten, zunächst um

8:26 Uhr.[3] Was deshalb erstaunlich ist, weil American 11 der offiziellen Darstellung zufolge nicht nur »unruhig« flog, sondern um 8:26 Uhr einen abrupten und scharfen 100-Grad-Kurswechsel absolvierte und, wichtiger, fortan nicht mehr westwärts flog, sondern nach Südosten, quer durch den meistbeflogenen Luftraum der USA, auf Kollisionskurs mit dem gesamten Verkehr von Ost nach West. Ong müsste nicht nur die abrupte Kursänderung aufgefallen sein, weil ihr von diesem Zeitpunkt an die aufgehende Sonne durch die Seitenfenster direkt ins Gesicht strahlte, sondern erst recht, dass sie, die Crew und die Passagiere sich von diesem Moment an in akuter Lebensgefahr befanden. Aber sie erwähnte keinen Kurswechsel.

Da auch ihre Kollegin Sweeney im Gespräch mit Michael Woodward darüber kein Wort verlor, fragt man sich, ob nicht die einfachste Erklärung die beste ist, nämlich dass gar kein Kurswechsel stattfand. Was wiederum erklären würde, weshalb Sweeney, abermals dem Ohrenzeugen Woodward zufolge, in den letzten Sekunden des Funkverkehrs zwar bemerkte, die Maschine fliege viel zu tief, nicht aber, dass sie sich längst im Tiefflug über New York befand.[4] Was sie als erfahrene Flugbegleiterin durchaus hätte erkennen können beziehungsweise müssen.

Beginnt man die Merkwürdigkeiten dieser Anrufe unvoreingenommen zu betrachten und erinnert sich zudem daran, dass auf den Militärradars »Flug 11« zu keinem Zeitpunkt auf dem Weg nach New York zu sehen war (→ *Kap. 23*), ergeben sich einige verblüffende Fragen. Denn auch wenn niemand ernsthaft bestreiten wird, dass ein Flugzeug den WTC-Nordturm traf, ist die Beweislage alles andere als eindeutig, dass es sich bei dieser Maschine um American 11 gehandelt haben könnte. Aber falls es sich tatsächlich um American Airlines 11 handelte, wie die Befragung von Lotsen und Experten möglicherweise ergeben wird, dann müssen wir dem *Commission Report* recht geben, dass unsere zuverlässigsten Informationen über die Geschehnisse an Bord von Betty Ong stammen.

Wir wissen daher, dass American 11 von zwei, bestenfalls von vier »ethnisch unauffälligen« Männern entführt wurde.

Fragt sich also: Wer waren die? Und unter welchen Namen standen sie auf den Passagierlisten (→ *Kap. 9, 10*)?

P.S.: Bei der Gelegenheit gestatten wir uns dann auch gleich noch zwei oder drei Zusatzfragen, die anderen Flüge betreffend. Denn auch von den zahlreich anrufenden Zeugen an Bord der Flüge UA 93 und Flug AA 77 beschrieb nur ein einziger (respektive die Angehörige, die seinen Anruf entgegennahm) die Entführer als »iranian-looking«, alle anderen Zeugen verzichteten auf die Erwähnung ethnischer Merkmale. Zudem wurde Flug 93 nach allen Aussagen von drei Männern entführt (nicht von vier, wie der *Commission Report* wissen will), Flug 77 hingegen von sechs (statt fünf). Kurz und gut: Die offizielle Darstellung der Täterzahl und -herkunft deckt sich mit keiner Augenzeugenaussage. Weshalb?

Vorzuladen:

- Die zuständigen FBI-Ermittler und die für diesen Teilaspekt des Falles 9/11 zuständigen Mitarbeiter der offiziellen Untersuchungskommission: Mit der Bitte um eine Erklärung für die behördliche Schlussfolgerung, »fünf Araber« hätten Flug AA 11 entführt und die Maschine hätte zu irgendeinem Zeitpunkt den Kurs gewechselt.

26 United 93: zu früh, zu spät

Flug United 93 wurde um 9:28 Uhr von Al-Qaida-Terroristen entführt und stürzte um 10:03 Uhr in einem Acker bei Shanksville, Pennsylvania. Das Militär erfuhr erst um 10:15 Uhr, also nach dem Absturz, von einer möglichen Entführung der Maschine.

Flug 93 startete um 8:28 Uhr mit Ziel San Francisco vom bei New York gelegenen Flughafen Newark. Das US-Amt für Verkehrsstatistiken (Bureau of Transportation Statistics, BTS), das minutiös sämtliche relevanten Informationen im Passagierflugverkehr elektronisch ermittelt und festhält, weist aus, dass die Maschine um 8:01 Uhr, also eine Minute nach der geplanten Abflugzeit 8:00 Uhr, vom Gate abdockte, anschließend jedoch wegen des starken Verkehrs weitere 27 Minuten auf dem Rollfeld in einer Warteschlange hinter anderen Maschinen auf die Startfreigabe warten musste (→ *Anhang V*).

James LaRosa, erster Offizier eines zwei Maschinen hinter United 93 wartenden Continental-Passagierjets, der um 8:35 Uhr Richtung Costa Rica abhob, erinnerte sich später nur zu gut an die Unglücksmaschine, denn im Nachhinein begriff er, dass dies auch sein Flug – und damit sein Schicksal hätte sein können.[1]

Eine gute Dreiviertelstunde flog United 93 auf vorgesehenem Kurs westwärts, weg von New York und der Ostküste. Um 9:16 Uhr benachrichtigte die zivile Luftraumkontrolle FAA das Militär und meldete den Flug als »möglicherweise entführt«. Die Kriterien für eine solche Meldung sind streng, unklar ist allerdings, ob Flug 93 zu diesem Zeitpunkt nur nicht mehr auf Anfragen per Funk reagierte oder den Transponder ausgeschaltet oder den Kurs gewechselt hatte – oder alles zugleich.

Colonel Scott, Sprecher des für den Nordwestsektor des US-Luftraums zuständigen NORAD, unterstrich nach mehrjähriger gründlicher interner Untersuchung der Vorfälle schließlich im Commission Hearing mit einer Aussage unter Eid die Faktenlage mit den Worten: »Um 9:16 meldete uns die FAA eine mögliche Entführung des Fluges 93, der sich in der Gegend von Ohio befand.«[2]

FAA-Lotsen und Bodenpersonal der Airline begannen die Piloten aller in der Luft befindlichen United-Maschinen per Funk zu warnen. Zwei Flugzeuge waren entführt worden und ins World Trade Center gerast, man wies die Crews daher dringend an, Sicherheitsvorkehrungen zu treffen und die Cockpits zu verriegeln. Infolge einer weiteren, diesmal expliziten Warnung der FAA wurde zur gleichen Zeit der Tower des Flughafens Cambria nahe Johnstown, Pennsylvania, evakuiert. Laut Tower-Chief Dennis Fritz hatte die Flugleitstelle Cleveland ihm um 9:20 Uhr mitgeteilt, eine Boeing 757 steuere – offenbar unkontrolliert – auf seinen Airport zu.[3]

Auch der vom vormaligen US-Sicherheitsberater Richard Clarke geleitete Krisenstab im Weißen Haus war bereits früh im Bilde über den »möglicherweise entführten« Flug 93. Als Clarke die anwesende FAA-Chefin Jane Garvey gegen 9:20 Uhr um ein Update bat, nannte sie unter anderem »Delta 1989 über West Virginia« (sic!), »United 93 über Pennsylvania«.[4]

Ob United 93 sich nach einer halben Stunde Flug noch »über Pennsylvania«, wie Garvey meinte, oder bereits »über Ohio« befand, wie FAA und NORAD wussten, ist nicht unwichtig, aber zweitrangig. Entscheidend ist, dass sämtliche Verantwortlichen United 93 ab spätestens 9:16 Uhr für »möglicherweise entführt« hielten, von Garvey bis Clarke, von der FAA bis zum NORAD. So weit die schlüssige, nachvollziehbare und durch mehrere offizielle Aussagen bewiesene Version 1.

Allerdings bohrte sich Flug United 93 erst 45 Minuten später, nämlich um 10:03 Uhr, in den Ackerboden von Shanksville, und dieser Acker liegt lediglich 20 Meilen vom Flughafen Johnstown entfernt. Der Crash ereignete sich also eine geschlagene Dreiviertelstunde nach der »Möglicherweise-entführt«-Meldung der FAA ans Militär und dem Alarm im Tower des Cambria Aiport.

Dies stellte – und stellt – ein echtes Problem dar. Denn was sollte die Maschine während dieser Dreiviertelstunde gemacht haben? Hatte sie den Kurs gewechselt, um später wieder zurückzukehren? Hatte sie über dem Acker Kreise gedreht?

Die fehlende Dreiviertelstunde ergab keinerlei Sinn, und mit allergrößter Spannung erwarteten die weltweit versammelten Skeptiker 2004 die Aufklärung dieses mysteriösen Sachverhalts durch die 9/11-Commission. Die dann auch kam, und zwar mit diesen Worten: »Vertreter des NORAD hatten vor dieser Untersuchungskommission im Mai 2003 ausgesagt, NORAD sei um 9:16 Uhr von der FAA über einer Entführung von United 93 benachrichtigt worden. Diese Aussage war unrichtig. Es gab um 9:16 Uhr keine Meldung über eine Entführung. United 93 bewegte sich zu dieser Zeit normal voran.«[5]

Das war's. Zur Wiederholung: »Diese Aussage war unrichtig.«

Eine Erklärung, weshalb oder wieso die unter Eid von Colonel Scott getätigte Behauptung unrichtig (im Originallaut »incorrect«) war, fehlt. Es fehlt erst recht eine Erklärung für die unrichtige Meldung der FAA. Oder für die unrichtige Evakuierung des Towers in Johnstown. Vor allem aber fehlt eine Erklärung für die fehlende Dreiviertelstunde, denn die von Computerdaten und Augenzeugen belegte Wheels-off-Startzeit des Fluges UA 93 wurde ebenfalls als unrichtig korrigiert.

Stillschweigend. Auch das ohne Angabe von Gründen.

Stattdessen erklärten die Autoren des *Commission Report* schlankweg, Flug 93 sei eben nicht um 8:28 Uhr gestartet. Sondern erst um 8:42 Uhr, also 14 Minuten später. Zudem habe der Flug bis 9:28 Uhr keinerlei Anzeichen eines Problems gezeigt. Ab 9:29 Uhr dann allerdings schon. Über diese Probleme habe die FAA das Militär also nicht, wie ursprünglich von den NORAD-Vertretern vorgetragen, um 9:16 Uhr benachrichtigt, sondern erst 13 Minuten später, um 9:29 Uhr …

Halt. Nein. Auch nicht. Sondern um: 10:15 Uhr. Eine Stunde später als ursprünglich angegeben. Und damit erst nach dem Absturz von United 93 um 10:03 Uhr.

Auch zehn Jahre danach kommt einem diese kommentarlose Geschichtsverdrehung durch die Kommission noch unfassbar vor, aber man versteht die Motive der Autoren, sobald man sich die letztgültige Version aus dem Mai 2004 noch einmal in gebotener Kürze zu Gemüte führt – sofern man dabei »einen im Sinn« behält, nämlich dass Abflugzeit und Absturzzeit des mysteriösen Fluges 93 beim besten Willen nicht zusammenpassen können, man jedoch für eine kohärente 9/11-Legende dieses 45-Minuten-Loch dringend stopfen musste. Andernfalls nämlich, nicht auszudenken …

Die zweite, »neue« United 93 startete nicht um 8:28 Uhr, sondern laut *Commission Report* um 8:42 Uhr. Um 8:46 Uhr (→ *Kap. 28*) kreuzten sich der Weg dieser Maschine und der von United 175, die just in diesem Augenblick ihren Transpondercode doppelt wechselte. Eine der Maschinen flog weiter nach Westen, direkt neben dem Radarpunkt des Fluges Delta 1989, die andere Maschine änderte unmittelbar nach der Begegnung den Kurs, flog zurück nach New York und knallte um 9:03 Uhr in den Südturm des World Trade Center.

Um 9:24 Uhr hielt man den direkt neben United 93 befindlichen Flug Delta 1989 für entführt, obwohl es dafür keinerlei Anzeichen gab. Ebenfalls um 9:24 Uhr warnte United-Dispatcher Ed Ballinger die Piloten aller United-Flugzeuge, auch die von United 93, sie sollten die Cockpit-Tür sichern.[6]

Um 9:27 Uhr meldete United 93 sich ein letztes Mal, nachdem Lotse John Werth die Piloten informiert hatte, eine weitere Maschine befinde sich nur zwölf Meilen entfernt zu ihrer Rechten in 37 000 Fuß Höhe. Die Piloten verneinten Sichtkontakt.[7]

Um 9:28 Uhr erklang über alle Funkfrequenzen Radau. Ein Pilot rief »get out of here«,[8] was man im Nachhinein als Beleg für die Erstürmung seines Cockpits wertete. Ob es sich dabei um das Cockpit von United 93 handelte, war und blieb unklar. Für entführt hielt man zu diesem Zeitpunkt wiederum Flug Delta 1989, aus Gründen, die bis heute erst recht unklar sind (da Flug 1989 zu keinem Zeitpunkt in Schwierigkeiten, geschweige denn entführt worden war).[9]

Laut *Commission Report* schaltete United 93 um 9:39 Uhr den Transponder aus und wechselte nahe Cleveland den Kurs abrupt um 180 Grad, um fortan quer durch den Luftraum (und gegen den noch immer in der Luft befindlichen Verkehr) zurück Richtung Küste zu fliegen. Woraufhin die FAA ab 9:40 Uhr die Kontrolltürme der nunmehr gefährdeten, weil auf der neuen Flugroute liegenden Flughäfen Johnstown, Pittsburgh und Cleveland umgehend zu evakuieren begann, allerdings ohne das Militär zu benachrichtigen. Dies geschah laut offizieller Darstellung erst 35 Minuten später, nämlich um 10:15 Uhr, zwölf Minuten nach dem Absturz von Flug 93 (sowie, siehe oben, fast eine Stunde später als ursprünglich gemeldet und von diversen Zeugen bestätigt).[10]

Wer nun glaubt, irgendwer auf Seiten der FAA habe für diese komplett unerklärliche und etliche Menschenleben kostende 35-Minuten-Verzögerung einen Rüffel kassiert oder sei gar gefeuert worden, der irrt.

Wie lässt sich dies alles erklären? Folgt man der offiziellen Version, braucht man Nerven und Scheuklappen aus Stahl, denn nicht nur muss man die BTS-Daten sowie alle Zeugenaussagen ignorieren und obendrein die Reaktionen der früh gewarnten FAA-Mitarbeiter in den Leitstellen und im Tower Johnstown. Folgt man dieser Version, bleibt ein 35-minütiges Schweigen des gesamten FAA-Apparates ungeklärt und bleischwer stehen – zu einem Zeitpunkt, als bereits zwei entführte Flugzeuge ins World Trade Center gerast waren und eines ins Pentagon und sogar der Präsident seit mehr als einer Stunde im Bilde war, dass Amerika angegriffen wurde. Folgt man der offiziellen Darstellung, verzichteten die Lotsen dennoch darauf, das Militär über den ohne Funkkontakt auf falschem Kurs durch den Luftraum rasenden Flug United 93 zu informieren.

Wir bieten für die anstehende Neu-Untersuchung folgende Deutung an: Trifft die gründlich belegte Version 1 zu, hob United 93 um 8:28 Uhr ab, flog bereits um 9:16 Uhr als »möglicherweise entführt« geltend über Pennsylvania oder über Ohio und verstummte um 9:27 Uhr. Die United-Maschine, die um 8:42 Uhr aus Newark startete, wäre demnach nicht United 93 gewesen. Die Route dieser um 8:42 Uhr startenden Maschine kreuzte jedoch die einer anderen United-Maschine, nämlich die des Fluges 175, und just im Moment, als die beiden Maschinen sich nebeneinander befanden, wechselte UA 175 den Transpondercode zweimal – sowie unmittelbar darauf den Kurs. Eine Viertelstunde später raste ein Flugzeug ins nahe gelegene World Trade Center.

Die überfällige Untersuchung hätte also zwei Fragen zu klären: Welche Maschine startete um 8:28 Uhr aus Newark und welche um 8:42 Uhr? Und wo landete diese zweite United 93?

Vorzuladen:

- Die zuständigen Fluglotsen. Wieso meldete niemand die »neue« United 93 als entführt, obwohl zunächst ein Kampf zu hören gewesen war und die Maschine dann den Kurs wechselte? Weshalb informierte 45 Minuten lang niemand das Militär? Und wer hätte das tun müssen?
- Der oder die FAA-Mitarbeiter, die UA 93 schon um 9:16 Uhr als entführt meldeten
- Colonel Alan Scott: Wie kam es nach gründlicher Untersuchung und Bewertung der Vorfälle durch NORAD zu der »unrichtigen« Aussage im Hearing, die FAA habe UA 93 um 9:16 Uhr als »möglicherweise entführt« gemeldet? Und das auch noch »über Ohio«? Wer meldete das, wer gab die Nachricht weiter? War United 93 zu diesem Zeitpunkt auf den militärischen Radarschirmen zu sehen? Wo? Und für wie lange? Wann verschwand der Radarpunkt? Und wo?
- Vertreter des BTS: Wieso belegt die Aufzeichnung ihres zuverlässigen Systems die Startzeit von UA 93 »unrichtig« als 8:28 Uhr?
- Vertreter der 9/11-Commission: Weshalb wurden die BTS-Computerdaten ohne Angabe von Gründen stillschweigend korrigiert? Weshalb wurde die unter Eid getätigte Aussage von Colonel Scott für »unrichtig« befunden und alle Reaktionen der zahlreichen bereits um 9:16 Uhr von der »Entführung« unterrichteten Personen für irrelevant?
- Richard Clarke, Jane Garvey und Johnstown-Airport-Towerchef Dennis Fritz
- Radarexperten, zivile wie militärische
- Sowie endlich wenigstens ein unabhängiger Sachverständiger

27 United 93: kein Abschuss

Nach einer Revolte der Passagiere stürzte Flug United 93 um 10:03 Uhr bei Shanksville, Pennsylvania, in einen Acker. Die Maschine wurde nicht abgeschossen.

Laut *Commission Report* befanden sich zum Zeitpunkt des Absturzes von Unglücksflug 93 in der Nähe lediglich ein privater Falcon-Learjet und ein unbewaffnetes Militärtransportflugzeug vom Typ C-130. Zwar hatten diverse Zeugen widersprüchliche Aussagen gemacht,[1] weil sie angeblich kurz vor oder nach dem Absturz von Flug 93 eine weitere Maschine gesehen hatten, aber alle diesbezüglichen Meldungen wurden als Irrtümer wahlweise zurückgewiesen oder gleich vollständig ignoriert. Spekulationen von Skeptikern, was tatsächlich geschehen sein könnte, gab und gibt es zuhauf, nicht zuletzt wegen Donald Rumsfelds öffentlichem Versprecher, Flug 93 sei abgeschossen worden,[2] und wegen des manchem merkwürdig erscheinenden Trümmerfeldes. Zwar wollen wir uns diesen Spekulationen nicht anschließen, gestatten uns aber dennoch eine Frage.

Das unten reproduzierte Dokument aus den internen Archiven der Kommission, nach einer FOIA-Anfrage publik geworden, zeigt die ermittelten Flugbewegungen der vor Ort befindlichen Maschinen.

Die Dreiecke, das Viereck und der Punkt stellen Positionen von United 93 bis 10:02:32 Uhr dar, die Linie rechts den Kurs des Militärtransporters, die Linie von links unten den Kurs der Privatmaschine, die nach dem Crash über der Absturzstelle kreiste.

Des Weiteren aber weist das »committee sensitive«-Dokument den Flugweg eines »unknown aircraft« aus, das von Süden auf den Absturzort zufliegt. Wo diese »unidentifizierte« Maschine sich

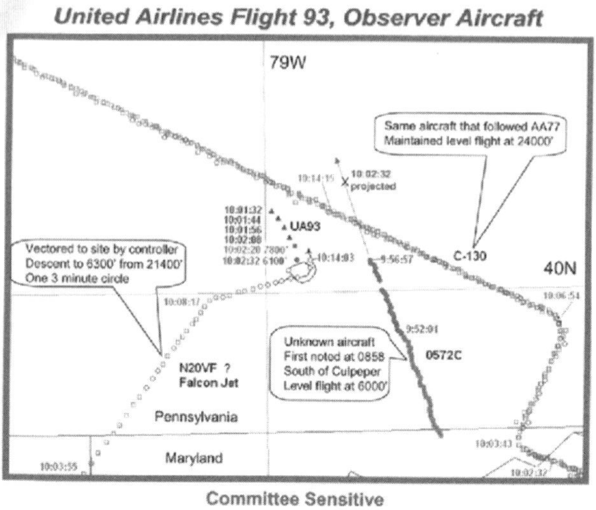

Die ermittelten Flugbewegungen von United 93 und der anderen vor Ort befindlichen Maschinen (Quelle: www.scribd.com)[3]

nach 9:56 Uhr befand, scheint nicht bekannt zu sein, der weitere Flugweg bis zur gleichzeitigen letzten Positionsangabe von Flug UA 93 um 10:02:32 Uhr ist lediglich »angenommen«. Zuerst gesichtet wurde die unbekannte Maschine, wie wir dem erklärenden Textkasten neben der Linie entnehmen, um 8:58 Uhr südlich von Culpeper in Virginia, südwestlich von Washington – und offenbar wurden auch nur für einige Minuten Radarsignale aufgezeichnet. Jedenfalls haben die Ermittler der Kommission nichts Genaueres über die Identität dieser Maschine herausgefunden – obwohl sie doch offenbar schon eine Stunde vor dem Crash über Culpeper geortet worden war.

Natürlich wissen wir nicht, um was es sich bei dieser »unbekannten« Maschine handelte – ob nun um einen Abfangjäger, eine Propellermaschine oder eine der E4-B (→ *Kap. 32*) der fliegenden Kommandoposten, die an diesem Morgen im Rahmen der stattfindenden Militärübungen (→ *Kap. 22*) unterwegs waren.

Was wir hingegen wissen ist, dass in Shanksville und Umgebung, also in unmittelbarer Nähe des 93-Absturzortes, mindestens 15 Zeugen diese Maschine sahen und hörten – einige unmittelbar vor dem Crash, einige unmittelbar danach. Was die Zeugen am benachbarten Indian Lake außerdem bemerkten und schilderten, waren flackernde Glühbirnen beim Überflug dieses Flugzeuges,[4] das sich der Absturzstelle aus östlicher Richtung näherte. Die Aussagen der zahlreichen Zeugen wurden als Seh-, Hör-, oder Wahrnehmungsstörungen ignoriert, waren aber offenbar keine, sondern sehr präzise Beobachtungen. Wie nun zuletzt auch die Unterlagen der Kommission zeigen.

Wir können also als amtlich belegt ansehen: Unmittelbar vor dem Crash des Fluges 93 befand sich in unmittelbarer Nähe der Maschine sowie der Absturzstelle ein weiteres Flugzeug, in 6000 Fuß Höhe, von Zeugen als so groß wie eine Passagiermaschine beschrieben. Ein Flugzeug, das aus unerfindlichen Gründen die Glühbirnen am Boden zum Flackern brachte – was normale Flugzeuge eben nicht tun, selbst wenn sie einen See in 6000 Fuß Höhe überfliegen – und dessen Identität von offizieller Seite bis heute wahlweise nicht ermittelt oder der Öffentlichkeit vorenthalten wurde.

Vorzuladen:

- Die damals für den »unbekannten Flieger« zuständigen Mitarbeiter der 9/11-Commission, die diesen wesentlichen Punkt intern dokumentierten, dann aber im Abschlussbericht unter den Tisch fallen ließen. Zu fragen ist: Welche weiteren Informationen haben sie über diese Maschine? Was ist über den Kurs der Maschine zwischen 8:58 Uhr und 9:56 Uhr bekannt? Und wer entschied, alle diesbezüglichen Informationen als irrelevant zu betrachten?

28 Täter-Kommunikation: Gedankenübertragung

Die Täter gingen strikt nach Plan vor, kommunizierten jedoch während der Ausführung der Anschläge nicht miteinander.

Das versteht sich von selbst, denn zwischen den Cockpits der entführten Maschinen bestand keine Funkverbindung – und erst recht nicht zwischen den Cockpits der bereits entführten Maschinen und den ersten Klassen der noch nicht entführten Maschinen. Die vier Entführungskommandos hielten sich zwar strikt an den vorher verabredeten Plan, konnten sich aber nach Beginn der Operation zu keinem Zeitpunkt »live« abstimmen.

Das erklärt angeblich auch, weshalb die Attentäter an Bord der Flüge AA 77 und UA 93 nach dem Start jeweils eine halbe Stunde mit dem Entführen warteten, also erst losschlugen, nachdem die Maschinen ihre Reiseflughöhen erreicht hatten, die Anschnallzeichen erloschen waren und die Flugbegleiter ihre Servierwagen an den First-Class-Sitzen der Entführer vorbeigeschoben hatten. Was bis heute die beste, wenn auch keine allzu gute Erklärung darstellt, weshalb die Hijacker so lange mit ihren Kaperungen warteten.

Hierzu vergegenwärtige man sich nochmals die Fakten: Flug American 77 startete um 8:20 Uhr (zehn Minuten verspätet) 22 Meilen vom Pentagon entfernt vom Flughafen Washington-Dulles und musste am Ende 605 Extra-Meilen zurücklegen, um sein Ziel zu erreichen. Flug United 93 startete um 8:28 Uhr oder gar erst um 8:42 Uhr (→ *Kap. 26*), wahlweise 28 oder 42 Minuten verspätet und nur acht Meilen vom World Trade Center entfernt, sollte aber offenbar das 200 Meilen entfernte Weiße Haus treffen. Da die Entführer sich endlos viel Zeit mit der Kaperung der Maschine ließen, hätten sie am Ende 550 zusätzliche Meilen zurücklegen müssen, also insgesamt 750, um ihr Ziel zu erreichen (was ihnen bekanntlich nicht gelang).

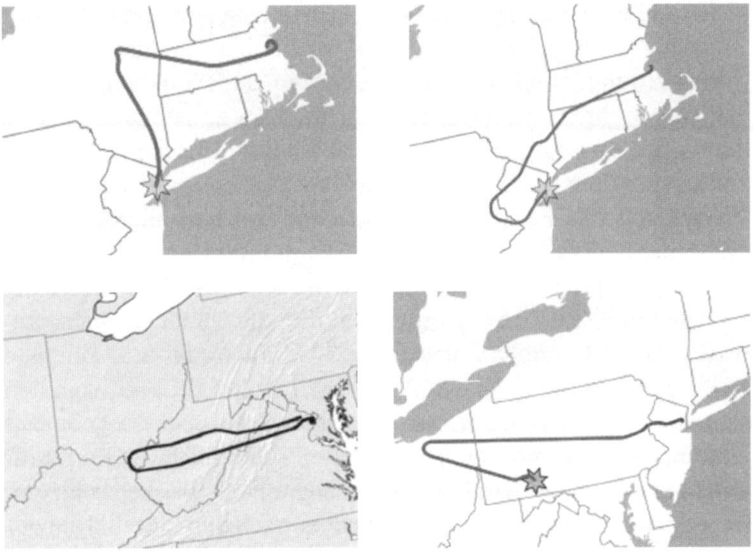

Übersicht über die 135 bis 550 Meilen langen Umwege der am 11. September 2001 angeblich als fliegende Bomben eingesetzten Passagiermaschinen American 11 (Boston–New York), American 77 (Washington–Washington), United 175 (Boston–New York) und United 93 (Newark bei New York–Shanksville, PA, vermutliches Ziel Washington). (Quelle: Flight Explorer)

Die Entführer der zuerst an diesem Morgen gestarteten beiden Maschinen (Flug AA 11 und Flug UA 175) gingen nur geringfügig intelligenter vor: Die Entfernung vom Flughafen Boston-Logan bis zum World Trade Center beträgt 193 Meilen, Flug 11 legte 328 zurück (zusätzlich 135), Flug 175 brachte es auf 368 Meilen (zusätzlich 175).[1]

Die Erklärung, dass die Hijacker mit ihrem Einsatz bis zum Erreichen der Reiseflughöhe beziehungsweise auf den Beginn des Kabinenservice warteten, steht schon deshalb auf tönernen Füßen, weil, wie der *Commission Report* selbst zwischen den Zeilen feststellte, all dies nach dem Start keine halbe Stunde dauert, sondern bestenfalls 15 Minuten. Die Entführer des ersten Fluges (AA 11) handelten entsprechend – die Entführung der um 8:01 Uhr (mit 14

Minuten Verspätung) gestarteten Maschine begann um 8:14 Uhr.[2] Danach allerdings flogen die Entführer zunächst einmal in die falsche Richtung, nämlich nach Nordwesten, statt Kurs auf das südöstlich von ihrer Position gelegene New York zu nehmen. Was sie dann offiziellen Angaben zufolge erst um 8:26 Uhr taten.

Das Verhalten der Entführer von Flug AA 77 lässt sich mit einem Warten auf das Erlöschen der Anschnallzeichen allerdings erst recht nicht erklären, denn als Flug 77 um 8:20 Uhr verspätet startete, mussten die Entführer an Bord wissen, dass Flug AA 11 bereits planmäßig entführt worden war und die US-Flugabwehr »geweckt« hatte. Dennoch warteten sie 37 Minuten, bis 8:57 Uhr, ehe sie Flug 77 übernahmen – 300 Meilen vom Ziel entfernt, vom den sie nur 22 Meilen weit entfernt gestartet waren.

Komplett selbstmörderisch handelten schließlich die Entführer von Flug UA 93. Der nämlich startete sogar noch deutlicher verspätet, dennoch warteten die Hijacker sogar nach den Einschlägen der ersten zwei Maschinen ins World Trade Center noch weitere 45 Minuten (→ *Kap. 26*), bis sie sich endlich loszuschlagen bequemten – diesmal fast 400 Meilen von ihrem Ziel entfernt, obwohl sie sicher sein mussten, dass längst sämtliche verfügbaren US-Abfangjäger in der Luft und hinter allen verdächtigen Passagierjets her waren und sie ihr Ziel garantiert nie erreichen, sondern vorher abgeschossen werden würden.

Wie lässt sich das erklären?

Offiziell gar nicht. Außer stillschweigend mit der Vermutung, die Entführer hätten sich eben strikt pragmatisch an den vorher gefassten Plan gehalten, selbst wenn der von Anfang an idiotisch gewesen war – schließlich wäre es doch deutlich smarter gewesen, Flüge in der Nähe der designierten Ziele zu entführen und nicht möglichst weit von ihnen entfernt. Erst recht aber nach Lage der neuen – massiv verspäteten – Dinge mussten die Entführer wissen, dass ihr ganzer Plan zu scheitern drohte.

Was tun? Den Plan ändern? Das wäre vernünftig gewesen, aber die Entführer konnten sich ja während der Ausführung des Anschlags nicht mehr besprechen. Und so hielten sie sich aller Vernunft zum Trotz an den vorher festgelegten Plan. Mangels Kommunikationsmöglichkeiten untereinander. Akzeptiert man diese Erklärung, bleibt indes vollständig rätselhaft, wie die Entführer der vier Maschinen trotz der Verspätungen auch ohne jede Kommunikationsmöglichkeit ihre Aktionen auf Minute und Meter genau abstimmen konnten.

Skeptische Zeitgenossen haben hierzu im Lauf der Jahre ordnerweise Material zusammengetragen und unter anderem aufgezeigt, dass die Entführer aus unerfindlichen Gründen offenkundig über verblüffend präzise Kenntnis der US-Radarabdeckung verfügten. Die Positionen, an denen sie die Transponder der Maschinen nach langem und scheinbar sinnlosem Flug weg von ihren designierten Zielen ausschalteten, befanden sich jeweils in den vom Abflughafen nächstgelegenen »Funklöchern«,[3] also in den wenigen schmalen Korridoren, in denen US-Militär und FAA lediglich Primärradarsignale empfangen können.

Zur Erläuterung: Primärradar liefert auf den Radarschirmen lediglich ein Signal im Sinne von »da ist ein Flugobjekt«, Sekundärradar liefert dazu genauere Transponderdaten (Identität des Flugobjekts, Flughöhe, Fluggeschwindigkeit). Was genau wo fliegt, lässt sich mithin in Regionen mit lediglich primärer Radarabdeckung nicht zweifelsfrei feststellen

Flug AA 11 wartete mit dem Ausschalten des Transponders, bis ein solches Radarloch erreicht war. Flug UA 93 flog fast eine Dreiviertelstunde lang nach Nordwest, ehe die Piloten direkt nach Erreichen eines Radarlochs die Kontrolle über die Maschine übernahmen, Flug AA 77 wartete bis zur Grenze nach Ohio – wo die Radarabdeckung besonders miserabel ist – mit dem Ausschalten des Transponders und verschwand gar vollständig von allen Radarschirmen (→ *Kap. 23*).

Wir gestatten uns hier nur am Rande die Feststellung, dass keines der verschwundenen Flugzeuge zum Zeitpunkt seines jeweiligen Einschlags identifiziert worden war. Die präzise Erörterung dieses Punktes lässt sich problemlos auf die späteren Prozesstage verschieben, nicht vertagen lässt sich hingegen die Frage, woher die Attentäter zu jeder Zeit ganz genau wussten, wo die anderen entführten Maschinen waren und was an Bord dieser anderen Maschinen geschah.

Besondere Beachtung verdienen hierbei die entscheidenden zehn Minuten des Anschlags zwischen 8:40 Uhr und 8:50 Uhr. Um 8:39 Uhr kreuzten sich die Wege von Flug AA 11 und Flug UA 175 nordwestlich von New York. Zur exakt gleichen Zeit wich weit entfernt über Virginia Flug AA 77 vom Kurs ab und flog unplanmäßig nach Norden. Um 8:46 Uhr raste Flug 11 in den WTC-Nordturm. Im exakt gleichen Moment wendete nicht nur Flug 77 kurz vor Ohio erneut, sondern wechselte zudem Flug 175 nahe New York gleich zweimal den Transpondercode. Und das haargenau über dem gerade aus Newark gestarteten Flug UA 93. Um 8:51 Uhr wechselte Flug 175 den Kurs und reagierte fortan nicht mehr per Anfragen per Funk. Gleichzeitig erschien über Allentown, Pennsylvania, ein unidentifizierbarer »Intruder« (Eindringling) auf den Schirmen der Losten. Im exakt gleichen Augenblick verstummte an der Grenze nach Ohio auch Flug 77 endgültig.

Mit militärischer Präzision war es den drei verbliebenen Piloten auf diese Weise gelungen, auf die Sekunde genau, beginnend mit dem ersten Paukenschlag, unsichtbar zu werden. Bedenkt man, dass sie keinerlei Verbindung zueinander hatten und in unterschiedlich lang abflugverspäteten Maschinen saßen, nötigt einem diese komplett unwahrscheinliche Glanzleistung höchsten Respekt ab. Beziehungsweise ein höchst interessiertes Stirnrunzeln.

Um allen Missverständnissen vorzubeugen: Sofern überhaupt »arabische Terroristen« die Maschinen entführten, kommunizierten diese während der Ausführung der Anschläge mit Sicherheit nicht von Maschine zu Maschine.

Wer also wusste zu jeder Zeit auf Minute und Meter genau, wo sich alle am Anschlag beteiligten Maschinen befanden – und koordinierte das gleichzeitige Um- und Abschalten der Transponder und die ebenfalls gleichzeitigen Kurswechsel?

Vorzuladen:

- Radarexperten, insbesondere Vertreter der 84th Radar Evaluation Squadron, die »im Nachhinein« rekonstruierte, was geschehen war – denn am 11. September selbst war all dies, wie Militärvertreter mehrfach betonten, nicht erkennbar gewesen
- Vertreter des National Reconnaissance Office (→ *Kap. 22*), das die Spionage-Satelliten der USA lenkt. Diese NRO-Vertreter werden dringend ersucht, alle erforderlichen Radar- und Satellitenimages mitbringen und anhand der Bildbelege zu erklären, was am 11. September zwischen 8:39 Uhr und 8:50 Uhr passierte.

29 Irrelevant: Raytheon

An Bord der am 11. September zu fliegenden Bomben umfunktionierten Flugzeuge befanden sich zwar mehrere Mitarbeiter der Rüstungsfirma Raytheon Technologies, die für das Pentagon ein beeindruckend präzises Fernsteuerungssystem (JPALS) für Passagiermaschinen entwickelt hatten. Dies aber ist für den Fall 9/11 ohne Bedeutung.

Vermutlich. Dennoch bitten wir um Aufklärung dieses nebensächlichen Aspekts im Rahmen des neu aufzunehmenden 9/11-Verfahrens, damit die »Verschwörungsidioten« wenigstens diesbezüglich endlich mundtot gemacht werden und in Zukunft wieder James-Bond-Filme gucken können, statt sich selbst welche auszudenken.

Der Sachverhalt: Die Firma Raytheon Technologies, Weltmarktführer in Sachen ziviler und militärischer Anwendungen zur computergesteuerten Landung von zivilen und militärischen Flugzeugen, einer der wichtigsten Vertragspartner des Pentagon und der US Air Force, präsentierte 2001 nach langjähriger Entwicklung das GPS-gestützte »Anflughilfssystem« JPALS (Joint Precision Approach and Landing System). Bis dahin hatte das Unternehmen mittels dieser Fernsteuerung »200 unbemannte Präzisionsanflüge mit militärischen Testflugzeugen« vorgenommen, anfangs überwiegend mit unbemannten Drohnen des Typs Global Hawk, seit einigen Jahren auch mit Boeing-Maschinen.[1] Im Oktober 2001 teilte Raytheon mit, man habe nach monatelangen intensiven Tests im August 2001 auf einer Militärbasis in New Mexico sechs ferngesteuerte Landungen bemannter Maschinen vom Typ Boeing 727 erfolgreich durchgeführt – ohne dass die Piloten an Bord nach dem Einschalten der am Boden befindlichen Abfangeinrichtung noch eine Möglichkeit gehabt hätten, Einfluss auf den Landevorgang zu nehmen.

An Bord der am 11. September nur zu etwa einem Viertel gebuchten Flüge AA 11, UA 175 und AA 77 befanden sich fünf Mitarbeiter der Firma Raytheon,[2] allesamt zuständig für »elektronische Kriegsführung«, nämlich an Bord von Flug 11 Peter Gay, Kenneth Waldie und David Kovalcin,[3] an Bord von Flug 175 Herbert Homer[4] und an Bord von Flug 77 Stanley Hall, von Kollegen geschätzt als »unser Doyen der elektronischen Kriegsführung«.

Wir halten fest: Von den insgesamt nur 195 Passagieren, die sich am Morgen des 11. September in den auffällig schwach gebuchten Flügen 11, 175 und 77 befanden, standen wenigstens fünf in Diensten des Pentagon, als Fachleute für elektronische Kriegsführung und ferngesteuerte Flugzeuge. Das ist zwar garantiert kein durchschnittlicher Wert für alle zivilen US-Flüge, aber hoffentlich auch nicht mehr als ein unwahrscheinlicher Zufall.

Die New Yorker Vertretung von Raytheon Technologies befand sich übrigens, was niemand wundern wird,[5] im World Trade Center, und zwar im 91. Stock des Südturms.[6] Man teilte sich dieses Stockwerk mit den Firmen Washington Group und Gibbs & Hill. Die Maschine, die um 9:03 Uhr ins Gebäude einschlug, tat dies in Höhe des 78. Stockwerks, und von den oberhalb dieses Punktes eingeschlossenen Menschen überlebten nur vier. Die Washington Group beklagte 13 verstorbene Mitarbeiter.

Raytheon-Mitarbeiter waren nicht unter den Opfern.[7]

Vorzuladen:

- Sekretärinnen und Assistent/innen der am 11. September verstorbenen Raytheon-Mitarbeiter. Die Sekretärinnen sind vorher von ihren Vorständen von der Verschwiegenheitspflicht zu befreien und werden ersucht, die Terminkalender ihrer Chefs aus den Jahren 2000 und 2001 mitzubringen.
- Mitarbeiter des Pentagon, ebenfalls von der Schweigepflicht entbunden, die präzise darlegen, an welchem DoD-Projekt die fünf Verstorbenen in den Jahren 2000/2001 arbeiteten

30 Der Pilot: Hani Hanjour

Ein Terrorist namens Hani Hanjour steuerte den entführten Flug AA 77 ins Pentagon.

Hani Hanjour brachte es als »Hijacker« in mehrfacher Hinsicht zu kurioser Berühmtheit, denn er war in den ersten Tagen nach den Anschlägen als solcher noch gar nicht vorhanden, weil das FBI bis dahin nur von 18 Entführern sprach. Als dann der Name Hani Hanjour erstmals auftauchte, meldete die *Washington Post*, dass ein Hanjour gar nicht auf der Passagierliste der American Airlines stehe und »möglicherweise gar kein Ticket hatte«.[1]

Da er vermutlich nicht im Handgepäck eingeschmuggelt wurde, haben wir hier einmal mehr einen Beleg für die nachträgliche Manipulation der Passagier- und Hijacker-Listen – und eine von den Medien später nachgereichte Legende, derzufolge Hanjour und sein Kollege Madjid Moqed am 31. August im A.T.S. Reisebüro in Totowa, N.J., zwei First-Class-One-Way-Tickets für den Flug 77 kauften. Doch nur Moqed schaffte es auf die Passagierliste – was schlechterdings unmöglich ist, denn wer rechtzeitig bucht, steht garantiert auf dieser Liste, oder auf der Warteliste, wenn der Flug ausgebucht ist. Hanjour aber stand weder hier noch da – und brachte dennoch das Kunststück fertig, den Sitz 1B der AA 77 zu ergattern.

Doch das ist noch eine der kleinsten Merkwürdigkeiten um Hanjour, die der *Commission Report* geflissentlich ignoriert. Eine weitere präsentieren wir hier der Einfachheit halber im Bild – das Cockpit einer Cessna 172 und das einer Boeing 757.

Eine solche einmotorige Cessna 172 wollte Hani Hanjour in der zweiten Augustwoche 2001 am Freeway Airport in der Nähe von Washington ausleihen, doch nach drei Testflügen verweigerte der

Cockpit einer Cessna 172, wie man sie Hani Hanjour wegen mangelnder Flugfähigkeiten nicht ausleihen wollte. (Quelle: www.Flight-World.com)

Cockpit einer Boeing 757, wie Hani Hanjour sie in einer fliegerischen Meisterleistung mit Höchstgeschwindigkeit ins Pentagon gesteuert haben soll. (Quelle: Boeing)

Chefinstrukteur Marcel Bernhard die Ausleihe, weil Hanjour die Maschine allein weder fliegen noch landen konnte. Auch das Vorzeigen einer FAA-Fluglizenz vom April 1999 mit angeblichen 600 Flugstunden verhalf ihm nicht zu dem begehrten Kleinflugzeug. Einen Monat später indessen kam er nicht nur mit dem Cockpit einer Boeing 757 problemlos klar, sondern führte damit ein Flugmanöver aus, das die Fluglotsin Danielle O'Brien eher an ein Fliegerass aus »Top Gun« erinnerte als an einen absoluten Anfänger: »Die Geschwindigkeit, die Wendigkeit, die Art, wie er drehte – wir alle im Radarraum, alles erfahrene Fluglotsen, dachten, dass das ein Militärflugzeug sein muss. So fliegt man eine 757 nicht ...«[2] Mehr zu diesem Kunstflug noch an anderer Stelle (→ *Kap. 31*), hier ist mit dem fehlenden Eintrag auf der Passagierliste und der fehlenden Pilotenfähigkeit Hani Hanjours nur festzuhalten, dass ein Mann als Pilot der AA 77 gilt, der weder auf der Passagierliste stand noch über ausreichende Flugkenntnisse verfügte.

Schon 1991 als 19-Jähriger war Hanjour, dessen Familie in Saudi-Arabien einen Autoexport und ein Landgut betreibt, erstmals für drei Monate in den USA, um Englisch zu lernen. Danach lebte er fünf Jahre in seiner Heimat und kehrte 1996 zurück, um wieder Englischkurse zu nehmen und fliegen zu lernen. An verschiedenen Flugschulen in Kalifornien und in Arizona fiel er dabei nicht nur wegen seiner schlechten Sprachbeherrschung auf. Als er 1998 für 200 Dollar ein Training an einem Flugsimulator buchte – nicht einer Boeing 757, sondern eines Cessna-ähnlichen Kleinflugzeugs –, stellte der Fluglehrer fest, dass Hanjour nur die gröbsten Kenntnisse darüber hatte, welche Instrumente dort welche Rolle spielten. Wie er es dennoch schaffte, im April 1999 eine offizielle FAA-Fluglizenz zu bekommen, ist, so notierte die *Washington Post*, »eine weiterhin offene Frage, die FAA-Offizielle nicht diskutieren möchten«[3] – was insofern nicht wundert, als die Flugschulen, bei denen sich Hanjour 2000 und Anfang 2001 zum Training für Passagierflugzeuge anmeldete, insgesamt fünfmal bei der FAA nachfragten, ob seine Lizenz echt sei. Nicht weil er als potentieller Terrorist und »Hijacker« verdächtigt wurde, sondern weil man ihn wegen seiner kläglichen Flugkünste für eine Gefahr für den Luftraum hielt. »Bis heute«, erinnerte sich ein Angestellter der Pan Am International Flight Academy in Phoenix, »bin ich von den Socken, dass der in das Pentagon geflogen sein soll. Er konnte doch überhaupt nicht fliegen.«[4]

Die Verfasser des *Commission Report* können nicht umhin gekommen sein, die umfangreichen Belege über die aeronautische Niete Hani Hanjour zur Kenntnis zu nehmen, umschifften diese offensichtlichen Zweifel aber ebenso weiträumig, wie sie einen weiteren wichtigen Zeugen ignorierten, der über Hanjours Flugtraining in Phoenix berichtete. Es handelt sich um den aus dem Kaukasus stammenden muslimischen US-Bürger Aukai Collins, der Hanjour bei einigen seiner Flugstunden begleitete – in seiner Eigenschaft als Informant des FBI in der arabischen und muslimischen Szene in Phoenix. Wie seine Kollegen Al-Midhar und Nawaf Al-Hazmi, die in San Diego bei einem FBI-Spitzel wohnten, stand mithin auch Hanjour schon 1998 in Phoenix unter behördlicher Aufsicht – und laut FBI traf er Anfang 2000 in San Diego auch mit Omar Al-Bayoumi, dem seit 9/11 abgetauchten saudischen »Geschäftsmann« zusammen, der dort Al-Midhar und Al-Hazmi betreute. Der *Commission Report* behauptet zwar, Hanjour sei nur einmal und kurz in San Diego gewesen, die Nachbarn von Al-Midhar und Al-Hazmi und weitere Zeugen sahen ihn dort aber häufiger. Laut den Aussagen von Aukai Collins wusste das FBI »alles über diesen Jungen«, einschließlich seiner Adresse und Telefonnummer, denn er habe seine Arbeitgeber 1998 über eine größere Gruppe von Arabern informiert, die in Phoenix Flugunterricht nahmen – was das FBI abstreitet. Verständlich, denn das passt ebenso wenig ins offizielle Bild wie Collins' Erinnerung an Hanjour: »Er war nicht einmal halbwegs religiös, schon gar nicht fanatisch religiös. Und ich weiß sicher, das er kein Teil von Al-Qaida oder einer islamistischen Organisation war; er konnte ›Dschihad‹ nicht einmal auf Arabisch buchstabieren.«[5]

Halten wir also fest: kein offizieller Passagier, kein fähiger Pilot, kein fanatischer Islamist – was aber war Hani Hanjour dann?

»Patsy« wird als umgangssprachlicher amerikanischer Ausdruck vom Wörterbuch mit »Sündenbock«, »Witzfigur«, »Einfaltspinsel« übersetzt, der *Webster* definiert ihn als »jemand, der hintergangen oder zum Opfer gemacht wird«, und verweist auf die etymologische Abstammung vom italienischen »Trottel«: »pazzo«. In Anbetracht der Leistungen von Hanjour, der trotz jahrelanger Kurse kaum Englisch sprach und von einem halben Dutzend Flugschulen als hoffnungsloser Fall angesehen wurde, ist es gewiss nicht ungerecht, ihm im wirklichen Leben eine gewisse Trottelhaftigkeit zuzusprechen. Als Kind soll er als Berufswunsch stets »Flugbegleiter« genannt haben – und zu viel mehr als Saftschubsen reichten seine fliegerischen Qualifikationen auch 2001 noch nicht. Doch immerhin hatte er sich mit Ausdauer und auf krummen Wegen eine Pilotenlizenz verschafft und war als Mitglied einer Gruppe arabischer Flugschüler schon 1998 auf das Radar des FBI gekommen. Als er im September 2000 erneut ein Visum für die USA beantragte, wurde dies zunächst abgelehnt, zwei Wochen später erhielt er es dann doch – auf demselben US-Konsulat in Dschiddah, Saudi-Arabien, dem 15 der 19 »Hijacker« ihre Visa verdanken. Wir erinnern uns: Diese Nachricht brachte nach den 9/11-Anschlägen den ehemaligen Leiter dieser Visa-Abteilung in Dschiddah auf den Plan, Michael Springmann, der dort in den 80er Jahren zahlreiche Visa-Anträge dubioser Gestalten abgelehnt hatte, aber auf Druck der CIA gezwungen worden war, sie dennoch auszustellen (→ *Kap. 17*).

Auch Al-Midhar und Nawaf Al-Hazmi erhielten, obwohl als militante Islamisten registriert, hier ihre Multiple-entry-Visa, und Hanjour bekam nach einem Gespräch am 25.9.2000 auf dem Konsulat sein Visum als »Student«. Allerdings nur für drei Monate – doch dass er dann ab Ende Dezember 2000 ohne Visum in den USA unterwegs war, bereitete Hanjour keine Sorgen. Er fühlte sich offenbar gut behütet, denn schon kurz nach seiner Ankunft in den USA im Dezember wurde er von seinem Betreuer, dem saudischen Geheimdienstmann Omar Al-Bayoumi, in Empfang genommen und für seinen letzten großen Flug in die Spur gebracht. Dass er diesen aber selbst pilotierte – dafür spricht allenfalls noch eine Wahrscheinlichkeit von 1:1000.

Der Verdacht, dass es sich bei den »Hijackern« um »Patsies« handelte, die von ihren Agentenführern hintergangen wurden und nicht wussten, an welcher Mission sie eigentlich teilnahmen (und dass sie davon nicht zurückkehren würden), wird auch von einem für fanatische Islamisten auf Suizidmission untypischen Respekt vor dem ewigen Verkehrssünderregister bestätigt, genauer: von einer der letzten Geldüberweisungen Hani Hanjours, die er zwei Wochen vor seinem Ableben tätigte. Er überwies 100 Dollar an die Verkehrsbehörde in Maryland, wo er am 1. August 2001 wegen Tempoüberschreitung geblitzt worden war. Auf der FBI-Inventarliste sämtlicher Gegenstände, die in Al-Hazmis blauem Toyota Corolla sichergestellt wurden – dem Wagen, in dem er mit Hanjour und Al-Midhar am 11.9.2001 am Dulles-Airport vorgefahren war –, fand sich folgerichtig unter Nr. 1: »An hourly parking ticket dated and stamped 09/11/01 7:25 AM«.[6]

Aber wen interessiert es, dass Selbstmordattentäter noch brav für eine Stunde Parken bezahlen, bevor sie sich in die Luft jagen, wenn im selben Auto Fotos eines Boeing-Cockpits gefunden werden und ein Stück Papier, auf dem nichts steht außer der Telefonnummer des Leibhaftigen persönlich: »Osama 5895316«. Bingo (→ *Kap. 13*)!

Vorzuladen:

- Die Fluglehrer von Al-Midhar, Al-Hazmi und Hani Hanjour
- Ihr Vermieter Dr. Abdussattar Shaikh
- Ihr »Geschäftspartner« Omar Al-Bayoumi
- Aukai Collins

31 Der Pentagon-Crash

Flug American 77 stürzte um 9:37:46 Uhr ins Pentagon. Der Einschlag wurde von einer Überwachungskamera in der Nähe des Gebäudes gefilmt.

Die seit ihrer Veröffentlichung 2006 viel diskutierten Bilder[1] einer Parkplatzkamera am Pentagon zeigen ein auf das Gebäude zufliegendes Objekt, das eine Rauchfahne hinter sich her zieht. Mancher sieht hier ein Flugzeug, andere sehen eine Rakete (auch weil Flugzeuge keine Rauchfahne hinter sich herziehen),[2] unzählige Webseiten und Bücher sind diesen paar grobkörnigen Frames gewidmet. Die Diskussion ist insofern überflüssig, als Justizministerium und FBI nicht bestreiten, dass weitere 84 Videotapes existieren, die das Pentagon zur Anschlagszeit zeigen.[3] (Es hätte wohl auch jeden gelegentlichen Bahnhofs- oder Kaufhausbesucher gewundert, wenn das Pentagon nicht rund um die Uhr von diversen elektronischen Augen gefilmt und überwacht würde.)

Diese aus den verschiedensten Quellen beschlagnahmten 84 Bänder befinden sich jedoch »unter Verschluss« und werden von den Behörden nicht freigegeben respektive veröffentlicht, da sie sowohl »Gegenstand der Ermittlungen« des FBI in dieser Angelegenheit[4] als auch eines nicht näher erklärten »Rechtsstreits«[5] sind.

Welcher Rechtsstreit damit gemeint ist, wüsste so mancher Skeptiker gern genauer. Aber auch ohne eine Antwort auf diese Frage bleibt der Bescheid der Behörden interessant, fragt man sich doch, weshalb in aller Welt das FBI die Skeptiker nicht endlich zum Schweigen bringt. Denn was wäre leichter? Sofern die zahllosen Aufnahmen tatsächlich den Anflug von American 77 zeigen, wären sie doch bestens geeignet, alle Verschwörungstheorien in Sachen »Pentagon-Crash« endgültig zu widerlegen – davon abgesehen, dass sie schon der Untersuchungskommission in diesem Kriminalfall zur Auswertung hätten vorgelegt werden sollen.

Die unschöne, aber sehr naheliegende Vermutung, die Tapes würden gerade deshalb nicht veröffentlicht, weil sie nicht den Anflug von 77 zeigen, wäre damit auch endlich vom Tisch. Und das wäre doch ein echter Segen.

Aber war Flug 77 überhaupt: eine Passagiermaschine? Oder eine unbemannte Drohne? Eine Rakete? Die Diskussion über das, was das Pentagon traf, füllt seit Thierry Meyssans[6] früher Vermutung, es müsse sich um eine Cruise Missile gehandelt haben, haufenweise Webseiten und Bücher, alle randvoll mit Berechnungen, Vermutungen und Widersprüchen. Skeptiker wiesen zu Recht darauf hin, die Videobilder der Pentagon-Parkplatzkamera[7] zeigten zwar keine Passagiermaschine, dafür aber eindeutig eine Rauchfahne – mithin etwas, was eine Kerosin verbrennende Verkehrsmaschine in Bodennähe niemals hinter sich herzieht. »Mythenentlarver« konterten, eine der Tragflächen habe offenbar beim Abknicken der am Highwayrand stehenden Laternenmasten auf dem Weg Richtung Pentagon Feuer gefangen. Skeptiker erwiderten, so ein Laternenmastkontakt hätte die Maschine abstürzen lassen. Debunker antworten darauf, die Masten hätten logischerweise eine Sollbruchstelle in Bodennähe, knickten also bei Kontakt um wie Streichhölzer und leisteten keinen Widerstand …

Die Positionen sind und bleiben bis ins Detail unvereinbar, etliche offene Fragen werden bis heute in Foren ausgiebig diskutiert, deutlich unterhalb des massenmedialen Radars. Unter den Fragen sind auch solche nach der Aussagekraft der Anrufe jener lediglich zwei Zeuginnen, die sich den Behörden zufolge aus 40 000 Fuß Höhe per Handy (nicht per Bordtelefon) aus der Maschine meldeten und widersprüchliche Angaben betreffend die Zahl der (nicht als »arabisch« beschriebenen) Entführer machten. Aber da diesbezüglich die offiziellen Angaben ebenso widersprüchlich sind wie etwa die sensationellen Schlussfolgerungen des anerkannten Skeptikers David Ray Griffin zumindest verwegen (Griffin geht unter dem Strich davon aus, dass es gar keine Anrufe von Bord aus gab, sondern dass »Hörspiele« aufgeführt wurden[8]), sehen wir uns bis heute außerstande, zu diesem Randaspekt des Falles 9/11 eine Vorladungs- und Fragenliste vorzulegen.

Loch in der Beweiskette: Fahrwerk oder Raketenkopf? (Quelle: www.911review.com)

Wir verweisen stattdessen auf die wichtigeren Fragen von echten Fachleuten im Zusammenhang mit den Flugdaten selbst, insbesondere auf die Fragen der professionellen *Pilots for 9/11 Truth*, weshalb die Auswertung der vom National Transportation Safety Board (NTSB) vorgelegten Daten aus dem am 14. September geborgenen Flugschreiber zu ergeben scheint, dass American 77 das Pentagon überflog, statt hineinzurasen. Eine Antwort blieb das NTSB schuldig – wer des Englischen mächtig ist, hat aber vermutlich Freude am Mitschnitt der Telefonate mit der Behörde.[9]

Und dann gibt es da dieses kreisrunde Loch im sogenannten C-Ring des Pentagon, dem dritten Gebäudering, der diverse Mauern hinter der Außenwand liegt, an der Flug 77 angeblich zerschellte wie eine Coladose. Skeptiker sind sicher, dass dieses Loch nur von einem harten Raketenkopf stammen kann, aber nicht von der weichen Flugzeugnase. Was allerdings auch nie jemand behauptet hat. Sondern, dass es sich um das Fahrwerk gehandelt hatte.

Auch die Crash-Spuren an der teilweise zerstörten Außenwand des Pentagon machen es schwer, den Einschlag einer riesigen Boeing zu erkennen, zumal Skeptiker darauf verweisen, dass vor der vermeintlichen Einschlagstelle ein paar unbeschädigte, drei Meter hohe Kabeltrommeln auf dem Rasen standen, die die Maschine quasi durchflogen haben müsste.[10] Und außerdem müsste sie bei ihrem Einschlag natürlich massenweise Trümmer hinterlassen haben, deren Nichtvorhandensein ein weiteres großes Rätsel darstellt. Statt eines halben Flugzeugs konnte der über dem Tatort kreisende F-16-Pilot Dan Eckman nur Fetzen und Blechschnippsel erkennen, die

Der Rasen vor der Einschlagstelle – unversehrt und ziemlich trümmerfrei. (Quelle: www.nfpa.org)

er als »Überreste eines großen Tanklastzugs« beschrieb.[11] Auch in den ersten CNN-Berichten über die Explosion am Pentagon war ja von einem Tanklastzug die Rede. Doch selbst ein solcher hätte auf dem gepflegten Rasen vor dem Pentagon ein paar Brandspuren hinterlassen müssen, was erst recht von einem 100 Tonnen schweren Jumbojet zu erwarten wäre, der mit über 800 km/h gegen die Wand rast und explodiert. Doch der sensationelle Pentalawn war noch nicht mal angesengt.

Wer viel Zeit hat, kann vermutlich sein ganzes restliches Leben auf »Pentagon-Mystery«-Websites verbringen. (Wir empfehlen für den komplizierten Anfang die Website der *Pilots for 9/11 Truth* sowie die der *9-11 Review*-»Entkräfter«.) Wer weniger Zeit hat, besteht auf dem Grundsatz: »24 Bilder pro Sekunde sagen mehr als tausend Worte« und schließt sich unserer Forderung an, die zirka 85 Videos sehen zu dürfen, die den Pentagon-Crash zeigen. Notfalls reichen ja auch erstmal drei oder vier.

Sofern diese Bilder ein Flugzeug zeigen, wenden wir uns der Frage zu: welches?

Sofern die Bilder kein Flugzeug zeigen, betrachten wir die Neuaufnahme des Verfahrens schon an diesem Punkt als sensationell gelungen.

Vorzuladen:

- Die zuständigen Ermittler des FBI. Beizubringen: die Tapes. Alles Weitere klären wir im Anschluss, allen voran die Fragen der zahlreichen professionellen Piloten.[12]

32 E4-B: Überwachung von oben

Als das Pentagon um 9:38 Uhr von einem Flugzeug getroffen wurde, kreiste eine weiße Boeing 747 direkt über dem Tatort. Die US Air Force hat nach eigenen Angaben keine Informationen zu diesem Flugzeug. Im Abschlussbericht der offiziellen Untersuchungskommission wird die Maschine nicht erwähnt.

Um 9:41 Uhr, direkt nach der Pentagon-Explosion um 9:38 Uhr, berichtete Peter Jennings für den Fernsehsender ABC als erster von einem mysteriösen weißen Flugzeug, das über dem US-Verteidigungsministerium kreiste. Mehrere Film- und Fernsehkameras fingen die Maschine ein,[1] die in »Area 56«, dem rigoros gesperrten Luftraum über dem Regierungsviertel, langsame Kreise drehte. Das wohl bekannteste Foto lieferte Linda Brookhart. Sie betonte später, es zeige die kreisende Maschine bereits vor dem Pentagon-Crash.[2]

Die 9/11-Commission interessierte sich nicht für dieses Flugzeug, anders als neugierige Beobachter, die nach gründlicher Überprüfung der weiteren Bildbelege aus den Archiven von CNN und Discovery Channel 2006 als zweifelsfrei erwiesen vermeldeten,[3] es habe sich um eine E4-B gehandelt – eine umgebaute Boeing 747-200, ein »fliegendes Pentagon« des US-Militärs, Kosename

Zur Tatzeit: ein »fliegendes Pentagon« über dem Pentagon (Quelle: Linda Brookhart)

Die Maschine, die laut US Air Force nicht über dem Pentagon kreiste, beim Kreisen über dem Pentagon. (Quelle: Discovery Channel)

»Doomsday Plane«, für den nuklearen Ernstfall gesteckt voll mit Hi-End-Elektronik (inklusive Zugriffsmöglichkeiten auf taktische und strategische Satellitensysteme, was die Besatzung prädestinierte beziehungsweise prädestiniert hätte, die am 11. September zwei Stunden lang permanent überforderte Flugabwehr am Boden maßgeblich zu unterstützen).[4]

Das US-Militär verfügt über insgesamt vier dieser fliegenden Kommandostände, die allesamt auf der Offutt Air Base in Omaha, Nebraska, stationiert sind und dem dort ansässigen US-STRATCOM unterstehen, dem strategischen Oberkommando des US-Militärs. Drei der vier E4-B nahmen am 11. September 2001 an einer groß angelegten Übung teil – Global Guardian (→ *Kap. 22*).[5] Diese Übung, die im *Commission Report* ebenso wenig erwähnt wird wie das über dem Pentagon kreisende Flugzeug, findet alljährlich zur gleichen Zeit statt, im Oktober.[6] 2001 wurde sie (im April oder Mai) vom angekündigten Oktobertermin auf den 11. September vorverlegt, aus unbekanntem Grund.

Die zivile Luftraumüberwachung FAA lehnte eine das mysteriöse Flugzeug betreffende Anfrage nach dem Freedom of Information Act (FOIA) zunächst ab: Alle entsprechenden Radaraufzeichnungen seien – widersprüchlichen Angaben zufolge – entweder gelöscht oder dem FBI übergeben worden. Diese verweigerte Auskunft veranlasste den kalifornischen Abgeordneten Adam Schiff, die US Air Force selbst um Aufklärung zu bitten, was die Militärmaschine im Luftraum über dem Pentagon zu suchen gehabt habe. Worauf man ihm höchst offiziell mitteilte, man »wisse nichts von dem fraglichen Flugzeug«.[7]

Im Oktober 2007 musste dann allerdings wegen einer neuerlichen FOIA-Anfrage von John Farmer die 84th Radar Evaluation

Squad aus Utah (RADES) ihre Daten offenlegen. Diese Daten belegen unter anderem, dass die am 11. September vom Luftwaffenstützpunkt Andrews bei Washington gestarteten Abfangjäger gleich dreimal in die falsche Richtung flogen, zunächst über den Atlantik, dann in Richtung Baltimore und zuletzt – ohnehin schon viel zu spät – noch einmal nach Südwesten, kurz vor Erreichen des Pentagon. Zudem aber belegen die RADES-Radaraufzeichnungen, dass wenigstens zwei, vermutlich sogar drei der »fliegenden Pentagons« am Morgen des 11. September in und um Washington herum in der Luft waren – und sich unmittelbar nach Abschluss der Terroroperation auf den Rückweg nach Offutt machten, von wo aus man die Global-Guardian-Übung an diesem Morgen koordinierte.[8]

Air Force One, die Maschine des US-Präsidenten, folgte den fliegenden Pentagons. George W. Bush flog am 11. September von Sarasota, Florida (→ *Kap. 18*), zunächst nicht zurück nach Washington, sondern nacheinander die wichtigsten STRATCOM-Stützpunkte an: erst Barksdale, Louisiana, danach Offutt, Nebraska, wo er um 14:50 Uhr landete und um 15:06 Uhr im unterirdischen Bunker verschwand, zur Lagebesprechung und anschließenden Videokonferenz.

Das von der Untersuchungskommission vollständig und vom medialen Mainstream einigermaßen gründlich ignorierte Mysterium der »White Planes« über dem Pentagon füllt einige Bücher und Dutzende Webseiten, die Diskussion über die RADES-Daten und weitere fehlende sowie bis heute unter Verschluss gehaltene Daten hält an.

Fest steht: Um 9:25 Uhr und 9:43 Uhr am Morgen des 11. September starteten zwei E4-B der US-Army »Nightcap«-Flotte von Andrews aus Richtung Offutt – trotz des inzwischen bestehenden Start- und Landeverbotes. Beide Maschinen flogen nicht über das Weiße Haus.[9] Die dritte, die es offensichtlich tat, tauchte nicht auf allen Radarschirmen auf.

Die Air Force weiß angeblich nichts von dem gesichteten Flugzeug. Das US-Militär bestreitet, dass die Maschine da war. Die Radaraufzeichnungen des US-Militärs beweisen, dass sie da war.

Vorzuladen:

- Vertreter von Air Force und US-STRATCOM, allen voran 9/11-Übungsleiter Admiral Richard Mies: Warum kreiste die »most sophisticated« Maschine der elektronischen Kriegsführung zum Zeitpunkt des Anschlages über dem Weißen Haus? Wo kreisten die beiden anderen E4-B? Wo die vierte? Wieso sind die Maschinen aus manchen Radaraufzeichnungen verschwunden? Welche Rolle spielte die E4-B-Flotte in der 9/11-Übung? Und was wurde am 11. September tatsächlich und wie lange »geübt«?

Aufgeräumt, eingestürzt

33 WTC 1 und 2

Die WTC-Türme waren zwar so konstruiert, dass sie dem Einschlag eines großen Passagierjets standhalten konnten, doch durch die Kerosinbrände nach dem Crash wurde die Feuerisolation der Stahlträger so schwer beschädigt, dass die Gebäude in sich zusammenstürzten.

Peter Jennings kommentierte am 11.9.2001 um 10 Uhr in den ABC News live, was er und die ganze Welt gerade mit ansehen mussten:

> »Der Südturm …, 10 Uhr Ostküstenzeit heute morgen, stürzt in sich selbst zusammen. Dort arbeiten Tausende von Menschen. Wir haben keine Ahnung, was die Ursache ist … Jeder, der einmal gesehen hat, wie ein Gebäude gezielt gesprengt wird, weiß, dass man dazu nach unten kommen muss, an die untere Infrastruktur eines Gebäudes, und sie zerstören.«

Er und die ganze Welt sahen ein Hochhaus, das wie bei einer kontrollierten Sprengung zusammenstürzte.

Zu diesem Zeitpunkt war William Rodriguez, einer der Hausmeister des Nordturms, noch dabei, sich den Orden als »9/11-Hero« zu verdienen, der ihm später von Präsident Bush verliehen wurde, weil er mehrfach in das brennende Gebäude zurücklief, um Eingeschlossene aus Treppenhäusern und Fahrstühlen zu befreien. Rodriguez, seit Jahren im WTC beschäftigt, war der letzte Mensch, der den Nordturm verließ, bevor dieser um 10:28 Uhr ebenfalls zusammenstürzte – obwohl 17 Minuten früher getroffen als der Südturm, kollabierte er erst 29 Minuten später.

Zwei Tage nach dem Unglück besuchte ihn ein CBS-Fernsehteam zu Hause und zeichnete auf, was der heldenhafte Hausmeister zu berichten hatte, doch diese Sendung wurde nie ausgestrahlt.

Der Grund mag darin liegen, dass Rodriguez' Bericht – immerhin der eines der wichtigsten Augenzeugen – nicht zu der sich entfaltenden »Pfannkuchen-Theorie« des WTC-Einsturzes passte, derzufolge sich durch den Crash der Jets die oberen Stockwerke der Türme aufgelöst und den ganzen Rest der Gebäude etagenweise unter sich begraben hätten. Rodriguez allerdings, der sich zum Zeitpunkt des Einschlags des Flugzeugs im Erdgeschoss befand, nahm mit einem Dutzend Kollegen Explosionen aus dem Untergeschoss wahr: »Wir hörten ein schweres Rumpeln und kurz darauf ein weiteres Rumpeln, als ob jemand schwere Möbel bewegt.«[1]

Dass er diese Erschütterungen mit dem Einschlag 80 Stockwerke über sich verwechselte, ist ausgeschlossen, denn im selben Augenblick öffnete sich die Tür des von unten kommenden Fahrstuhls und ein brennender Mann rannte heraus: »Kurz nach der ersten Explosion erschütterte eine zweite das Gebäude und ließ die Deckenverkleidung des Büros herunterfallen. Nach diesen Explosionen rannte Felipe David, der schwer verbrannt war, ins Büro. Rodriguez sagte, dass es noch eine dritte Explosion gab, und er glaubte, dass sie von einem Erdbeben ausgelöst waren.«

So heißt es lakonisch und ohne weiteren Kommentar im Protokoll der 9/11-Commission, vor der Rodriguez am 8. Juni 2004 aussagte. Doch der Abschlussbericht der Kommission war zu diesem Zeitpunkt schon längst geschrieben, nur pro forma wurden die Aussagen eines der wichtigsten Augenzeugen des gesamten Falles gegen Ende der »Untersuchung« noch kurz protokolliert (→ *Kap. 3*). Gerade einmal zweieinhalb Seiten lang sind die Aufzeichnungen, was ebenso wie seine späte Einvernahme deutlich macht, welche Bedeutung diesem Zeugen eingeräumt wurde.[2]

Bis dahin war William Rodriguez – geboren in Puerto Rico, seit zwanzig Jahren bei der New York Port Authority angestellt und seit über neun Jahren für eines der Treppenhäuser des Nordturms zuständig – als guter Staatsbürger davon ausgegangen, dass der Horror, den er am 11.9.2001 erlebt hatte, von der 9/11-Commission ermittelt und aufgeklärt werden würde. Dass seine Aussagen über die Explosionen im Untergeschoss, für die er 14 weitere Zeugen benennen konnte, aber dann nur zur Kenntnis genommen und einfach ad acta gelegt wurden, wollte er nicht akzeptieren und erhob Klage vor Gericht – gegen George W. Bush und 50 weitere Regierungsmitglieder und Personen, wegen Verschwörung und Vertuschung der Verbrechen des 11.9., unter anderem der kontrollierten Sprengung des World Trade Center. Die Klage wurde im Juni 2006 abgewiesen.[3]

Der Reporter Peter Jennings sprach also angesichts des Einsturzes des Südturms von einer augenscheinlich kontrollierten Sprengung – und der Hausmeister des Nordturms berichtete von drei Explosionen im Untergeschoss des Hauses, von eben dort, wohin man laut Jennings gelangen müsste, um einen Wolkenkratzer auf diese Weise zu zerstören. Nun können sich laienhafte Augenzeugen natürlich irren und kann der Anschein einer kontrollierten Zerstörung der Zwillingstürme nicht mehr sein als eben das – ein Anschein. Handelt es sich bei den optischen Wahrnehmungen von Jennings und den akustischen von Rodriguez möglicherweise also nur um erste Fehleinschätzungen, die durch die gewissenhaften Untersuchungen des Crashs durch die Katastrophenschutzbehörde FEMA und das National Institute of Standards and Technology (NIST) längst überholt sind? Nein. Im Gegenteil wurden diese ersten Eindrücke von mittlerweile mehr als 1000 Architekten und Ingenieuren, die sich mit dem Einsturz der Türme beschäftigt haben, bestätigt und belegt – und die anfangs behauptete »Pfannkuchen-Theorie« ebenso widerlegt wie die vom NIST nachgebesserte Hypothese vom »progressiven Kollaps« der Türme. Auf ihrer Website AE911.org haben diese Architects & Engineers for 9/11 Truth einige der deutlichsten Anomalien des WTC-Crahs aufgelistet:

1. Der Zusammenbruch erfolgte mit fast der gleichen Beschleunigung wie bei freiem Fall. Die Stahl- und Betonmassen, die den Einsturz von oben hätten bremsen müssen, leisteten keinerlei Widerstand.[4]
2. Die Symmetrie der Schuttverteilung – die Türme stürzen exakt vertikal in ihrem eigenen Fundament zusammen – wäre bei einem bloßen Zusammensturz extrem unwahrscheinlich.
3. Mehr als 100 Rettungskräfte berichteten von Explosionen und Blitzen.[5]
4. Viele Tonnen schwere Stahlteile wurden seitlich herausgeschleudert, was auf den Videos deutlich zu erkennen ist. Noch in mehr als hundert Meter entfernte Gebäuden schlugen solche Teile des WTC ein.[6]

5. Das gesamte Stahlgerüst wurde beim Zusammenbruch zerstückelt[7] sowie 90000 Tonnen Beton und Metall schon in der Luft pulverisiert, bevor sie auf dem Boden aufschlagen konnten.[8]
6. 20 bis 40 Stockwerke unter der Einsturzfront wurden vereinzelte explosive Auswürfe beobachtet.
7. Unter allen drei Hochhäusern (also auch unter dem erst Stunden später kollabierten WTC 7) wurden mehrere Tonnen geschmolzenes Metall gefunden, noch Wochen nach dem Crash schwelten diese »Stahlpfützen« vor sich hin. Eine solche Hitze kann nur von Thermit-Reaktionen erzeugt werden, ein Brand von Kerosin und Büromöbeln reicht für eine solche Metallschmelze niemals aus.[9]
8. In den Stahl- und Staubproben, die von der FEMA gesichert wurden, ließen sich Thermit-Brandsätze[10] und auch Nanothermit-Sprengstoffe[11] nachweisen.

Dass wir uns in unseren bisherigen Büchern zu diesem Fall nicht sehr ausführlich mit den Merkwürdigkeiten des Einsturzes der Türme und des WTC 7 beschäftigt haben, hat einen nachvollziehbaren Grund: Bis 2005 gab es zwar den deutlichen Anschein einer kontrollierten Sprengung der Gebäude, aber keinen materiellen Beweis dafür. Dieser wurde erst von Professor Steven Jones von der Brigham Young University erbracht, der verschiedene Staubproben des WTC-Crashs untersuchte. Eine dieser Proben war von einem Bürger in Manhattan zehn Minuten nach dem Einsturz des Südturms eingesammelt worden, zwei weitere am Tag danach und eine vierte zwei Wochen später. Alle vier Proben wiesen in der mikroskopischen Analyse Spuren des hochexplosiven Sprengstoffs Nanothermit auf. Die von Jones entdeckten winzigen rot-grauen Chips im WTC-Staub wurden auch von anderen Wissenschaftlern bei Tests weiterer Staubproben bestätigt – und lassen keine andere Erklärung zu als die, dass es sich bei den nachgewiesenen Partikeln um die zu militärischen Zwecken entwickelte nanotechnische Variante des klassischen Thermit handelt, das normalerweise als Brandmittel beim Schweißen verwendet wird. Durch die Verkleinerung der Bestandteile auf Nanopartikel stellt Nanothermit ein hochreaktives und hochenergetisches Gemisch dar, das seit Mitte der 90er Jahre als Ausgangsstoff neuer, explosiverer Bombentypen erforscht wird. Charakteristisch für das Nanothermit sind neben der hochenergetischen Sprengkraft vor allem die extremen Temperaturen, die bei der Reaktion entstehen und auf über 2700 Grad Celsius steigen können.

Schon 2006 äußerte sich Steven Jones erstmals vor Studenten über die Indizien für eine kontrollierte Sprengung der Türme, was ihn prompt seinen Job kostete: Die Universitätsleitung versetzte ihn im Oktober desselben Jahres in den vorzeitigen Ruhestand. Aber auch als Emeritus ließ er nicht locker. Im Februar 2009 veröffentlichte er zusammen mit Prof. Niels Harrit, einem Nanochemiker der Universität Kopenhagen,[12] und sechs weiteren Forschern im *Open Chemical Physics Journal* die Peer-Review-abgesicherte Studie »Active Thermitic Material Discovered in Dust from the 9/11 World Trade Center Catastrophe«, in der sie die Ergebnisse ihrer Analysen präsentierten.[13]

Was als erstes explosives Ergebnis zur Folge hatte, dass die Chefredakteurin des Journals entlassen wurde. Der Grund lag, wie schon bei Jones' Zwangsemeritierung, allerdings nicht darin, dass den Wissenschaftlern Fehler oder gar Betrug vorgeworfen werden konnte – vereinzelt laut gewordene Zweifel an ihren Messmethoden und Schlussfolgerungen konnten sie überzeugend zurückweisen[14] –, sondern in der grundsätzlichen Unerwünschtheit ihre wissenschaftlichen Befunds.

Dass die offiziellen Gutachter des Einsturzes – FEMA und NIST – die WTC-Staubproben nicht selbst nachträglich untersuchten, wie es Niels Harrit et al. angeboten und gefordert haben, ist zwar verständlich, denn der simple Nachweis der rot-grauen Nanochips würde bedeuten, dass ihre 10 000-seitigen, 20 Millionen Dollar teuren Gutachten über den »pfannkuchenartigen« oder »progressiven« Kollaps keinen Cent wert sind. Die Staatsanwaltschaft wird unterdessen nicht umhinkönnen, bei einem unabhängigen Institut eine wissenschaftliche Untersuchung in Auftrag zu geben, um die Existenz dieser Sprengstoffspuren nunmehr »amtlich« zu verifizieren – oder eine andere »natürliche« Erklärung für die Anwesenheit dieser synthetischen Chips im WTC-Staub zu finden.

Vorzuladen:

- William Rodriguez und sämtliche seiner Hausmeisterkollegen, die Explosionen im WTC wahrnahmen
- Prof. Steven Jones, Prof. Niels Harrit et al.
- Patrick Gallagher, seit 2008 amtierender NIST-Direktor, sowie seine für die Gutachten verantwortlichen Vorgänger

34 WTC 7

Das National Institute of Standards and Technology (NIST) stellte 2008 in seinem abschließenden Untersuchungsbericht fest, dass die herabfallenden Trümmerteile der Twin Towers auf zahlreichen Stockwerken des World Trade Center 7 Brände auslösten, die dann ihrerseits den Einsturz des Gebäudes verursachten.

Für die Weltbühne waren die Anschläge des 11. September in mehrfacher Hinsicht eine Premiere. Nicht nur erreichte der Terrorismus mit dem Schrecken dieses Massenmords und den spektakulären Bildern der zu Staub zerfallenden Twin Towers eine neue Dimension, die globale Live-Übertragung sorgte zudem dafür, dass daraus von der ersten Minute an ein Weltereignis wurde: Kein Event der bisherigen Geschichte wurde den Massen rund um den Erdball schneller eingeprägt als die Chiffrenfolge »9/11« – »WTC« – »Terror« – »Osama«. Dieser unerhörte, kaum fassbare und zutiefst symbolische Neuigkeitscharakter der Ereignisse, die Weltpremiere des Terrorismus in globaler Dimension, mag dazu beigetragen haben, dass im Zusammenhang damit ein weiteres einmaliges, nie dagewesenes Ereignis anfangs kaum Beachtung fand: Zum ersten Mal in der Baugeschichte wurde ein aus Stahl errichtetes Hochhaus durch ein Feuer vollständig zerstört.

Am 9. Februar 2009 geriet der fast fertiggestellte Neubau des Hotels Mandarin Oriental in Peking in Brand. Der staatliche Fernsehsender CCTV hatte zum Ende des chinesischen Neujahrsfestes, das im ganzen Land mit Feuerwerken gefeiert wird, ein Highlight setzen wollen und auf der Baustelle gegenüber seinem Hauptquartier besonders starke Böller und Raketen gezündet, die gar nicht frei verkäuflich waren. Dadurch brach in dem 47-stöckigen, wie das WTC in Stahlskelett-Bauweise errichteten Wolkenkratzer ge-

Der Brand des Mandarin Oriental Hotels in Peking – und der Zustand des Gebäudes am Morgen danach. (Quellen: Twitpic, China Media)

gen 21 Uhr ein Feuer aus. Es breitete sich schnell aus und sorgte dafür, dass der gesamte 160 Meter hohe Bau vom Erdgeschoss bis zum Dach lichterloh brannte. Erst am nächsten Morgen konnte das Feuer gelöscht werden. Die beiden Fotos oben zeigen das Gebäude während des Brands und danach.

Am 11. September 2001 gegen 10:28 Uhr wurde gemeldet, im Gebäude 7 des World Trade Center sei ein Feuer ausgebrochen. Die in zwei unteren Stockwerken des WTC 7 ausgebrochenen Brände griffen im Lauf des Nachmittags auch noch auf einige weitere Stockwerke über. Gegen 14:30 Uhr stellte die Feuerwehr die Löscharbeiten ein. Um 17:20 Uhr stürzte das Gebäude in einem »progressiven Kollaps« innerhalb von 9,2 Sekunden in sich zusammen.[1] Die beiden Fotos auf der nächsten Seite zeigen das WTC 7 während des Brandes und danach.

Im WTC 7 registrierte die Feuerwehr insgesamt neun Brände, von denen nur drei unter Kontrolle gebracht werden konnten, weshalb die Löschmannschaften aus Sicherheitsgründen gegen 15:15 Uhr aus dem Gebäude abgezogen wurden. Die noch schwelenden Feuer führten in der Folge zwar noch zu stärkerer Rauchentwicklung, als auf dem Foto zu sehen, doch breitete sich der Brand we-

Der Brand des World Trade Center 7 – Feuerstellen markiert – und der Zustand des Gebäudes danach. (Quellen: 911research.wtc7.net / NOAA)

der über die höheren Stockwerke aus, noch stand das WTC 7 gar derart in Flammen wie die »Fackel« des Mandarin-Oriental-Skyscrapers in Peking. Dennoch stürzte das Gebäude keine zwei Stunden später völlig in sich zusammen.

Das WTC 7 wurde von 1984 bis 1987 im Nachbarblock des bereits 1973 fertiggestellten World Trade Centers errichtet. Mit seinen 174 Metern Höhe wäre es an den meisten Orten der Welt das höchste Gebäude der Stadt oder des Landes gewesen, auch in Deutschland hätte es die damals höchsten Wolkenkratzer – das 1978 eröffnete Dresdner-Bank-Hochhaus (Silver Tower, 166 Meter) und den 1985 bezogenen Doppelturm der Deutschen Bank (»Soll und Haben«, 155 Meter), beide in Frankfurt – überragt. Doch neben riesigen Nachbarn wie den 417 Meter hohen WTC-Türmen wirkt selbst ein solcher Koloss wie ein Zwerg, und dieser Relationsverschiebung mag es geschuldet sein, dass in der öffentlichen Wahrnehmung des 11.9.2001 nur zwei Wolkenkratzer zerstört wurden.

Es soll also allein das Feuer im WTC 7 gewesen sein, das das von keinem Flugzeug getroffene, 100 Meter von den Türmen entfernt stehende Gebäude zerstört hat. Ein Novum in der Weltgeschichte, denn nie zuvor wurde ein in einer Stahlkonstruktion errichtetes Hochhaus durch einen Brand zum Einsturz gebracht, noch gar, wie das WTC 7, nahezu pulverisiert. Daher entschloss sich die 9/11-Commission – angetreten, »eine möglichst umfassende Darstellung der Ereignisse des 11. September« zu geben – zu einer ganz besonderen Behandlung des WTC 7: Die Gründe für den Einsturz dieses Wolkenkratzers werden im *Commission Report* mit keiner Zeile erwähnt.

Diese Sonderbehandlung durch Nichterwähnung wird verständlich, vergegenwärtigt man sich die bis dahin geäußerten Expertenmeinungen zu diesem Thema. Schon zweieinhalb Monate nach dem Einsturz hatten von der *New York Times* befragte Fachleute keine Antwort auf die Rätselfrage parat, da »noch nie ein modernes, stahlverstärktes Hochhaus durch ein unkontrolliertes Feuer kollabiert ist«.[2] Und der erste Bericht der Katastrophenschutzbehörde FEMA, der ein Szenario durchspielte, wie ein Feuer zum Zusammenbruch des Gebäudes geführt haben könnte, konstatierte 2003, dass es dafür »nur eine geringe Wahrscheinlichkeit« gäbe.[3]

War das Schweigen der Kommission zu dieser Premiere in der Geschichte des Hochhausbaus möglicherweise taktischen Gründen geschuldet? Musste da vorgebeugt werden gegen neue Bauverordnungen, Sicherheits- und Brandschutzbestimmungen sowie Versicherungskonditionen, die nunmehr überall auf der Welt bei Hunderten von Wolkenkratzern fällig werden würden, weil man den bis dahin als feuerfest geltenden Stahlkonstruktionen dieses Prädikat hätte entziehen müssen? Weil alle Lehrbücher der Statik und Architektur hätten umgeschrieben werden müssen und auf die Vereinigung der Hochhausbesitzer Milliarden für die Nachbesserung ihrer Investitionsobjekte zugekommen wären?

Da von einem Lobbying der Hausbesitzerinnung innerhalb der 9/11-Commission nichts bekannt geworden ist, können derlei taktische Erwägungen ausgeschlossen werden. Stattdessen haben wir es hier, einmal mehr, eher mit dem orchestrierten Beschweigen eines 47-stöckigen Problems zu tun, sowohl durch die Kommission als auch durch die Medien, die den Einsturz von WTC 1 und 2 in der Folge hundertfach, den von WTC 7 aber nur sehr selten zeigten. So selten, dass im Mai 2006, fast fünf Jahre danach, eine Umfrage erbrachte, dass nur 52 Prozent der New Yorker vom Einsturz des WTC 7 überhaupt wussten. Dass der spektakuläre Einsturz eines riesigen Wolkenkratzers kaum wahrgenommen wurde, hatte natürlich mit dem noch spektakuläreren Crash der benachbarten Türme zu tun, der Grund seiner systematischen Ausblendung durch die 9/11-Commission dagegen eher mit dem Kommentar der Reporterlegende Dan Rather, der am Abend des 11. September auf CBS zu den Bildern des einstürzenden WTC 7 sagte, sie »erinnern an die Bilder, die wir schon oft im Fernsehen gesehen haben, wenn Gebäude gezielt zerstört werden, durch gut platzierte Dynamitladungen, die es zu Fall bringen«.

Dieser unmittelbare Eindruck einer kontrollierten Sprengung des Gebäudes wird nicht nur von zahlreichen Zeugen vor Ort geteilt, die im Vorfeld des Crashs auch Explosionen im Gebäude wahrnahmen, sondern auch von der bereits erwähnten Vereinigung Architects & Engineers for 9/11 Truth, die eine unabhängige Neu-Untersuchung fordern. Nicht nur des WTC 7-Crashs, sondern auch der Twin Towers, wobei der rasante Einsturz des WTC 7, der mit 170 Metern in 6,5 Sekunden nahezu der Geschwindigkeit des freien Falls entsprach, die Bauphysik- und Statikexperten ganz besonders konsterniert.[4]

Dies vor allem, seit NIST fast sieben Jahre nach dem Einsturz im August 2008 seinen Untersuchungsbericht veröffentlichte[5] und CNN daraufhin verkünden konnte: »Das Mysterium WTC 7 ist gelöst.« Ursache war, so Shyam Sunder, der Leiter der NIST-Studie, »in erster Linie das Feuer«. Man habe mit »komplexen Computersimulationen« und zum ersten Mal in der Geschichte herausgefunden, dass Feuer zu einem »fortschreitenden Zusammenbruch (›progressive collapse‹) eines Hochhauses« führen könne.[6] Hinweise auf Explosionen habe man nicht gefunden, sie wären schließlich, so Sunder, »so laut gewesen, dass man sie auf eine halbe Meile hätte hören müssen«. Da von Augen- und Ohrenzeugen unter den Rettungskräften zwar einige laute Explosionen vor dem Crash überliefert sind – nicht aber solche Donnerschläge –, kann also laut NIST eine kontrollierte Sprengung ausgeschlossen werden.

Dass eine Regierungsbehörde – das NIST untersteht dem Handelsministerium – nach sieben langen Jahren einen derartigen Knaller als Lösung des rätselhaften WTC 7-Einsturzes präsentiert und damit sämtliche Spuren einer »controlled demolition« vom Tisch wischt, mutet ziemlich lächerlich an. Doch es ist noch nicht der Höhepunkt der Peinlichkeiten, die sich das NIST mit dieser Untersuchung geleistet hat. Als »Schlüsselfaktor« für den historisch einmaligen simultanen Zusammenbruch der 68 Meter dicken, 170 Meter hohen Stahlsäulen im WTC 7 erfindet das NIST nämlich ein Phänomen neu, das jeder Viertklässler eigentlich kennen sollte: »thermal expansion«[7]. Notwendig wurde diese »Innovation«, weil Feuer durch brennendes Büromaterial und des Diesels für den Notfallgenerator niemals auch nur halbwegs genügend Hitze hätte produzieren können, um die gesamte Stahlkonstruktion zum Einsturz zu bringen. »Thermal expansion« aber, also »thermale Ausdehnung« oder »Erweiterung durch Wärme«, macht's möglich – und sorgte als brandheiße, neue Erklärung vermutlich auch dafür, dass BBC den Einsturz des WTC 7 schon 20 Minuten vor dem Ereignis melden konnte.[8]

Verständlich, dass die Gemeinde der laienhaften Skeptiker ebenso wie die der kritischen Experten Genaueres zu dem faszinierenden Phänomen wissen wollten, dass sich Stoffe bei Wärme ausdehnen, und da nach dem FOIA die Ergebnisse behördlicher Untersuchungen der Allgemeinheit zustehen, wurden zahlreiche Anfragen an das NIST gestellt. Auch und vor allem zu den angeblich detaillierten Computersimulationen, die das baugeschichtlich erstmalige Auftreten des Phänomens demonstrierten. Doch mit Beschluss vom 9. Juli 2009 verweigerte der neue Direktor des NIST, Patrick Gallagher, die Herausgabe aller Daten, weil dies, so wörtlich, »die öffentliche Sicherheit gefährden könnte« (»might jeopardize public safety«).[9] Was an einer Überprüfung, wie die genialen NIST-Wissenschaftler zu ihren Schlussfolgerungen und der Entdeckung der »thermal expansion« kamen, gemeingefährlich sein soll – und warum ein Blick auf die Parameter und Stellschrauben einer dieses neue Phänomen beweisenden Simulation die öffentliche Sicherheit gefährdet –, ist mit gesundem Menschenverstand nicht nachvollziehbar. Wir ersuchen daher die Staatsanwaltschaft um Nachhilfe.

Vorzuladen:

- Patrick Gallagher, NIST-Direktor
- Shyam Sunder, Leiter der WTC-7-Untersuchung

35 Silverstein: unvorbereitet

Larry Silverstein konnte nicht ahnen, dass die von ihm frisch angemieteten Twin Towers und das WTC 7 am 11. September zum Versicherungsfall werden würden.

Sieben Wochen vor dem 11. September 2001 ging das bis dahin größte Immobiliengeschäft der US-Geschichte über die Bühne. Das World Trade Center, seit seiner Fertigstellung 1973 durchgehend in den Händen der New Yorker Hafenbehörde, der Port Authority, wechselte am 24. Juli 2001 den Pächter. Der neue – ausgestattet mit einem Leasingvertrag für 99 Jahre – hieß Silverstein Properties. Silverstein besaß bereits seit Mitte der 80er Jahre das Gebäude WTC 7 und brachte für den neuen Pachtvertrag 14 Millionen Eigenkapital mit, die verbleibenden 674 Millionen für die Nutzung der 10 Millionen Quadratmeter Bürofläche waren Bankkredite.[1]

In den Verträgen zwischen Hafenbehörde und Silverstein Properties wurde festgehalten, dass der Pächter im unwahrscheinlichen Fall der Zerstörung der Mietsache zum Wiederaufbau berechtigt sei. Überdies ließ Silverstein die geleasten Gebäude deutlich höher versichern als bislang. Statt mit 1,5 Milliarden Dollar waren die Twin Towers ab Juli 2001 im Zerstörungsfall mit 3,55 Milliarden versichert.

Nach dem Unglück vom 11. September stellte Firmeneigner Larry Silverstein sich auf den Standpunkt, es habe sich nicht um *einen* Schadensfall gehandelt, sondern um *zwei* – da zwei Flugzeuge die Schäden verursacht hätten, unabhängig voneinander –, und verlangte von den Versicherungen folgerichtig sieben Milliarden Dollar.[2] Nach mehrjährigen Gerichtsverhandlungen erstritt der Pächter 2006 eine Zahlung von 4,6 Milliarden Dollar.[3]

Der Neubau des 541 Meter (beziehungsweise exakt 1776 patriotische Fuß) hohen »Freedom Tower«, der inzwischen »One World Trade Center« heißt, verzögerte sich wegen der Rechtsstreitigkeiten, soll jedoch 2013 mit drei Jahren Verspätung endlich fertiggestellt werden. Statt der ursprünglich veranschlagten einen Milliarde Dollar wird der Bau 3,1 Milliarden kosten. Über das neue Gebäude wird nach Fertigstellung erneut die Hafenbehörde verfügen, wie über den gesamten World-Trade-Center-Komplex vor 2001. Allerdings ließ Silverstein sich das Recht einräumen, auf dem Ground-Zero-Gelände für zirka fünf Milliarden Dollar drei weitere neue Türme bauen zu dürfen – WTC 2, 3 und 4 –, die dann Silverstein Properties gehören werden.

WTC 7, das am 11. September völlig überraschend ebenfalls eingestürzte Gebäude, befand sich bereits seit Mitte der 80er Jahre in Silversteins Besitz. Dessen 2001 noch zu Buche stehenden Bankverbindlichkeiten von 383 Millionen Dollar stand eine Schadensfallversicherungssumme von 861 Millionen Dollar gegenüber, die Silverstein 2002 ausgezahlt wurde. Das neue WTC 7 wurde bereits Ende 2006 fertiggestellt und ist inzwischen gut vermietet – bis auf die obersten Etagen, aber dort sind auch die Mieten besonders hoch.

Skeptiker wunderten sich indes nicht nur über die in ihren Augen fast hellseherische Vertragsgestaltung des Leasingnehmers im Juli 2001 sowie seine eigenwillig hohen Forderungen nach dem Unglück, sondern erst recht über den merkwürdigen Zusammenbruch von WTC 7 (→ *Kap. 34*). Und Silverstein, am Anschlagsmorgen glücklicherweise nicht im Büro, sondern beim Arzt,[4] befeuerte die »Controlled-Demolition«-Theorien selbst, als er in einem PBS-Interview sagte: »You know, we've had such terrible loss of life, maybe the smartest thing to do is pull it. And they made that decision to pull and then we watched the building collapse.«[5]

Silversteins »pull it« korrekt zu übersetzen, verbietet sich, denn schon die originale Formulierung erhitzt seit Jahren die Gemüter. Skeptiker betrachten Silversteins Bemerkung als unfreiwilliges Geständnis, denn »pull it« bedeute in der Sprache der Abrissunternehmer, »dem Gebäude die tragenden Strukturen wegzuziehen«, während die Verteidiger Silversteins behaupten, mit »pull it« sei der Abzug der Rettungskräfte gemeint gewesen. Dies ließ Silverstein später auch bestätigen, allerdings geht aus allen offiziellen Berichten hervor, dass alle Rettungskräfte schon um 14:30 Uhr aus dem WTC 7 abgezogen worden waren – also knapp drei Stunden vor dem Kollaps.

Bis Mitte 2010 blieb der ganze Vorgang rätselhaft. Die Einsturzerklärungen des amtlich untersuchenden NIST genügte Skeptikern und kritischen Architekten nicht, aber erst als Jesse Ventura (Ex-Vietnamkämpfer, Ex-Wrestler, Ex-Gouverneur von Minnesota und seit Ende 2009 Moderator des TV-Formats *Conspiracy Theory With Jesse Ventura*) die alte Kamelle WTC 7 massenmedial aufwärmte, sah sich Rupert Murdochs Nachrichtenschlachtschiff Fox News genötigt, den verantwortungslos Sendebewussten in die Schranken zu weisen.

Den vernichtenden Schlag ins Gesicht aller Konspirologen führte Jeffrey Scott Shapiro, Ex-Staatsanwalt und investigativer Fox-Reporter. Shapiro beschrieb in seinem Artikel »Shame on Jesse Ventura!«, was sich tatsächlich am 11. September in New York abgespielt hatte – denn er war vor Ort gewesen, direkt vor dem WTC 7. Und dort habe es definitiv keine Sprengung gegeben, keine Explosion.

Shapiro beschreibt dies eindrucksvoll:

> »Kurz bevor das Gebäude einstürzte, sagten mir etliche NYPD-Beamte und Arbeiter [des New Yorker Stromversorgers] Con Edison, Larry Silverstein ... telefoniere gerade mit seinem Versicherungsträger, um zu klären, ob dieser den kontrollierten Abriss des Gebäudes genehmige – da dessen Fundament bereits instabil und einsturzgefährdet sei.
>
> Ein kontrollierter Abriss hätte den durch den bevorstehenden Einsturz des Gebäudes verursachten Schaden minimiert und vermutlich Leben gerettet. Etliche Gesetzeshüter, Feuerwehrleute und andere Journalisten waren sich dieser möglichen Option bewusst. Es war kein Geheimnis. Es gab keine Verschwörung.«[6]

Der Zusammenbruch des WTC 7 ereignete sich dann aber laut Shapiro, ehe irgendwer irgendwas entscheiden konnte, und zwar »verblüffend geräuschlos«.

Nicht zu Unrecht gilt Shapiros Bericht – abseits der Massenmedien, die ihn gründlich ignorierten – als bemerkenswert, nämlich als eindeutiger Hinweis, dass WTC 7 die »smoking gun« im Fall 9/11 ist. Denn entscheidend ist nicht, wie Shapiro meint, dass Silverstein nicht abreißen ließ, sondern dass er, was offenbar kein Geheimnis war, seine Versicherung um die Genehmigung bat, »kontrolliert abreißen« zu dürfen, also die Anweisung zum »pull it« zu geben.

Gerade die Verfechter der offiziellen Theorie und das NIST haben oft darauf hingewiesen, ein Gebäude müsse präpariert werden, um es kontrolliert abreißen zu können. Dies dauert Tage oder gar Wochen und lässt sich nicht binnen weniger Stunden bewerkstelligen, schon gar nicht mitten in Manhattan, im Staub eingestürzter Hochhäuser. Silversteins Bitte um Genehmigung des Abrisses bedeutet daher lediglich, dass das Gebäude bereits präpariert worden war. Und zwar eben nicht am 11. September, sondern lange vorher. Was insofern auffällig ist, als Silverstein vor dem 11. September ja nicht wusste, dass Flugzeuge in seine Twin Towers fliegen und den Sicherheitsabriss überhaupt erfordern könnten.

Und so wirft nicht zuletzt der Bericht des entrüsteten Fox-Journalisten Shapiro – gerade im Licht der bekannten und doch etwas merkwürdigen World-Trade-Center-Vorgeschichte – einige Fragen auf, die Larry Silverstein beantworten sollte.

Und zwar nach Möglichkeit unter Eid.

Vorzuladen:

- Larry Silverstein
- Sowie Augen- und Ohrenzeuge Scott Shapiro und dessen zahlreiche Zeugen, also die »etlichen« NYPD-Polizisten, Con-Edison-Arbeiter und Journalisten, die vor Ort waren und allesamt von der Möglichkeit wussten, WTC 7 am 11. September »kontrolliert abzureißen«
- Dazu die Feuerwehrleute, die nach 17 Uhr per »pull it« abgezogen werden sollten, obwohl seit 14:30 Uhr keine Feuerwehrleute mehr im Gebäude waren[7]

Stillschweigend, der Rest

36 United 23

Am 11. September gab es vier Selbstmordkommandos, bestehend aus jeweils fünf beziehungsweise vier Attentätern. Jedes dieser Kommandos entführte eine Passagiermaschine, ließ sie abstürzen und starb in den Trümmern.

Medienberichten zufolge wurden nach Verlautbarungen von Behörden und Airlines an Bord diverser Maschinen, die am 11. September starten sollten, Teppichmesser unter den Sitzen gefunden. *Time* und *Independent* wussten von »zwei Delta-Flügen«, *Time* von einem weiteren Flug einer »vierten Airline«, der *Guardian* von einem Continental-Airlines-Flug aus Newark, wo man Messer des »gleichen Typs« gefunden hatte, die angeblich auch an Bord der vier Terrormaschinen benutzt worden waren. An Bord von Flug American 43 waren »ähnliche Messer in den Sitzen verstaut«, ebenso an Bord einer Maschine, die aus Atlanta starten sollte, und auch Flug American 160 war, der *Chicago Tribune* zufolge, präpariert. CNN ergänzte zwei Messer an Bord eines Air-Canada-Fluges.[1]

Keiner der Funde wurde amtlich kommentiert, geschweige denn untersucht, und natürlich lässt sich die Messersammlung als journalistische Entenhysterie vom Tisch wischen, andererseits … waren da ja auch noch diese besonderen Araber, die verhinderten Attentäter.

Genauer: Flug United Airlines 23 sollte am 11. September 2001 vom New Yorker Flughafen JFK nach Los Angeles fliegen, planmäßige Startzeit war 8:30 Uhr. Der Abflug verzögerte sich allerdings beträchtlich, weil die Maschine, eine Boeing 767, zu spät vom Gate weg kam, und so wurden die Piloten nach dem zweiten Crash in New York von United-Dispatcher Ed Ballinger gewarnt (ebenso wie alle anderen United-Piloten), sie sollten unter keinen Umständen jemanden ins Cockpit lassen.

Nachdem nun auch noch die United-23-Flugbegleiter ihre Piloten alarmierten, in der ersten Klasse säßen vier junge Araber, die über die Verspätung offensichtlich sehr wütend seien und so erregt mit der Crew diskutierten, dass diese die Airport-Security benachrichtigen musste, erwogen die Piloten, die Reise ausfallen zu lassen. Der Ground Stop, der in diesen Minuten in Kraft trat, ersparte ihnen die Entscheidung. Die Maschine konnte nicht starten, sondern musste zum Gate zurückkehren, die Passagiere wurden wieder ausgeladen und nach Hause geschickt.

Die Crew von United 23 wurde nach dem 11. September ein »halbes Dutzend Mal«[2] vom FBI befragt. Medienberichten zufolge fanden die Agenten im Gepäck der jungen Araber, das diese beim Verlassen des Flughafens zurückließen, Teppichmesser, Kopien des Koran und »Al-Qaida-Anweisungen«. NORAD-General Ken Pennie sagte später, am Attentatsplan des 11. September »seien vermutlich mehr als vier Maschinen beteiligt gewesen«.

Zum Beispiel United 23?

Gibt es eine heißere Spur zu den Drahtziehern und Hintermännern des 11. September als dieses nicht zum Zug gekommene Vierer-Entführerkommando?

Das FBI beschloss nach Studium der Passagierlisten, weder die Namen der Verdächtigen zu veröffentlichen noch den Vorfall zu untersuchen. Nichts davon tauchte nach 2004 in der Presse auf, und der *Commission Report* hielt es für nicht der Erwähnung wert.

Vorzuladen:

- Die drei, vier oder sechs jungen, dem FBI namentlich bekannten Koran-und-Teppichmesser-Araber aus der First Class von United 23, die sich so fürchterlich aufregten, an diesem Tag nicht wie verabredet fliegen zu dürfen
- Sowie die FBI-Beamten, die diesen Vorfall für völlig nebensächlich halten

37 Intermezzo: Anthrax

Die Hintergründe der kurz nach dem 11. September in den USA beginnenden Bioterror-Anschlagserie mittels tödlicher Milzbrandbriefe sind aufgeklärt. Der Täter war ein geistesgestörter Mitarbeiter des US-Militärs – der Selbstmord beging, ehe er verhaftet werden konnte.

Die guten Nachrichten zuerst. Erstens: Entgegen allen ursprünglich felsenfesten Überzeugungen der Regierung Bush gingen die kurz nach den 9/11-Flugzeug-Anschlägen postalisch erfolgten Anthrax-Anschläge weder auf Al-Qaida zurück noch auf den Irak. Zweitens: Der mutmaßliche Täter ist tot, Dr. Bruce Ivins, allein verantwortlich für den brieflichen Angriff auf die USA. Der Molekularbiologe und Spezialist für biologische Kriegswaffen, tätig seit 1980 im militärischen Geheimlabor USAMRIID in Fort Detrick, Maryland, war einer der wenigen, die Zugang zu den potentiell massenmordenden Ames-Sporen (Typ RMR 1029) gehabt hatten, die bei den Anthrax-Anschlägen verwandt worden waren. Nach langjährigen Ermittlungen ist laut FBI seine Schuld als erwiesen anzusehen.

Über Ivins' Motive werden wir nichts mehr erfahren, denn bedauerlicherweise legte er kein Geständnis ab, sondern brachte sich am 29. Juli 2008 mit einer Überdosis des frei erhältlichen Schmerzmittels Tylenol um, kurz nachdem er von den FBI-Ermittlungen gegen sich erfahren hatte. Den Agenten, die ihn rund um die Uhr beobachtet hatten, war offenbar entgangen, dass er sich am Vortag mit einer Überdosis ausgestattet hatte. Weshalb sie den behandelnden Ärzten auch keinen Hinweis geben konnten, woran der am 26. Juli ins Frederick Memorial Hospital eingelieferte Notfall möglicherweise litt. Hätten sie, wäre er nicht gestorben, denn Todesfälle durch Tylenol-Überdosierung (Wirkstoff: Paracetamol) sind, da es ein hocheffektives Gegenmittel gibt (ACC), »extrem selten« – sofern man rechtzeitig medizinisch interveniert.[1]

Ivins hinterließ Frau und Kinder, aber keinen Abschiedsbrief. Das FBI machte sich nicht mehr die Mühe, die genaue Todesursache des Verbrechers per Autopsie feststellen zu lassen.[2]

Mit dem Abschluss des Falles als irrelevant verworfen wurden allerdings praktisch alle entscheidenden Details. Denn nicht genug damit, dass Ivins selbst die Behörden bei den Ermittlungen unterstützt hatte, erst recht verfügte er nachweislich über keine Möglichkeit, das verwendete Anthrax überhaupt herzustellen,[3] wie Glenn Greenwald und Jay Epstein[4] maßgeblich dokumentierten und zuletzt im April 2011 der ebenso wie Ivins für die US Army tätigte Mikrobiologe Henry S. Heine stellvertretend für Dutzende Kollegen ausführte: Zur Produktion der tödlichen Menge hätte Ivins nämlich sagenhafte 26 Gallonen Anthrax-Kulturen benötigt sowie etwa 8000 zusätzliche Stunden Arbeitszeit im Speziallabor B3 in Fort Detrick.[5] Die er aber nie dort verbracht hatte, wie aus den vom FBI vorgelegten Arbeitsstunden-Aufzeichnungen für das Labor hervorgeht. Wie das FBI zu seiner Schlussfolgerung kam, Ivins hätte das 2001 auf den Postweg gebrachte Anthrax auch nur herstellen *können*, bleibt bis heute vollständig schleierhaft.

Dass der posthum Verurteilte – ebenfalls nachweislich – auch den Briefkasten unmöglich hatte erreichen können, in den die tödlichen Briefe Mitte September 2001 eingeworfen worden waren,[6] spielte für die Justiz am Ende erst recht keine Rolle mehr, denn fraglos musste die für das FBI überaus peinliche Ermittlung nach sechs Jahren, 9000 Befragungen und der Untersuchung von zigtausend Fotokopierern und Briefkästen irgendwann erfolgreich abgeschlossen werden. Erst recht, nachdem dem 2002 von Justizminister Ashcroft öffentlich zum Terror-Hauptverdächtigen ernannten Mikrobiologen Dr. Stephen Hatfill im Juni 2008 eine Schadenersatzsumme in Höhe von 5,62 Millionen Dollar zugesprochen worden war.[7]

Weshalb FBI und Justiz den »Fall Anthrax« im Juli 2008 für erledigt erklärten. Ivins war's gewesen, der Selbstmörder. Der Einzeltäter. Der irre Soziopath. Der laut FBI seit 1997 in Behandlung gewesen war und als so schwer gestört galt, dass am Ende nicht einmal mehr seine Therapeutin mit ihm zu tun haben wollte. Allerdings war seine Vollmeise offenbar keinem seiner Vorgesetzten aufgefallen, weshalb er den Schlüssel zum Labor mit den Massenvernichtungswaffen hatte behalten dürfen. Auch nach dem 11. September.

Da angesichts dieser erdrückenden Beweislast gegen die ermittelnden Behörden zu befürchten steht, dass auch die dringenden Forderungen von Senator Charles Grassley und des Abgeordneten Rush Holt nach Untersuchung der Untersuchung nicht erfüllt werden werden – die US-Regierung wies dieses Ansinnen zuletzt im August 2010 als »redundant« zurück[8] –, machen wir uns schuldig. Nämlich der Redundanz. Und rekapitulieren noch einmal im historischen Schnelldurchlauf.

Die Ermittlungen des FBI in Sachen 11. September 2001 wurden am 12. September 2001 vorläufig beendet. An diesem Tag nämlich teilte der damalige Präsident George W. Bush seinem Justizminister John Ashcroft und dem seit dem 10. September neuen FBI-Chef Robert Mueller mit: »Wir müssen uns darauf konzentrieren, den nächsten Angriff zu verhindern, statt uns damit zu beschäftigen, wer diesen verursacht hat.«[9]

Mueller und John Ashcroft taten, wie ihnen geheißen – und der nächste Angriff begann umgehend, nämlich am 3. Oktober, auf dem Postweg. Das FBI konzentrierte sich fortan auf die Anthrax-Gefahr, statt sich um die noch frischen 9/11-Tatspuren zu kümmern.

Ashcroft hatte schon vorher begonnen, juristische Nägel mit Köpfen zu machen. Der US Patriot Act wurde dem Kongress quasi über Nacht vorgelegt, nämlich zunächst als »erste Fassung« am 19. September: ein 342 Seiten umfassendes Gesetz, das die Freiheiten der US-Bürger weitgehend ad acta legen sollte. Gebetsmühlenartig versicherte der stramme »Pfingstler« Ashcroft, auf Amerikas Straßen transportierten Dutzende islamo-faschistischer Schläfer lastwagenweise biologische Massenvernichtungswaffen – und drängte so die Mitglieder des Kongresses zur Eile. Das Patriotengesetz sollte verabschiedet werden, auch wenn niemand Zeit gehabt hatte, die 342 Seiten wenigstens zu lesen. Eben dies behagte dem demokratischen Mehrheitsführer im Senat, Tom Daschle, ganz und gar nicht, weshalb er, wie sein demokratischer Mit-Senator Patrick Leahy, die Ab-

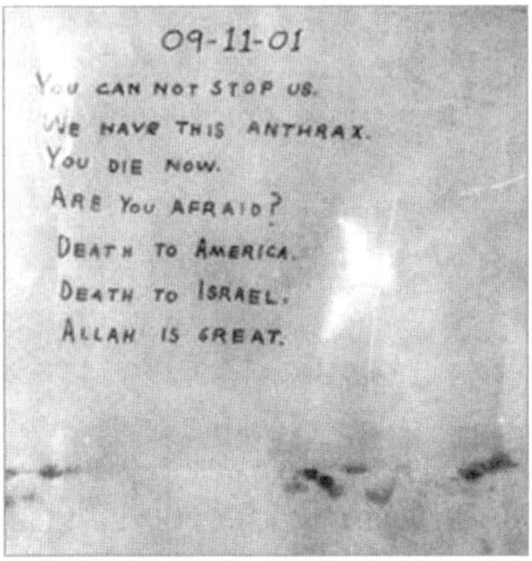

Sie haben Pest: Entscheidungshilfe für die widerspenstigen Demokraten Daschle und Leahy, garniert mit Anthrax-Sporen. (Quelle: FBI)

nahme des Gesetzes verweigerte. Oder jedenfalls am 3. Oktober drohte, das zu tun. Tags darauf berichteten die Medien vom ersten Anthrax-Opfer, dem Journalisten Robert Stevens. Daschle und Leahy wurden von Präsident Bush und dessen Vize Cheney persönlich angerufen und gewarnt, sich dem Gesetz nicht in den Weg zu stellen. Beide blieben stur und bekamen umgehend, am 15. Oktober (mit Stempel vom 7.), selber Post – vermeintlich vom Demokratenwähler Ivins, garniert mit ein paar Zeilen: »You die now. Are you afraid? Death to America. Death to Israel. Allah is great.«

Daschle und Leahy leisteten keinen Widerstand mehr und verabschiedeten im Verein mit allen anderen Abgeordneten am 24. Oktober 2001 wie gewünscht den Patriot Act.

Seinen ersten – und tödlichen – Brief hatte der irre Täter allerdings an Bob Stevens geschickt, obwohl der gar nicht gedroht hatte, das Patriotengesetz zu verhindern. Dieser Bob Stevens war nämlich kein Politiker, sondern Redakteur des südfloridianischen Revolverblattes *Sun*. Sein Chef, Michael Irish, war nach Angaben der *St. Petersburg Times* im Besitz einer Pilotenlizenz und früheres Mitglied der Civil Air Patrol in Lantana, wo Mohammed Atta im August 2001 auch ein paar Flugstunden genommen hatte. Stevens lebte in Lantana. Michael Irishs Frau, Gloria, vermietete ein Apartment in Delray Beach an die 9/11-Attentäter Marwan Al-Shehi und Said Al-Ghamdi. Die Frage von Chaim Kupferberg, einem der gründlichsten Skeptiker des offiziellen 9/11-Narrativs, ob die

Irishs »Babysitter im Rahmen einer Geheimdienstoperation« waren,[10] ist vom FBI amtlich mit »Zufall« beantwortet worden.[11]

Daher wollen wir an dieser Stelle lediglich festhalten: Zufälle gibt's.

Stevens' zufälliger Tod spielte indes nicht nur dem Panik verbreitenden Justizminister Ashcroft und den Freunden des Patriot Act in die Hände, sondern auch der schwer angeschlagenen kleinen Firma BioPort aus Michigan, die nach der kurzen Anschlagserie wie Phönix aus der Asche stieg und Anfang 2004 mit einem 245 Millionen Dollar schweren Drei-Jahres-Vertrag zur Belieferung des Pentagon mit Anthrax-Impfstoffen belohnt wurde.

Was das mit dem geisteskranken USAMRIID-Selbstmörder Ivins zu tun hat? Allerhand. Aber der Reihe nach.

BioPort versuchte seit Ende der 90er Jahre, einen Impfstoff gegen Anthrax herzustellen, brachte jedoch lediglich ein untaugliches Mittel namens AVA zustande. 2000 wurden Militärangehörige genötigt, sich mit dem Stoff impfen zu lassen, nur wurden die Soldaten bedauerlicherweise krank. Als dieses Exempel für »Menschenversuche« durchsickerte, war die Empörung groß.[12] Drei Jahre lang hatte die Food and Drug Administration (FDA) BioPort die Zulassung für ein neues Labor standhaft verweigert, wegen ernsthafter Sicherheitsbedenken in Bezug auf die alte Anlage in Michigan. Und so klang das, was Robert Myers, der Chefchemiker des Hauses, im Januar 2001 zur Lage seiner Firma von sich gab, in den Ohren der meisten Zuhörer bloß wie Pfeifen im Walde respektive wie die letzten heroischen Lügen aus der Vorstandsetage eines todgeweihten Unternehmens, das jahrelang auf Panik gesetzt – und verloren hatte. Dennoch bekräftigte Myers:

> »Auch wenn vieles über unsere Beziehung zur FDA gesagt worden ist, ziehen wir ein Scheitern unserer Bemühungen, die Zulassung durch die FDA zu bekommen, nicht in Betracht. Wir werden sehr bald wieder einen sicheren, reinen und effektiven Anthrax-Impfstoff herstellen – und zwar rechtzeitig und zu einem angemessenen Preis. Wir haben uns ganz und gar der Vollkommenheit verschrieben, und wir werden nicht ruhen, solange wir dieses Ziel nicht erreicht haben.«[13]

Und nochmals: Was hat das mit dem irren Dr. Ivins zu tun? Beziehungsweise Ivins mit BioPort? Doch wohl hoffentlich nichts.

Na ja. Fast nichts. Außer, dass ausgerechnet Ivins der Pentagon-Troubleshooter war, der das existenzielle BioPort-Problem lösen sollte. Gemeinsam mit sechs anderen USAMRIID-Molekularbiologen war der posthum als verrückt und zugenäht Deklarierte nämlich im Jahr 2000 von Donald Rumsfelds Ministerium angewiesen worden, die Firma und deren Impfstoffproduktion zu retten. Allerdings klang Ivins in seinen E-Mails aus diesem ersten Jahr in neuer Position weit weniger zuversichtlich als die BioPort-Geschäftsführung: »Leider sind die BioPort-Leute keine Wissenschaftler, deshalb ist uns die Aufgabe zugefallen, ihr Problem für sie zu lösen«, sowie – im Juli 2000, betreffend das Impfprogramm: »Die K***e fliegt uns demnächst um die Ohren, im großen Stil … Das alles ist einfach ein schöner Mist.«[14]

Ab August 2001 machte der Pentagon-Beauftragte dann nachweislich nächtliche Überstunden im Labor. Heimlich? Auf der Suche nach einem besseren Impfstoff? Was das FBI als Hinweis auf seinen geplanten Anschlag betrachtet, erscheint Ivins' Kollegen jedenfalls bis heute als weit hergeholt,[15] aber wir wollen zugunsten des FBI annehmen, dass der Doktor tatsächlich an gewinnbringenden Briefsendungen arbeitete. Auf eigene Faust, natürlich. Einsam und allein im gut gesicherten Top-Secret-Anthrax-Labor.

Tatsache ist: BioPort stand auch am 11. September noch am geschäftlichen Abgrund – ohne Aussicht auf Zulassung der FDA für seinen umstrittenen Anthrax-Impfstoff.

Aber dann kamen die Briefe. Und mit ihnen die Panik. Sowie die politischen Ansagen von sehr weit oben: Wir brauchen den Patriot Act. Und wir brauchen den Impfstoff. Im Dezember 2001 vergaß die FDA all ihre ernsten Bedenken gegen BioPort – und Chefchemiker Myers konnte stolz verkünden, seine Anthrax-Firma sei gerettet und saniert.[16]

Wohlgemerkt: Am Ende 2001 sprunghaft steigenden Absatz des Gegenmittels für Anthrax-infizierte Patienten (das Antibiotikum Cipro) verdiente versehentlich nur ein deutscher Konzern, nämlich Bayer. Deutlich mehr jedoch sollte sich langfristig mit einem Impfstoff einfahren lassen – und dieses lukrative Marktsegment eroberte unmittelbar nach den ersten Todesfällen die Firma BioPort, die heute der weltweit einzige Hersteller ist, dessen Anthrax-Impfstoff BioThrax™ von der amerikanischen FDA zugelassen ist.

Verwunderlich ist daran auf den ersten Blick allerdings, dass die US-Regierung sich keinen größeren Partner gesucht hat – schließlich hatte Donald Rumsfeld qua Karriere allerbeste Kontakte zur Pharmaindustrie. Und auf den zweiten Blick wird alles noch ein bisschen verwunderlicher. Denn BioPort gehört, auf einigermaßen simpel nachzuvollziehenden Beteiligungswegen, den Firmen Intervac LLC und Intervac Management LLC sowie Michigan Biologic Products. Intervac LLC, der Mehrheitseigner, befindet sich im Besitz von William J. Crowe, Fuad El-Hibri, dessen Frau Nancy sowie der auf den Antillen ansässigen Investmentfirma von Vater Ibrahim El-Hibri, I&F Holdings.[17] Letztere war zuvor maßgeblich beteiligt an der englischen Biotech-Firma Porton Products Ltd., die im ersten Golfkrieg die US-Truppen mit Impfstoffen gegen biologische Waffen versorgt hatte. Interessant ist aber nicht nur die Vita von BioPort-Mitbesitzer Fuad El-Hibri, einem Libanesen, der mit deutschem und US-Pass reist und in den 90er Jahren in England geschäftig gegen Milzbrand forschte, sondern erst recht die seines Partners Admiral William J. Crowe, der 22,5 Prozent an Intervac LLC hält. Crowe nämlich war von 1994 bis 1997 US-Botschafter in Großbritannien, aber das allein hätte ihn sicherlich nicht als Biotech-Experten und Partner der El-Hibris qualifiziert. Dafür sorgte dann möglicherweise schon eher die Karriere, die er vorher hingelegt hatte, denn der Mann, der maßgeblich von der 2001 in den USA ausgebrochenen Anthrax-Panik profitierte, war von 1985 bis 1989, unter US-Präsident Ronald Reagan, Oberbefehlshaber der US-Streitkräfte.

Bob Kramer, der Geschäftsführer von Admiral Crowes seit Dezember 2001 wieder wie geschmiert laufender Firma BioPort, verkündete im Januar 2004 voller Stolz den erfolgreichen Abschluss einer maßgeblichen Geschäftsoperation: »Regierungsvertreter haben unlängst ihre Befürchtungen hinsichtlich der Anfälligkeit im Falle eines massiven, aus der Luft geführten Anthrax-Angriffes nochmals unterstrichen. Dieser Vertrag erlaubt anderen Behörden wie der für die Homeland Security zuständigen, den Health And Human Services sowie dem State Department, BioThrax über das Verteidigungsministerium anzufordern.«[18]

Der Vertrag, von dem Kramer sprach, war Ende Dezember 2003 zwischen Militärchef Rumsfelds Behörde und der Firma des Ex-US-Militärchefs Crowe geschlossen worden. Er garantiert der kleinen Firma aus Michigan 245 Millionen Dollar – für (allerdings nur bei Bedarf) zu liefernde Anthrax-Impfstoffe.

BioPort-Troubleshooter Dr. Bruce Ivins setzte im Juli 2008 seinem Leben ein Ende, ehe die Behörden ihn befragen konnten, ob er von all diesen gewinnbringenden Verbindungen gewusst hatte. Auch wir können ihn daher nicht mehr fragen, weshalb ausgerechnet er so interessiert daran gewesen war, den Patriot Act über Nacht durchzupeitschen, einen Fotografen aus dem Atta-Umfeld schleunigst umzubringen – und erst recht können wir ihn nicht mehr fragen, weshalb er das Weiße Haus im Vorfeld über seine bevorstehenden Anschläge informierte.

Denn Richard Cheneys Angestellte wurden schon am Abend des 11. September angewiesen, das Anthrax-Antidot Cipro einzunehmen.[19] Eine Woche vor den ersten Briefen.

Vorzuladen:

- Dr. Ivins' USAMRIID-Vorgesetzte aus dem Militärlabor in Fort Detrick. Zu fragen ist: Ivins war laut FBI seit 1997 in Behandlung – wieso wurde ihm die Keycard zum Schrank mit den Massenvernichtungswaffen nicht abgenommen?
- Dr. Henry S. Heine, Mikrobiologe und Experte für Anthrax-Kulturen in Fort Detrick
- Jay Coupe, Partner und Sprecher des bedauerlicherweise 2007 verstorbenen Admiral Crowe. War Dr. Ivins nur für BioPort tätig oder wurde er von BioPort honoriert? Oder wer verschickte die Briefe?
- Dick Cheneys Büroleiter. Wer gab die Anweisung, das Personal des Weißen Hauses am Abend des 11. September Cipro schlucken zu lassen? Und mit welcher Begründung?
- Witwe Diane Ivins nebst Kindern und Vertrauten: Wusste Dr. Bruce, was er tat? War er dafür bezahlt worden und hielt am Ende dem psychischen Druck nicht mehr stand? Oder wusste er bis 2008 gar nichts von seiner Täterschaft?

38 Whistleblower

Wäre 9/11 ein »inside job« gewesen, hätte es so viele Mitwisser gegeben, dass einer von ihnen schon längst ausgepackt hätte.

Das von Verteidigern der offiziellen Verschwörungstheorie gern vorgebrachte Argument ist sowohl historisch als auch sachlich leicht widerlegbar. Denn es gibt zahlreiche Belege für geheime staatliche Operationen mit sehr vielen Beteiligten, die Jahre und Jahrzehnte geheim geblieben sind. Ein prominentes Beispiel ist die Entwicklung der Hiroshima-Bombe, an der unter dem Decknamen Manhattan Project von 1942 bis 1945 Hunderte von Mitarbeitern beteiligt waren, ohne dass irgendetwas darüber bekannt wurde. Noch deutlich mehr Beteiligte hatte die Operation Gladio, eine paramilitärische Geheimorganisation der NATO, der CIA und des britischen MI6, die als Stay-Behind-Armee in allen NATO-Ländern 1950 installiert wurde. Ihre Existenz wurde erst 1990 bekannt. Seitdem konnten Forscher für zahlreiche verdeckte Operationen und Terroranschläge in den 60er und 70er Jahren Zusammenhänge mit Gladio herstellen. Auch das EU-Parlament hat sich mit den unglaublich anmutenden Vorgängen um Gladio und deren Terroranschlägen unter falscher Flagge befasst.[1]

Dass also eine große Menge Beteiligter an einer Verschwörung automatisch für eine schnelle Aufdeckung spricht, lässt sich am Beispiel dieser über Jahrzehnte im Verborgenen operierenden Kommandotruppe leicht widerlegen. Dasselbe gilt für die Behauptung des ehemaligen Terror-»Zaren« Richard Clarke, eine Beteiligung des Weißen Hauses an 9/11 sei schon deshalb ausgeschlossen, weil »die Regierung keine Geheimnisse für sich behalten kann«.[2] Denn auch wenn Gladio der Bevölkerung, den Parlamenten und den meisten Regierungsmitgliedern völlig unbekannt war,

war es doch eine auf höchster Militär- und Regierungsebene abgesegnete Operation, die über Jahrzehnte völlig geheim gehalten werden konnte.

Der Grund, warum Regierungen sehr wohl zu geheimen Operationen in der Lage sind und warum dabei durchaus eine größere Zahl von Beteiligten involviert sein kann, ohne die Geheimhaltung zu gefährden, liegt darin, dass sie wie jede Verschwörung strukturell nach dem »Need to Know«-Prinzip aufgebaut sind. Das heißt, dass nur die Spitze der Pyramide den gesamten Plan kennt und alle anderen nur so viel, wie sie wissen müssen, um ihre Rolle zu spielen. Wenn beispielsweise hundert neue Feuerlöscher für den Südturm des World Trade Center geliefert werden, müssen die Monteure nicht wissen, dass diese mit je zehn Kilo Nanothermit gefüllt sind; auch ihre Firma, die den Auftrag ausführt, braucht nicht eingeweiht zu sein. Eine einzige Person im Sicherheits- und Verwaltungsbereich des WTC, die den Auftrag erteilt – »Dieses Mal aber nicht eure üblichen Löscher, sondern eine Spezialanfertigung, die unsere bekloppten Feuerschützer hier bestellt haben. Die werden nächste Woche angeliefert, und ihr hängt sie dann auf« –, würde als Mitwisser schon ausreichen, um die Türme für eine kontrollierte Sprengung zu präparieren.

Wir haben die Feuerlöscherlieferungen des WTC nicht recherchiert und führen sie hier nur als Beispiel zur Widerlegung der These an, dass es bei der Vorbereitung der Anschläge Hunderte von Eingeweihten und Mittätern gegeben haben muss – die ja schon aus einem anderen, sehr viel triftigeren Grund kaum haltbar ist. Denn laut offizieller Version sollen die Anschläge ja allein aus einer Höhle in Afghanistan koordiniert und mit gerade mal 20 Studenten durchgeführt worden sein – ganz ohne Hunderte von Mitwissern und völlig unauffällig. Wenn aber 20 junge Araber, die schlecht Englisch und noch schlechter fliegen können, zu einer derart komplexen Operation fähig sind, warum sollte dann ein gleich großes Special-Operation-Team von Elitesoldaten dazu nicht in der Lage sein? Und warum sollte sie nicht ebenfalls – wie die »Kollegen« der Gladio-Armee, die jahrzehntelang Terroranschläge ausübten, ohne entdeckt zu werden oder darüber zu reden – in der Lage sein, ihre Operation geheim zu halten? Dass also ein »inside job« bei den 9/11-Anschlägen ausgeschlossen werden kann, weil ja schon längst einer der Beteiligten ausgepackt hätte, ist ein Mythos, der als Beruhigungsmittel für all jene dienen soll, denen die Bauchschmerzen mit dem offiziellen Räubermärchen sonst den Schlaf rauben würden. Dass der brave Papa Staat so etwas machen könnte, soll erst gar niemand denken; dazu sind nur bärtige Fanatiker in der Lage, die in afghanischen Höhlen hocken …

Neben aktiven Mitwissern und Tätern müssen in die Vorbereitung, Ausführung und Nachbereitung der 9/11-Anschläge zahlreiche Operatoren einbezogen worden sein, die nichts mit den Terroristen zu tun hatten, sondern ganz einfach ihren ganz normalen Job machten. Und denen im Vorfeld, am Tag der Anschläge oder danach Dinge auffielen, die nicht mit der offiziellen Geschichte des Geschehens in Einklang zu bringen waren. Wie viele andere Zeugen wurden auch sie und ihre Aussagen von der 9/11-Commission ignoriert oder wurden sie ausführlich vernommen, um dann im Abschlussbericht nicht aufzutauchen, oder es wurde ihnen gerichtlich und unter Berufung auf die »nationale Sicherheit« verboten, ihre Aussagen öffentlich zu machen. Es handelt sich um Angehörige des FBI, der Armee, um offizielle und inoffizielle Mitarbeiter der CIA und anderer Geheimdienste, um Hausmeister oder Angestellte des World Trade Center usw. – alles per se vertrauenswürdige und, weil in die Anschläge direkt oder indirekt mit einbezogen, eben auch wichtige Zeugen, die in jeder ergebnisoffenen forensischen Untersuchung unverzichtbar sind.

Im Folgenden erinnern wir an einige der wichtigsten Whistleblower, deren Vorladung und Anhörung wir der Staatsanwaltschaft dringend anheimstellen.

Sibel Edmonds

Die nach dem 11.9.2001 vom FBI als Arabischübersetzerin angestellte Sibel Edmonds stieß bei ihren Übersetzungen von Abhörbändern aus der Zeit vor den Anschlägen auf eine große Korruptions- und Spionageaffäre, in die Mitglieder der US-Regierung und des Kongresses sowie die Geheimdienste der Türkei, Israels, Pakistans und der USA verwickelt waren. Als Edmonds diese Erkenntnisse ihrem Vorgesetzten meldete und nichts geschah, beschwerte sie sich – und wurde entlassen. Nach ihrer nicht-öffentlichen Anhörung vor der 9/11-Commission wurde sie mit einem Schweigegebot belegt. Im Abschlussbericht wird die Anhörung zwar in einer Fußnote erwähnt, der Inhalt ihrer Aussage aber nicht mitgeteilt. Das mittlerweile veröffentlichte Dokument ihrer Aussage ist vollkommen geschwärzt. Das wundert nicht, denn bei einer gerichtlichen Anhörung unter Eid im Sommer 2009[3] konnte sie den ihr verpassten Maulkorb zumindest teilweise ablegen – und berichtete von Waffen-, Drogen- und Geldwäschegeschäften, die wie ein Déjà-vu der bereits erwähnten Iran-Contra-Affäre anmuten. Zwischen 1997 und 2001 waren ihren Aussagen zufolge daran hohe Regierungsmitglieder beteiligt, und diese arbeiteten bis September 2001 auch mit Osama Bin Laden zusammen.[4]

Da ihr staatlicherseits untersagt worden ist, darüber zu sprechen, um wen es sich bei diesen US-offiziellen Terrorunterstützern handelt, stellte sie 2008 unter der Überschrift »Sibel Edmonds' State Secrets Privilege Gallery« 21 Bilder ins Netz.[5] Unter das Privileg des Staatsgeheimnisses über das Waffen-, Drogen- und Terrorgeschäft fallen danach neben einem halben Dutzend Kongressmitgliedern vor allem Richard Perle (Sicherheitsberater der Bush-Regierung), Marc Grossman (State Department, davor Botschafter in der Türkei), Eric Edelman (Staatssekretär von Dick Cheney), Douglas Feith (Staatssekretär im Verteidigungsministerium, Leiter des Office of Special Plans, wegen gefälschter Berichte über Iraks Al-Qaida-Verbindungen 2005 entlassen), Lawrence Franklin (Office of Special Plans, wegen Spionage für Israel 2007 verurteilt) – also just jene Figuren der Bush-Regierung, die mit allen Mitteln die Irakinvasion vorantrieben und dabei bis zum September 2001 auch mit Osama Bin Laden zusammenarbeiteten.

Neben dieser Bildergalerie von »Schurken« hat Sibel Edmonds in verschiedenen Interviews ziemlich eindeutige Andeutungen gemacht. In den von ihr transkribierten Abhörbändern ging es um verdeckte US-Operationen in Zentralasien, bei denen türkische, pakistanische und saudische Intermediäre genutzt wurden, um die Fußspuren (und Ölinteressen) der USA bei den im Namen des Islam inszenierten terroristischen Destabilisierungen zu verbergen:

»Diese Gespräche zwischen 1997 und 2001 hatten mit einer Zentralasien-Operation zu tun unter Beteiligung von Bin Laden. Niemals benutzte jemand das Wort ›Al-Qaida‹. Es hieß immer ›Mudschaheddin‹, immer ›Bin Laden‹ – genauer: nicht ›Bin Laden‹, sondern ›Bin Ladens‹ im Plural. Es gab verschiedene Bin Ladens, die mit privaten Jets nach Aserbaidschan und Tadschikistan flogen. Der türkische Botschafter in Aserbaidschan arbeitete mit ihnen. Diese Bin Ladens standen, mit Hilfe von Pakistanis und Saudis, unter unserer Regie. Marc Grossman hatte dabei die Leitung, zu 100 Prozent. Er musste die Leute nach Kirgisistan, nach Aserbaidschan, einige nach Tschetschenien, einige nach Bosnien schleusen. Von der Türkei aus packten sie diese ganzen Bin Ladens in NATO-Flugzeuge. Leute und Waffen gingen in die eine Richtung, Drogen kamen auf dem Rückweg … Eine Menge der Drogen ging in NATO-Flugzeugen nach Belgien. Von da nach England und mit Militärflugzeugen in die USA in die Verteilungszentren in Chicago und Paterson, New Jersey. Türkische Diplomaten, die nie durchsucht wurden, kamen mit Koffern voller Heroin.«[6]

Eine der abgehörten Schlüsselfiguren rief Grossman an, nachdem die israelischen Spione festgenommen worden waren, die angesichts der brennenden Türme gefeiert hatten: »Sie müssen freigelassen werden, sonst könnten sie alles erzählen.« (→ *Kap. 14*).

Hier handelt es sich wohlgemerkt um die Aussage einer FBI-Mitarbeiterin, die über Erkenntnisse spricht, die aus polizeilichen Abhörbändern gewonnen wurden – kein spekulatives Verschwörungsgeschwalle, sondern harte, beweisbare Tatsachen, die freilich sowohl von der Bush- als auch noch von der Obama-Regierung unterdrückt werden. Dass das State Department auf höchster Ebene nicht nur illegale Außenpolitik mit Terror- und Drogengeschäften betrieben hat, sondern dabei auch noch 2001 mit den Terroristen Bin Ladens zusammenarbeitete, würde denn auch die Legende vom Todfeind Amerikas erschüttern.

Doch dies ist nicht der einzige Sprengsatz, den die Aussage Sibel Edmonds für die offizielle 9/11-Legende enthält. Gegenüber der Londoner *Times* enthüllte sie, dass es nicht nur um die terroristische Destabilisierung der kaspischen Ölregionen ging, sondern auch um Waffengeschäfte der ganz besonderen Art: die Weitergabe von Know-how für Atomwaffen. Hier spielten der NATO-Partner Türkei und auch Israel die Makler, der wahre Empfänger aber war der Chef des pakistanischen Geheimdiensts ISI, General Mahmud – jener Mann, der am Morgen des 11.9. in Washington mit dem späteren CIA-Chef Porter Goss frühstückte und in dessen Auftrag einige Monate zuvor 100 000 Dollar an Mohammed Atta angewiesen worden sein sollen (→ *Kap. 5, 6*).

Gemeinsam mit ihrem Übersetzerkollegen Behrooz Sarshar behauptet Sibel Edmonds außerdem, dass aus den von ihnen gefertigten Transkripten hervorging, es habe bereits im Mai 2001 sehr konkrete Vorwarnungen für Anschläge mit gekaperten Flugzeugen gegeben. Die Informationen darüber seien von einem sehr verlässlichen FBI-Informanten gekommen. Auf ein konkretes Vorauswissen des FBI lässt zudem ein Dokument schließen, das laut Sibel Edmonds im Juli 2001 entdeckt wurde – und das sowohl Baupläne von Hochhäusern als auch Hinweise auf illegale Visa-Angelegenheiten enthält. Edmonds stellte fest, dass das Dokument falsch übersetzt worden war und der bearbeitende Agent deshalb die brisanten Informationen übersehen hatte, was der Leiter des FBI-Übersetzerbüros, Mike Feghali, bis heute bestreitet. 2005 wurde bekannt, dass sich diese falsch übersetzten Informationen auf einen der Attentäter der US-Botschaft in Kenia, Mohammed Al-Owhali, bezogen. Dieser war nach seiner Verhaftung am 12. August 1998 vom FBI verhört und der Mitschnitt anschließend von Mike Feghali übersetzt worden.[7] Durch die Aussagen Al-Owhalis wurde dem FBI der Telefonkontakt zu dem Al-Qaida-Schlupfloch in Sanaa, Jemen, bekannt, das die NSA schon länger abhörte und in dem u.a. der spätere »Hijacker« Khalid Al-Midhar ein- und ausging. Vieles spricht dafür, dass der FBI-Agent Mike Feghali an der Vertuschung dieses sehr konkreten Vorauswissens des FBI beteiligt war.

Susan Lindauer

Susan Lindauer kommt aus einer bekannten republikanischen Familie, ihr Großcousin ist Andrew Card, der Stabschef im Weißen Haus George W. Bushs. Sie versteht sich als Friedensaktivistin und war in dieser Funktion inoffizielle Mitarbeiterin der CIA, ihre Motivation war die Aufhebung der Sanktionen gegen den Irak, sie hatte seit 1996 Kontakt zu irakischen Botschaftsmitarbeitern und berichtete ihrem CIA-Kontaktmann, dem Unternehmer Richard Fuisz, regelmäßig über diese Treffen.

Im April 2001 erhielt sie den Auftrag, ihre Kontakte zu irakischen Diplomaten in Washington zu nutzen, um alles über mögliche Pläne eines Terroranschlags mit Flugzeugen in Erfahrung zu bringen und den Irakern klarzumachen, dass die USA einen Krieg beginnen würden, wenn sie ihre Informationen nicht preisgäben. Im Sommer 2001 berichtete Lindauer einigen ihrer privaten Bekannten, dass ein großer Anschlag in Manhattan, eine Neuauflage der WTC-Bombe von 1993 mit entführten Flugzeugen, befürchtet werde. Im August 2001 warnte sie ihr CIA-Kontaktmann davor, in nächster Zeit nach New York zu reisen, weil ein solcher Anschlag unmittelbar bevorstehe. Als sie am 11. September mit ihm telefonierte, wusste er schon, dass es sich bei den gesuchten Umzugshelfern um Mossad-Agenten handelte (→ *Kap. 14*). Nach den Anschlägen intensivierte sie ihre Kontakte zur irakischen Botschaft, die angesichts der Invasionsgefahr zu allen Zugeständnissen bereit war. Sie reiste zu Gesprächen nach Bagdad und schrieb insgesamt elf Briefe an ihren Cousin im Weißen Haus, in denen sie Andrew Card über ihre Gespräche und die Kooperationsangebote des Iraks berichtete. Anfang 2004 meldete sie sich beim Blue-Ribbon-Kommitee der Regierung, einem überparteilichen und unabhängigen Ermittlungsgremium, das die fehlerhaften Geheimdiensterkenntnisse vor dem Irakkrieg untersuchen sollte, um dort auszusagen.

Doch bevor es dazu kam, wurde Susan Lindauer im März 2004 verhaftet und wegen Spionagetätigkeit angeklagt. Das Justizministerium bezeichnete ihre Behauptungen, als inoffizielle Mitarbeiterin der CIA gearbeitet zu haben, als »wahnhaft«, obwohl bei der einzigen öffentlichen Anhörung dazu glaubhafte Zeugen für ihre Kontakte zu Geheimdienstkreisen auftraten. Einer ihrer Bekannten – ein Professor für Computerwissenschaft in Toronto – bestätigte dem Gericht, von ihr im Sommer 2001 über drohende terroristische Anschläge informiert worden zu sein, bei denen gekaperte Flugzeuge in das WTC fliegen würden. Zwei weitere schriftliche Zeugenaussagen vor Gericht bestätigten Susan Lindauers frühe und konkrete Warnungen. Der Richter ordnete eine Fortsetzung der Untersuchungshaft und eine psychiatrische Behandlung an, um Lindauer von ihrer »Einbildung« zu befreien, für die CIA gearbeitet zu haben. Ihrer Weigerung, sich mit dem starken Antipsychotikum Haldol oder vergleichbaren Medikamenten behandeln zu lassen, schlossen sich längere gerichtliche Auseinandersetzungen an, bis sie im Juni 2006 entlassen wurde – mit der Begründung, sie sei »verhandlungsunfähig«.

Doch das war Susan Lindauer keineswegs, sie war bereit für die Verhandlung und bereitete sich intensiv darauf vor. Sie bot dem Gericht, außer ihrer umfangreichen Aussage zu ihren langjährigen Beziehungen zu irakischen Diplomaten, auch eine Stellungnahme zu ihren Kontakten zur libyschen Botschaft und den Erkenntnissen über die Täter des Lockerbie-Bombenanschlags auf eine Pan-Am-Boeing 1988 an[8] – und benannte zahlreiche Zeugen, um ihren Status und ihre Tätigkeit als »CIA-Asset« (inoffizielle CIA-Mitarbeiterin) zu belegen. Mitte 2008 nahm sie sich mit Brian W. Shaughessny einen erfahrenen ehemaligen Staatsanwalt als Verteidiger, um gegen den Beschluss ihrer »Verhandlungsunfähigkeit« vorzugehen. In seiner Klage führte er aus, dass dies der erste Fall in der amerikanischen Rechtsgeschichte sei, bei dem die Staatsanwaltschaft auf einer Verhandlungsunfähigkeit eines Angeklagten beharrte, obwohl dieser und sein Verteidiger dem widersprächen und einer ordnungsgemäßen Verhandlung nichts im Wege stünde.

Schon in einer anderen Hinsicht war der Fall Lindauer eine Premiere. Sie war die erste US-Bürgerin, die nach dem Patriot Act aufgrund »geheimer Anklagen« und »geheimer Beweise« in Untersuchungshaft gehalten wurde. Außer dem allgemeinen Vorwurf, als »unregistrierte Agentin« für den Irak unterwegs gewesen zu sein, erfuhren weder sie noch ihre Verteidiger weitere Details.[9]

Nachdem der Versuch, diese Zeugin für das Vorauswissen der 9/11-Attacken und der Fabrikation von Kriegsgründen für die Irakinvasion zu psychiatrisieren, gescheitert war – ein Gutachter hatte nach 35 Sitzungen während ihrer Untersuchungshaft 2005 bescheinigt, keine Hinweise auf eine Psychose gefunden zu haben – und der juristische Trick, sie dennoch für »verhandlungsunfähig« zu erklären, durch ihre Gegenklage nun ebenfalls zu scheitern drohte, schien Ende 2008 alles auf eine bevorstehende Verhandlung und eine vollständige Rehabilitation Susan Lindauers hinauszulaufen. Doch dazu kam es nicht. Am 15. Januar 2009 zog die Bundesregierung die Anklage gegen sie einfach zurück. Begründung: »Eine weitere Verfolgung des Falls liegt nicht im Interesse der Justiz.«[10]

Auch wenn (oder gerade weil) die einst ehrenwerte *New York Times* bei dieser Vertuschungsposse mitspielt und Lindauer in einem denunzierenden Artikel über das Gerichtsverfahren als Verrückte porträtiert[11] – im Interesse der 9/11-Aufklärung scheint uns diese Zeugin unverzichtbar zu sein.

Indira Singh

Indira Singh arbeitete als Beraterin im Risikomanagement des Finanzkonzerns JP Morgan und wurde 2001 damit beauftragt, eine neue Generation von Risikomanagement-Software zu implementieren. Von einem der weltgrößten Finanzkonzerne müssen bei der Auswahl des Softwarelieferanten hohe Sicherheitsmaßstäbe angelegt werden. Deshalb lud Singh die Firma Ptech Inc. zu einer Präsentation ein, die solche Software auch schon für das FBI, das Verteidigungsministerium, die Steuerbehörde IRS und das Weiße Haus geliefert hatte. Nach einem sehr merkwürdigen Auftritt des Ptech-Chefingenieurs Dr. Hussein Ibrahim stellte Singh bei ihrer weiteren Überprüfung dann zu ihrem Erstaunen fest, dass einer der Hauptinvestoren bei Ptech der als Terrorfinanzier verdächtigte saudische Multimillionär Yassin Al-Kadi war. Als sie diese Nachricht ihren Chefs überbrachte, wurde ihr eine lange und lohnende Karriere bei JP Morgan in Aussicht gestellt – sofern sie darüber schweigen würde.[12] Kurz darauf verließ sie die Firma.

Ptech tauchte 1994 erstmals auf dem Softwaremarkt auf, damals noch eine kleine Firma, aber finanziell sehr gut ausgestattet und mit großen Ständen auf den entsprechenden Messen. Ein Viertel des Startkapitals von Ptech kam von Scheich Al-Kadi, der nach eigenen Angaben »herzliche Beziehungen« zu Dick Cheney unterhält und mit der saudischen Königssippe verbunden ist.[13] Innerhalb kurzer Zeit gewann Ptech für ihre Software einen prestigeträchtigen Kunden nach dem anderen; länger etablierte US-Softwarefirmen, die gern zum Zuge gekommen wären, wurden von den Saudis ausgestochen. Das Mysterium, warum das Weiße Haus, das FBI, verschiedene US-Ministerien und auch die CIA von einer arabischen Firma Software für ihr Risikomanagement kauften, lässt eigentlich nur die Antwort zu, dass es sich dabei um eine »arabische« Tarnfirma der CIA selbst handelte. Darauf lässt auch die Antwort schließen, die Indira Singh erhielt, als sie mit ihrem Verdacht zum FBI ging und eine Ermittlung in Sachen Ptech forderte. Der betreffende FBI-Beamte sagte nur: »Indira, Sie sind in einer besseren Position, das zu untersuchen, als wir es sind.«[14]

Dass Ptech 2003 dann nach einer Razzia des FBI geschlossen wurde und sich 2004 in GoAgile umbenannte, dass zudem zwei seiner leitenden Mitarbeiter wegen Finanzierung islamistischer Terroristen und Geldwäsche für Yassin Al-Kadi angeklagt wurden, bestätigte zwar Indira Singhs Vermutungen über die Kooperation zwischen Saudis, CIA und wahhabitischem Terror, führte aber nicht dazu, einer weiteren Aussage dieser Whistleblowerin nachzugehen: Ptech sei zusammen mit der Denkfabrik Mitre Corporation vor 9/11 zwei Jahre lang in den Kellern der FAA tätig gewesen und habe die Aufgabe gehabt, die Interoperabilität der FAA-Daten mit denen der NORAD und der Air Force beim Eintreten eines Notfalls sicherzustellen – wie er dann am 11. September 2001 auch eintrat.

Damit untermauert Indira Singh eine Vermutung des ehemaligen Drogenpolizisten und 9/11-Forschers Michael C. Ruppert, der in seinem Buch *Crossing the Rubicon* 2005 die These aufstellte, dass die Koordination der Attacken und der verschiedenen Air-Force-Manöver an diesem Morgen über eine Software zentral gesteuert und dabei die Kommunikation zwischen FAA und NORAD korrumpiert worden sein muss. Ebenso malte es auch der CBS-Journalist Joe Bergantino in seinem ersten Bericht über Ptech als »worst case scenario« aus: eine lange geplante Operation, bei der eine Firma im Land etabliert wird, die Zugriff auf Regierungsdaten erlangt »und Terroristen hilft, Anschläge auszuführen«.[15]

Die Enthüllungen Indira Singhs über Ptech werden von der 9/11-Commission mit keinem Wort erwähnt, sind aber für die Aufklärung der Anschläge vom 11. September in mehrfacher Hinsicht zentral, da sie Licht in eines der größten Rätsel überhaupt – das Ausbleiben jeglicher Luftabwehr – bringen können und einen Erklärungsansatz für die völlig differierenden (und von der 9/11-Commission kommentarlos nochmals auf den Kopf gestellten) Timelines von FAA und NORAD liefern (→ *Kap. 23*). Darüber hinaus bestätigen sie erneut die streng riechende »Saudi-Connection« der Anschläge – und die tiefen politischen Allianzen von Terrorismus, Geheimdiensten, Drogenhandel, Geldwäsche, Bankbetrug und Informationstechnologie, aus deren Schoß die 9/11-Terroristen krochen.

Robert Wright

Mitte der 90er Jahre leitete Special Agent Robert Wright vom FBI-Büro in Chicago eine Ermittlung zur Terrorismusfinanzierung unter dem Codenamen Vulgar Betrayal (»gemeiner Verrat«).[16] Nach den Anschlägen auf die US-Botschaften in Daressalam und Nairobi 1998 wurden durch diese Ermittlungen die Finanzverbindungen der Terroristen aufgedeckt und 1,4 Millionen Dollar beschlagnahmt. Bei einem der Terrorfinanziers, die das FBI identifizierte, handelt es sich um Yassin Al-Kadi, jenen saudischen »Geschäftsmann«, der Indira Singh als Investor der Ptech-Software ins Grübeln gebracht hatte. Doch trotz der Erfolge, die Robert Wright mit seinen Ermittlungen zur Finanzierung der afrikanischen Anschläge sowie der terroristischen Hamas zu verzeichnen hatte, wurden ihm weitere Untersuchungen wiederholt untersagt. Im August 1999 wurde er von seinem Job ganz abgezogen und auf eine Verwaltungsstelle versetzt. Begründung: eine angebliche Belästigung einer FBI-Mitarbeiterin. Wright nahm sich einen bekannten Anwalt, um dagegen vorzugehen, doch ohne Erfolg. Ein Jahr später wurde die gesamte Vulgar-Betrayal-Ermittlung eingestellt.[17]

Nachdem sich die Vorwürfe gegen ihn als haltlos erwiesen hatten, konnte er zwar ab 2002 wieder als FBI-Ermittler arbeiten, doch Zugang zu seinen alten Akten von Yassin Al-Kadi erhielt er nicht – obwohl (beziehungsweise weil?) der Scheich nach dem 11.9.2001 auf einer Liste des Finanzministeriums als globaler Terrorfinanzier genannt wird. Und obwohl (beziehungsweise weil?) Wrights Ermittlungen die Al-Kadi gehörende Firma BMI Inc. bereits 1999 als Geldwaschanlage radikaler Islamisten ausgemacht hatten. Nach seinen Protesten wurde Wright gefeuert, musste dann aber wieder eingestellt werden. Seine Ermittlungen über die Unternehmen, Stiftungen und »Wohltätigkeitseinrichtungen« von Al-Kadi aber konnte er nicht weiterführen. Die Publikation eines Buchs über seine Erfahrungen wurde ihm vom FBI untersagt. Im Sommer 2002 erreichte er eine Anhörung vor der 9/11-Kongressuntersuchung – doch weder in deren Bericht noch im *Commission Report* tauchen Yassin Al-Kadi und Robert Wrights Aussagen auf. Sein Buch konnte bis heute nicht erscheinen.

Zusammen mit seinem Kollegen bei diesem Fall, John Vincent, einem Veteranen mit 27 FBI-Dienstjahren, ist Robert Wright ein wichtiger Zeuge, um weiteres Licht in die Saudi-Connection der Anschläge zu bringen. Denn die Investorenliste in Al-Kadis Unternehmen BMI Inc. und dessen Nachfolger Kadi International liest sich nicht nur wie ein Who is Who der islamistischen Terrorfinanzierung,[18] hier finden sich auch jene Geldgeber, die den »Geschäftsmann« Omar Al-Bayoumi finanzierten, den Gastgeber der späteren »Hijacker« in San Diego.

Niaz Khan

Niaz Khan, ein aus Pakistan stammender Brite, der als Kellner in London arbeitete, hatte mal wieder Spielschulden. Ein Bekannter bot ihm vor dem Spielsalon an, diese Schulden zu übernehmen, wenn er bereit sei, in ein Trainingslager für den heiligen Krieg mitzukommen. Niaz Khan stimmte zu und kam Anfang 2000 in ein Al-Qaida-Camp in der Nähe von Lahore in Pakistan. Dort trainierte er in einem nachgestellten Boeing-Cockpit und wurde im April 2000 nach New York entsandt, wo er die weiteren Mitglieder einer Gruppe treffen sollte, die Anschläge auf Zivilgebäude in den USA vorbereiteten. Auf dem Flug nach New York jedoch bekam er kalte Füße und ging seinem Kontaktmann auf dem Flughafen aus dem Weg. Stattdessen von der alten Spielleidenschaft gepackt, verzockte er das ganze Geld, das ihm die Terroristenfreunde mitgegeben hatten – und meldete sich am nächsten Tag beim FBI. Er berichtete von seinem Training und den Plänen, wurde mehrere Wochen lang ausführlich verhört. Die zwei Lügendetektortests, denen man ihn dabei unterzog, bestand er. Ein FBI-Mitarbeiter sagte, dass er und seine Kollegen Khan glaubten. Sie hätten versucht, jeder Spur in diesem Fall hartnäckig nachzugehen, aber von der FBI-Zentrale sei die Durchsage gekommen: »Schickt ihn zurück nach London und vergesst die Sache.«[19]

Auch in London wurde er verhört, jedoch ebenfalls nach zwei Stunden für glaubwürdig befunden und nach Hause geschickt. Seine Reaktion auf die Ereignisse des 11.9.2001 zitierte der *Observer*:

> »Ich konnte meinen eigenen Augen nicht glauben. Alles war so, wie ich es gesagt hatte, so wie Al-Qaida es mir gesagt hatte. Ich hatte keine Zweifel. Das war der Plan. Wahrscheinlich war jemand aus dem Trainingscamp mit an Bord dieser Flugzeuge. Wahrscheinlich wäre ich an Bord gewesen, wenn ich nicht weggelaufen wäre.«[20]

Niaz Khan ist ein wichtiger Zeuge. Nicht nur, weil er glaubhaft das konkrete Vorauswissen dokumentiert, das den US-Behörden über die Planung der Anschläge vorlag – das FBI behauptet, alle Informationen Khans an die Geheimdienste weitergeleitet zu haben[21] –, sondern auch, weil er Einblick in die Rekrutierungsmethoden der »Hijacker« verschaffen kann. Und eine Antwort geben kann auf die Frage, ob es sich bei dieser Truppe um die professionellen Terroristen handelte oder ob spielsüchtige Kellner nach einem bisschen »Training« in einem Pappmaché-Cockpit wohl doch eher zu Terroristen-Darstellern taugen als zu echten Flugkünstlern.

Doch Niaz Khan wurde auch nach den Anschlägen bis heute nicht von offizieller Seite über sein Wissen befragt.

Coleen Rowley

Das FBI in Minneapolis war von einer Flugschule auf einen merkwürdigen Kandidaten namens Zacarias Moussaoui aufmerksam gemacht worden, der keine einmotorige Maschine allein fliegen konnte, kaum Englisch sprach, aber einen Kurs für eine Boeing 747 gebucht und dafür 8300 Dollar in bar bezahlt hatte. Nachdem der verdächtige »Flugschüler« am 16. August 2001 in Minneapolis verhaftet worden war und die FBI-Agenten nach einer ersten Vernehmung zu dem Schluss gekommen waren, das Moussaoui in einen

Entführungsplan verwickelt sein könnte, beantragten sie einen Durchsuchungsbeschluss für seine Wohnräume und seinen Computer. Doch der dafür zuständige Leiter der »Radical Fundamentalist Unit« (RFU)[22] des FBI, David Frasca, verweigerte seine Zustimmung. Auch über das der RFU vorliegende »Phoenix-Memo«, in dem FBI-Kollegen aus Arizona im Juli 2001 ausführlich vor islamistischen Flugschülern gewarnt hatten, wurden die Beamten in Minneapolis nicht informiert.

Nachdem die Vernehmung Moussaouis in Minneapolis den Verdacht bestärkt hatte, dass er in einen größeren Plan verwickelt sein könnte, verschickte der FBI-Agent Harry Samit über 70 Warnungen über den potentiellen Flugzeugentführer an Einheiten des FBI, der CIA und andere Sicherheitsbehörden. Die Vernehmer Moussaouis drängten nochmals vergeblich darum, dessen Laptop und weitere Unterlagen durchsuchen zu dürfen, um an weitere Informationen zu kommen, und schlagen dann dem RFU vor, einen arabischstämmigen Undercover-Agenten in Moussaouis Zelle zu platzieren – was von RFU-Chef David Frasca als »lächerlich« zurückgewiesen wurde. Noch am Morgen des 11. September beantragten die Beamten des Minneapolis Field Office erneut einen Durchsuchungsbeschluss und ein abermaliges Verhör von Moussaoui. Letzteres wurde abgelehnt, aber die Durchsuchung des Laptops, die am Nachmittag desselben Tages erlaubt wurde, ergab Kontakte Moussaouis zu elf weiteren »Hijackern«.

Im Mai 2002 veröffentlichte die Leiterin des FBI-Field-Office in Minneapolis, Coleen Rowley, im *Time Magazine* ein umfangreiches Memo über die massiven Behinderungen, denen sie und ihre Mitarbeiter bei dieser Fahndung ausgesetzt waren – und über die offiziellen Lügen, die vom FBI über den Fall verbreitet wurden. Das Memo hatte sie zwei Wochen vor dem 11.9. geschrieben, und es enthielt massive Anklagen über die Untätigkeit »unserer höchsten Strafverfolgungsbehörden«. »Warum sabotiert ein FBI-Agent bewusst einen Fall?«, so Coleen Rowley. »Die Vorgesetzten verhielten sich derart seltsam …, dass einige Agenten in Minneapolis offen scherzten, dass diese Höhergestellten Spione oder Maulwürfe wären …, die für Osama Bin Laden arbeiten.«[23]

Dieser Vorwurf ist bestens zu verstehen, wenn man das Verhalten des Supervising Special Agent der RFU Michael Maltbie betrachtet, der die Angaben in dem Durchsuchungsantrag der FBI-Agenten aus Minneapolis über Moussaoui in mehreren Punkten änderte: Aus der Beobachtung, dass Moussaoui »sich auf einen Kampf vorbereitet«, wurde die Formulierung »sich auf eine Verteidigung vorbereitet«, aus der Feststellung, er sei »unfähig« gewesen, seine Bezahlung für einen 747-Flugsimulator zu erklären, machte Maltbie ein »fähig«, und die Hinweise auf Moussaouis Kontakte zu dem tschetschenischen Terroristen Ibn Khattab strich er ganz.[24]

Das *Time Magazine* wählte die wackere FBI-Fahnderin Coleeen Rowley zwar noch im selben Jahr zur »Person des Jahres«. Aber ungleich besser erging es den von ihr angeklagten FBI-Oberen, die für die Verhinderung der Moussaoui-Verfolgung verantwortlich waren: Sie wurden 2003 allesamt befördert. Der höchste in den Fall verwickelte Beamte, Marion »Spike« Bowman, Chef der National Security Law Unit, der nach Coleen Rowleys Beschwerden am Ende entschieden hatte, dass keine ausreichenden Beweise für einen Durchsuchungsbeschluss vorliegen, erhielt am 1. Januar 2003 eine besondere »Belobigung des Präsidenten« (»presidential citation«), verbunden mit einer Barzahlung von etwa 25 Prozent des Jahresgehalts. Auch Mike Maltbie wurde befördert.[25]

April Gallop

»Sie befinden sich hier in einem der sichersten Gebäude der gesamten Vereinigten Staaten«, lautete ein Standardsatz bei Führungen durch das eindrucksvolle Gebäude, und auch April Gallop bekam ihn zu hören, als sie 2000 an ihrem neuen Arbeitsplatz im Pentagon eingeführt wurde. Doch seit dem Morgen des 11. September 2001 weiß die mit höchstem Sicherheitsstatus eingestufte Analystin des Verteidigungsministeriums, dass diese Aussage nichts wert ist, zumindest an diesem Tag nichts wert war.

Ihr Vorgesetzter hatte sie früher als geplant in ihr Büro zitiert, weshalb sie ihren zweimonatigen Sohn Elisha noch nicht in der Kinderkrippe abgeliefert, sondern mitgebracht hatte. Es war ihr erster Tag nach der Mutterzeit. Als sie um 9:30 Uhr gerade ihren Computer eingeschaltet hatte, wurde sie von einer starken Explosion aus ihrem Stuhl geworfen. Nach einem kurzen Moment der Ohnmacht rappelte sie sich auf, riss ihren Sohn an sich, der kaum noch atmete, und suchte nach einem Weg nach draußen. Sie fand ihn in einem Loch in der Wand, nur etwa zwölf Meter von ihrem Schreibtisch entfernt, und entkam mit ihrem Baby ins Freie. Ihre Uhr und auch die Uhr in ihrem Büro waren durch die Erschütterungen der Explosion stehen geblieben, zwischen 9:30 und 9:31 Uhr – sieben Minuten, *bevor* das Pentagon laut *Commission Report* um 9:38 Uhr von einer Boeing 757 getroffen wurde.

Erst im Krankenhaus erfuhr April Gallop, dass der offiziellen Lesart zufolge ein Flugzeug für die Explosion verantwortlich war – und für das Loch in der Wand, durch das sie entkommen war. Doch irgendwelche Flugzeugteile, Gepäck oder Sitze hatte sie nicht gesehen. Auch hatte kein Kerosin gebrannt, wie es für einen solchen Crash typisch gewesen wäre. Bei einem Feuer wäre es ihr unmöglich gewesen, sich, wenn auch schwer verletzt, aus dem Gebäude zu retten.[26]

Wie es sich für eine aufstrebende Pentagon-Mitarbeiterin gehört, war April Gallop zunächst keineswegs argwöhnisch, was die offizielle Version der Ereignisse im Pentagon betrifft, selbst wenn die mit dem, was sie selbst erlebt hat, nicht in Einklang zu bringen ist. Ihren Dienst hat sie nach dem Krankenhausaufenthalt nicht mehr angetreten. Sie erhält seitdem eine kleine Rente – wie ihr Sohn hat sie dauerhafte Kopfverletzungen davongetragen. Erst 2008, nach dem Studium zahlreicher Bücher und Webseiten über 9/11 als »inside job«, entschloss sie sich zu einer Klage gegen Dick Cheney, Donald Rumsfeld und den Generalstabschef Richard Myers, die 2009 vom Gericht in New York abgelehnt wurde. »Nicht plausibel«, urteilte Richter Denny Chin über die Argumente der Klägerin und folgte dem Antrag der Angeklagten, die Klage niederzuschlagen.[27]

In den Großmedien war dieser Rechtsstreit eines absolut glaubwürdigen 9/11-Opfers kein Thema. Auch als der Fall Anfang 2011 vor dem Berufungsgericht landete, dem 2nd Circuit of the United States Court of Appeals, machte April Gallop keine Schlagzeilen. Dass in der Kammer, die über die Zulassung der Berufung entschied, mit dem Richter John M. Walker ein Cousin von George W. Bush saß, wurde freilich schnell über das Internet bekannt.[28] Einem Befangenheitsantrag, den Gallops Anwälte daraufhin stellten, wurde nicht stattgegeben. Am 27. April 2011 lehnte die Kammer die Berufung ab. Die Klage »behauptet eine phantastische alternative Geschichte zu der allgemein akzeptierten Darstellung«, heißt es in der Begründung. Wegen Einreichung einer »frivolen« Klage (»frivolous suit«) wurde die Klägerin ihrerseits zu einer Zahlung von 15 000 Dollar verurteilt.[29]

Vorzuladen:

- Sibel Edmonds
- Behrooz Sarshar
- Sämtliche in Edmonds 3,5-stündiger Aussage vor der 9/11-Commission benannten Personen
- FBI Agent Mike Feghali
- Susan Lindauer
- Ihr CIA-Kontaktmann Richard Fuisz
- Die an der »geheimen Anklage« und Verhaftung Lindauers sowie an der Verwerfung der Anklage beteiligten Richter und Staatsanwälte
- Indira Singh
- April Gallop
- Robert Wright und sein Kollege John Vincent, FBI
- Niaz Khan
- Die FBI- und MI6-Leute, die ihn nach Hause geschickt haben
- Colleen Rowley, Harry Samit und Greg Jones vom FBI Minneapolis
- David Frasca, Chef der RFU im FBI Headquarter, und Michael Maltbie, Supervisory Special Agent der RFU
- Marion (Spike) Bowman, Chef der National Security Law Unit des FBI

Nachwort:
Ein Denkmal für Dick und Don

»Man kann keinen wecken, der sich schlafend stellt.«
Navajo, N. N.

Die verwegenste aller 9/11-Verschwörungstheorien wird uns noch lange erhalten bleiben, denn die schlichten Gemüter sterben garantiert nicht aus. Auch im Jahr 2030 wird noch der eine oder andere am Stammtisch oder am globalen Tresen von sich reden machen, indem er steif und fest behauptet, die Sonne kreise um die Erde, die Stasi habe Marilyn Monroe ermorden lassen oder 19 afghanische Teppichmesserterroristen hätten am 11. September 2001 US-Geheimdienste und -Militär ausgetrickst und ohne Hilfe von außen Flugzeuge ins World Trade Center gelenkt.

Gelernte Faktenverweigerer und gusseiserne Einfaltspinsel werden sich auch 2030 nicht von Fakten und Beweisen erschüttern lassen, sondern wie die hervorragenden Verschwörungstheoretiker aller Epochen an ihrer extrem schlichten Weltsicht festhalten, die im Kern nichts weiter ist als die jederzeit zuverlässige Folge ihrer sofortigen Kapitulation vor allem Komplizierten. Hartgesottene Konspirologen benötigen keine Beweise. Ihnen genügen Behauptungen von offizieller Stelle, ob vom Amt, vom Arzt, vom Präsidenten oder von Mama, die ihre schlichte Sicht der Dinge stützen. Was nicht sofort und mühelos in ihr Weltbild passt, wird ausradiert, übertüncht und mühelos ignoriert. Dieser Pragmatismus, ohne Wissen der Patienten geboren aus kognitiver Dissonanz, verbindet die, die wissen, dass Eidechsen die Welt regieren, Aliens in Nevada gefangen gehalten werden, dass Osama Bin Laden 9/11 ohne geheimdienstliche Unterstützung durchführen ließ und die Illuminaten-Bilderberger schon seit dem Meteoritenanschlag auf Atlantis hinter allem stecken.

Nur sehr wenige unserer Nachfahren werden sich noch die Mühe machen zu hinterfragen, weshalb so viele 9/11-Konspirologen in den ersten Jahren des neuen Jahrtausends in die Nachrichtenredaktionen des damals noch bestehenden Mainstream aufsteigen konnten. Ebenfalls nur noch in Fachkreisen wird diskutiert werden, wieso es so lange dauerte, bis eine so haarsträubende Verschwörungstheorie wie die »offizielle« als historischer Unsinn entlarvt wurde. Man wird sich an die Gegenverschwörungstheorien erinnern, dass der Mainstream von wenigen Medienmoguln gesteuert, die Wahrheit über finstere Schattenherrscher wegzensiert worden und deshalb zunächst nicht ans Licht gekommen sei, aber diese Erklärung wird man 2030 längst verworfen haben.

Dass es so lange dauerte, bis 9/11 richtig betrachtet wurde, nämlich als Anfang vom Ende des amerikanischen Jahrhunderts, wird erst in der Rückschau vollständig klar werden – ebenso aber wird klar werden, weshalb so viele Meinungsmacher vor den Tatsachen die Augen fest geschlossen hielten und jeden kritisch die Fakten hinterfragenden Zeitgenossen als Verschwörungstheoretiker diffamierten.

Je größer der zeitliche Abstand, desto absurder wird einem indes die vorübergehende Definitionsverwirrung in Sachen »Verschwörungstheorie« vorkommen. Schließlich hatten historisch gesehen immer jene als Mutmaßer finsterer Konspirationen gegolten, die eine möglichst laut- und waghalsige Theorie aufstellten, ohne diese auch nur ansatzweise beweisen zu können, und nicht jene, die akribisch recherchierten, wissenschaftlich arbeiteten und Zusammenhänge bis ins allerletzte Detail untersuchten.

Der Fall 9/11 stellte auch in dieser Hinsicht alles auf den Kopf. Denn zum ersten Mal in der Geschichte gelang es Verschwörungstheoretikern, eine haltlose und rasch widerlegte Theorie felsenfest in den Geschichtsbüchern zu installieren.

Jedenfalls vorübergehend – immerhin ein gutes Jahrzehnt lang.

Die beste Erklärung, wie es dazu kommen konnte, wird 2030 in der psychologischen Fachliteratur ihren Platz gefunden haben, als Paradebeispiel für kollektive Realitätsverweigerung infolge kognitiver Dissonanz – und mancher Fachmann wird die temporäre 9/11-Wahrheit mit der einst gesicherten Wahrheit vergleichen, die Sonne kreise um die Erde. Auch der Verschwörungstheoretiker Kopernikus, der Anno Domini 1543 Machthaber und Meinungsmacher höflich darauf hinwies, die von ihnen propagierte Darstellung halte einer wissenschaftlichen Untersuchung nicht stand, rannte gegen fest verriegelte Türen – nämlich die eines Gedankengebäudes, um dessen Fortbestand man fürchten musste, ließe man nur auch nur einen von Kopernikus' explosiven Gedanken hinein. Sogar die Teilnahme am Gedankenspiel war strikt zu unterbinden, denn schon das »Was wäre, wenn?« malte ein knallbuntes Armageddon an den Horizont: Wenn, ja wenn Kopernikus' Theorie sich als valid erwiese – dann wäre das geozentrische Weltbild tot. Und mit ihm Gott. Und mit ihm der nun nicht mehr im Mittelpunkt des Universums und der Schöpfung stehende Mensch.

Undenkbar. Ende der Diskussion. Bevor sie überhaupt begonnen hatte.

Kopernikus' Werk befand sich bis 1835 auf dem Index Romanus, Nachfolger Galileo Galilei stand während der letzten zehn Jahre seines Lebens bis zu seinem Tod im Jahr 1642 unter Hausarrest. Erst nachdem sich die längst beim Volk angekommene Wahrheit über Gott und die Welt selbst von den klerikalen Meinungsmachern partout nicht mehr leugnen ließ, wurde der Verschwörungsspinner formal auch von der katholischen Kirche rehabilitiert, und das quasi umgehend, nämlich 1992.

Weit hergeholt, der Vergleich zwischen geozentrischem Weltbild und jenem, in dem die freiheitsliebenden Christen die Gutmenschen sind, an deren Vorbild und System die Welt sich orientieren soll? Beileibe nicht, denn auch im Fall 9/11 hatte es der Konjunktiv von Anfang an in sich: Der 11. September sollte billigend in Kauf genommen oder gar unterstützt worden sein von Vertretern der gewählten US-Regierung selbst, um die Bürger des eigenen Landes schockiert und verängstigt in den Krieg zu schicken?

Undenkbar.

Insbesondere die medialen Meinungsmacher des beginnenden 21. Jahrhunderts, geprägt von den Jahren seit 1945, dem Ende des Zweiten Weltkrieges, mit dem das »amerikanische Jahrhundert« begonnen hatte, wussten, dass ihnen wahrhaft Welterschütterndes drohte – Welt*bild*erschütterndes, präziser gesagt. Denn jedermann und -frau wusste oder spürte: Erwiese sich, dass demokratisch gewählte Anführer dieses vorbildlich freien Systems, dass Cheney,

Rumsfeld oder Bush im Vorfeld Kenntnis davon gehabt hätten, was am 11. September geschehen würde, käme gar heraus, dass Regierende via CIA, Department of Defense und Secret Service ein Verbrechen »bewerkstelligen« ließen, und zwar diesmal eines von atemberaubender Skrupellosigkeit, läge unsere ganze Welt in Trümmern. Nicht nur die Symbole des freien Welthandels in New York, weit schlimmer, die Welt in unseren Herzen und Köpfen. Denn allen Vorbehalten zum Trotz galt zu Beginn des 3. Jahrtausends nach Christi Geburt das Paradigma: Die USA führen uns, den Westen, und am American Way of Life soll die Welt sich orientieren in Richtung Freiheit, Wohlstand und Frieden.

Wären unsere Anführer zu einem Hochverrat an all unseren Idealen fähig, wäre das keine hässliche Systemstörung, wie wir sie oft erleben und wahlweise tolerieren oder ignorieren: keine kapitalistische Blüte wie die geschmierte Zulassung todbringender Medikamente, keine platzenden Bohrinseln oder Atomreaktoren, keine platzende Fünf-Billionen-Dollar-Immobilienblase. Terrorismus gegen die eigene Bevölkerung, von ganz oben toleriert, das ist – das wäre – das Ende unserer Weltsicht, das Ende unseres Glaubens an die Demokratie, die Freiheit, das Christentum, das Ende unseres Weges. Gäbe es das, Terror unter falscher Flagge, ausgehend vom Boden der USA und die eigene Zivilbevölkerung als »Kollateralschaden« in Kauf nehmend, hätten wir nichts mehr, woran wir uns halten könnten. Hätten wir alles verloren und trieben endgültig ohne Glauben und Orientierung durch Raum und Zeit – denn wohin könnten wir uns noch wenden, nach einem solchen Vorgang, auf der Suche nach Leitsternen? An das totalitäre China? An den Islam? Um Himmels willen!

Geraten wir in diese von den Psychologen als kognitive Dissonanz bezeichnete Gemütslage, reagieren wir reflexartig immer auf dieselbe Weise: indem wir alle Fakten ausblenden, die unsere fundamentalen Überzeugungen ins Wanken zu bringen drohen. Und je größer die Dissonanz, je größer die Gefährdung unserer Überzeugungen, desto geringer unsere Bereitschaft, die unser Weltbild stützenden »Fakten« auch nur in Frage zu stellen. Und 9/11 sorgte für eine gewaltige kollektive kognitive Dissonanz, stumm in der Tiefe der westlichen Gedankengebäude widerhallend, im Schlepp einen unwiderstehlichen inneren Befehl: Don't go there! Don't even *think* about it!

So war denn auf den gesellschaftlich anerkannten Bühnen selbst die versuchsweise Formulierung einer alternativen Erklärung für die Vorfälle des 11. September von Anfang an unzulässig – nicht nur auf dem politischen Parkett, wo jeder Skeptiker von Beginn an als Vaterlandsverräter und Terroristenfreund galt, sondern erst recht in den Massenmedien. Hierzu bedurfte es indes keiner von gegenseitigen Verschwörungstheoretikern herbeiphantasierten Ansagen von oben, aus den Chefetagen von Rupert Murdochs News Corp oder von Bertelsmann, denn eines verbindet die Meinungsmacher von Fox News bis zum *Spiegel*: Der Erfolg aller massenmedialen Marktteilnehmer basiert auf demselben Geschäftsmodell, alle hängen auf Gedeih und Verderb davon ab, dass Freiheit, Demokratie und freies Spiel der Marktkräfte ihnen ausreichend Anzeigenkunden bringen – und deren Werbemilliarden. Ohne diese wären »rechter« Sender wie »kritisches« Hochglanz-Anzeigenblatt binnen Tagen zahlungsunfähig – beziehungsweise nur noch zum Einzelausgabenverkaufspreis von zirka 30 Euro am Kiosk erhältlich.

So erklären sich die Grenzen, die konservative Nachrichtenmacher ebenso wenig überschreiten wie liberale: Dissens ist zwar zulässig, ja, in Maßen sogar erwünscht, um dem Publikum die Illusion nicht zu nehmen, es habe es mit einem freien System der Berichterstattung zu tun, aber wo immer die Grundlage des Geschäftsmodells bedroht wird, versteht Fox News ebenso wenig Spaß wie der *Spiegel*. Verständlicherweise.

Und so nehmen die hier wie dort überwiegend fest angestellten und vom bestehenden System persönlich profitierenden Mitarbeiter (lies nicht: Journalisten) alle Informationen dankbar auf, die ihr Geschäftsmodell nicht bedrohen – im Fall 9/11 alles, was die einzig für dieses Geschäftsmodell ungefährliche Theorie unterstrich: die Theorie von Osama und den 19 Räubern. Deshalb das energische Zurückweisen alternativer Erklärungsversuche als »Verschwörungstheorien« durch die vereinten Pre$$titutes, deshalb das undifferenzierte Diffamieren, die Nebelkerzen, die wohlfeile Rhetorik. Deshalb die dankbare Begeisterung über den *Commission Report*. Deshalb der blinde An- und Weiterverkauf einer absurden Verschwörungstheorie.

Denn etwas anderes ist die offizielle 9/11-Theorie nicht. Und war es nie, wie der vom Fox- und *Spiegel*-Propagandafeuerwerk verschonte Rest der Welt vom 11. September an ahnte und spätestens seit dem Einmarsch der US-Truppen in Afghanistan und im Irak wusste. Die Verschwörungstheorie der westlichen Politik und ihrer Medien war von Anfang an, wie jede Verschwörungstheorie, grob vereinfachend, unwissenschaftlich, haltlos, mit Emotionen vermischt und mit dem lauten Vorwurf munitioniert: »Ihre Fragen sind pietätlos! Denken Sie doch mal an die Hinterbliebenen!« Womit auch die dringenden Fragen eben jener Hinterbliebenen zurückgewiesen wurden.

Dass 19 Al-Qaida-Hijacker im Auftrag von Osama Bin Laden vier Flugzeuge in die Twin Towers und ins Pentagon steuerten, dass es keine Kollaborateure in US-Kreisen gab – das hält einer Überprüfung nicht einmal im Ansatz stand, wie wir auf den zurückliegenden Seiten noch einmal in aller Deutlichkeit aufgezeigt haben. Al-Qaida, vor und nach dem 11. September bestenfalls zur Zündung einer Rakete oder Kofferbombe in der Lage, orchestrierte das präzise koordinierte Jahrhundertverbrechen nicht – jedenfalls nicht ohne Hilfe westlicher Geheimdienste –; der Anführer der »Liste«, nierenkrank und von Anfang an jede Beteiligung bestreitend, wusste nichts von dem Plan, ebenso wenig wie sein nach 183-facher Folter komplett geständiger Chefplaner Khalid Scheich Mohammed. Die »Hijacker«, Sündenböcke, als Schläfer-Kamikaze mit saudischen Pässen unter dem Schutzschirm der US-Geheimdienste und belastet durch fragwürdige Beweisstücke, wurden allem Anschein nach gebrieft und geführt von Mittelsmännern auf der Payroll des CIA-nahen pakistanischen Geheimdienstes ISI, deren Offiziere und Verbindungsagenten die US-Regierung bis heute nicht befragen will.

Was bleibt? Ein umfassender Übungstag des gesamten US-Militärs und diverser Regierungsbehörden, koordiniert verlegt auf den 11. September, geänderte Dienstvorschriften und abwesende Verantwortliche an allen entscheidenden Stellen der Befehlskette. Eine stundenlang lahmgelegte Flugabwehr, erklärbar nur – wahlweise – durch eine Stand-Down-Order oder heillos verwirrende Übungs-Inserts auf den Schirmen ziviler Lotsen. Im freien Fall zusammenbrechende Hochhäuser, darunter sogar eines, das nicht von einer fliegenden Bombe getroffen wurde, dafür aber schon vor dem 11. September präpariert worden war; abgesägte Eisenträger in tragender Funktion, blitzschnell entsorgt, und Nanothermit-Spuren im Staub der Gebäude. Die sofortige Einstellung aller behördlichen Ermittlungen wegen biologischer Massenvernichtungswaffen in Jane und John Does Tagespost, angeblich verschickt von einem irren Einzeltäter, der den Patriot Act mit Macht durchgepeitscht wissen wollte; Whistleblower, umgehend per Maulkorberlass zum Schweigen gebracht. Zuletzt: Die versuchte Verhinderung einer unabhängigen Untersuchungskommission durch die US-Regierung selbst, endend schließlich mit dem Einsatz einer Alibi-Kommission unter der Leitung eines engen Vertrauten eben jener Machthaber, die ihr Desinteresse an jeder Aufklärung von Anfang an überdeutlich unterstrichen hatten; die Verweigerung der Herausgabe aller relevanten Informationen, kein Zugang zum gefolterten Kronzeugen; Lügen, Weglassungen und Fälschungen im Dutzend billiger und das Fazit selbst der offiziellen Vorsitzenden der 9/11-Commission: »We were set up to fail.«

Aufklärung? Anklagen? Anzeigen? Fehlanzeige.

Aber 2011 ist nicht 2001. Die Zeiten haben sich geändert, mit einem veränderten Bewusstsein für die existenzielle Krisensituation, in der sich unser Planet und seine Bewohner befinden. Und so sind die Verehrer der strengen Wissenschaftler Kopernikus und Galilei nicht verstummt, sondern ebenso zahlreich wie hartnäckig standhaft geblieben: Die Prüfung der alternativen Verschwörungstheorien ist überfällig – und die medialen Gralshüter kämpfen, wenngleich mit schwerem Geschütz, auf verlorenem Posten. Zu viel ist inzwischen geschehen, Wikileaks und Assange, Dauerohrfeigen für den »Journalismus«, sind nicht totzukriegen (hoffentlich), zu viel konnte nicht unter dem Teppich bleiben, zu offensichtlich ist, auf welche Staatsform die USA seit der Jahrtausendwende zusteuern. 2001 noch der angegriffene Bewahrer der Freiheit und Europa-Verbündete mit der historischen Christenchance, nun alle Kriege zu beenden, 2011 ein entlarvtes Imperium, das untergehend die Politik mit letzten Mitteln fortsetzt: dem fortwährenden Krieg.

Der 9/11-Lüge folgte die irakische Massenvernichtungswaffen-Lüge, der Invasion Afghanistans die Invasion des unbewaffneten Irak – unter Inkaufnahme von nicht 3000 Toten wie in New York und Washington, sondern von bis zu einer Million Opfern im Zweistromland, davon 90 Prozent Zivilpersonen.

Der per Handycam-Mitschnitt öffentlich gemachten Hinrichtung Saddam Husseins folgte die Aufdeckung der Wahrheit über Abu Ghraib, Guantánamo blieb, die Sub-Prime-Krise und der anschließende Bail Out legten Zeugnis ab vom Ende der Souveränität und Freiheit von Volksvertretern wie Vertretenen, und eingestehen mussten wir uns am Ende: Die Täter, »too big to fail«, sitzen über sich selbst Gericht – und gleichzeitig an den Notenpressen. Sowie direkt neben dem Präsidentendaumen am Tisch, neben dem roten Knopf für den Ernstfall.

Erinnern wir uns, auch wenn es schmerzt, an die Friedensnobelpreisrede unseres letzten Hoffnungsträgers nach der scheinbar überstandenen Finsternis unter den Öl-Lords Bush und Cheney. In Oslo präsentierte sich Barack Obama als ein unangenehm berührter Führer, nur noch bedingt beherrscht angesichts des durchsichtigen Manövers der preisverleihenden Europäer, ein Mann, der durch trockene Blumen klarstellte: Vertut euch nicht, ich bin ein Kriegspräsident. Oder genauer, mit seinen eigenen Worten:

> »Ich weiß, dass nichts Schwaches, nichts Passives, nichts Naives ist in den Überzeugungen und Leben von Gandhi und King. Aber als ein Staatschef, der geschworen hat, seine Nation zu beschützen und zu verteidigen, kann ich mich nicht allein von ihrem Beispiel leiten lassen. Ich muss der Welt gegenübertreten, wie sie nun mal ist, und kann nicht untätig bleiben gegenüber den Gefahren, denen sich das amerikanische Volk gegenübersieht. Denn täuschen Sie sich nicht: Es gibt das Böse in dieser Welt. … Verhandlungen können die Al-Qaida-Führer nicht dazu bringen, ihre Waffen niederzulegen. Zu sagen, dass Gewalt manchmal notwendig ist, ist keine Aufforderung zum Zynismus – es ist eine Erkenntnis der Geschichte.«

Cynthia McKinney, seit jeher Kritikerin der 9/11-Legenden, frühere Kongressfrau und inzwischen Kandidatin der amerikanischen Grünen für das PräsidentInnenamt, konstatierte, mit der Amtseinführung Obamas hätten zuletzt nun auch noch sie und ihre schwarzen Mitbürger, die keinen dieser Kriege wollen oder je gewollt hatten, ihre Unschuld verloren, und in der Tat hat der »Change«, die Unique Selling Proposition der Marke Obama, stattgefunden – allerdings anders als gedacht: Das schon unter George W. Bush obszöne Pentagon-Budget befindet sich auf historischem Rekordniveau, die diesbezügliche Transparenz in historisch finsterstem Tal, potentielle Whistleblower werden massiv bedroht und verfolgt, »Landesverräter« wie Bradley Manning und ausländische Staatsfeinde wie Julian Assange sind zu Folter oder Abschuss freigegeben. Und die Aussichten bleiben unverändert: Das Empire rechnet wegen der »asymmetrischen Bedrohungen« – insbesondere durch Terrorismus und Cyberwarfare – fest mit Krieg als Dauerzustand. Was schon der heimliche Vorgänger des selbsternannten Kriegspräsidenten Barack Obama offen aussprach, allerdings ohne dass dieser, Dick Cheney, dafür einen Friedensnobelpreis benötigt hätte: »Dies hier ist etwas anderes als der Golfkrieg, und zwar insofern, als es nie beendet sein wird – jedenfalls nicht, solange wir leben.«

Die Frage, die sich uns, seinen europäischen Zuhörern, stellt, ist allerdings, ob auch wir lebenslänglich Krieg für unvermeidlich halten. Und unsere Antwort auf diese Frage hängt entscheidend von unserer Position ab, unserem Weltbild. Um jedoch wenigstens die Gültigkeit unseres derzeitigen Weltbildes angemessen beurteilen zu können, müssen wir uns zunächst vom Irrglauben befreien, es würde durch eine angemessene Betrachtung des 11. September zerstört.

Deshalb gestatten wir uns an dieser Stelle den abschließenden Versuch einer Versöhnung von Glauben, Hoffnung und Fakten. Eine Formulierung im Konjunktiv, beginnend notwendigerweise mit der alles entscheidenden Feststellung: Erwiese sich, dass Elemente der US-Regierung und -Geheimdienste 9/11 »orchestriert« hätten, dann wäre unser Glaubenssystem eben nicht im Kern beschädigt. Das Eingeständnis, dass nicht die Sonne um die Erde kreist, sondern vice versa, würde uns nicht vernichten.

Es wäre alles schlimm. Aber nur halb so schlimm.

Die Demokratie weiterhin lebendig, wenn auch nicht die amerikanische, der Glaube an die freie Marktwirtschaft weiterhin berechtigt, wenn auch nicht der Glaube an den amerikanischen Raubtierkapitalismus. Die Freiheit immer noch unser höchstes Gut. Wenn auch nicht die amerikanische Freiheit, die eben nicht dort endet, wo die des anderen beginnt.

Wer sich den unter den Kürzeln »Lihop« und »Mihop« versammelten Theorien, wahlweise also dem »Let it / Make it happen on purpose«, unter stillschweigender oder aktiver Beteiligung amerikanischer Regierungs- und Geheimdienstkreise, zumindest stellen will, dem hilft nur Aufrichtigkeit. Denn die nüchterne Bereitschaft, sich selbst nichts vorzumachen, ist die Voraussetzung für jede Aufklärung. »Ihr werdet die Wahrheit erkennen, und die Wahrheit wird euch frei machen«, diese Überzeugung verbindet Jesus und die CIA, aus deren Empfangsmarmorfußboden im Hauptquartier in Langley, Virginia, jeden Besucher diese gravierten Worte aus dem Johannes-Evangelium begrüßen. Wir sind uns also einig.

Versichern aber sicherheitshalber nochmals, ehe wir im Schweinsgalopp ans Eingemachte gehen: Wäre es so, wären Cheney, Rumsfeld, die CIA und die Bush-Familie involviert – dann schiene es zwar im ersten Moment, als verdienten sie für dieses ihr Verhalten einen Ehrenplatz auf dem elektrischen Stuhl, bei genauerer und gerechterer Betrachtung der zugrunde liegenden Motive jedoch wären sie nicht mehr ohne weiteres zu verdammen oder gar zur bestrafen, sondern – zu begnadigen.

Wie das?

So: Machen wir uns für einen Augenblick nichts vor, im Großen und Ganzen. Die Weltbevölkerung wächst und wächst weiter, und nur etwa zehn Prozent – nämlich wir Amerikaner und Europäer – verzehren frei nach dem heiteren Motto »Fleisch ist mein Gemüse« täglich zerhackte Lebewesen, die nicht nur zeitlebens erderwärmendes Methan furzen, sondern deren Aufzucht und Hege bis zu ihrer Exekution das Abholzen von Wäldern und die Produktion von Futter erfordert, das wir besser anderen Menschen überlassen hätten, statt diese verhungern zu lassen. Wir zehn Prozent wohnen beheizt und beleuchtet, duschen warm, reisen gern, hoch und fern und verfügen über zwei bis drei Autos pro Familie.

Das möchten die anderen 90 Prozent der Weltbevölkerung verständlicherweise auch. Es wird aber nicht gehen, denn auch das dümmste Milchmädchen begreift schon beim groben Peilen über den groben Daumen: Es ist nicht genug für alle da. Zumal uns die Ressourcen und Rohstoffe allmählich ausgehen. Wir zehn Prozent verbrauchen 140 kw/h am Tag, pro Kopf, das ist die Energieleistung von 140 Menschen. Unsere Sklaven sind weiß, wir nennen sie Steckdosen, aber irgendwo muss die Energie eben herkommen.

Viel mehr, als alles Mögliche zu verbrennen (erst Holz, dann Kohle, dann Öl und Gas), ist uns bis zum Beginn der industriellen

Revolution nicht eingefallen, und erst seit relativ kurzer Zeit ist uns sonnenklar, dass wir demnächst alternative Energienquellen benötigen. In großem Umfang. Die Ressourcen, die wir dazu benötigen, liegen aber vorwiegend nicht unter unseren zehn Prozent westlichen Füßen, sondern unter denen von Arabern und Irakern, Russen und Usbeken, Venezolanern und Chinesen. Also zu Füßen derer, die nach unserem nicht offen erklärten Willen eben nicht allesamt teilhaben können an Autofahrten zum gut beheizten täglichen Fleischfestmahl in klimatisierten Räumen mit angeschlossener Wasserhahn- und Porzellanausstellung.

Entscheidend ist: Ob wir vor dem unausweichlichen »Ende des Öls« unsere Zukunftstechnologien – Windräder, Wasser- und vor allem Solarkraftwerke sowie fahrende Batterien in Form von Milliarden Kleinwagen – im großen und ausreichenden Stil werden aufbauen und in unsere Energieversorgungsnetze implementieren können, hängt vor allem ab von den Energiequellen, die uns derzeit zur Verfügung stehen, also Kohle, Gas und vor allem Öl.

Ohne unseren freien Zugang zu den Ölquellen der Welt keine Windkraftanlagen, keine Solarfelder, kein E-Auto-Grid.

Ohne Öl keine nachhaltige, grüne Zukunft.

Genauer: keine Zukunft.

Selbst wenn Otto Normalstromverbraucher sich hierüber auch zu Beginn des 21. Jahrhunderts keine ausreichend ernsthaften Gedanken macht (und sein verschwenderischer Vetter drüben im Römischen Reich des 20. Jahrhunderts noch viel weniger), kennen die Vertreter von »Big Oil« diese schlichten Zusammenhänge sehr genau. Deshalb geht es auf dem großen politischen Schachbrett auch, aber beileibe nicht nur, um Profite und die Ausbeutung des Planeten und seiner Bewohner, es geht erst recht um Machterhalt und um Sicherheit, Frieden und Freiheit über die Jetztzeit hinaus. Drehte heute jemand dem ebenso hoffnungslos verschwenderischen wie hoffnungslos überschuldeten Imperium USA mit sofortiger Wirkung den Ölhahn ab, stürzte das Land, bar jeder nennenswerten ölunabhängigen Infrastruktur, über Nacht ins Chaos – und ein solches Chaos hätte katastrophale, weitreichende Folgen.

Denn was bedeutete das? Leere SUVs? Das Ende jeder Mobilität? Das Ende der Wasserversorgung und der Air Condition? Das Ende jeder Produktion und fast jeder Beschäftigung? Die Atommacht im Bürgerkrieg? Unter einem Präsidenten Glenn Beck, berauscht vom gefährlichen Gebräu der rechtsreligiösen Tea Party, mit dem Finger am roten Knopf und Sarah Palins Finger auf dem seinen? Oder erlebten wir gleich mehrere Regionalfürsten? Die Ostküste versus Texas? Alaska und Verbündete gegen den US-Westen? Yankees gegen Konföderierte, und jede Hausfrau bis an die Zähne bewaffnet? Der Mittlere Westen nur mehr im Panzerkonvoi durchquerbar?

Ein Alptraum.

Für jeden verantwortungsvollen Landesführer.

Für Männer wie Dick, Don, George W. und Barack.

Und so handeln sie rechtzeitig, im Sinn ihrer nur sehr bedingt aufnahmefähigen Schutzbefohlenen, ihres Volkes. Wie es sich für gute Führer und Väter gehört. Man korrigiert sanft, wenn die Schar der Unmündigen sich versehentlich verwählt wie bei den Präsidentschaftswahlen 2000, man versammelt kaum zwei Wochen nach dem Machtwechsel im März 2001 alle neuen Minister und alle maßgeblichen Vertreter der Energieindustrie hinter verschlossenen Türen zur Krisensitzung, über Irak- und Afghanistankarten gebeugt, und verabschiedet die erforderlichen politischen Schritte, um die andernfalls unvermeidliche Energieversorgungskrise abzuwenden, eine Bedrohung für – mit den Worten des damaligen Energieministers Spencer Abraham – »den nationalen Wohlstand, die nationale Sicherheit und buchstäblich unsere gesamte Lebensweise«. Der Inhalt der ernsten Erwachsenengespräche bleibt indes vertraulich. Was die hier beschriebene Energy Task Force unter Leitung von Vizepräsident Cheney im März 2001 an Maßnahmen verabschiedete, ist aller FOIA-Anfragen, Erkundigungen des US-Bundesrechnungshofs GAO und aller gerichtlichen Klagen von Spielverderbern wie Judical Watch und Sierra Club zum Trotz bis heute Staatsgeheimnis.

Dick sei Dank: Man behelligt uns nicht mit der Wahrheit, denn die ertragen wir nicht. Man sagt nicht: »Wir kämpfen dort für unsere nationale Sicherheit. Ein Land unserer Größe mit dieser Außenhandelsabhängigkeit muss wissen, dass auch militärischer Einsatz notwendig ist, um unsere Interessen zu wahren, zum Beispiel freie Handelswege, um ganze regionale Instabilitäten zu verhindern, die mit Sicherheit dann auch auf unsere Chancen zurückschlagen – negativ durch Handel, Arbeitsplätze und Einkommen.« Das heißt, man sagt es vielleicht doch, wenn auch mit geringfügig anderen Worten, und wird dann für diese Wahrheit aus dem Schloss Bellevue gemobbt (denn die Worte oben waren – nur marginal angepasst – jene, die Horst Köhler umgehend Ruf und Job kosteten). Aber schon gar nicht sagt man so etwas, öffentlich, als Amerikaner. Oder gar den Amerikanern.

Man sagt nicht: Wir müssen vor Ort präsent sein. Wir müssen unsere Ölversorgung sichern. Und da mancher Ölbesitzer es nicht so gern sieht, dass wir sein Öl kontrollieren und verbrauchen, bedeutet dies Truppen, bedeutet dies: Krieg.

Denn Krieg, das ist der Gipfel der politischen Unkorrektheit. Krieg mag die klimatisierte SUV-Fahrerin nicht. Sie mag nicht einmal das Wort. Erst recht nicht das, was es beschreibt. Sie will nicht, dass man in ihrem Namen tötet, erst recht will sie ihre Kinder nicht fallen sehen. Und so lässt sich Krieg nicht problemlos anzetteln, jedenfalls nicht in Zeiten des Wohlstandes, mit hochgejazzten Internetbörsen und Präsidenten, die nichts Gravierenderes in Unordnung bringen als die Frisuren ihrer Praktikantinnen. Aber dass Kriege unvermeidbar waren, das wussten die verantwortungsvollen Landesväter schon, bevor sie durch die fragwürdige Präsidentenwahl des Jahres 2000 auf alle entscheidenden Posten zurückkehren konnten.

Was fehlte, um die dringend erforderlichen Kriege beginnen zu können, mit dem Rückhalt der eigenen Bevölkerung, war ein »neues Pearl Harbor«, wie das der neokonservative Thinktank Project for a New American Century eindrucksvoll detailliert herausarbeitete (die Schrift *Rebuilding America's Defenses* aus dem Jahr 2000 finden Interessierte weiterhin im gut sortierten Netz) und Zbigniew Brzezinski, Jimmy Carters Sicherheitsberater zu Zeiten der russischen Invasion in Afghanistan, bereits 1997 in seinem Buch *The Grand Chessboard* explizit formuliert hatte. Die verantwortungsvollen neuen Führer und Bewahrer des westlichen Lebensstils waren sich mithin im Allerklarsten darüber, dass sie aus psychologischen Gründen einen verheerenden feigen Anschlag auf die eigenen Leute dringend benötigten. Denn ohne ein neues Pearl Harbor wäre es unmöglich gewesen, den notwendigen Krieg zu führen.

9/11 musste passieren.

Nun kann man natürlich von einer tragischen, gleichwohl glücklichen Fügung sprechen, wenn einer sich ein welterschütterndes Ereignis wünscht, das seinen Zielen dient, und wenn dies dann tatsächlich eintritt und ihm die Gelegenheit bietet, zu tun, was ohnehin notwendig ist. Andererseits enthebt einen der vermutete Hinweis auf »göttliche Fügung« eben nicht der Pflicht, sich den einen oder anderen Gedanken über die wahrscheinlicheren Gründe zu machen. Sprich – und mehr ist in Sachen Dreh- und Angelpunkt der veränderten Weltlage zunächst nicht erforderlich: Fragen zu stellen und nach erfolgter Widerlegung der offiziellen 9/11-Verschwörungstheorie mit der ergebnisoffenen Überprüfung zunächst der besseren, weil wahrscheinlicheren alternativen Theorien zu beginnen.

Im Wissen, dass uns das Ergebnis so oder so nicht vernichten wird. Im Wissen aber auch um die unangenehm mitschwingende Frage, ob nicht vielleicht doch wir selbst indirekt die Profiteure (*cui bono*) dieses verheerenden Anschlags waren und sind.

Wir? Wer, wir?

Wir sind keine Amerikaner.

Richtig, einerseits. Andererseits: bequem.

Denn wir haben geschwiegen. Wir haben nicht gefragt. Haben die 9/11-Verschwörungstheorie hingenommen, unkritisch. Und führen Krieg gegen Afghanistan, seit zehn Jahren, weil Osama Bin Laden sich dort angeblich versteckt hatte. Hätten wir die Erklärung des Anschlags – und die Folgen für die Welt – auch dann akzeptiert, wenn Europa, wenn Deutschland schon 2001 unabhängig gewesen wäre vom Öl des Irak, von der Pipeline durch Afghanistan?

Auch wir sind Profiteure von Dick Cheneys Energy Task Force. Und Profiteure der 9/11-Lüge.

Beziehungsweise: waren.

Aber das ist nicht das Ende der Welt, sondern ein Anfang. Das Eingeständnis eigener Fehler führt nicht ins Fegefeuer, sondern näher zur Wahrheit. Die uns frei macht, wie Jesus und die CIA wissen, frei vor allem, in Zukunft besser zu handeln.

Käme also bei der überfälligen Aufklärung des Jahrhundertverbrechens 9/11 heraus, dass Dick, Don und Familie Bush die Fäden zogen – die Anführer der Bande, handelnd aus Sorge um unser aller Sicherheit und Handelswege, verdienten den Dank nicht nur aller SUV-fahrenden Rednecks, sondern auch den unseren, den ihrer noch etwas selbstgerechter SUV-fahrenden grünen Freunde in Europa sowie den Dank derer, die kraft Zugang zu den verbleibenden Ölreserven des Planeten die zukünftige Energieversorgung des Westens mittels regenerativer Energiequellen sicherstellen wollen.

Deshalb schulden wir alle Dick und Don ein Denkmal.

Temporär.

Denn nach diesem traurigen Eingeständnis unserer eigenen Schuld sowie der eimerweise Asche über unsere eigenen Häupter wird es Zeit für ein paar tausend Tauben. Und eine Abrissbirne, geworfen zu besinnlicher Musik; der Musik einer Rückbesinnung auf unsere Geschichte. Nicht die kurze der Amerikaner, sondern die Europas – reicher, länger, tiefer, aber auch aus der Erfahrung mit mehreren von unserem Kontinent aus weltweit fatal operierenden Empires und den opferreichen Folgen klug geworden und seit dem Ende des letzten großen Krieges – nachweislich fähig zum Frieden.

Erst das Denkmal, dann der Neubau. Aus den Trümmern des American Way of Life and Death.

Damit wir 2030, bei Lektüre unserer Geschichtsbücher, gesichert wissen: 9/11 war nicht nur der Anfang vom Ende des amerikanischen Jahrhunderts. 9/11 war auch der Anfang eines besseren.

Abkürzungen

AFB:	Air Force Base; Luftwaffenstützpunkt
AFIP:	Armed Forces Institute of Pathology; Pathologie-Institut der US-Streitkräfte in Washington, D.C.
BTS:	Bureau of Transportation Statistics; Amt für Verkehrsstatistik
CBP:	Customs and Border Protection; Zoll- und Grenzschutzbehörde der USA, nachgeordnete Behörde des Heimatschutzministeriums
CBOE:	Chicago Board Options Exchange; eine der weltgrößten Optionsbörsen
CIA:	Central Intelligence Agency; Zentraler bzw. Auslandsnachrichtendienst der USA
CTC:	Counter Terrorism Center der CIA
DDO:	Deputy Director of Operations; Leiter des NMCC
DEA:	Drug Enforcement Agency; Drogenkontrollbehörde der USA
DIA:	Defense Intelligence Agency; militärischer Nachrichtendienst der USA, Dachorganisation der Geheimdienste der vier Teilstreitkräfte
DoD:	Department of Defense; US-Verteidigungsministerium
DoT:	Department of Transport; US-Verkehrsministerium
ESC:	Executive Support Center (des Pentagon); Telefon- und Videokonferenzzentrale
FAA:	Federal Aviation Administration; Luftfahrtbehörde, zuständig für die Überwachung und Koordination des zivilen Flugverkehrs
FEMA:	Federal Emergency Management Agency; nationale Koordinationsstelle für Katastrophenhilfe, eine Behörde des Heimatschutzministeriums, entspricht etwa dem Technischen Hilfswerk

FBI: Federal Bureau of Investigation; bundespolizeiliche Ermittlungsbehörde des US-Justizministeriums

FDA: Food and Drug Administration; Lebensmittelüberwachungs- und Arzneimittelzulassungsbehörde in Rockville, Maryland, dem Gesundheitsministerium nachgeordnet

FEMA: Federal Emergency Management Agency; als Teil des Heimatschutzministeriums die nationale Koordinationsstelle für Katastrophenhilfe

FFB: Fakten, Fälschungen und die unterdrückten Beweise des 11.9.; Buchtitel von Bröckers/Hauß

FOIA: Freedom of Information Act; ein Gesetz, das jedem Amerikaner den freien Zugang zu Informationen einräumt (sofern diese Informationen nicht aus Gründen der Staatssicherheit unter Verschluss sind)

GAO: General Accounting (seit 2004: Accountability) Office; US-Rechnungsprüfungsbehörde

GID: General Intelligence Directorate; saudischer Geheimdienst

INS: Immigration and Naturalization Service; bis zum März 2003 die US-Zuwanderungs- und Einreisebehörde

IRS: Internal Revenue Service; US-Bundessteuerbehörde

ISI: Inter-Service Intelligence, Geheimdienst des pakistanischen Militärs

JPALS: Joint Precision Approach and Landing System; ein militärisches Allwetterlandesystem für Präzisionsanflüge

JSOC: Joint Special Operations Command; Kommandoeinrichtung der US-Streitkräfte, koordiniert Verbundoperationen von Spezialeinheiten.

KSM: Khalid Scheich Mohammed

MI6: Military Intelligence, Section 6 – oder auch Secret Intelligence Service; britischer Auslandsgeheimdienst

NEADS: North Eastern Defense Sector des NORAD

NIST: National Institute of Standards and Technology; ein dem Handelsministerium nachgeordnetes Institut für Standardisierungsprozesse

NMCC: National Military Command Center; das operative Kontrollzentrum im Pentagon

NORAD: North American Aerospace Defense (Command); US-Luftraumverteidigung

NRO:	National Reconnaissance Office; US-Militärnachrichtendienst, verantwortlich für das militärische Satellitenprogramm
NSA:	National Security Agency; US-Militärnachrichtendienst, zuständig für die weltweite Überwachung und Entschlüsselung elektronischer Kommunikation
NTSB:	National Transport and Statistic Bureau; Verkehrsbehörde zur Aufklärung von Unglücksfällen in der Luft- und Schifffahrt, bei Eisenbahnen und Pipelines sowie auf Autobahnen
PFIAB:	President's Foreign Intelligence Advisory Board; ein eher im Geheimen wirkendes Beratergremium des Präsidialamtes
PNAC:	Project for A New American Century; zwischen 1997 und 2006 ein neokonservativer Thinktank
RFU:	Radical Fundamentalist Unit; eine von mehreren Einheiten, aus denen sich die Counterterrorism Division des FBI zusammensetzt
SEC:	Security and Exchange Commission; US-Börsenaufsicht
SOCOM:	United States Special Operations Command; übergreifende Kommandoeinrichtung aller Spezialeinheiten der US Army, zuständig für die Geheimdienstoperation »Able Danger«
STRATCOM:	Strategic Command; Strategisches Oberkommando der US-Streitkräfte mit Sitz in Offutt, Nebraska
USAMRIID:	United States Army Medical Research Institute of Infectious Diseases; Militärinstitut zur Erforschung biologischer Waffen und entsprechender Gegenmittel in Fort Detrick, Maryland
WTC:	World Trade Center

Anmerkungen

Alle Anmerkungen und Links finden Sie auch online auf der Website www.westendverlag.de/911.

2) Die Kommission

1 Shenon, *The Commission*, S. 29
2 Ebd., S. 39
3 Vgl. *History Commons*, »December 16, 2002: Members of 9/11 Commission Have Potential Conflicts of Interest«; www.historycommons.org/context.jsp?item=a121602otherconflicts#a121602otherconflicts
4 *History Commons*, »March 26, 2003: President Bush Turns Down Increased Budget for 9/11 Commission«; www.historycommons.org/context.jsp?item=a032603commissionfunding#a032603commissionfunding
5 Shenon, *The Commission*, S. 30 f.
6 Ebd., S. 388
7 Kean u.a., *Without Precedent*, S. 82 ff.
8 Ebd., S. 120 ff.
9 Ebd., S. 14
10 Ebd., S. 321
11 Nur 16 Prozent aller Amerikaner stimmten 2006 der Frage zu, ob die Bush-Regierung in Sachen 9/11 die Wahrheit sage; im Mai 2002, vor der Veröffentlichung des *Commission Report*, waren es noch 21 Prozent gewesen.

3) Der Autor: Philip Zelikow

1 Miller Center Report, »Thinking about Political History«, Winter 1999, S. 5 ff.; http://replay.web.archive.org/20090301022031; http://webstorage1.mcpa.virginia.edu/library/mc/mcreport/vol14_num3.pdf
2 Carter u.a., *Catastrophic Terrorism*; www.hks.harvard.edu/visions/publication/terrorism.htm
3 Vgl. Stinnett, *Pearl Harbor*
4 Shenon, *The Commission*, S. 104
5 Zit.n. Emad Mekay, »War Launched to Protect Israel – Bush Adviser», Inter Press Service, 29.3.2004; http://ipsnews.net/news.asp?idnews=23083
6 Thomas Donelly u.a., *Rebuilding America's Defenses. Strategy, Forces and Resources For a New Century*, A Report of The Project for the New American Century, September 2000; www.newamericancentury.org/RebuildingAmericasDefenses.pdf

4) Der Kopf: Osama Bin Laden

1 Die dutzendfach belegten Osama-Bin-Laden-Zitate sind hier exemplarisch zit.n. Laurent, *9/11/01*, S. 250 ff. Eine ausführliche Zusammenstellung der weiteren Dementi Bin Ladens hier: http://www.911-archiv.net/debunking-of-debunkers/allgemein/obl-dementiert-jede-beteiligung-an-911.html

2 Ebd., S. 252

3 Vgl. AP, 14.12.2001: »Bin Laden misrepresents islamic teachings«; www.usatoday.com/news/sept11/2001/12/13/tape-scholars.htm

4 Laurent, *9/11/01*, S. 257, mit Verweis auf den ARD-Monitor vom 22.12.2001 sowie www.uni-kassel.de/fb5/frieden/regionen/Afghanistan/laden-video.html

5 Ein Video sagt mehr als tausend Bilder – z.B. hier: www.metacafe.com/watch/364528/is_he_bin_laden

6 In der Sahih Al-Bukhari heißt es dazu (unter Nr. 6222), Hervorhebung von uns: »Der Prophet, Allahs Segen und Friede auf ihm, befahl uns sieben Dinge und verbot uns andere sieben Dinge: Er befahl uns, den Kranken zu besuchen, an dem Beerdigungszug teilzunehmen, dem Niesenden Barmherzigkeit zu wünschen, dem Einladenden Folge zu leisten, den Friedensgruß zu erwidern, dem Unterdrückten zu helfen und den Eidleistenden bei Erfüllung seines Eids zu unterstützen. *Dagegen verbot er uns sieben Dinge: Goldringe – oder Goldschmuck – zu tragen*, Seide, feine Seide, Seidenbrokat und mit Seide gemischte Stoffe anzuziehen.«; http://islamische-datenbank.de/option,com_buchari/action,viewhadith/chapterno,71/min,80/show,10/

7 www.fbi.gov/wanted/topten/fugitives/laden.htm

8 Rex Tomb, Leiter der FBI-Presseabteilung, zit.n. Ed Haas, Muckracker Report, 6.6.2006: »The Reason why 9/11 is not mentioned on Usama Bin Laden's Most Wanted Page is because the FBI has no hard evidence connecting Bin Laden to 9/11.«; http://replay.waybackmachine.org/20090421105709/http://muckrakerreport.com/id267.html

9 Florian Rötzer, »Bin Laden gibt sich staatsmännisch«, in: *Telepolis*, 30.10.2004; www.heise.de/tp/artikel/18/18692/1.html; ders., »Das Al-Qaida-Videoband zum Jahrestag«, in: *Telepolis*, 8.9.2006; www.heise.de/tp/artikel/23/23511/1.html

10 George W. Bush in einer White-House-Pressekonferenz, März 2002; http://replay.waybackmachine.org/20030405074947; http://www.whitehouse.gov/news/releases/2002/03/text/20020313-8.html

11 General Richard Myers im CNN-Interview, 6.4.2002; http://replay.waybackmachine.org/20020410092932; http://www.defenselink.mil/news/Apr2002/t04082002_t407genm.html

5) Die Finanzierung

1 *Commission Report*, S. 172: »The 9/11 plotters spent somewhere between $400,000 and $500,000 to plan and conduct their attack.«; www.9-11commission.gov/report/911Report.pdf

2 Ebd., S. 172: »To date, the US government has not been able to determine the origin of the money used for the 9/11 attacks. Ultimately the question is of little practical significance.«

3 Ebd., S. 169: »The origin of the funds remains unknown, although we have a general idea of how al Qaeda financed itself during the period leading up to 9/11.«

4 Ebd., S. 172: »Our investigation has uncovered no credible evidence that any person in the United States gave the hijackers substantial financial assistance. Similarly, we have seen no evidence that any foreign government – or foreign government official – supplied any funding.«

5 Ebd., S. 172 (Hervorhebungen von uns): »The available evidence *indicates* that the 19 operatives were funded by al Qaeda ... Our knowledge of the funding during this period, before the operatives entered the United States, remains *murky*.«

6) Die Verbindung: Omar Said Sheikh

1 Exakte Wissenschaftler werden einwenden, das sei nicht ganz richtig, denn ISI-Chef Mahmud Omar werde sehr wohl erwähnt, und zwar gleich zweimal, im Zusammenhang mit diplomatischen Fragen in der Ära *nach* 9/11, der Geheimdienst selbst sogar ein einziges Mal wegen einer früheren Unterstützung Al-Qaidas. Den entscheidenden Omar Said Sheikh hingegen sucht man tatsächlich ganz und gar vergeblich.

2 Siehe u.a. »Gen Mahmud's Exit Due to Links with Umar Sheikh«, in: *Dawn*, 8.10.2001; http://web.archive.org/web/20011011083446; http://www.dawn.com/2001/10/09/top13.htm

3 Siehe u.a. »UK Move To Allow Entry To Ultra Alarms Abducted Britons«, in: *Press Trust Of India*, 3.1.2000; www.indianexpress.com/ie/daily/20000104/ian04025.html

4 Die ausführlichste Darstellung des Falls findet sich in Lévy, *Wer hat Daniel Pearl ermordet?*, S. 96 ff.

5 Tariq Ali, »Who Really Killed Daniel Pearl? The US is Ignoring Evidence of Links With Pakistan's Secret Service«, in: *Guardian*, 5.4.2002; www.guardian.co.uk/media/2002/apr/05/pressandpublishing.pakistan

6 *Newsweek* berichtet am 12.2.2002 nicht nur von Omar Said Sheikhs eigenartigem Verhalten vor Gericht, sondern auch, der Verdächtige sei bereits eine Woche vorher vom ISI festgenommen worden; www.newsweek.com/2002/02/24/a-struggle-in-the-shadows.html

7 Chaim Kupferberg, »There's Something About Omar: Truth, Lies, and The Legend of 9/11«, auf *Global Research*, 21.10.2003; http://globalresearch.ca/articles/KUP310A.html

8 Paul Thompson, »Sept. 11's Smoking Gun. The Many Faces of Saeed Sheikh«, auf *History Commons*, 25.2.2003; www.historycommons.org/essay.jsp?article=essaysaeed

9 Walther, *Der zensierte Tag*, S. 159 ff.

10 Siehe Fielding u.a., *Masterminds of Terror*

11 Z.B. auf *Spiegel-online*; www.spiegel.de/panorama/zeitgeschichte/0,1518,435706,00.html

12 Exemplarisch dafür »Operation heiliger Dienstag«, in: *Der Spiegel* 44/03, 27.10.2003, S. 120–135; www.spiegel.de/spiegel/print/d-28990723.html

13 UPI Exclusive, 30.9.2002: »Pearl Tracked Al-Qaida«; www.upi.com/Top_News/2002/09/30/UPI-Exclusive-Pearl-tracked-al-Qaida/UPI-94071033424088/

14 2007 schwebte das Verfahren noch immer, jüngere Berichte fehlen unseres Wissens, außer dass Omar Said Sheikh laut einem Bericht der pakistanischen *Dawn* Ende 2008 beinahe per Telefonscherz aus dem Knast einen Atomkrieg zwischen Pakistan und Indien ausgelöst hätte. Siehe »Jailed militant's hoax calls drove India, Pakistan to brink of war«; in: *Dawn*, 26.11.2009; www.defence.pk/forums/strategic-geopolitical-issues/39973-jailed-militant-s-hoax-calls-drove-india-pakistan-brink-war.html. Der Mann hat offenbar einen interessanten Nummernspeicher in seinem Handy, aber wir gestehen, dass uns das nicht wundert.

15 Michael Meacher, »The Pakistan Connection«, in: *Guardian*, 22.7.2004: »Significantly, [Saeed] Sheikh is ... the man who, on the instructions of General Mahmood Ahmed, the then head of Pakistan's Inter-Services Intelligence (ISI), wired $100,000 before the 9/11 attacks to Mohamed Atta, the lead hijacker. It is extraordinary that neither Ahmed nor Sheikh have been charged and brought to trial on this count. Why not?«; www.guardian.co.uk/world/2004/jul/22/usa.september11

16 Canadian Broadcasting Corporation, 21.8.2006, Interview von Evan Solomon. Das Video »9/11: truth, lies and conspiracy« ist auf der CBC-Seite nicht mehr zu finden,

aber ein (kommentiertes) Transkript findet sich unter http://911blogger.com/news/2006-10-21/911-truth-lies-and-conspiracy-interview-lee-hamilton.

17 Arnaud de Borchgrave, »Commentary: The Real Culprit of 9/11?«, UPI 22.6.2004; auch: www.historycommons.org/timeline.jsp?timeline=complete_911_timeline&startpos=5600#a072204fullyinvolved

18 Al-Dschasira 2.11.2007: »Frost all over the World«; Video hier: http://w-o-e.blogspot.com/2008/01/bbc-censors-bhuttos-bin-laden-murder.html

7) Der Kronzeuge: Khalid Scheich Mohammed

1 Siehe Fouda u.a. *Masterminds of Terror*. Fouda und sein Bericht sind umstritten. Ursprünglich hieß es, der Journalist habe KSM und dessen Komplizen Ramsi Binalshibh im Juni oder August 2002 an einem geheimen Ort in Karatschi interviewt. Details und einen Tonmitschnitt präsentierte Fouda aber erst Anfang September 2002, die versprochenen Videoaufzeichnungen blieb er bis heute schuldig. Die Interviews, das erste »umfassende Eingeständnis hochrangiger Mitarbeiter aus Bin Ladens Netzwerk, dass man 9/11 ausführte« (Londoner *Times*), waren den meisten Beobachtern von Anfang an suspekt, Experten bezweifelten die Echtheit der Bänder ebenso wie das zufällige Timing der Veröffentlichungen.
James Drummond, »Doubts Over Latest Terrror Videos«, in: *Financial Times*, 11.9.2002: »Analysts cited the crude editing of [Fouda's interview] tapes and the timing of the broadcasts as reasons to be suspicious about their authenticity. Dia Rashwan, an expert on Islamist movements at the Al-Ahram Centre for Strategic Studies in Cairo, said: ›I have very serious doubts [about the authenticity of this tape]. It could have been a script written by the FBI.‹«; http://s3.amazonaws.com/911timeline/2002/financialtimes091102.html

2 *History Commons*, »June 16, 2002: 9/11 Mastermind KSM Reported Captured«: »In September 2002, articles appear in the Pakistani and Indian press suggesting that 9/11 mastermind Khalid Shaikh Mohammed (KSM) is actually captured on this day in an apartment in Karachi. Supposedly he has been sent to the US, though the US and Pakistan deny the story and say Mohammed has not been captured at all.«; www.historycommons.org/context.jsp?item=a061602ksmmaybecaptured#a06160=4600#a061602ksmmaybecaptured

3 *History Commons*, »June 14, 2002 and Shortly After: Al Jazeera Leak Leads US Intelligence to KSM and Bin Al-Shibh«: »US intelligence begins an intense surveillance of Karachi in an attempt to find KSM and bin al-Shibh. Mostly because of this lead, bin al-Shibh will be arrested in Karachi in September 2002. ... Interestingly, in early September 2002, it will be reported that KSM was arrested in an apartment in Karachi on June 16, 2002, which would be right about when the CIA was given this information.«; www.historycommons.org/searchResults.jsp?searchtext=khalid+sheikh+mohammed&events=on&entities=on&articles=on&topics=on&timelines=on&projects=on&titles=on&descriptions=on&dosearch=on&search=Go
History Commons, »April, June, or August 2002: Al Jazeera Reporter Claims to Conduct Interview with 9/11 Masterminds«: »KSM is later variously reported to be arrested in June 2002, killed or arrested in September 2002, and then arrested in March 2003.«; www.historycommons.org/context.jsp?item=a0402foudainterview#a0402foudainterview

4 *Observer*, 15.9.2002:»Would-be hijacker Ramzi bin al-Shibh is arrested after a huge gunfight in Karachi, Pakistan, involving thousands of police.«; www.guardian.co.uk/world/2002/sep/15/pakistan.terrorism Was KSM betrifft, gehen die Meinungen und Berichte auseinander. Laut *Asia Times* vom 30.10.2002 wurde er bei der Razzia erschossen – www.atimes.com/atimes/South_Asia/DJ30Df01.html –, laut Australian Broadcasting Corp. vom 2.3.2002 auf der Flucht erschossen – http://s3.amazonaws.com/911timeline/2003/australianbc030203.html –, laut *Time Maga-*

zine vom 20.1.2003 wurde jemand erschossen, der ihm ähnlich sah – www.time.com/time/asia/covers/1030127/ksm.html –, laut *Los Angeles Times* vom 22.12.2002 entkam KSM um Haaresbreite, während seine Frau und seine Kinder festgenommen wurden – http://replay.waybackmachine.org/20030204024615/http://www.latimes.com/services/site/registration/view.reg?temp=rc-restricted.

5 Vgl. Syed Saleem Shahzad: »A chilling inheritance of terror«, in: *Asia Times*, 30.10.2002: »But now it emerges that an Arab woman and a child were taken to an ISI safe house, where they identified the Shaikh Mohammed's body as their husband and father. The body was kept in a private NGO mortuary for 20 days before being buried, under the surveillance of the FBI, in a graveyard in the central district of Karachi.«; www.atimes.com/atimes/South_Asia/DJ30Df01.html

6 Zu den diversen Widersprüchen der diversen angeblichen Festnahmen vgl. *History Commons*: »Early 2003: KSM Possibly Arrested in Karachi«; www.historycommons.org/context.jsp?item=aearly03ksmarrestkarachi#aearly03ksmarrestkarachi; sowie: »KSM Reportedly Arrested in Pakistan, But Doubts Persist«; www.historycommons.org/timeline.jsp?timeline=torture,_rendition,_and_other_abuses_against_captives_in_iraq,_afghanistan,_and_elsewhere&startpos=500#a030103mohammedarrest

7 Kean u.a., *Without Precedent*, S. 115. Die Vorsitzenden der Kommission verlegen den Festnahmeort ohne Angabe von Gründen wieder zurück in den Juli 2002. Kean und Hamilton scheinen sich sich aber nicht im Mindesten bewusst zu sein, dass sie drei Festnahmedaten, zwei Festnahmeorte sowie die widersprüchlichen Beteiligungen diverser Geheimdienste einfach unter »Karatschi, März 2003, Mastermind inhaftiert« subsumieren.

8 Pete Williams, »Terror Arrests Came Amid Active Plots«, MSNBC, 3.3.2003: »Some analysts questioned whether Mohammed was actually arrested Saturday, speculating that he may have been held for some time and that the news was made public when it was in the interests of the United States and Pakistan.«

9 Olga Craig, »CIA Holds Young Sons of Captured al-Qa'eda Chief«, in: The *Telegraph*, 9.3.2003; www.telegraph.co.uk/news/worldnews/asia/afghanistan/1424123/CIA-holds-young-sons-of-captured-al-Qaeda-chief.html

10 Kean u.a., *Without Precedent*, S. 122: »We were told that even the President of the United States didn't know were these top al qaeda detainees were.«

11 Eine Geschichte des Waterboarding unter besonderer Berücksichtigung der Praktiken in US-amerikanischen Gefängnissen nach 9/11 findet sich in den *History Commons* unter www.historycommons.org/timeline.jsp?timeline=torture,_rendition,_and_other_abuses_against_captives_in_iraq,_afghanistan,_and_elsewhere&startpos=1400#a041809emptywheel266. Besondere Beachtung verdient hier der Eintrag »April 18, 2009: Blogger, Not Reporters, Discover Information regarding Number of Times Suspected Terrorists Waterboarded«; www.historycommons.org/context.jsp?item=a041809emptywheel266#a041809emptywheel266. Ein Fachmann und Agent erklärt hier – nicht kleinlich –, man habe dem Inhaftierten zwar 183-mal Wasser in den Hals gegossen, ihn aber eigentlich ja nur fünfmal »watergeboardet«, denn die 183 Erstickungsportionen seien ja im Rahmen von nur fünf Folterungen verabreicht worden. Das ist natürlich was ganz anderes! Folter, ja, gut, aber nicht so dolle Folter.

12 NBC, 31.1.08: »The NBC News analysis shows that more than one quarter of all footnotes in the 9/11 Report refer to CIA interrogations of al-Qaida operatives who were subjected to the now-controversial interrogation techniques. In fact, information derived from the interrogations is central to the Report's most critical chapters, those on the planning and execution of the attacks.«; http://web.archive.org/web/20080407223205; http://deepbackground.msnbc.msn.com/archive/2008/01/30/624314.aspx

13 Kean u.a., *Without Precedent*, S. 14

14 Ebd., S. 119–123. Hier findet sich eine vollständige und erschütternde Schilderung des »Stonewalling« und der Behinderung von Ermittlungen durch CIA (Tenet persönlich) und DoD (Rumsfeld persönlich) – was unter allen anderen Umständen strafbar wäre. Den Ermittlern der Kommission wurde keinerlei Zugang zu den Gefangenen gewährt, nicht mal ein Blick durch »one-way glass« oder Kontakt »over the telephone« (S. 122). Es gab nicht einmal Abschriften der Verhöre (S. 121) und keinen Zugang selbst für Mitarbeiter, die Kean und Hamilton »blind-folded« bis zum »interrogation point« bringen lassen wollten. Wir empfehlen die vollständige Lektüre dieser Seiten bei Kerzenlicht und einem guten Fass Strohrum.

15 Ebd., S. 123. Zur Begründung heißt es: »We simply did not think we could win the argument – in public or in private – in the time available for us.« Schon zur Frage, weshalb man NORAD und FAA nicht per Klage zur Herausgabe zurückgehaltener Dokumente gezwungen habe, machen Kean und Hamilton für ihre nicht besonders gründliche Untersuchung »Zeitgründe« geltend. Sie verweisen aber auch auf das »Versagen« der sonst so zuverlässig auf ihren Nerven herumtrampelnden Angehörigen sowie kritischer Journalisten. Die nämlich hätten sich allesamt nicht die Bohne dafür interessiert, ob die Kommission nun Zugang zu den Gefangenen bekam oder nicht. Also: Nicht Kean und Hamilton waren schuld, sondern die Angehörigen. Das musste mal gesagt werden.

16 Vgl. *History Commons*, »April, June, or August 2002: Al Jazeera Reporter Claims to Conduct Interview with 9/11 Masterminds«: »Interviewer Fouda is struck that KSM and bin al-Shibh remember only the hijackers' code names, and have trouble remembering their real names.«; www.historycommons.org/context.jsp?item=a0402foudainterview#a0402foudainterview

17 Vgl. *History Commons*, »March 10, 2007: KSM Admits to Long List of Plots, Defends Actions at Military Hearing«; www.historycommons.org/context.jsp?item=a031007ksmcsrt#a031007ksmcsrt

18 Vgl. *Washington Post*, 23.11.2009, »Lawyer: 9/11 Suspects to Plead Not Guilty«; sowie CBS; www.cbsnews.com/stories/2009/11/23/national/main5745958.shtml

19 Vgl. Peter Finn u.a., »Opposition to US trial likely to keep mastermind of 9/11 attacks in detention«, in: *Washington Post*, 13.11.2010; www.washingtonpost.com/wp-dyn/content/article/2010/11/12/AR2010111207508.html

20 *NBC*, 4.4.2011, »9/11 suspects to Face Military Tribunal, Not NYC Trial«; www.nbcnewyork.com/news/local/911-Suspects-to-be-Tried-at-Guantanamo-119184929.html

21 Das Zitat »total fucking bullshit« stammt aus *Vanity Fair* vom 16.12.2008 – www.vanityfair.com/magazine/2008/12/torture200812?printable=true&currentPage=all –, aber wir empfehlen den gesamten diesen wichtigen Punkt betreffenden *History-Commons*-Eintrag zur Lektüre: »August 6, 2007: KSM's Interrogations Could Be 90 Percent Unreliable«; www.historycommons.org/context.jsp?item=a080607ksmunreliable&scale=0#a080607ksmunreliable

8) Der Ringleader: Mohammed Atta

1 Dazu ausführlich www.medienanalyse-international.de/schlapphuete.html

2 Bröckers u.a., *Fakten, Fälschungen und die unterdrückten Beweise des 11.9.*, S. 23 ff.

3 Hopsicker, *Welcome to Terrorland*, sowie Hopsickers aktuelle Berichterstattung auf www.madcowprod.com

4 Weldon, *Countdown to Terror*, S. 18; außerdem seine Zeugenaussage »Able Danger and Intelligence Information Sharing« vom 21.9.2005; www.fas.org/irp/congress/2005_hr/092105weldon.html

5 Goodwin, Jacob, »Inside Able Danger – The Secret Birth, Extraordinary Life and Untimely Death of a U.S. Military Intelligence Program«, GSN: Government Security News, 2005

6 »Weldon: Atta Papers Destroyed on Orders«, Associated Press, 16.9.2005; http://web.archive.org/web/20050922032625; http://abcnews.go.com/Politics/print?id=1131137

7 Shaffer, *Operation Dark Heart*, S. 270

8 Siehe die Shaffer-Interviews auf *911 Blogger.com*; http://911blogger.com/news/2010-10-10/911-coverup-judge-napolitano-interviews-col-anthony-shaffer-and-michael-scheuer; http://911blogger.com/news/2010-10-05/exclusive-witnesses-defense-dept-report-suggest-cover-911-findings

9 Shaffer, *Operation Dark Heart*, S. 249

10 So auf der Website des Justizministeriums; www.justice.gov/oig/special/0205/chapter3.htm

11 »Mohamed Atta in Close Call in Incident at Miami Airport«, *New York Times* 17.10.2001; http://www.nytimes.com/2001/10/17/national/17ATTA.html

12 Hopsicker, *Welcome to Terrorland*

13 Daniel Hopsicker, »The Mystery of Fanning Island«; http://www.madcowprod.com/120112006.html

14 »911 Shuck & Jive at Shuckums«; http://www.madcowprod.com/05192005.html

15 *Commission Report*, S. 253: »Atta traveled from Ft Lauderdale, FL, to Baltimore on US Air Flight 2719. According to the BTS database this flight took off at 3.15 p.m«; siehe auch »Wire transfer from Al Shehhi's and Atta's SunTrust account in Ft Lauderdale, Sep. 7th, 3.58 PM«; http://www.vaed.uscourts.gov/notablecases/moussaoui/exhibits/prosecution/OG00020-02.pdf; Mitte Mai 2011 fand eine Reporterin den Barmann Toni Amos, der kurz nach 9/11 Venice verlassen hatte. Er hat bis heute ein schlechtes Gewissen, dass er den randalierenden Wodkatrinker Atta damals nicht der Polizei meldete: www.madcowprod.com/05182011.htm

16 *Commission Report*, S. 451: »No physical, documentary, or analytical evidence provides a convincing explanation of why Atta and Omari drove to Portland, Maine, from Boston on the morning of September 10, only to return to Logan on Flight 5930 on the morning of September 11.«

17 CNN, 12.9.2001: »Law enforcement officials confirmed that a car was seized at Boston's Logan International Airport and that suspicious materials were found. The Boston Herald said there were Arabic language flight training manuals in the car, but an FBI spokeswoman refused to confirm or deny that report. Meanwhile, in Portland, Maine, police said that two individuals who traveled by plane from that city to Boston were under investigation. ›I can tell you those two individuals did get on a plane and fly to Boston early yesterday morning,‹ said Portland Police Chief Mike Chitwood. ›I cannot tell you who they are, I cannot tell you where they came from. I can tell you that they are the focus of a federal investigation.‹ He said that the two were recorded on videotape as they went through the Portland Jetport's security cameras. It was not immediately clear whether the two individuals were on any of the hijacked planes. Maine authorities said a car – a rented silver Nissan Altima with Massachusetts plates – was seized from the Portland airport Tuesday evening. Authorities believe the two men – possible hijackers – used that car to travel to the airport, where they boarded an early morning commercial flight to Boston.«; Kopie unter www.afghanistannewscenter.com/news/2001/september/sep12aa2001.html

18 Attas Koffer war der einzige, der bei diesem Flug nicht befördert wurde. Paul Sperry, WorldNetDaily.com, 11.9.2002: »Atta was the only passenger among the 81 aboard American Flight 11 whose luggage didn't make the flight.«; www.wnd.com/news/article.asp?ARTICLE_ID=28904

19 www.abc.net.au/4corners/atta/resources/documents/fbiaffidavit13.htm

20 Vgl. *History Commons*, »(February-April 2001): Hijacker Atta Possibly Has American Girlfriend; Several Witnesses Confirm Story, Though Supposed Girlfriend Later Denies the Connection«; www.historycommons.org/context.jsp?item=a0201amandakeller#a0201amandakeller

9) Die Hijacker: eindeutig identifiziert

1 »Statement of Robert C. Bonner to the National Commission on Terrorist Attacks upon the United States,« 26.1.2004; www.9-11commission.gov/hearings/hearing7/witness_bonner.htm

2 BBC, 23.9.2001; http://news.bbc.co.uk/2/hi/middle_east/1559151.stm

3 CBS, 2.11.2001; www.cbsnews.com/stories/2001/11/02/attack/main316806.shtml

4 *Der Spiegel*, 37/2003, »Panoptikum des Absurden«, S. 58 ff.

5 In den Monaten und Jahren nach den Anschlägen wurde vielfach berichtet, die geborgenen Überreste der »Hijacker« seien eindeutig identfiziert worden – so etwa in »Remains Of Nine Sept. 11 Hijackers Held«, *CBS*, 17.8.2002; www.cbsnews.com/stories/2002/08/17/attack/main519033.shtml; Tom Gibb, »FBI ends site work, says no bomb used«, in: *Post-Gazette News*, 25.9.2001; www.post-gazette.com/headlines/20010925scene0925p2.asp; Tom Gibb, »Flight 93 remains yield no evidence«, in: *Post-Gazette News*, 20.12.2001; www.post-gazette.com/headlines/20011220shanksville1220p2.asp

Das allerdings haben wir schon 2003 (in *FFB*, S. 65 ff.) als grobe Übertreibung entlarvt. Denn was da »identifiziert« wurde, waren übrig gebliebene Leichenteile, die man keiner der von Opferangehörigen zur Verfügung gestellten DNA-Muster zuordnen konnte: »The remains that didn't match any sample we ruled to be the terrorists«, verkündete Chris Kelly, der Sprecher des Armed Forces Institute of Pathology (AFIP). Dieses über den Daumen gepeilte Ausschlussverfahren hat mit einer ordentlichen, gerichtlich halbwegs »wasserdichten« Identifizierung natürlich nichts zu tun – und an dieser misslichen Lage hat sich bis heute nichts geändert. Im September 2008 berichtete die *New York Times*, dass von zehn der verdächtigen Hijacker DNA-Proben beim FBI vorlägen, aber konnte immer noch nicht sagen, wer denn nun definitiv identifiziert wurde: »But, since the DNA profiles were unnamed by the bureau, the office could not say which hijackers have been identified, just that 4 of the 10 have been so far.«; www.nytimes.com/2008/09/21/us/21hijackers.html

Warum hat das FBI sieben Jahre später immer noch namenlose DNA-Proben? Die offizielle Ausrede, dass die Angehörigen keine Muster zur Verfügung gestellt hätten – vgl. www.scribd.com/doc/13950025/FBI-Description-of-How-It-Identified-19-Alleged-911-Hijackers –, können wir nicht gelten lassen, denn es gab ja Elefantenspuren ohne Ende: Hotelzimmer, Mietwagen, hängen gebliebene Koffer, usw. Und die vom BKA zur Verfügung DNA-Probe von Ziad Jarrah, die angeblich zu einem der gefundenen Leichenteile passt, scheint in etwa so aussagekräftig zu sein wie sein »Abschiedsbrief« (→ *Kap. 13*) – also nicht wirklich …

6 Auf http://replay.web.archive.org/20011007135008; http://www.saudiembassy.net/press_release/01-spa/09-20-Saud2.htm hieß es am 20.9.2001: »Regarding the inclusion of Saudi names in the published list of the suspects, Prince Saud commented that haste in publishing the names of suspects has been acknowledged, and that it has been proven that five of the people listed had nothing to do with what happened, adding: ›We very much hope that before being published, information, names and pictures will be verified.‹«

7 Dokument unter www.broeckers.com/archiv/sb.html

8 *History Commons*, »September 16, 2001: Couple Reported as Killed on 9/11 Flight Turn up Alive«; www.historycommons.org/context.jsp?item=a091601judelarson#a091601judelarson

9 »Statement of Robert C. Bonner to the National Commission on Terrorist Attacks upon the United States«, 26.1.2004; www.9-11commission.gov/hearings/hearing7/witness_bonner.htm

10 »FBI: Early probe results show 18 hijackers took part«, CNN, 13.9.2001; http://archives.cnn.com/2001/US/09/13/investigation.terrorism/

10) Verwechselt: die Al-Omaris

1 www.abc.net.au/4corners/atta/resources/documents/fbiaffidavit11.htm

11) Der Anschlag: perfekt vorbereitet

1 Shenon, *The Commission*, S. 52
2 *Los Angeles Times*, 10.6.2005; www.mail-archive.com/libertarian@yahoogroups.com/msg00395.html
3 Daniel Hopsicker, »The Secret World of 9.11. Terrorists, Arms Dealers, & Ghosts in Malawi«, 11.4.2005, auf *Mad Cow Morning News*; www.madcowprod.com/04112005.html
4 National Commission, *9/11 and Terrorist Travel*, S. 32
5 Wright, *The Looming Tower*, S. 313
6 *History Commons*, »August 6, 2003: Two Investigative Journalists Say Almihdhar and Alhazmi Worked for Saudi Intelligence and Were Protected by CIA«: »After 9/11, an unnamed former CIA officer who worked in Saudi Arabia will tell investigative journalist Joe Trento that hijackers Nawaf Alhazmi and Khalid Almihdhar were allowed to operate in the US unchecked because they were agents of Saudi Arabia's intelligence agency. ›We had been unable to penetrate al-Qaeda. The Saudis claimed that they had done it successfully. Both Alhazmi and Almihdhar were Saudi agents. We thought they had been screened. It turned out the man responsible for recruiting them had been loyal to Osama Bin Laden. The truth is Bin Laden himself was a Saudi agent at one time. He successfully penetrated Saudi intelligence and created his own operation inside. The CIA relied on the Saudis vetting their own agents. It was a huge mistake. The reason the FBI was not given any information about either man is because they were Saudi assets operating with CIA knowledge in the United States.‹«; www.historycommons.org/context.jsp?item=a97aandasaudiintelligence#a97aandasaudiintelligence

12) Die Geheimdienste: ohne Vorkenntnisse

1 Eleanor Hill (Staff Director), »The Intelligence Community's Knowledge of the September 11 Hijackers Prior to September 11, 2001«; 20.9.2002; http://replay.web.archive.org/20020925030010; http://intelligence.senate.gov/0209hrg/020920/hill.pdf (S. 4)
2 http://web.archive.org/web/20041020144854; http://www.decloah.com/mirrors/9-11/911_Report.txt
3 National Commission, *9/11 and Terrorist Travel*, S. 27
4 *History Commons*' »September 12, 2001 and Shortly After: 9/11 Hijackers' IDs Are Found in Pentagon Rubble«; www.historycommons.org/context.jsp?item=a091301moqedid#a091301moqedid

13) Intermezzo: getürkt

1 www.vaed.uscourts.gov/notablecases/moussaoui/exhibits/prosecution/thumbs/WT00001A.jpg
2 Hearing der 9/11-Commission, 26.1.2004; www.9-11commission.gov/archive/hearing7/9-11Commission_Hearing_2004-01-26.htm
3 *Guardian*, 19.3.2003: »The idea that Mohamed Atta's (sic!) passport had escaped from that inferno unsinged [tests] the credulity of the staunchest supporter of the FBI's crackdown on terrorism.«; www.guardian.co.uk/world/2002/mar/19/september11.iraq
4 *Commission Report*, S. 525: »Only the passports of Satam al Suqami and Abdul Aziz al Omari were recovered after 9/11. Both had been doctored.«

5 Ebd., S. 528: »Suqami was the only hijacker not to obtain a U.S. identification document.«

6 Ebd.: »for reasons that remain unknown«

7 CNN, 28.9.2001: »Attorney General Ashcroft and FBI Director Mueller Give an Investigation Update«; http://transcripts.cnn.com/TRANSCRIPTS/0109/28/se.20.html

8 Ashcroft, zit.n. ebd.: »These three documents – this letter is clear evidence linking the hijackers on the three separate flights on September 11.«

9 Laut FBI-Affidavit waren beide Koffer auf Atta zugelassen; www.abc.net.au/4corners/atta/resources/documents/fbiaffidavit10.htm. In einem Memo der Behörde von 2004 heißt es aber, beide Männer hätten je einen Koffer dabei gehabt: http://media.nara.gov/9-11/MFR/t-0148-911MFR-00038.pdf. Auch bezüglich des Inhalts der Koffer sind die Beamten sich nicht einig. Das Affidavit vom Morgen des 12. September erwähnt keinen in den Koffern enthaltenen Pass von Al-Omari, per Nachtrag von 2004 sollte er sich dann aber doch von Anfang an in Al-Omaris Koffer befunden haben.

10 Faksimile von Attas Testament: www.abc.net.au/4corners/atta/resources/documents/will1.htm

11 Doch – ein Grund könnte einem einfallen: dass er davon ausging, mit AA 11 zu *landen*, irgendetwas zu fordern und ggf. bei der Erstürmung der entführten Maschine erschossen zu werden. In diesem Fall wäre ein Testament im Gepäckraum nicht die verkehrteste Idee gewesen, aber dann hätte Atta auch tatsächlich nur geplant, ein Flugzeug zu entführen und garantiert nicht ins World Trade Center zu rasen. Was wiederum Fragen aufwirft, die wir uns gern für die späteren Verhandlungstage aufheben. Weshalb diese Anmerkung auch hier steht, nämlich am Rande resp. in den Anmerkungen.

12 Seymour Hersh, »What went wrong«, in: *New Yorker*, 20.10.2001: »A former high-level intelligence official told me, ›Whatever trail was left was left deliberately – for the F.B.I. to chase.‹«; http://www.scribd.com/doc/16313245/T4-B8-Hersh-What-Went-Wrong-Fdr-10101-Seymour-M-Hersh-Article-1st-Pg-Scanned-for-Reference-Fair-Use-511

13 Zugegeben, Ziad Jarrah war nicht der einzige, der sich am 11. September auch Verwandten gegenüber überdeutlich auswies. Wir erinnern uns an die legendären Worte des United-93-Passagiers Mark Bingham, der seine Mutter anrief und sich mit den Worten meldete: »Mom, hier ist Mark Bingham.«

14 »In mörderischer Mission«, *Focus*, 19.11.2001: »Nach *Focus*-Informationen schickte Jarrah seiner Freundin in Bochum am Tag vor dem Anschlag ein Päckchen mit mehreren Unterlagen über seine Flugausbildung zu.«; www.focus.de/politik/deutschland/ermittlung-in-moerderischer-mission_aid_192596.html

15 »Alle werden sich freuen«, *Spiegel Online*, 17.11.2001: »Das Paket schickte der Libanese, der von 1996 an in Greifswald und Hamburg studierte, aus den USA nach Deutschland. Wegen einer offenbar fehlerhaften Adresse konnte es hier allerdings nicht zugestellt werden und ging zurück in die USA, wo es den Fahndern in die Hände fiel. Neben Unterlagen über Jarrahs Flugstunden fanden sie auch solche über eine bisher nicht bekannte Tauchausbildung. Die Ermittler rätseln jetzt, ob ursprünglich andere Anschlagsziele geplant waren.«; www.spiegel.de/panorama/0,1518,168260,00.html

14) Vorauswissen: Umzugshelfer

1 »The White Van. Were Israelis Detained on Sept. 11 Spies?«, ABC-News, 21.6.2002; http://web.archive.org/web/20021003225412; http:/abcnews.go.com/sections/2020/DailyNews/2020_whitevan_020621.html

2 Zit.n. Christopher Ketcham, »Cheering Movers and Art Student Spies. What Did Israel Know in Advance of the 9/11Attacks?«, in: *Counter Punch* Nr. 3/4, 2007, S. 2; http://www.christopherketcham.com/wp-content/uploads/2007/03/Final%20PDF%20of%20CounterPunch%20article%20re%20Israelis%2001-29-07.pdf

3 »The White Van. Were Israelis Detained on Sept. 11 Spies?«, ABC-News, 21.6.2002; http://web.archive.org/web/20021003225412; http:/abcnews.go.com/sections/2020/DailyNews/2020_whitevan_020621.html

4 Zit.n. Christopher Ketcham, »Cheering Movers and Art Student Spies. What Did Israel Know in Advance of the 9/11 Attacks?«, in: *Counter Punch* Nr. 3/4, 2007, S. 10; http://www.christopherketcham.com/wp-content/uploads/2007/03/Final%20PDF%20of%20CounterPunch%20article%20re%20Israelis%2001-29-07.pdf

15) Vorauswissen: Kunststudenten

1 Das komplette DEA-Memo hier: http://cryptome.org/dea-il-spy.htm

2 Christopher Ketcham, »The Israeli ›art student‹ mystery«, auf *Salon.com*, 7.5.2002; http://dir.salon.com/story/news/feature/2002/05/07/students/index.html

3 Vgl. u.a. Glenny, *McMafia*

4 Text des Shea-Memorandums hier: http://ariwatch.com/Links/SheaMemorandumIsrael/SheaMemorandumIsrael.htm

16) Vorauswissen: Insider-Händler

1 Philip Sherwell, »Bin Laden rigged oil and gold prices – bank chief«, in: *The Telegraph*, 23.9.2001; http://replay.web.archive.org/20011019143820; http://news.telegraph.co.uk/news/main.jhtml?xml=/news/2001/09/23/woil23.xml

2 http://911research.wtc7.net/sept11/stockputs.html

3 Wie Bush senior war im Übrigen auch die Familie Bin Laden bei Carlyle investiert, zog ihr Investment nach 9/11 aber schicklicherweise ab. Dazu ausführlich: Bröckers, *Verschwörungen, Verschwörungstheorien und die Geheimnisse des 11.9.*, S. 143 ff.; Walther, *Der zensierte Tag*, S. 141 ff.

4 Michael Ruppert, »Suppressed Details of Criminal Insider Trading Lead Directly into the CIA's Highest Ranks«, auf *From the Wilderness*, 9.10.2001; www.fromthewilderness.com/free/ww3/10_09_01_krongard.html

5 David Plotz, »What You Think You Know About Sept. 11 … But Don't«, in: *Slate*, 10.9.2003; www.slate.com/id/2088092/

6 Commission memorandum »FBI Briefing on Trading«, 18.8.2003; http://media.nara.gov/9-11/MFR/t-0148-911MFR-00269.pdf

7 Ebd.

8 Die Fußnote 130 im 5. Kapitel des *Commission Report*, mit der der gesamte Verdacht auf Insidergeschäfte erledigt wurde, hier in Gänze: »Highly publicized allegations of insider trading in advance of 9/11 generally rest on reports of unusual pre-9/11 trading activity in companies whose stock plummeted after the attacks. Some unusual trading did in fact occur, but each such trade proved to have an innocuous explanation. For example, the volume of put options- investments that pay off only when a stock drops in price-surged in the parent companies of United Airlines on September 6 and American Airlines on September 10- highly suspicious trading on its face. Yet, further investigation has revealed that the trading had no connection with 9/11. A single U.S.-based institutional investor with no conceivable ties to al Qaeda purchased 95 percent of the UAL puts on September 6 as part of a trading strategy that also included buying 115,000 shares of American on September 10. Similarly, much of the seemingly suspicious trading in American on September 10 was traced to a specific U.S.-based options trading newsletter, faxed to its subscribers on Sunday, September 9, which recommended these trades. These examples typify the evi-

dence examined by the investigation. The SEC and the FBI, aided by other agencies and the securities industry, devoted enormous resources to investigating this issue, including securing the cooperation of many foreign governments. These investigators have found that the apparently suspicious consistently proved innocuous. Joseph Cella interview (Sept. 16, 2003; May 7, 2004; May 10-11, 2004); FBI briefing (Aug. 15, 2003); SEC memo, Division of Enforcement to SEC Chair and Commissioners, ›Pre-September 11, 2001 Trading Review,‹ May 15, 2002; Ken Breen interview (Apr. 23, 2004); Ed G. interview (Feb. 3, 2004).«

9 Allen M. Poteshman, »Unusual Option Market Activity and the Terrorist Attacks of September 11, 2001«, in: *The Journal of Business*, 2006, Bd. 79, Nr. 4; www.journals.uchicago.edu/doi/abs/10.1086/503645; Marc Chesney u.a., »Detecting Informed Trading Activities in the Options Markets«, in: *Social Sciences Research Network*, 13.1.2010; http://papers.ssrn.com/sol3/papers.cfm?abstract_id=1522157; Wing-Keung Wong u.a., »Was there Abnormal Trading in the S&P 500 Index Options Prior to the September 11 Attacks?«, in: *Social Sciences Research Network*, 13.4.2010; http://papers.ssrn.com/sol3/papers.cfm?abstract_id=1588523

10 Faksimile unter: http://maxkeiser.com/wp-content/uploads/2010/06/FOIAresponseGIF1.gif

11 Robert Wenzel, »Confirmed: Destruction of 9-11 Options Trading Documents«, in: *Economic Policy Journal*, 15.6.2010; http://www.economicpolicyjournal.com/2010/06/destruction-of-9-11-options-trading.html

17) Die schützende Hand

1 »15 von 19 Hijackern waren vor dem ›offiziellen‹ Einreisedatum in den USA«; http://www.broeckers.com/archiv/15-von-19-hijackern-waren-vor-dem-offiziellen-einreisedatum-in-usa/

2 Hopsicker, *Welcome to Terrorland*, S. 170 ff.

3 Peter Dale Scott, »The JFK Assassination and 9/11: the Designated Suspects in Both Cases«, auf *Global Research*, 5.7.2008; www.globalresearch.ca/index.php?context=va&aid=9511; *Commission Report*, S. 267

4 Michael Isikoff u.a., »The Saudi Money Trail«, in: *Newsweek*, 2.12.2002; www.newsweek.com/2002/12/01/the-saudi-money-trail.html

5 Hopsicker, *Welcome to Terrorland*; ders.: »Von Mena über Venus nach Venice. Mikroanalyse des staatlich sanktionierten Drogen- und Waffenhandels«, in: Bröckers, *Die Drogenlüge*; sowie Hopsickers aktuelle Berichterstattung auf www.madcowprod.com

18) Bush in Sarasota

1 *Commission Report*, S. 38, Hervorhebung von uns: »The President was seated in a classroom when, at 9:05, Andrew Card whispered to him: ›A second plane hit the second tower. America is under attack.‹ The President told us his instinct was to project calm, not to have the country see an excited reaction at a moment of crisis. The press was standing behind the children; he saw their phones and pagers start to ring. *The President felt he should project strength and calm until he could better understand what was happening*.«

2 »When we walked into the classroom, I had seen this plane fly into the first building.«
Der gesamte Wortwechsel mit einem Frager aus dem Publikum – inklusive der charmanten Scherze des Präsidenten – wird vom Weißen Haus wie folgt wiedergegeben (daher auch das oft zitierte Bush-Zitat »Anyway, it was an interesting day«):
»›What was the first thing that went through your head when you heard that a plane crashed into the first building?‹ – ›Yes. Well, I was sitting in a schoolhouse in Florida.

I had gone down to tell my little brother what to do, and – just kidding, Jeb. (Laughter.) And – it's the mother in me. (Laughter.) Anyway, I was in the midst of learning about a reading program that works. I'm a big believer in basic education, and it starts with making sure every child learns to read. And therefore, we need to focus on the science of reading, not what may feel good or sound good when it comes to teaching children to read. (Applause.) I'm just getting a plug in for my reading initiative. – Anyway, I was sitting there, and my Chief of Staff – well, first of all, when we walked into the classroom, I had seen this plane fly into the first building. There was a TV set on. And you know, I thought it was pilot error and I was amazed that anybody could make such a terrible mistake. And something was wrong with the plane, or – anyway, I'm sitting there, listening to the briefing, and Andy Card came and said, ›America is under attack.‹ – And in the meantime, this teacher was going on about the curriculum, and I was thinking about what it meant for America to be under attack. It was an amazing thought. But I made up my mind that if America was under attack, we'd get them. (Applause.) I wasn't interested in lawyers, I wasn't interested in a bunch of debate. I was interested in finding out who did it and bringing them to justice. I also knew that they would try to hide, and anybody who provided haven, help, food, would be held accountable by the United States of America. (Applause.) – Anyway, it was an interesting day.«; http://replay.web.archive.org/20020202122249; www.whitehouse.gov/news/releases/2002/01/20020105-3.html

3 Bill Sammon, »Suddenly, A Time To Lead«, in: *Washington Times*, 7.10.2002: »The president noticed someone moving at the back of the room. It was White House Press Secretary Ari Fleischer, maneuvering to catch his attention without alerting the press. Mr. Fleischer was holding up a legal pad. Big block letters were scrawled on the cardboard backing: DON'T SAY ANYTHING YET.«; http://911research.wtc7.net/cache/disinfo/alibis/washingtontimes_timetolead.htm

4 Richard Cheney in *Meet The Press* (NBC), 16.9.2001; http://replay.web.archive.org/20011102013616; http://www.whitehouse.gov/vicepresident/news-speeches/speeches/vp20010916.html

5 *Commission Report*, S. 39: »The Secret Service told us they were anxious to move the President to a safer location, but did not think it imperative for him to run out the door.«

19) Dienst nach Vorschrift

1 In der geänderten Vorschrift findet sich unter Punkt »c. Military Escort Aircraft« die Ausführung (Hervorhebung von uns): »When notified that military escort aircraft are needed in conjunction with an aircraft piracy (hijacking) emergency, the DDO, NMCC, will notify the appropriate unified command or USELEMNORAD to determine if suitable aircraft are available and *forward the request to the Secretary of Defense for approval in accordance with DODD 3025.15, paragraph D.7* (reference d).« Im Klartext: Kurz vor dem 11. September stellte der US-Verteidigungsminister die Regeln auf den Kopf. Erstens musste nun er persönlich angefragt werden, ob Jets überhaupt aufsteigen und die Maschine abfangen sollten, zweitens war hierzu nun seine Zustimmung erforderlich. Bis 2001 (seit 1997) war die Dienstvorschrift ebenfalls eindeutig gewesen, allerdings erheblich sinnvoller, und hatte folgendermaßen gelautet: »4.7.1. Immediate Response. Requests for an immediate response (i.e., any form of immediate action taken by a DoD Component or military commander to save lives, prevent human suffering, or mitigate great property damage under imminently serious conditions) may be made to any Component or Command. The DoD Components that receive verbal requests from civil authorities for support in an exigent emergency may initiate informal planning and, if required, immediately respond as authorized in DoD Directive 3025.1 (reference (g)).« Wir gestatten uns zu

bemerken, dass nach dem Ende der 9/11-Mission die neue Vorschrift wieder durch die alte ersetzt wurde.

2 Die Durchsage wird Mohammed Atta zugeschrieben. Der geniale Kopf der Hijacker-Bande wusste zwar, wie man ein Flugzeug entführt und aus 40 000 Fuß Höhe über Albany genau ins WTC steuert, aber er wusste nicht, wie man mit seinen Passagieren spricht, ohne dass die ganze Welt zuhört. Ohne seinen sonderbaren Fehler hätte er rascher von Kampfjets abgefangen werden können – weil American 11 ohne Durchsage als Maschine mit technischem Problem gegolten hätte, nicht als entführt. So blieben die Jets zunächst einmal am Boden und warteten auf eine Erlaubnis des Verteidigungsministers. Die nicht kam. Weil der Verteidigungsminister nicht zu sprechen war.

3 *History Commons*, »8:30 a.m. September 11, 2001: FAA Hijack Coordinator Responsible for Contacting Military is Out of Contact«; www.historycommons.org/context.jsp?item=a830faahijackcoordinator; sowie das Commission Hearing vom 23.5.2003; www.9-11commission.gov/archive/hearing2/9-11Commission_Hearing_2003-05-23.htm

4 Vgl. Kevin Ryan, »Why The Planes were not intercepted on 9/11: The Wall Street Lawyer and The Special Ops Hijack Coordinator«, auf *9/11 Blogger.com*, 26.4.2011; http://911blogger.com/news/2011-04-26/why-planes-were-not-intercepted-911-wall-street-lawyer-and-special-ops-hijack-coordinator

5 *History Commons*, »8:30 a.m. September 11, 2001: Pentagon Command Center Director Leaves Post to Attend Meeting; Does Not Resume Duties until Attacks Have Ended«; www.historycommons.org/searchResults.jsp?searchtext=Montague+winfield&events=on&entities=on&articles=on&topics=on&timelines=on&projects=on&titles=on&descriptions=on&dosearch=on&search=Go. Vgl. auch »The delayed responses of the Pentagon Command Center on 9/11« auf *Shoestring 9/11*; http://shoestring911.blogspot.com/2010/11/repeatedly-delayed-responses-of.html

20) Auf verlassenem Posten

1 Laut Congressman Christopher Cox, dessen Web-Eintrag zum Thema nicht mehr auffindbar ist. 2003 war unter *cox.house.gov* noch zu lesen: »›And let me tell you, I've been around the block a few times. There will be another even …‹ Within minutes of that utterance, Rumsfeld's words proved tragically prophetic.« Dokumentiert ist aber alles unverändert unter *History Commons*, »(Before 9:37 a.m.) September 11, 2001: Rumsfeld Said to Make Eerie Predictions, but Witness Who Gives Account Is Long Gone«; www.historycommons.org/entity.jsp?entity=christopher_cox

2 Clarkes Interview mit dem Nachrichtensender WBZ Boston; www.defense.gov/transcripts/transcript.aspx?transcriptid=1884

3 Andrew Cockburn, »Rumsfeld (First Chapter)«, in: *New York Times*, 25.3.2007; www.nytimes.com/2007/03/25/books/chapters/0325-1st-cockb.html?_r=1&pagewanted=print

4 Ebd.

5 Eine ausführliche Zusammenfassung und Quellensammlung liefert u.v.a. Matthew Everett, »Donald Rumsfeld on 9/11: An enemy within«, auf *Online Journal Contributing Writer*; http://albasheer.wordpress.com/2008/06/07/donald-rumsfeld-on-911-an-enemy-within/

6 Vgl. Clarke, *Against all Enemies*, S. 3

7 Ebd., S. 5

8 Griffin, *The New Pearl Harbor Revisited*, S. 91

9 Vgl. die exzellente Zusammenfassung auf *Shoestring 9/*11, 18.6.2010: »The Actions and Inactions of the Commander in Charge of the U.S. Air Defense Failure on 9/11«; http://shoestring911.blogspot.com/2010_06_01_archive.html

10 »Memorandum for the Record: Interview With CINC NORAD (Commander in Chief NORAD), General Edward ›Ed‹ Eberhart; http://media.nara.gov/9-11/MFR/t-0148-911MFR-00788.pdf
11 Ebd.
12 Vgl. *9/11 Commission Report*, S. 42, sowie Spencer, *Touching History*, S. 240
13 Bruce Finley, »Military to put Cheyenne Mountain on standby«, in: *Denver Post*, 27.7.2006; www.denverpost.com/nationworld/ci_4103478
14 »for 109 minutes ... this country and its citizens were completely undefended«: Sen. Mark Dayton vor dem Senate Committee on Governmental Affairs, 30.7.2004; www.wethepeoplewethemedia.com/dayton.htm
15 Vgl. dazu u.a. auf *Woody Box*: »The Four Lies of Norman Mineta«; http://911woodybox.blogspot.com/2007/04/four-lies-of-norman-mineta.html
16 www.911truth.org/article.php?story=20050724164122860
17 Clarke, *Against all Enemies*, S. 8 f.
18 Aidan Monaghan, »Secret Service: No Records of Cheney's Arrival in the Bunker on 9/11«, 7.5.2005 (Dokumentation der entsprechenden FOIA-Anfrage); www.9/11truth.org/article.php?story=2008050770616110
19 *Commission Report*, S. 41
20 Ebd. Dick Cheney im Interview mit Tim Russert, *Meet the Press*, MSNBC, 16.9.2001; http://replay.web.archive.org/20011102013616; http://www.whitehouse.gov/vicepresident/news-speeches/speeches/vp20010916.html

21) Intermezzo: Schwundgeld

1 »DOD Acquisition and Logistics Excellence Week Kickoff – Bureaucracy to Battlefield. Remarks as Delivered by Secretary of Defense Donald H. Rumsfeld«, Pentagon-Pressemitteilung vom 10.9.2001: »The topic today is an adversary that poses a threat, a serious threat, to the security of the United States of America. This adversary is one of the world's last bastions of central planning. It governs by dictating five-year plans. From a single capital, it attempts to impose its demands across time zones, continents, oceans and beyond. With brutal consistency, it stifles free thought and crushes new ideas. It disrupts the defense of the United States and places the lives of men and women in uniform at risk.«; www.defense.gov/speeches/speech.aspx?speechid=430
2 Ebd.: »The adversary's closer to home. It's the Pentagon bureaucracy.«
3 Ebd.: »According to some estimates, we cannot track $ 2.3 trillion in transactions.«
4 »Opportunities for Oversight and Improved Use of Taxpayer Funds: Examples from Selected GAO Work«, GAO-Report GAO-03-1006, 1.8.2003: »Over the past thirty years, analyses by the nonpartisan congressional General Accounting Office show that about one third of the US military budget is simply unaccounted for. This astounding fact amounts to a senseless loss of trillions of dollars to American taxpayers, mainly benefitting corrupt defense contractors and their cronies in the rest of the military-industrial complex.«; www.gao.gov/atext/d031006.txt
5 Julian Borger u.a.: »So Much For the Peace Dividend: Pentagon is Winning the Battle For a $ 400 Billion Budget«, in: *Guardian*, 22.5.2003: »The Pentagon's own inspector general recently admitted that the department could not account for more than a trillion dollars of past spending. A congressional investigation reported that inventory management in the army was so weak it had lost track of 56 airplanes, 32 tanks, and 36 missile launchers.«; www.guardian.co.uk/world/2003/may/22/usa.davidteather. Vgl. auch »Pentagon Fights For (Its) Freedom«, *CBSNews*, 19.5.2003; www.cbsnews.com/stories/2003/05/19/national/main554514.shtml; sowie Tom Abate, »Military Waste Under Fire – $ 1 Trillion Missing«, in: *San Francisco Chronicle*, 18.5.2003; http://articles.sfgate.com/2003-05-18/news/17491492_1_pentagon-gao-financial-accounting

6 Fitzgerald, *The Pentagonists*
7 Matt Kelley: »Pentagon paid $ 409 each for $ 39 sinks, investigators find«, Associated Press, 23.3.2001; vgl. »Audit: Pentagon paid $ 76 for 57-cent screw; Military official calls overpayments ›rare‹«, CNN, 18.3.1998; http://edition.cnn.com/US/9803/18/pentagon.76.screw/
8 Zit.n. Vince Gonzales, »The War on Waste«, CBS News, 29.1.2002: »With good financial oversight we could find $ 48 billion in loose change in that building, without having to hit the taxpayers.«; www.cbsnews.com/stories/2002/01/29/eveningnews/main325985.shtml
9 Zit.n. ebd.: »We need to save it (the Pentagon) from itself.«
10 Julian Borger u.a.: »So Much For the Peace Dividend: Pentagon is Winning the Battle For a $ 400 Billion Budget«, in: *Guardian*, 22.5.2003: »For instance, in June 2002 the GAO reviewed the history of a proposed Corporate Information Management system, or CIM. The initiative began in 1989 as an attempt to unify more than 2000 overlapping systems then being used for billing, inventory, personnel and similar functions. But after ›spending about $20 billion, the CIM initiative was eventually abandoned‹, the GAO said.«; www.guardian.co.uk/world/2003/may/22/usa.davidteather
11 Youtube liefert die entsprechenden zehn Minuten mit Cynthia McKinney, demokratische Abgeordnete aus Georgia, aus einer Budget-Anhörung 2006, die von C-Span ebenso pflichtschuldig wie folgenlos übertragen wurde: www.youtube.com/watch?v=Px1t1-a9uxk&NR=1
12 »US ›fails to account‹ for Iraq reconstruction billions«, BBC, 27.7.2010: »Billions have gone to rebuild Iraq but much of the money is impossible to trace, says a US audit. A US federal watchdog has criticised the US military for failing to account properly for billions of dollars it received to help rebuild Iraq. The Special Inspector General for Iraq Reconstruction says the US Department of Defence is unable to account properly for 96% of the money. Out of just over $9bn (£5.8bn), $8.7bn is unaccounted for, the inspector says.«; www.bbc.co.uk/news/world-south-asia-10774002
13 Vgl. Penn Bullock u.a., »Audit: Pentagon overpaid billionaire oilman by up to $200 billion«, in: *Washington Post*, 17.3.2011; www.washingtonpost.com/politics/pentagon-overpaid-oilman-millions-audit-finds/2011/03/17/ABQ6VFn_story.html
14 Vgl. Stockholm Institute for Peace Research, Background paper on SIPRI military expenditure data 2010, 11.4.2011; www.sipri.org/research/armaments/milex/factsheet2010
15 Chris Hellmann, »The Real U.S. National Security Budget. The Figure No One Wants You to See«, auf *Tomdispatch*, 1.3.2011; www.tomdispatch.com/post/175361/tomgram%3A_chris_hellman,_$1.2_trillion_for_national_security/

22) Manöver jenseits der Vorstellungskraft

1 Im *Commission Report*, S. 346, heißt es hierzu: »We believe the 9/11 attacks revealed four kinds of failures: in imagination, policy, capabilities, and management«, womit man die Einschätzung des damaligen stellvertretenden Verteidigungsministers Paul Wolfowitz fast wörtlich teilte: He »wondered why so little thought had been devoted to the danger of suicide pilots, seeing a ›failure of imagination‹ and a mind-set that dismissed possibilities« (S. 338). Sollte überhaupt jemand mit einem Terroranschlag mittels entführter Flugzeuge gerechnet haben, dann immer mit einem Anschlag aus »Übersee«: »the military planners assumed that since such aircraft would be coming from overseas; they would have time to identify the target and scramble interceptors.«
2 Walther, *Der zensierte Tag*, S. 91 ff.
3 Clarke, *Against all Enemies*, S. 106 ff. Der »Counter-Terrorism-Zar« zitiert sich hier im Hinblick auf die US-Vorbereitungen auf die Olympischen Spiele 1996 in Los An-

geles selbst: »Was, wenn jemand eine 747 über dem Olympiastadion hochjagt, oder sogar eine ins Stadion hineinfliegt?«

4 *Commission Report*, S. 458: »On 9/11, NORAD was scheduled to conduct a military exercise, Vigilant Guardian, which postulated a bomber attack from the former Soviet Union. We investigated whether military preparations for the large-scale exercise compromised the military's response to the real-world terrorist attack on 9/11. According to General Eberhart, ›it took about 30 seconds‹ to make the adjustment to the real-world situation. (Ralph Eberhart testimony, June 17, 2004.) We found that the response was, if anything, expedited by the increased number of staff at the sectors and at NORAD because of the scheduled exercise. See Robert Marr interview (Jan. 23, 2004).«

5 *History Commons*, »July 2001 – NORAD Plans a Mock Simultaneous Hijacking Threat From Inside the US«, nach den Quellen CNN, AFPS, AP, *Commission Report* und *USA Today*: »NORAD is already planning for the Amalgam Virgo 02 exercise. This exercise, scheduled for June 2002, will involve the simulation of two simultaneous commercial aircraft hijackings. One plane, a Delta 757, flown by Delta pilots, will fly from Salt Lake City, Utah to Elmendorf Air Force Base in Anchorage, Alaska. It will be ›hijacked‹ by FBI agents posing as terrorists. The other plane will be a Navy C-9 bound from Oak Harbor, Washington to Vancouver, British Columbia, and will be ›hijacked‹ by Royal Canadian Mounted Police. On both planes, military personnel will act as civilian passengers. US and Canadian fighters are to respond, and either force the planes to land or simulate shooting them down. Describing Amalgam Virgo 02 to the 9/11 Commission, NORAD's Major General Craig McKinley later says, ›Threats of killing hostages or crashing were left to the script writers to invoke creativity and broaden the required response for players.‹ About 1,500 people will participate in the exercise. USA Today will note that this is an exception to NORAD's claim that, prior to 9/11, it focused only on external threats to the US and did not consider the possibility of threats arising from within the US. 9/11 Commissioner Richard Ben-Veniste will similarly comment that this planned exercise shows that, despite frequent comments to the contrary, the military considered simultaneous hijackings before 9/11.«; www.historycommons.org/context.jsp?item=abefore091101virgo2#abefore091101virgo2

6 Commission Hearing vom 23.5.2003; www.9-11commission.gov/archive/hearing2/9-11Commission_Hearing_2003-05-23.htm

7 Vgl. *History Commons*, »October 24-26, 2000: Military Holds Exercise Rehearsing Response to a Plane Crash at the Pentagon«, in Zusammenfassung mehrerer Quellen: »Pentagon and Arlington County emergency responders assemble in the Office of the Secretary of Defense conference room in the Pentagon for a mass casualty exercise (›MASCAL‹). The exercise involves several mock-scenarios. One is of a commercial airliner crashing into the Pentagon and killing 341 people, while two others are a terrorist attack at the Pentagon's subway stop and a construction accident. The plane crash exercise is conducted using a large-scale model of the Pentagon with a model airplane literally on fire in the central courtyard of the building. An Army medic who participates calls it ›a real good scenario and one that could happen easily,‹ while a fire chief notes: ›You have to plan for this. Look at all the air traffic around here.‹«; www.historycommons.org/context.jsp?item=complete_911_timeline_102400mascal#complete_911_timeline_102400mascal

8 MTI Report S-01-02, National Transportation Security Summit, 30.10.2001; http://transweb.sjsu.edu/mtiportal/research/publications/documents/terrorism/Terrorism%20Symposium%202001.htm

9 Eine umfangreichere Übersicht auch über die kleineren Übungen findet sich z.B. unter http://911research.wtc7.net/planes/defense/wargames.html. Betreffend die mit Global Guardian verschränkten Übungen Crown Vigilance und Apollo Guardian

helfen die Links der *History Commons* weiter; www.historycommons.org/context.jsp?item=a830globalguardian#a830globalguardian

10 Vgl. u.a. Filson, *Air War Over America*, S. 122, sowie Michael Bronner, »9/11 Live: The NORAD Tapes«, in: *Vanity Fair*, August 2006; www.vanityfair.com/politics/features/2006/08/norad200608?printable=true&currentPage=all

11 NORAD-Sprecher Colonel Scott sagte im Commission Hearing vom 23.5.2003 aus: »Und es gab Meldungen über weitere Maschinen, während wir anfingen, andere Flugzeuge umzuleiten, die an diesem Tag nur zu Übungszwecken draußen waren.« (»And there are notations here about other airplanes as we begin to divert other airplanes that are just out were intended for training that day.«); www.9-11commission.gov/archive/hearing2/9-11Commission_Hearing_2003-05-23.htm

12 Die FAA (Boston Center) setzte sich mehr oder weniger rechtzeitig am Morgen des 11.9.2001 mit dem Militär in Verbindung, genauer: mit dem North Eastern Defense Sector (NEADS). Der übermittelte Dialog lautete: »We need someone to scramble some F-16s or something up there, help us out.« – »Is this real world or an exercise?« – »No, this is not an exercise. Not a test.«

13 Im Rahmen der NRO-Übung sollte um 9:37 Uhr der erste Löschzug des Fairfax Fire Department anrücken. Sollte dies »real« geplant gewesen sein (und nicht nur »auf Papier«), wären die Feuerwehrleute jedenfalls zum tatsächlichen Pentagon-Crash-Zeitpunkt bereits »in Hut und Mantel« gewesen. Details sind leider weiterhin nicht bekannt, denn das NRO gilt zu Recht als äußerst zurückhaltende Behörde; http://hcgroups.wordpress.com/2009/09/07/911-training-exercise-planned-for-simulated-plane-crash-five-minutes-before-pentagon-attack-took-place/

14 Pamela Hess, »U.S. Agency's Strange 9/11 Coincidence«, UPI, 22.8.2002; www.upi.com/Business_News/Security-Industry/2002/08/22/US-agencys-strange-9ll-coincidence/UPI-70461030045607/

15 Die Hinterbliebenen der 9/11-Opfer, angeführt von vier tapferen Witwen, den »Jersey Girls«, verlangten selbstredend die Herausgabe der Überwachungsbilder, denn diese sollten zeigen, was in Washington geschah. Das NRO kam der Bitte nicht nach – angeblich, weil zum fraglichen Zeitpunkt (wegen der Übung) kein Satellit das Pentagon im elektronischen Auge gehabt hatte.

16 Staff Sgt. Mark Williams of the Military District of Washington Engineer Company at Fort Belvoir, *Connection Newspapers*, 5.9.2002: »›Ironically, we were conducting classes about rescue techniques when we were told of the planes hitting the World Trade Center.‹ Williams' team is one of the first response groups to arrive at the site of the Pentagon crash and one of the first to enter the building following the attack.«; www.historycommons.org/context.jsp?item=a830fortbelvoir#a830fortbelvoir

17 Vgl. *History Commons*, »8:48 a.m. September 11, 2001: Office of Emergency Management Preparing for Bioterrorism Exercise; Opens Its Command Center«; www.historycommons.org/context.jsp?item=a848commandcenter#a848commandcenter

23) Das Militär: zu spät informiert

1 *Commission Report*, S. 20: »Military Notification and Response. Boston Center did not follow the protocol in seeking military assistance through the prescribed chain of command. In addition to notifications within the FAA, Boston Center took the initiative, at 8:34, to contact the military through the FAA's Cape Cod facility. The center also tried to contact a former alert site in Atlantic City, unaware it had been phased out. At 8:37:52, Boston Center reached NEADS. This was the first notification received by the military—at any level—that American 11 had been hijacked. … NEADS ordered to battle stations the two F-15 alert aircraft at Otis Air Force Base in

Falmouth, Massachusetts, 153 miles away from New York City. The air defense of America began with this call. … F-15 fighters were scrambled at 8:46 from Otis Air Force Base, but NEADS did not know where to send the alert fighter aircraft, and the officer directing the fighters pressed for more information: ›I don't know where I'm scrambling these guys to. I need a direction, a destination.‹ Because the hijackers had turned off the plane's transponder, NEADS personnel spent the next minutes searching their radar scopes for the primary radar return. American 11 struck the North Tower at 8:46. Shortly after 8:50, while NEADS personnel were still trying to locate the flight, word reached them that a plane had hit the World Trade Center. … Radar data show the Otis fighters were airborne at 8:53. Lacking a target, they were vectored toward military-controlled airspace off the Long Island coast. … From 9:09 to 9:13, the Otis fighters stayed in this holding pattern.«
S. 21: »That nine minutes' notice before impact was the most the military would receive of any of the four hijackings.«
S. 23: »Military Notification and Response. The first indication that the NORAD air defenders had of the second hijacked aircraft, United 175, came in a phone call from New York Center to NEADS at 9:03. The notice came at about the time the plane was hitting the South Tower.«
S. 24: »Radar data show that at 9:13, when the Otis fighters were about 115 miles away from the city, the fighters exited their holding pattern and set a course direct for Manhattan. They arrived at 9:25 and established a combat air patrol (CAP) over the city. … The Langley fighters were placed on battle stations at 9:09. NORAD had no indication that any other plane had been hijacked.»
S. 26: »Military Notification and Response. NORAD heard nothing about the search for American 77. Instead, the NEADS air defenders heard renewed reports about a plane that no longer existed: American 11.«
S. 27: »Radar data show the Langley fighters airborne at 9:30. NEADS decided to keep the Otis fighters over New York. The heading of the Langley fighters was adjusted to send them to the Baltimore area. The mission crew commander explained to us that the purpose was to position the Langley fighters between the reported southbound American 11 and the nation's capital. … The time was 9:34. This was the first notice to the military that American 77 was missing … No one at FAA headquarters ever asked for military assistance with American 77. … 9:36: He [Kevin Nasypany] then discovered, to his surprise, that the Langley fighters were not headed north toward the Baltimore area as instructed, but east over the ocean. … After the 9:36 call to NEADS about the unidentified aircraft a few miles from the White House, the Langley fighters were ordered to Washington, D.C.« S. 28: »NEADS never lost track of Delta 1989.«
S. 30: »Military Notification and Response. NEADS first received a call about United 93 from the military liaison at Cleveland Center at 10:07. Unaware that the aircraft had already crashed, Cleveland passed to NEADS the aircraft's last known latitude and longitude. NEADS was never able to locate United 93 on radar because it was already in the ground.«
S. 31: »The time of notification of the crash of United 93 was 10:15. The NEADS air defenders never located the flight or followed it on their radar scopes. The flight had already crashed by the time they learned it was hijacked.«
S. 45: »NORAD officials have maintained that they would have intercepted and shot down United 93. We are not so sure.«
Zusammenfassend (inklusive aller überraschenden und nicht näher erklärten Korrekturen der früheren »Response Timelines« des Militärs): S. 34: »In public testimony before this Commission in May 2003, NORAD officials stated that at 9:16, NEADS received hijack notification of United 93 from the FAA. This statement was incorrect. There was no hijack to report at 9:16. United 93 was proceeding normally

at that time. In this same public testimony, NORAD officials stated that at 9:24, NEADS received notification of the hijacking of American 77. This statement was also incorrect. The notice NEADS received at 9:24 was that American 11 had not hit the World Trade Center and was heading for Washington, D.C. In their testimony and in other public accounts, NORAD officials also stated that the Langley fighters were scrambled to respond to the notifications about American 77, United 93, or both. These statements were incorrect as well. The fighters were scrambled because of the report that American 11 was heading south, as is clear not just from taped conversations at NEADS but also from taped conversations at FAA centers; contemporaneous logs compiled at NEADS, Continental Region headquarters, and NORAD; and other records. Yet this response to a phantom aircraft was not recounted in a single public timeline or statement issued by the FAA or Department of Defense. The inaccurate accounts created the impression that the Langley scramble was a logical response to an actual hijacked aircraft. In fact, not only was the scramble prompted by the mistaken information about American 11, but NEADS never received notice that American 77 was hijacked. It was notified at 9:34 that American 77 was lost. Then, minutes later, NEADS was told that an unknown plane was 6 miles southwest of the White House. Only then did the already scrambled airplanes start moving directly toward Washington, D.C. Thus the military did not have 14 minutes to respond to American 77, as testimony to the Commission in May 2003 suggested. It had at most one or two minutes to react to the unidentified plane approaching Washington, and the fighters were in the wrong place to be able to help. They had been responding to a report about an aircraft that did not exist. Nor did the military have 47 minutes to respond to United 93, as would be implied by the account that it received notice of the flight's hijacking at 9:16. By the time the military learned about the flight, it had crashed.«

2 Ebd., S. 4, sowie Fußnote 24, S. 452

3 Vgl. *History Commons*, »9:39 a.m. September 11, 2001: Boston Center Informs NEADS of Possible Hijacking of Delta 1989«: www.historycommons.org/searchResults.jsp?searchtext=1989+intercept&events=on&entities=on&articles=on&topics=on&timelines=on&projects=on&titles=on&descriptions=on&dosearch=on&search=Go

4 E-Mail von Colin Scoggins an uns, September 2006: »(about 8:36) I called NEADs just to verify that they had the target of AAL 11. I was surprised that they hadn't got that yet. The aircraft was about 20 NM south of ALB at the time. … I called Otis a minute or two later and asked of the fighters status, they told me they were ready to go but were waiting for orders. I called NEADs back and gave them a new position 50 NM south of ALB, this time I gave them a L/L and they still couldn't find the target. … and there is no way you couldn't see an untracked target traveling at 600 knots … I still don't know how they never saw the aircraft. Frustrating would be an understatement.«

5 Spencer, *Touching History*, S. 40 f.

6 Am 25. Oktober 1999 antwortete der Privatjet des Golfers Payne Stewart um 9:33 Uhr nicht auf eine Funkanfrage der Luftraumüberwachung. Nachdem der zuständige Lotse viereinhalb Minuten lang vergeblich versucht hatte, den Kontakt zu der ohne Funk auf falschem Kurs fliegenden Maschine wiederherzustellen, alarmierten seine Vorgesetzten weisungsgemäß NORAD, respektive die Air Force. Dem in 46000 Fuß Höhe fliegenden Jet, in dem die Crew durch einen plötzlichen Druckverlust kollabiert war, stand 16 Minuten später, um 9:52 Uhr, ein F-16-Jäger abschussbereit Tragfläche an Tragfläche zur Seite. Der Learjet stürzte schließlich führerlos ab.
Ergo, so die Skeptiker der offiziellen Version, hätten die US-Abfangjäger auch zwei Jahre später sehr wohl in der Lage sein müssen, binnen 16 Minuten unter den Tragflächen jedes verdächtigen Fliegers zu kleben. Sofern man ihnen den Start nicht un-

tersagte. Ungern erwähnen sie indes, dass a) der Transponder des Privatjets eingeschaltet war, also die Maschine erheblich leichter zu lokalisieren war als die 9/11-Ziele, b) die F-16, die den toten Golfer abfing, bereits in der Luft gewesen war (wegen einer Übung) und c) das Ziel von Ost nach West flog, von Orlando nach Dallas, und zwischen dem Ende der Verbindung um 9:33 Uhr und dem Abfangen um 9:52 eine Zeitgrenze überflog, also aus der Zeitzone »Eastern-Daylight-Time« in die Zeitzone »Central-Daylight-Time« (– 1 h). Demnach erschien der Abfangjäger nicht 16 Minuten nach dem Ende der Funkverbindung an der Seite des Jets, sondern erst nach einer Stunde und 16 Minuten. Was die Argumentation der Skeptiker zwar nicht vom Tisch wischt, aber doch, zumindest in diesem Punkt, geringfügig relativiert.

7 CBS News, 23.2.2002, »Speed Likely Factor In WTC Collapse«; www.cbsnews.com/stories/2002/02/25/attack/main501989.shtml

8 Hanns Rosin u.a., »At Logan Airport, Nobody Saw Plane's Sharp Turn South«, in: *Washington Post*, 12.9.2001: »Boston airport officials said they did not spot the plane's course change until it had crashed, and said the control tower had no unusual communication with the pilots or any crew members.«; www.washingtonpost.com/wp-dyn/content/article/2001/09/12/AR2005033108361.html

9 Aussage von NORAD-Sprecher Colonel Alan Scott vor der 9/11-Commission, Hearing vom 23.5.2003, S. 19: »Um 8.46 Uhr, das ist der nächste aufgezeichnete Vorfall, kriegen wir die letzten Radardaten; wobei übrigens viele der Radardaten für diese Primärziele [die Flugzeuge] waren an jenem Tag nicht zu sehen. Sie wurden Tage später vom 84. Radarauswertungsgeschwader und anderen, vergleichbaren Dienststellen ausgewertet, Fachleuten in Sachen retrospektiver Auswertung von Radaraufzeichnungen, die aus dem vorhandenen Material im Wissen um die tatsächlichen Vorfälle im Nachhinein Dinge herausfiltern konnten, die während des Vorfalls selbst vielleicht gar nicht zu erkennen waren.«; www.9-11commission.gov/archive/hearing2/9-11Commission_Hearing_2003-05-23.htm

10 Scott, ebd.: »United 175, the second airplane, which by the way never turned off its transponder before impact, crashes into the North Tower (sic!) at 9:02.« Dass er sich hier mit Nord- und Südturm vertan hat – geschenkt.

11 Charles Lane, »A Sky Filled With Chaos, Uncertainty and True Heroism«, in: *Washington Post*, 17.9.2001: »As several controllers gathered to help search for the American plane, a controller glanced at another radar screen and shouted, ›Look. There's an intruder over Allentown‹. In air traffic jargon, an ›intruder‹ is a plane with an operating transponder that has entered restricted airspace without permission.« (Artikel nicht mehr online!)

12 Zit.n. der Umschrift der Fluglotsenkommunikation, veröffentlicht von der *New York Times*, 16.10.2001 (»R42« und »R10« sind die kommunizierenden Lotsen): »8:53:23 (R42): 10 – do you see that UAL175 anywhere and do me a favor, you see that target there on 3321 code at 335 climbing, don't know who he is but you got that USA 583 if you need to descent him down you can nobody we may have a hijack we have some problem over here right now 8:53:35 (R10): Oh, you do 8:53:37 (R42): Yes, that may be real traffic, nobody knows I can't get a hold of UAL175 at all right now, and I don't know where he went to.«; www.nytimes.com/2001/10/16/national/16FLIGHT175-TEXT.html?ex=1064376000&en=d1512361dcf74875&ei=5070

13 Zit.n. Spencer, *Touching History*, S. 84

14 NORAD-General Arnold, 9/11-Comission, Hearing vom 23.5.2003, S. 34: »We had no warning of that whatsoever. In fact, that airplane was called possibly hijacked later on, which as General McKinley referred to, as the fog and friction of war, actually caused further confusion, because we were not aware which aircraft actually crashed into the towers. We just knew that by now we had two airplanes that have crashed into the owers. We have two airplanes that are called hijacked.«; www.9-11commission.gov/archive/hearing2/9-11Commission_Hearing_2003-05-23.htm

15 Vgl. die Website *Pilots for 9/11 Truth Forum*: »NASA Flight Director Confirms 9/11 Aircraft Speed As The ›Elephant In The Room‹«; http://pilotsfor911truth.org/forum/index.php?showtopic=20178; ferner *History Commons*, »October 2002–October 2005: NIST Tries to Estimate Speed of Aircraft Impacting WTC»; www.historycommons.org/context.jsp?item=a1002speedindispute#a1002speedindispute

16 Siehe: www.scribd.com/doc/40513256/Radar-Maps-AA-77-C-130-UA-93-and-Air-Force-One

17 NORAD-General Arnold, 9/11-Comission, Hearing vom 23.5.2003, S. 35: »And I can tell you that I did not know, and I don't believe anybody in the NORAD system, knew where that airplane was.«; www.9-11commission.gov/archive/hearing2/9-11Commission_Hearing_2003-05-23.htm

18 NORAD-Sprecher Colonel Scott, 9/11-Commission, Hearing 2/2, 23.5.2003, S. 21: »9.27, Boston FAA reports fifth aircraft missing, Delta Flight 89 – and many people have never heard of Delta Flight 89. We call that the first red herring of the day, because there were a number of reported possible hijackings that unfolded over the hours immediately following the actual attacks.«; www.9-11commission.gov/archive/hearing2/9-11Commission_Hearing_2003-05-23.htm

19 Ebd.: »And 9.40, immediately following that, is when 93 up north turns its transponders off out in the West toward Ohio, and begins a left turn back toward the East. At 9.49, FAA reports that Delta 89, which had been reported as missing, is now reported as a possible hijacking. So again he is – MR. ???: That's 9.41, sir. – MR. SCOTT: I'm sorry, 9:41. Again, he is in the system. He is kind of a red herring for us.«

20 Vgl. »The Many False Hijackings of 9/11« auf *Shoestring*, 10.4.2011; http://shoestring911.blogspot.com/2011/04/many-false-hijackings-of-911.html

21 Marilyn Adams, Alan Levon und Blake Morrison, »No One Was Sure Hijackers were on Board«, in: *USA Today*, 12.8.2002: »At the Federal Aviation Administration's command center in Herndon, Va., Delta Flight 1989 joins a growing list of suspicious jets. Some of their flight numbers will be scrawled on a white dry-erase board throughout the morning. Eventually, the list will grow to 11. – One, a TWA flight, refuses to land in Pittsburgh and wants to fly on toward Washington. Another, a Midwest Express flight, disappears from radar over West Virginia.«; www.usatoday.com/news/sept11/2002-08-12-hijacker-daytwo_x.htm

22 Colonel Scott, 9/11-Commission, Hearing vom 23.5.2003, S. 22: »At 10.07 FAA reports there may be a bomb on board 93 – that's four minutes after the impact. At 10.15 they report that it's crashed. And you can see now that fog and friction lag time has increased from seven minutes to nine minutes to 15 minutes, because of the level of activities that are going on. *And there are notations here about other airplanes as we begin to divert other airplanes that are just out were intended for training that day*.«; www.9-11commission.gov/archive/hearing2/9-11Commission_Hearing_2003-05-23.htm

23 Vgl. William B. Scott, »Exercise Jump-Starts Response to Attacks«, in: *Aviation Week & Space Technology*, 3.6.2002: »Sgt. Jeremy W. Powell of North American Aerospace Defense Command's Northeast Air Defense Sector (NEADS) in Rome, N.Y., took the first call from Boston Center. He notified NEADS commander Col. Robert K. Marr, Jr., of a possible hijacked airliner, American Airlines Flight 11. – ›Part of the exercise?‹ the colonel wondered. No; this is a real-world event, he was told.«; http://s3.amazonaws.com/911timeline/2002/aviationweekspacetechnology060302.html

24 NEADS Audio File, Mission Crew Commander Position, Channel 2. North American Aerospace Defense Command, September 11, 2001; www.scribd.com/doc/14142047/NYC-Box-3-Neadsconrnorad-Fdr-Transcript-Neads-Channel-2-Mcc-Upside-006; Transcripts From Voice Recorder, Northeast Air Defense Sector, Rome, NY. North American Aerospace Defense Command, September 11, 2001; www.scribd.com/doc/14142009/NYC-Box-2-NEADS-Transcript-Rome-NY-Fdr-Transcript-Pgs-182-12371417

25 NEADS Audio File, Senior Director Position, Channel 20. North American Aerospace Defense Command, September 11, 2001; www.scribd.com/doc/14142101/NYC-Box-3-Neadsconrnorad-Fdr-Transcript-Neads-Channel-20-502-Tk-009

26 »If this is an exercise input, it is a good one.«: Eine wie üblich enorm umfangreiche Übersicht über die zahlreichen »Insert«-Quellen bietet *History Commons*, z.B. unter »9:34 a.m. September 11, 2001: NEADS Surveillance Technicians Instructed to Remove Simulated Information from Radar Screens«; www.historycommons.org/context.jsp?item=a934simswitches

27 Sally Donnelly, »The Day the FAA Stopped the World«, in: *Time Magazine,* 14.9.2001: »Confusion reached such a high level that the FAA admitted to the White House officials who wanted to bring the President back to Washington that the agency could not account for seven planes. In fact, four of those planes turned out to be the downed ones – but that would take a while to sort out. Even more worrying was that it took the FAA another hour and a half to account for three other aircraft.«; www.time.com/time/nation/article/0,8599,174912,00.html

24) Das Gespenst: Phantomflug AA 11

1 *Commission Report*, S. 26: »We have not been able to identify the source of this information.«

2 Eine gründliche Dokumentation von Scoggins' Meldungen am 11.9. findet sich in den *History Commons* unter www.historycommons.org/searchResults.jsp?searchtext=scoggins&events=on&entities=on&articles=on&topics=on&timelines=on&projects=on&titles=on&descriptions=on&dosearch=on&search=Go

3 *Commission Report*, S.26: »At 9:21, NEADS received a report from the FAA:
FAA: Military, Boston Center. I just had a report that American 11 is still in the air, and it's on its way towards – heading towards Washington
NEADS: Okay. American 11 is still in the air?
FAA: Yes
NEADS: On its way towards Washington?
FAA: That was another – it was evidently another aircraft that hit the tower. That's the latest report we have
NEADS: Okay
FAA: I'm going to try to confirm an ID for you, but I would assume he's somewhere over, uh, either New Jersey or somewhere further south
NEADS: Okay. So American 11 isn't the hijack at all then, right
FAA: No, he is a hijack
NEADS: He – American 11 is a hijack?
FAA: Yes
NEADS: And he's heading into Washington?
FAA: Yes. This could be a the third aircraft«
Ergänzend hier die Aussage von Lt. Colonel Dawne Deskins, zit.n. »9/11. Interviews by Peter Jennings«, ABC News 11.9.2002: »They told us that they showed the American Airlines Flight 11 was still airborne. So now, we're looking at this, well if, if an aircraft hit the World Trade Center, who was that?« Die vollständige Transkription des TV-Beitrages findet sich unter http://911myths.com/index.php/ABC_News_9-11-2002

4 E-Mail von Colin Scoggins an uns, August 2006: »Someone on the telcon said that AAL 11 was still in the air. Not exactly who or why, and I don't even know who was on that telcon, the following I am sure of, The Command Center someone from Washington National Tower, possibly Dulles Tower, I don't think other agencies were on that early.«

5 Die »Irrtümer« wegen dieses Phantomflugs sind umfassend. Vgl. *Commission Report*, S. 27 f., Hervorhebungen von uns:

»In public testimony before this Commission in May 2003, *NORAD officials stated that at 9:16, NEADS received hijack notification of United 93 from the FAA. This statement was incorrect. There was no hijack to report at 9:16.* United 93 was proceeding normally at that time. In this same public testimony, *NORAD officials stated that at 9:24, NEADS received notification of the hijacking of American 77. This statement was also incorrect. The notice NEADS received at 9:24 was that American 11 had not hit the World Trade Center and was heading for Washington,* D.C.
In their testimony and in other public accounts, *NORAD officials also stated that the Langley fighters were scrambled to respond to the notifications about American 77, United 93, or both. These statements were incorrect as well. The fighters were scrambled because of the report that American 11 was heading south. … Yet this response to a phantom aircraft was not recounted in a single public timeline or statement* issued by the FAA or Department of Defense. *The inaccurate accounts created the impression that the Langley scramble was a logical response to an actual hijacked aircraft. In fact, not only was the scramble prompted by the mistaken information about American 11, but NEADS never received notice that American 77 was hijacked.* … the fighters were in the wrong place to be able to help. *They had been responding to a report about an aircraft that did not exist.*«

6 Die Wortmeldung von Colin Scoggins (alias Cheapshot) auf *Break for News*, 25.8.2006 (Hervorhebungen von uns): »First the fact that there was a *call about phantom flight 11 is for real, and not fake, and it does exist. I made that call.* … I had made probably 40 phone calls to NEADS over the course of that morning. The calls I made that morning the majority of them were made on the DSN phone system. Boston Center does not record the DSN phone system but NEADS does. The justice department was under the impression that my interview would take about 5 minutes, due to the fact that only three of my calls were on the hotline to NEADS from Boston Center … these (NORAD) tapes had *my calls that AAL 11 was still airborne, and my calls about AAL 77, 6 miles southwest of the whitehouse.* So again I reiterate *that the tapes are real, the person who made those calls is for real, for it is I who made them.*«; www.breakfornews.com/forum/viewtopic.php?t=493

7 Aus denen wir im Folgenden zitieren, soweit Colin Scoggins seine Aussagen auch anderswo öffentlich unterstrichen hat. Die genaueren Zusammenhänge, Vermutungen und Namen müssen wir uns allerdings für die Hauptverhandlung aufheben, denn Scoggins hat uns nicht gestattet, ihn diesbezüglich öffentlich zu zitieren.

8 E-Mail von Colin Scoggins an uns, September 2006: »… two years later, General Arnold and Colonel Marr are left guessing why they launched the fighters from Langley, they are left with it must have been AAL 77, because it was the only thing that made sense, they didn't have any tapes stating that I had called them.«

9 *History Commons*, »September 11, 2001: Boston Center Military Liaison Makes His First Call to NEADS, Though 9/11 Commission Does Not Mention It«: »(Scoggins) deserves a lot of credit because he was about the only one that was feeding us information. I don't know exactly where he got it. But he was feeding us information as much as he could.«, www.historycommons.org/context.jsp?item=a835scogginscalls#a835scogginscalls

10 E-Mail von Colin Scoggins an uns, September 2006: »All's I did was report that there was a target near the Whitehouse from a conversation on one of the Telcons we were listening to …This was basically the response from Washington Center: ›How does Boston Center know of any target near the White House‹ and they hung up on NEADS.«

11 Wir geben Scoggins' E-Mail-Wortlaut nicht wieder, aber es kam »erwürgen« drin vor und auch das Wort »Arschlöcher«.

12 Vgl. *History-Commons*, »(10:20 a.m.) September 11, 2001: Boston Center Controller Notices Unidentified Aircraft Approaching from East« (Hervorhebungen von uns): »Scoggins says: ›We have a large, slow-moving target approaching Cape Cod and

heading for Boston. Do you have it? What is it?‹ The person at Giant Killer only replies, ›We're looking,‹ and then mentions, ›We've got a fleet of ships heading toward the northeast and an Aegis cruiser [a high-tech warship] on the way.‹ *Scoggins is worried that Giant Killer is unable to specifically identify the target he is seeing on his radar screen. It appears to be flying straight toward the Boston Center.* He thinks to himself, ›If I wanted to use airliners to attack a country, I would take out their air traffic control facilities!‹ Scoggins continues watching the suspicious aircraft on his radar screen. Shortly afterward, the Boston Center will be evacuated after the FAA's New England regional office calls it and reports an unidentified aircraft heading toward the facility.«; www.historycommons.org/context.jsp?item=a1020slowtarget #a1020slowtarget

13 Vgl. Spencer, *Touching History*, S. 242 f.

14 *Break for News*, 25.8.2006: »They can add ghost targets to their simulations. I believe they can mix with live traffic, when we do simulations at the center for our FAA tranining ...«; www.breakfornews.com/forum/viewtopic.php?t=493
In den Vorschriften der Übung Vigilant Guardian für den 11. September wurden die militärischen Teilnehmer allerdings darauf hingewiesen, sie sollten auf ihren eigenen Schirmen den »Q-93«-Schalter auf »mixed« stellen, um echte und simulierte Radarsignale auseinanderhalten zu können. Wörtlich heißt es in den Memo SPECIAL INSTRUCTIONS (SPINS) VIGILANT GUARDIAN 01-2, Department of the Air Force vom 23.8.2001: »Q 93 CONFIGURATION: The exercise will be conducted Sim over Live on the Air Sovereignty string. The Q-93 must be placed in the Mixed Mode to allow the Telling of Sim tracks.«
Ob diese Q-93-Mischung auch auf den Bostoner Schirmen wie gewünscht ankam – darüber können wir nur mutmaßen.

15 Der Roman zu diesem Verschwörungsszenario ist Cooper, *Das fünfte Flugzeug*.

25) American 11: Augenzeugen an Bord

1 Betty Ong, aufgezeichnetes Telefonat mit Lydia Gonzalez, 9/11-Commission, Hearing vom 27.4.2004, S. 110, Hervorhebung von uns: »Our number 1 is stabbed right now. And who else is ... And our number 5 – our first class passenger are – galley flight attendant and our purser has been stabbed. *And we can't get into the cockpit, the door won't open.* Hello?«; www.9-11commission.gov/archive/hearing7/9-11 Commission_Hearing_2004-01-27.htm
Ong fragte ihre Kollegen im Verlauf des aufgezeichneten Gesprächs in diesen ersten Minuten der Entführung ein weiteres Mal: »Can anybody get up to the cockpit?« Aus der First Class erhielt sie offenkundig die Rückmeldung: »Nein« – was sie erneut an Gonzalez weitergab.

2 Zeugin Lydia Gonzales, Ongs telefonische Gesprächspartnerin; 9/11-Commission, Commission Hearing vom 27.4.2004, S. 108: »Although she wasn't able to give us the description of the attackers, she told us the seat locations of these individuals.« Wobei Gonzalez' »these individuals« sich ausdrücklich auf *zwei* Männer bezieht, nicht auf fünf.

3 *Commission Report*, S. 6: »At 8:26, Ong reported that the plane was ›flying erratically‹.«

4 *Commission Report*, S. 6 f.: »At 8:44, Gonzalez reported losing phone contact with Ong. About this same time Sweeney reported to Woodward, ›Something is wrong. We are in a rapid descent ... we are all over the place.‹ Woodward asked Sweeney to look out the window to see if she could determine where they were. Sweeney responded: ›We are flying low. We are flying very, very low. We are flying way too low.‹ Seconds later she said, ›Oh my God we are way too low.‹ The phone call ended.«

26) United 93: zu früh, zu spät

1 Robert C. Pollack, »Riding shotgun in the sky«, in: *The Record-Journal*, Connecticut, 25.2.2004: »›Continental Airlines First Officer James‹ LaRosa described how he waited on a Newark Airport runway aboard a 737 preparing for a flight to Costa Rica and was just two planes behind United Airlines Flight 93, the last plane to be hijacked on that gut-wrenching day. … ›It could just as easily have been me and my flight,‹ said LaRosa, who has logged about 7,500 hours as a commercial pilot. His own flight took off at 7:35* a.m. [* Read: 8:35. The article was published in Connecticut, so you have to add an hour to be back at Eastern Daylight Time] but was soon diverted to the nearest airport qualified for international flights — customs had to be available — which turned out to be in Raleigh-Durham in North Carolina. But he and the passengers knew nothing about what had happened until after they landed.«; http://replay.web.archive.org/20040225133304/http://www.record-journal.com/articles/2004/02/16/news/news01.txt

2 NORAD-Sprecher Colonel Scott, 9/11-Commission, Hearing vom 23.5.2003, S. 21: »9.16, now FAA reports a possible hijack of United Flight 93, which is out in the Ohio area.«; www.9-11commission.gov/archive/hearing2/9-11Commission_Hearing_2003-05-23.htm

3 Jeff Pillets, »In Rural Hamlet, The Mystery Mounts; 5 Report Second Plane at PA. Crash Site«, in: *The Bergen Record* (NJ), 14.9.2001: »(He) said he began searching the horizon for any signs of the 757 around 9:20 a.m, when the Cleveland Control Center radioed that Flight 93 was headed in their direction and was apparently out of control.«; www.flight93crash.com/second-plane-at-flight93-crash-site.htm

4 Clarke, *Against All Enemies*, S. 7

5 *Commission Report*, S. 34: »In public testimony before this Commission in May 2003, NORAD officials stated that at 9:16, NEADS received hijack notification of United 93 from the FAA.175 This statement was incorrect. There was no hijack to report at 9:16. United 93 was proceeding normally at that time.«

6 *Commission Report*, S. 11

7 *History Commons*, »9:27 a.m. September 11, 2001: Flight 93 Makes Last Contact with Air Traffic Control«: » At 9:27, the Cleveland controller, John Werth, alerts it to another aircraft 12 miles away and to its right, at 37,000 feet: ›United 93, that traffic for you is one o'clock, 12 miles east, bound three-seven-zero.‹ Seconds later, Flight 93 responds, ›Negative contact, we're looking, United 93.‹ Less than a minute after this, the hijackers appear to enter Flight 93's cockpit.«; www.historycommons.org/entity.jsp?entity=john_werth_1

8 *Commission Report*, S. 11: »The hijackers attacked at 9:28. While traveling 35,000 feet above eastern *Ohio* (sic!), United 93 suddenly dropped 700 feet. Eleven seconds into the descent, the FAA's air traffic control center in Cleveland received the first of two radio transmissions from the aircraft. During the first broadcast, the captain or first officer could be heard declaring ›Mayday‹ amid the sounds of a physical struggle in the cockpit. The second radio transmission, 35 seconds later, indicated that the fight was continuing. The captain or first officer could be heard shouting: ›Hey get out of here – get out of here – get out of here.‹«
Hervorhebung von uns. Sowie die Anmerkung, dass hier etwas aus der wahren Original-Timeline erhalten geblieben ist, nämlich »United 93 über Ohio«, nicht über Pennsylvania.

9 Wir wollen nicht verschweigen, aber aus Gründen der Restverständlichkeit auf Prozesstag 26 vertagen, dass selbst hinsichtlich der Identität von Delta 1989 etliche Fragen bleiben. Wer vorgreifen und nachvollziehen möchte, weshalb es nach Ansicht von akribischen Skeptikern auch diesen Flug doppelt gab, findet unter »Delta 89, Code 7112: The Faker Hijack Exercise«, beigesteuert von *WoodyBox*, gute Anhaltspunkte; http://911woodybox.blogspot.com/2009/06/delta-89-code-7112-faker-hijack.html

10 *Commission Report*, S. 31: »The time of notification of the crash of United 93 was 10:15. The NEADS air defenders never located the flight or followed it on their radar scopes. The flight had already crashed by the time they learned it was hijacked.« Und ebd., S. 34: »By the time the military learned about the flight, it had crashed.«

27) United 93: kein Abschuss

1 Eine ausführliche Zusammenstellung der Zeugenaussagen bietet John Doe II, »... and kiss the official UA 93 Story good-bye!«, auf *Democratic Underground*; www.democraticunderground.com/discuss/duboard.php?az=view_all&address=125x28985
2 www.youtube.com/watch?v=x6Xoxaf1Al0
3 Siehe: www.scribd.com/doc/40513256/Radar-Maps-AA-77-C-130-UA-93-and-Air-Force-One
4 John Doe II, »... and kiss the official UA 93 Story good-bye!«, auf *Democratic Underground*; www.democraticunderground.com/discuss/duboard.php?az=view_all&address=125x28985
Siehe auch Debra Erdley, »Crash debris found 8 miles away«, in: *Tribune Review* (Pittsburgh), 14.9.2001: »John Fleegle, marina owner Jim Brant and two of Brant's employees were among the dozens who witnessed the crash from Indian Lake. ... ›All of a sudden the lights flickered and we joked that maybe they were coming for us. Then we heard engines screaming close overhead. The building shook. We ran out, heard the explosion and saw a fireball mushroom,‹ said Fleegle, pointing to a clearing on a ridge at the far end of the lake. Delasko, who ran outside moments later, said she thought someone had blown up a boat on the lake. ›It just looked like confetti raining down all over the air above the lake,‹ she said.«; www.pittsburghlive.com/x/pittsburghtrib/s_12967.html

28) Täter-Kommunikation: Gedankenübertragung

1 Ausführungen, Zusammenfassung und Animationen unter »Animation showing military precision of flight paths« auf *Looking Glass News*, 7.12.2005; www.lookingglassnews.org/viewstory.php?storyid=3907
Obwohl die Website von *team8plus* bedauerlicherweise komplett aus dem Netz verschwunden ist, lässt sich die Animation weiterhin studieren, und zwar unter www.lookingglassnews.org/articles/dec/team83.jpeg
2 *Commission Report*, S. 4: »The plane took off at 7:59. Just before 8:14, it had climbed to 26,000 feet, not quite its initial assigned cruising altitude of 29,000 feet. All communications and flight profile data were normal. About this time the ›Fasten Seatbelt‹ sign would usually have been turned off and the flight attendants would have begun preparing for cabin service. ... From this and other evidence, we believe the hijacking [of AA 11] began at 8:14 or shortly thereafter.«
3 Vgl. u.a. Frank Levi / *team8plus,* »Holes in the Radar – How the Plane Swaps Were Done«; http://letsrollforums.com/holes-radar-plane-swaps-t4261.html; sowie ders., »9-11: Holes in the Radar«; http://letsrollforums.com/911-commission-timelines-4-t20458.html?s=f5be6f61bff9e844b65392743ee84709&amp

29) Irrelevant: Raytheon

1 Informationen und Zitate nach Pressemitteilungen von Raytheon Technologies: »Raytheon designed and developed the differential GPS landing system under an Air Force contract for the Joint Precision Approach and Landing System (JPALS) program. More than 200 precision approaches with a military test aircraft have been accomplished to date.«; www.raytheon.com/products/jpals/)

2 Sowie zwei Mitarbeiter von »Subunternehmern«, die ebenfalls mit dem Global-Hawk-Projekt betraut waren, die wir hier aber der Einfachheit halber hier nicht weiter beachten wollen: Carl Max Hammond (Flug 175) arbeitete für den Global-Hawk-Entwickler Mitre Corp.; www.mitre.org/news/events/tech03/sensors.html; Charles S. Falkenberg (Flug 77) entwickelte EOS Webster, ein Radar-Landkartensystem, integriert in die Global-Hawk-Steuerung; http://web.archive.org/web/20020302091225; http://ivanova.gsfc.nasa.gov/hdfeos/notes.html

3 Nach Meldungen von CNN und *USA today*, 12.9.2001, befanden sich an Bord von AA 77: Stanley Hall, 68, Director of Program Management for Raytheon Electronics Warfare, verantwortlich für die Entwicklung von Anti-Radar-Techniken. An Bord von AA 11: Kenneth Waldie, 46, Senior Quality Control Engineer for Electronic Systems, seit 17 Jahren bei Raytheon; David Kovalcin, 42, Senior Mechanical Engineer for Electronic Systems, seit 15 Jahren bei Raytheon; Peter Gay, 54, Vice President of Operations for Electronic Systems, seit über 28 Jahren bei Raytheon; www.usatoday.com/news/nation/2001/09/12/victim-capsule-flight11.htm; http://replay.web.archive.org/20010918054209; http://edition.cnn.com/SPECIALS/2001/trade.center/victims/AA11.victims.html

4 Seinen Dienst bei Raytheon als Vice-Director of Raytheon's Corporate Management hatte Homer erst kurz vor dem September 2001 angetreten, bis dahin hatte er (27 Jahre lang) für das Verteidigungsministerium gearbeitet: in der Vertragsabteilung; http://replay.web.archive.org/20020302174545; http://www.voice.neu.edu/011211/homer.html. Aus unerfindlichen Gründen wurde er nach dem Anschlag einige Tage lang nicht als Passagier geführt, sondern als im Pentagon umgekommen; www.pownetwork.org/bios/mia_usa2.htm

5 Vgl. in Sachen »Zufälle«, besonders zu diesem Punkt, John Doe II maßgebliches Theaterstück *The Crime of The Millenium*; http://johndoeii.blog.com/files/2011/01/TEXT.pdf

6 Siehe die Auflistung bei CNN; www.cnn.com/SPECIALS/2001/trade.center/tenants2.html

7 Jim Dwyer u.a., »Fighting to Live as the Towers Died«, in: *New York Times*, 26.5.2002; www.nytimes.com/2002/05/26/nyregion/26WTC.html?ex=1154750400&en=a3b54ec14e1861bc&ei=507 0

30) Der Pilot: Hani Hanjour

1 »Four Planes, Four Coordinated Teams«, *Washington Post*, 20.9.2001; www.washingtonpost.com/wp-srv/nation/graphics/attack/hijackers.html

2 »Air Traffic Controllers Recall 9/11«, ABCNews, 24.10.2001; http://abcnews.go.com/2020/story?id=123822&page=1

3 Zit.n. *History Commons*, »April 15, 1999: Hanjour Gets Pilot's License despite Dubious Skills«; www.historycommons.org/context.jsp?item=a041599hanjourlicense#a041599hanjourlicense

4 Zit.n. Jim Yardley, »A Trainee Noted for Incompetence«, in: *New York Times*, 4.5.2002; www.nytimes.com/2002/05/04/us/a-trainee-noted-for-incompetence.html?pagewanted=1

5 Collins, *My Jihad*, S. 248

6 www.911myths.com/images/5/53/13120604--FBI-Summary-about-Alleged-Flight-77-Hijacker-Nawaf-Alhazmi.pdf

31) Der Pentagon-Crash

1 Z.B. www.youtube.com/watch?v=NgyPbUoe2iA

2 Die »Rauchfahne« ist ein scheinbar starkes Argument gegen die offizielle Theorie, auf den veröffentlichten Bildern sei ein heranrasendes Passagierflugzeug zu sehen,

denn Flugzeugturbinen verbrennen Kerosin, und Kerosin hinterlässt keine Rauchspur, sondern verbrennt farblos. Eine Rakete hingegen, erst recht eine gerade erst abgefeuerte, zieht sehr wohl eine Rauchfahne hinter sich her. Wir geben aber zu bedenken, dass das sich dem Pentagon nähernde Flugobjekt mehrere am Rand des Highway stehende Lichtmasten umknickte, und zwar mittels seiner kerosingefüllten Tragflächen, so dass es durchaus als denkbar erscheint, dass die Maschine auf ihren letzten Metern aus verschiedenen Wunden brannte. Was dann eben auch eine große Rauchfahne erklären würde.

3 Vgl. z.B. Griffin, *Debunking 9/11 Debunking*, S. 279

4 Einen Überblick über die verschiedenen (abgelehnten) FOIA-Anfragen bietet http://911research.wtc7.net/pentagon/evidence/footage.html

5 Laut Ablehnungsbescheid der zuständigen Behörden auf die FOIA-Anfrage von Aidan Monaghan am 30.8.2010: »Due to the investigation and litigation on this matter, the Federal Bureau of Investigation (FBI) still has cognizance over these records.«; http://911blogger.com/news/2010-09-25/department-defense-images-pentagon-crash-scene-and-during-911-unavailable-controlled-fbi

6 Meyssan, *Pentagate*

7 Z.B. www.youtube.com/watch?v=w3iQuoyGIPo

8 Vgl. Griffin, *The New Pearl Harbor Revisited*, S. 61 ff. Sowie den kritischen Kommentar zu Griffins »Funden« auf *911myths.com* unter http://911myths.com/index.php/Barbara_Olson_calls. Sowie Eric Larsons außerordentlich ausführliche »Critique of Griffin's 911 Fake Calls Theory« auf *911blogger.com*; http://911blogger.com/news/2011-02-10/critique-david-ray-griffin-s-911-fake-calls-theory.

Dazu lohnt sich dann allerdings die zusätzliche Lektüre der ungefähr 50-seitigen Reposte des kritisierten Griffin selbst, ebenso wie die Beistandslektüre aus Skeptikerkreisen.

Unter dem Info- und Desinfo-Strich bleibt indes bis heute offen, ob es an Bord von AA 77 überhaupt »Airphones« gab, von denen aus Hauptzeugin Barbara Olson ihren Mann Theodore im Justizministerium hätte erreichen können (nachdem das FBI offenbar die Verwendung eines Handy ausschloss, dank der im Moussaoui-Prozess vorgelegten Auswertungen). Unbeantwortet bleiben ebenfalls skeptische Fragen an die Skeptiker, kulminierend ungefähr in dieser: Falls 9/11 auf jeder Ebene ein gigantischer Verschwörer-Hoax war – wieso machten die genialen Planer ohne Not Fehler wie den, fragwürdige Anrufe von Bord der Maschinen aus schlampig zu inszenieren? Hätten wir nicht *ohne* diese Anrufe viel weniger Zweifel an der offiziellen Darstellung?

Aufgrund der insgesamt gewichtigen Unsicherheiten verzichten wir daher nach gründlicher Prüfung der unsicheren Fakten- und Beweislage im Rahmen dieses Buches auf eine weitere Vertiefung des Aspekts »Anrufe von Bord der Flüge 77 und 93«.

9 *Pilots for 9/11 Truth*, »Phone call to NTSB regarding the above conflicts«. Das ist, wie auf der Seite angekündigt, tatsächlich ein »must see« resp. »must hear«; http://pilotsfor911truth.org/pentagon.html

10 Vgl. Griffin, *The New Pearl Harbor Revisited*, S. 63 ff.

11 Zit.n. Filson, *Air War over America*, S. 66

12 »Konspirologen« zeichnen sich üblicherweise durch unwissenschaftliches Vorgehen und einen Mangel an Sachkenntnis aus – ihnen genügt eine möglichst knackige Theorie wie »Osama war's« oder »Die Sonne kreist um die Erde«, Details werden ungern behandelt. Die *Pilots for 9/11 Truth* machen das seit Jahren anders, deshalb gestatten wir uns hier ein Beispiel aus ihrem Fragenkatalog »Questions For NTSB/FBI Regarding Flight Data Recorder Information« abzudrucken (das lediglich die rätselhaften Daten aus der Flugschreiberauswertung betrifft). Die ursprünglich eingesetzte 9/11-Commission musste sich mit solchen Fragen nicht beschäftigen, die kommende wird es tun:

»1. The current FDR shows 480' MSL True Altitude, too high to hit the light poles. What are your findings of True Altitude at end of data recording 09:37:44. Why did you provide a Flight Data Recorder that shows the aircraft too high without a side letter of explanation? How did you come to your conclusion.
2. What is the vertical speed at end of data recording :44. How did you come to your conclusion.
3. What is the Absolute Altitude and end of data recording? How did you come to your conclusion.
4. Why does the csv file show the altimeter being set in the baro cor column on the descent through FL180, but the animation altimeter does not show it being set? (This is a blatant cover-up to confuse the average layman in hopes no one would adjust for local pressure to get True Altitude. Too bad for them we caught it).
5. Why do the current G Forces for the last minute of data correspond to the changes in vertical speed, yet at end of data :44-:45 it shows an increase in vertical speed never accounting for any type of level off to be level with the lawn as shown in the DoD video?
6. Do you have any video showing a clear impact and/or of the plane on its approach to impact?«; http://pilotsfor911truth.org/pentagon.html

32) E4-B: Überwachung von oben

1 Hier ein Film: www.youtube.com/watch?v=2crnOsx4Eks&feature=related. Die beste Quellensammlung findet sich wie üblich in den *History Commons*, »(9:41 a.m.-9:42 a.m.) September 11, 2001: Mysterious White Jet Seen Circling above White House«; www.historycommons.org/context.jsp?item=a942whitejet#a942white jet.

2 Mark H. Gaffney, »Why Did the World's Most Advanced Electronics Warfare Plane Circle Over The White House on 9/11?«, S. 15: »Linda Brookhart says she snapped the picture *before* the towering plume of smoke became visible at the Pentagon.«; www.journalof911studies.com/volume/200704/911MysteryPlane.pdf

3 Gaffney, *The 9/11 Mystery Plane and the Vanishing of America*, S. 46 ff.

4 U.S. Air Force, E4-B Factsheet: »The E-4B has electromagnetic pulse protection, an electrical system designed to support advanced electronics and a wide variety of new communications equipment. Other improvements include nuclear and thermal effects shielding, acoustic control, an improved technical control facility and an upgraded air-conditioning system for cooling electrical components. An advanced satellite communications system improves worldwide communications among strategic and tactical satellite systems and the airborne operations center.«; www.af.mil/information/factsheets/factsheet.asp?fsID=99

5 Joe Dejka, »Inside Stratcom on September 11 – Offutt Excercise took real life twist«, in: *Omaha World-Herald*, 27.2.2002; http://classic-web.archive.org/web/20050206084541; http:/close.batcave.net/GlobalGuardian.html

6 Jedenfalls gingen die Teilnehmer noch im März 2001 davon aus. Beispielhaft das Fachblatt *Space Observer* der Peterson Air Force Base in Colorado, das auf Seite 2 seiner Ausgabe vom 23.3.2001 die »Global Guardian«-Übung noch für den Oktober 2001 ankündigt; http://classic-web.archive.org/web/20030320100542; http://www.peterson.af.mil/21sw/observer/23mar01.pdf

7 Gaffney, *The 9/11 Mystery Plane and the Vanishing of America*, S. 52

8 Zu Ablauf und (strittigem) Ende der Übung Global Guardian vgl. *History Commons*, »(10:44 a.m.) September 11, 2001: Global Guardian Exercise Formally Canceled«; www.historycommons.org/context.jsp?item=a1044guardianends#a1044guardian ends
An Zufällen interessierten Lesern legen wir gern ans Herz, »Offutt« in einen beliebigen Browser oder gleich bei *History Commons* einzugeben. Dass Admiral Mies zu

Beginn der Übung mit wohlhabenden Charity-Gästen des zweitreichsten Mannes der Welt, Warren Buffett, auf der Militärbasis frühstückte, gehört ebenso zu den Merk- und Zufälligkeiten des 11. September wie die oft kolportierte Tatsache, dass Anne Tatlock, CEO des 44-Milliarden-Privatvermögensverwalters Fiduciary Trust, an diesem Morgen ebenfalls in Offutt Kaffee trank – und nicht wie sonst an jedem Tag an ihrem Schreibtisch im 90. Stock des WTC-Südturms, der gerade von einem Flugzeug getroffen wurde. Dass der Vorsitzende der 9/11-Commission, Thomas Kean, dem Aufsichtsrat von Fiduciary angehörte, verbuchen wir allerdings erst recht unter Zufall.

9 Gaffney, *The 9/11 Mystery Plane and the Vanishing of America*, S. 103

33) WTC 1 und 2

1 CNN, 12.9.2001; http://archives.cnn.com/2001/US/09/11/new.york.terror/

2 http://dalje.com/slike/dokumenti_3/g2009/m02/x36196221065491975.pdf

3 »911 Lawsuit – Rodriguez Vs Bush« auf *Angels for Truth*; http://angelsfortruth.com/Rodriguez.vs.Bush.html

4 www.youtube.com/watch?v=eXSHm3CdHf4

5 www.journalof911studies.com/articles/Article_5_118Witnesses_WorldTradeCenter.pdf

6 www.youtube.com/watch?v=djwBCEmHrSE

7 http://911research.wtc7.net/wtc/analysis/collapses/steel.html

8 http://911research.wtc7.net/wtc/analysis/collapses/concrete.html

9 http://nasathermalimages.com/

10 http://911research.wtc7.net/wtc/evidence/metallurgy/index.html

11 www.bentham.org/open/tocpj/articles/V002/7TOCPJ.htm?TOCPJ/2009/00000002/00000001/7TOCPJ.SGM

12 Dazu ein Interview mit Harrit auf *911 Archiv.net*; www.911-archiv.net/world-trade-center/wtc/sprengstoff-im-wtc-interview-mit-dr-harrit-ueber-911.html

13 Abstract und dann per Download auch die gesamte Studie unter www.bentham.org/open/tocpj/articles/V002/7TOCPJ.htm?TOCPJ/2009/00000002/00000001/7TOCPJ.SGM; vgl. auch »Explosivstoffe im WTC-Staub gefunden!« auf *911 Archiv.net*; www.911-archiv.net/world-trade-center/wtc/911-aktives-energetisches-material-im-staub-der-world-trade-center-katastrophe-entdeckt.html

14 Vgl. diverse Einträge auf *911 Archiv.net*: www.911-archiv.net/world-trade-center/wtc/sprengstoff-im-wtc-interview-mit-dr-harrit-ueber-911.html; www.911-archiv.net/world-trade-center/wtc/steven-e-jones-14-punkte-uebereinstimmung-mit-nist.html; www.911-archiv.net/debunking-of-debunkers/allgemein/wtc-staubanalyse-dr-harrit-vs-dr-rancour.html; www.911-archiv.net/debunking-of-debunkers/allgemein/wtc-staubanalyse-harrit-ries.html

34) WTC 7

1 http://911research.wtc7.net/wtc/analysis/wtc7/speed.html

2 »Engineers Have a Culprit in the Strange Collapse of 7 World Trade Center: Diesel Fuel«, *New York Times*, 29.11.2001; www.nytimes.com/2001/11/29/nyregion/nation-challenged-site-engineers-have-culprit-strange-collapse-7-world-trade.html?scp=3&sq=%22uncontrolled%20fire%22&st=cse

3 www.fema.gov/rebuild/mat/wtcstudy.shtm

4 www.ae911truth.org/de/news/57-news-releases-by-others/426-freefall-and-building-7-on-911.html

5 http://www.nist.gov/public_affairs/techbeat/tbx2008_1120_wtc7.htm

6 CNN, 21.8.2008; www.youtube.com/watch?v=7oG2iwBi9F0

7 http://en.wikipedia.org/wiki/Thermal_expansion

8 www.youtube.com/watch?v=C7SwOT29gbc&feature=player_embedded

9 »Pursuant to Section 7(d) of the National Construction Safety Team Act, I hereby find that the disclosure of the information described below, received by the National Institute of Standards and Technology (›NIST‹), in connection with its investigation of the technical causes of the collapse of the World Trade Center Towers and World Trade Center Building 7 on September 11,2001, might jeopardize public safety. Therefore, NIST shall not release the following information:
1. All input and results files of the ANSYS 16-story collapse initiation model with detailed connection models that were used to analyze the structural response to thermal loads, break element source code, ANSYS script files for the break elements, custom executable ANSYS file, and all Excel spreadsheets and other supporting calculations used to develop floor connection failure modes and capacities
2. All input files with connection material properties and all results files of the LS-DYNA 47-story global collapse model that were used to simulate sequential structural failures leading to collapse, and all Excel spreadsheets and other supporting calculations used to develop floor connection failure modes and capacities.
– Patrick Gallagher, Director National Institute of Standards and Technology, 9.7.2009.«; http://cryptome.org/nist070709.pdf

35) Silverstein: unvorbereitet

1 Brill, *After*, S. 18 f.

2 Walther, *Der zensierte Tag*, S. 57 ff.

3 *Handelsblatt* 19.10.2006; www.handelsblatt.com/unternehmen/banken-versicherungen/der-schadensfall-world-trade-center-ist-abgeschlossen;1152152

4 Brill, *After*, S. 18

5 Silversteins »pull it« findet sich z.B. unter www.youtube.com/watch?v=7WYdAJQV100

6 Jeffrey Scott Shapiro, »Shame on Jesse Ventura!«, Fox News.com 22.4.2010:
»I was working as a journalist for Gannett News at Ground Zero that day, and I remember very clearly what I saw and heard. Although I arrived at Ground Zero shortly after the Twin Towers fell, I was in the danger zone created by Building 7 from the moment it collapsed in the afternoon, an event that is one of the key cornerstones of the 9/11 conspiracy theory Governor Ventura and many 9/11 ›Truthers‹ allege that government explosives caused the afternoon collapse of Building 7. This is false. I know this because I remember watching all 47 stories of Building 7 suddenly and silently crumble before my eyes. Shortly before the building collapsed, several NYPD officers and Con-Edison workers told me that Larry Silverstein, the property developer of One World Financial Center was on the phone with his insurance carrier to see if they would authorize the controlled demolition of the building – since its foundation was already unstable and expected to fall. A controlled demolition would have minimized the damage caused by the building's imminent collapse and potentially save lives. Many law enforcement personnel, firefighters and other journalists were aware of this possible option. There was no secret. There was no conspiracy. While I was talking with a fellow reporter and several NYPD officers, Building 7 suddenly collapsed, and before it hit the ground, not a single sound emanated from the tower area. There were no explosives; I would have heard them. In fact, I remember that in those few seconds, as the building sank to the ground that I was stunned by how quiet it was.«; www.foxnews.com/opinion/2010/04/22/jeffrey-scott-shapiro-jesse-venture-book-lies-truthers-ground-zero-sept-shame/

7 Vgl. *History Commons*, »(2:00 p.m.-2:30 p.m.) September 11, 2001: Decision Made to Abandon WTC 7«; www.historycommons.org/context.jsp?item=a200abandonwtc7#a200abandonwtc7

36) United 23

1 Die einzelnen Messer-in-den-Sitzen-Artikel finden sich hier: *Time*, www.time.com/time/nation/article/0,8599,175953,00.html; *Guardian*, www.guardian.co.uk/september11/story/0,11209,601830,00.html; *Chicago Tribune*, http://replay.waybackmachine.org/20021124045337 und www.chicagotribune.com/news/showcase/chi-0109230432sep23.story?coll=chi-newsspecials-hed; *Independent*, http://replay.waybackmachine.org/20010924205148; http://news.independent.co.uk/world/americas/story.jsp?story=95895; CNN, http://archives.cnn.com/2001/US/10/15/inv.air.canada/index.html

2 Vgl. Spencer, *Touching History*, S. 103 f.; sowie Zusammenfassung und Quellensammlung bei *History Commons*, »(After 9:19 a.m.) September 11, 2001: United Flight 23 Cancels Takeoff, Possibly Avoids Being Hijacked«; http://www.historycommons.org/context.jsp?item=a900hijackingaverted#a900hijackingaverted

37) Intermezzo: Anthrax

1 Vgl. vor allem die zuständige Lokalpresse, nämlich z.B. »Bruce Ivins's lawyer, colleague share details FBI left out«, *Frederick News Post* vom 5.12.2010,: »Meryl Nass, a physician who has written extensively about anthrax vaccines and the Amerithrax investigation, gave the seminar attendees some insight into Ivins' final days. Ivins overdosed on Tylenol PM on July 26, 2008, and died on July 29. But Nass said, medically speaking, the outcome of his overdose should have been different. Ivins was brought to Frederick Memorial Hospital by an ambulance early on the morning of July 27. He was under constant surveillance, and Nass said the FBI agents watching him could have, but didn't, inform the doctors that he had purchased two bottles of Tylenol PM a few days earlier. Nass said there is no evidence that the FBI agents helped get Ivins medical attention quicker or let anyone know about the Tylenol purchase. ›It takes from two to several days for liver failure to occur after ingesting a large dose of Tylenol,‹ according to a document Nass handed out at the seminar. She said there is an effective antidote, called N-acetyl cysteine, that helps the body detoxify the substance created as the liver metabolizes the Tylenol. Nass said death rates from a Tylenol overdose is »extremely rare when this safe, easily available treatment is given in a timely manner.«; http://www.wtop.com/?nid=858&sid=2188906

2 Robert Schmidt u.a., »Scientist in Anthrax Case Said to Have Killed Himself (Update4)«, auf *Bloomberg.com*, 1.8.2008; http://www.bloomberg.com/apps/news?pid=newsarchive&sid=aKQxd_8Ywgpg&refer=home

3 Vgl. John Byrne, »Anthrax spores don't match dead researcher's samples«, auf: *The Raw Story*, 26.2.2009 http://rawstory.com/news/2008/Anthrax_spores_dont_match_dead_researchers_0226.html

4 Vgl. Glenn Greenwald, »Doubts over the anthrax case intensify – except among much of the media«, auf *Salon.com*, 18. August 2008; www.salon.com/news/opinion/glenn_greenwald/2008/08/18/anthrax/print.html; sowie Jay Epstein, »The Anthrax Attacks Remain Unsolved«, in: *Wall Street Journal*, 24.1.2010; http://online.wsj.com/article/SB10001424052748704541004575011421223515284.html

5 Gary Matsumato, »Key Expert Calls FBIs Theory About Accused Anthrax Terrorist ›Impossible‹«, auf *ProPublica*, 25.4.2011; www.alternet.org/story/146614/key_expert_calls_fbi%27s_theory_about_accused_anthrax_terrorist_%27impossible%27

6 Vgl. abermals Greenwald und Epstein, wie soeben angeführt

7 Vgl. *History Commons*, »June 27, 2008: Former Anthrax Attacks Suspect Hatfill Exonerated; Paid Nearly $6 Million to Settle Suit against US Government«; www.historycommons.org/context.jsp?item=a062708hatfillpayment#a062708hatfillpayment

8 Matt Fair, »Holt: FBI anthrax investigation is itself subject of probe«, in: *The Times* 16.9.2010; www.nj.com/mercer/index.ssf/2010/09/holt_fbi_anthrax_investigation.html

9 Brill, *After*, S. 37

10 Chaim Kupferberg, »There's Something About Omar. Truth, Lies, and The Legend of 9/11«, auf *Global Research*, 21.10.2003: »To anyone familiar with covert operations, the above item would perhaps set off alarm bells. In theory, if Atta and his comrades were intelligence assets, they would be handled by resident, intelligence-connected, ›babysitters‹ whose job it would be to set up accommodations and provide support where needed. Were the Irishes ›babysitters‹ in an intelligence operation?«; www.globalresearch.ca/articles/KUP310A.html

11 Vgl. »FBI: Hijacker-anthrax link coincidental«, CNN, 15.10.2001; http://edition.cnn.com/2001/HEALTH/conditions/10/15/anthrax.hijackers/

12 Eric Lipton, »Doubts persist among Anthrax Suspect's Colleagues«, in: *New York Times*, 8.8.2008: »In 2000, US military personnel are being required under the threat of court-martial to be inoculated with an anthrax vaccine. But the vaccine, known as Anthrax Vaccine Absorbed (AVA), is not working very well and some soldiers are getting sick. This results in a loud public outcry lasting into 2001.«; www.nytimes.com/2008/08/09/washington/09vaccine.html?pagewanted=2&_r=1

13 Robert B. Myers, Lansing Economic Club Presentation, 18.1.2001 (auf der BioPort-Website (s.u., Archiv) unter News Room → News Releases; http://replay.web.archive.org/20041126203137; http://www.bioport.com/default.asp?page=Press Releases/BioPort/PR11.htm&menulevel=3

14 Vgl. *History Commons*, »2000-2001: USAMRIID Scientists Have Trouble with Anthrax Vaccine; FBI Will Later Call This the Motive for Anthrax Attacks, Suspect Ivins«: »Ivins is working at USAMRIID, the US Army's top bioweapons laboratory, and he and about six other USAMRIID scientists were assigned by the Defense Department to fix the problems with the vaccine so production could resume. In a June 2000 E-Mail message, Ivins writes, ›Unfortunately, since the BioPort people aren't scientists, the task of solving their problem has fallen on us.‹«; www.historycommons.org/context.jsp?item=a2000bioportivins#a2000bioportivins
»Doubts Persist Among Anthrax Suspect's Colleagues«, *New York Times*, 8.8.2008: »The criticism, which reached its peak in 2000 and early 2001, was clearly starting to get on Dr. Ivins's nerves. ›I think the **** is about to hit the fan … big time,‹ he wrote in a July 2000 e-mail message about the inoculation program, according to a government affidavit. ›It's just a fine mess.‹«; www.nytimes.com/2008/08/09/washington/09vaccine.html?pagewanted=2&_r=1

15 Vgl. *New York Times*, ebd.: »Dr. Ivins and other researchers, however, had been working on a more advanced alternative vaccine — considered safer and more effective — so there was no reason for such a rash act, his former colleagues say. ›There was a lot of consternation, a lot of pressure to rescue this thing,‹ said Jeffrey Adamovicz, one of Dr. Ivins's fellow researchers at the time. ›But if AVA failed, he had his next vaccine candidate. It was well on its way to what looked to be a very bright future.‹«

16 »In December 2001, BioPort obtained FDA approval for its newly-renovated anthrax vaccine manufacturing facilities. With approval of a contractor to fill the vaccine in vials, BioPort received final approval to distribute vaccine from its newly renovated facilities in January 2002.«; http://replay.web.archive.org/20060311232419/http://www.bioport.com/NewsRoom/NewsReleases/BioPort/2002-Jan31.pdf

17 Am 30.6.1999 führte El-Hibri vor dem »Subcommittee on National Security, Veterans Affairs, and International Relations of the House Committee on Government Reforms« aus: »Three Companies currently hold voting equity in BioPort: Intervac LLC and Intervac Management LLC, which are both Maryland limited liability companies, and Michigan Biologic Products, Inc., a Michigan Corporation. Intervac LLC is the controlling shareholder. Intervac LLC is owned by Admiral William J. Crowe,

Jr., my wife Nancy and me, and I&F Holdings N.V., a Netherlands Antilles investment company owned by my father Ibrahim El-Hibri. As mentioned earlier, I & F Holdings is an investment company in biotech operations, which previously had invested in the management buy-out of Proton Products Ltd … Admiral Crowe and I and the controlling members of Intervac LLC.«; http://replay.web.archive.org/20041126203137; http://www.bioport.com/default.asp?page=PressReleases/BioPort/PR11.htm&menulevel=3 unter → News Room → News Releases → Press Releases – June 30, 1999

18 »Federal officials recently re-stated their concerns about the level of vulnerability in the event of a massive airborne anthrax attack. This contract allwos other agencies such as Homeland Security, Health and Human Services and the State Department to obtain BioThrax through the Defence Department‹, (BioPort-President Bob) Kramer said«; http://replay.web.archive.org/20040212073144; http://www.bioport.com/newsroom/newsreleases/bioport/2004-Jan09.PDF

19 *History Commons*, »Evening, September 11, 2001: White House Staff, Including Cheney's, Start Taking Anthrax Antibiotic Cipro«; www.historycommons.org/context.jsp?item=a091101ciprocheney#a091101ciprocheney

38) Whistleblower

1 Vgl. Ganser, *NATO-Geheimarmeen in Europa*; www.php.isn.ethz.ch/collections/colltopic.cfm?lng=en&id=15301; »Das blutige Schwert der CIA«, *Spiegel*, 19.11.1990; www.spiegel.de/spiegel/print/d-13501822.html; EU-Parlament, 22.11.1990; www.cloeser.org/ext/Gladio-Entschlie%DFung_des_EP_von_1990.pdf

2 Clarke, *Against All Enemies*, S. 126: »Conspiracy Theorists simultaneoulsy hold two contrary beliefs: a) that the U.S. government is so incompetent that it can miss explanations that the theorists can uncover, and b) that the U.S. government can keep a big and juicy secret. The first belief has some validity. The second idea is pure fantasy.«

3 *History Commons*, »Context of ›August 8, 2009: Sibel Edmonds Testifies Under Oath‹«; www.historycommons.org/context.jsp?item=complete_911_timeline_6263EdmondsUnderOath

4 »Ryland: A Sibel Edmonds ›Bombshell‹ – Bin Laden Worked for U.S. Until 9/11«, auf *Brad Blog*, 31.7.2009; www.bradblog.com/?p=7332

5 www.justacitizen.com/images/Gallery%20Draft2%20for%20Web.htm

6 Interview mit Sibel Edmonds, September 2009; http://911blogger.com/node/21416

7 *History Commons*, »August 4-25, 1998: Embassy Bomber's Arrest Points to Vital Al-Qaeda Communications Hub«; www.historycommons.org/entity.jsp?entity=mike_feghali

8 Für die Explosion eines Pan-Am-Jets über dem schottischen Lockerbie wurden libysche Terroristen verantwortlich gemacht. Nachdem Susan Lindauer von ihrem CIA-Kontaktmann Richard Fuisz – einem Pharmaforscher und Unternehmer, der in den 80er Jahren für die CIA in Syrien tätig war – über die ihm zufolge eigentlich aus Syrien stammenden Täter informiert worden war, brachte sie diese Informationen Anfang 2000 an die Öffentlichkeit. UN-Diplomaten forderten daraufhin eine Aussagegenehmigung für Fuisz, die jedoch vom State Department aus Gründen der »nationalen Sicherheit« verweigert wurde. Vgl. dazu Neil Mackay u.a., » Lockerbie: CIA witness gagged by US government; Lockerbie trial«, in: *The Sunday Herald*, 28.5.2000; http://findarticles.com/p/articles/mi_qn4156/is_20000528/ai_n13949725/

9 »Susan Lindauer: Secret Charges and the Patriot Act«, auf *Top Scoops*, 10.3.2009; www.scoop.co.nz/stories/HL0903/S00130.htm

10 Zit.n. »Around the Nation – Case Dropped Against Md. Woman«, *Washington Post*, 17.1.2009; www.washingtonpost.com/wp-dyn/content/article/2009/01/16/AR2009011604599.html

11 Alan Feuer, »Antiwar Activist Returns to Court for Iraq Spy Case«, in: *New York Times*, 18.6.2008; www.nytimes.com/2008/06/18/nyregion/18spy.html?_r=1&scp=7&sq=Susan%20P.%20Lindauer&st=cse; Michael Collins, »The American Cassandra Series«, auf *Extreme Prejudice*; http://extremeprejudiceusa.wordpress.com/american-cassandra-series-by-michael-collins-3/

12 »The Journey of a Wall Street Whistleblower«, auf *911 Truth.org*, 1.3.2005; www.911truth.org/article.php?story=20050301231231793

13 *History Commons*, »Mid-1990s: Al-Kadi Claims Good Relationship with Cheney«; www.historycommons.org/context.jsp?item=a1990sqadicheney#a1990sqadicheney

14 »The Journey of a Wall Street Whistleblower«, auf *911 Truth.org*, 1.3.2005; www.911truth.org/article.php?story=20050301231231793

15 Bergantino im National Public Radio, 8.12.2002: »The worst-case scenario is that this is a situation where this was planned for a very long time to establish a company in this country and in the computer software business that would target federal agencies and gain access to key government data to essentially help terrorists launch another attack.«; www.globalsecurity.org/org/news/2002/021208-secure01.htm

16 *History Commons*, »October 1998: Vulgar Betrayal Investigation Nearly Shut Down«; www.historycommons.org/context.jsp?item=a1098alqadi#a1098alqadi

17 *History Commons*, »August 3, 1999: Wright removed from Vulgar Betrayal Investigation«; www.historycommons.org/context.jsp?item=a080399betrayalshutdown#a080399betrayalshutdown

18 *History Commons*, »1986-October 1999: New Jersey Firm Investors List Is ›Who's Who of Designated Terrorists‹«; www.historycommons.org/context.jsp?item=a86bmiinvestors#a86bmiinvestors

19 Lisa Myers, »Did al-Qaida trainee warn FBI before 9/11?«, MSNBC, 26.7.2004; www.msnbc.msn.com/id/5131524/

20 Antony Barnett u.a., »UK spymasters shrugged off al-Qaeda recruit's warning«, in: *Observer*, 6.6.2004; www.guardian.co.uk/world/2004/jun/06/september11.terrorism

21 *History Commons*, »April 2000: Would-Be Hijacker Tells FBI About Plot to Fly Plane into US Building«; www.historycommons.org/entity.jsp?entity=niaz_khan

22 *History Commons*, »Profile: Radical Fundamentalist Unit (RFU)«; http://www.historycommons.org/entity.jsp?entity=radical_fundamentalist_unit

23 »Coleen Rowley's Memo to FBI Director Robert Mueller. An edited version of the agent's 13-page letter«, *Time Magazine*, 21.5.2002; www.time.com/time/covers/1101020603/memo.html

24 Eine Zusammenfassung zur Sabotage der Moussaoui-Fahndung durch die FBI-Zentrale findet sich im *9/11 Archiv.net*: www.911-archiv.net/vorauswissen/warnungen/sabotage-im-fall-qzacharias-moussaouiq.html

25 »Senate report: FBI still unprepared«, auf *Salon.com*, 3.3.2003; www.salon.com/news/feature/2003/03/03/fbi/index.html

26 »Interview with April Gallop«, auf *George Washington's Blog*, 13.7.2006; http://georgewashington.blogspot.com/2006/07/interview-with-april-gallop.html

27 Mary Maxwell, »April Gallop vs Cheney, Rumsfeld, Myers – 9/11 Court Case«, auf *OpEdNews.com*, 25.4.2011; www.opednews.com/articles/April-Gallop-vs-Cheney-Ru-by-Mary-Maxwell-110425-185.html; Urteilsbegründung hier: www.centerfor911justice.org/news/chin=20decision-1.pdf

28 »The fix is in: Bush Cousin presides over 9/11 suit against Cheney, Rumsfeld, Myers«, auf *Truth and Shadows*, 10.4.2011; http://truthandshadows.wordpress.com/2011/04/10/the-fix-is-in-bush-cousin-presides-over-911-suit-against-cheney-rumsfeld/#more-551

29 www.leagle.com/xmlResult.aspx?page=4&xmldoc=In+FCO+20110427118.xml&docbase=CSLWAR3-2007-CURR&SizeDisp=7

Literatur

Gedrucktes

Ahmed, Nafeez M., *Geheimsache 9/11*, München: Riemann 2003

—, *The War on Truth. 9/11, Disinformation, and the Anatomy of Terrorism*, Northampton: Olive Branch 2005

Arkin, William M., *Code Names. Deciphering U.S. Military Plans, Programs and Operations in the Post 9/11 World*, Hanover, NH: Steerforth 2005

Aust, Stefan; Schnibben, Cordt (Hrsg.), *11. September. Geschichte eines Terrorangriffs*, München: dtv 2002

Baudrillard, Jean, *Der Geist des Terrorismus*, Wien: Passagen 2002

Bracken, Ken, *The Shadow Government. 9/11 and State Terror*, Kempton: Adventures Unlimited Press 2003

Brill, Stephen, *After. The Rebuilding and Defending of America in the September 12 Era*, New York: Simon & Schuster 2003

Brisard, Jean-Charles; Dasquié, Guillaume, *Die verbotene Wahrheit. Die Verstrickungen der USA mit Osama Bin Laden*, Zürich: Pendo 2002

Bröckers, Mathias; *Verschwörungen, Verschwörungstheorien und die Geheimnisse des 11.9.*, Frankfurt: Zweitausendeins 2002

—; Hauß, Andreas, *Fakten, Fälschungen und die unterdrückten Beweise des 11.9.*, Frankfurt: Zweitausendeins 2003

—, *Die Drogenlüge. Warum Drogenverbote den Terrorismus fördern und Ihrer Gesundheit schaden*, Frankfurt: Westend 2010

Bülow, Andreas von, *Die CIA und der 11. September. Internationaler Terror und die Rolle der Geheimdienste*, München: Piper 2003

Carter, Ashton B.; Deutch, John M.; Zelikow, Philip D., *Catastrophic Terrorism: Elements of a National Policy*, Cambridge, MA.: Harvard University Press 1998

Chomsky, Noam, *The Attack*, Hamburg: EVA 2003

Clarke, Richard A., *Against All Enemies. Inside America's War on Terror*, New York: Free Press 2004

Collins, Aukai, *My Jihad. One American's Journey Through the World of Usama Bin Laden – as a Covert Operative for the American Government*, Guilford: Globe Pequot Press 2002

Commission Report – s. unter Zelikow 2004

Cooper, John S., *Das fünfte Flugzeug*, Köln: Kiepenheuer & Witsch 2007

Dunbar, David; Reagan, Brad (Hg.), *Debunking 9/11 Myths*, New York: Hearst Books 2006

Farmer, John, *Ground Truth. The Untold Story of America Under Attack on 9/11*, New York: Penguin 2009

Fielding, Nick; Fouda, Yosri, *Masterminds of Terror*, Hamburg: Europa 2003

Filson, Leslie, *Air War Over America. September 11 Alters Face of Air Defense Mission*, Darby, PA: Diane Publishing Co. 2004

Fitzgerald, A. Ernest, *The Pentagonists. An Insider's View of Waste, Mismanagement and Fraud in Defense*, New York: Houghton-Mifflin 1988
Gaffney, Mark H., *The 9/11 Mystery Plane and the Vanishing of America*, Walterville: Trine Day LLC 2008
Ganser, Daniele, *NATO-Geheimarmeen in Europa. Inszenierter Terror und verdeckte Kriegsführung*, Zürich: Orell Füssli 2008
Glenny, Misha, *McMafia. Die grenzenlose Welt des organisierten Verbrechens*, München: DVA 2008
Griffin, David Ray, *The New Pearl Harbor. Disturbing Questions about the Bush Administration and 9/11*, Northampton: Olive Branch Press 2004
—, *The 9/11 Commission Report. Omissions and Distortions*, Northampton: Olive Branch Press 2005
—, *Debunking 9/11 Debunking. An Answer to »Popular Mechanics« And Other Defenders of the Official Conspiracy Theory*, Northampton: Olive Branch Press 2007
—, *9/11 Contradictions. An Open Letter to Congress and the Press*, Northampton: Olive Branch Press 2008
—, *The New Pearl Harbor Revisited*, Moreton-in-Marsh: Arris Books 2008
—, *The Mysterious Collapse of World Trade Center 7*, Moreton-in-Marsh: Arris Books 2010
—, *Osama Bin Laden: Tot oder lebendig?*, Berlin: Peace Press 2010
—, *Cognitive Infiltration. An Obama Appointees's Plan to Undermine the 9/11 Conspiracy Theory Theory*, Northampton: Olive Branch Press 2011
Guthart, Christian, *11. September. Ein Untersuchungsbericht*, München: SKD Bavaria 2002
Haug, Wolfgang (Hg.), *Angriff auf die Freiheit? Die Anschläge in der USA und die »Neue Weltordnung«*, Grafenau: Trotzdem 2001
Henshall, Ian, *9-11. The New Evidence*, London: Constable & Robinson 2007
Hersh, Seymour, *Die Befehlskette. Vom 11. September bis Abu Ghraib*, Reinbek: Rowohlt 2004
Hicks, Sander, *The Big Wedding. 9/11, the Whistle Blowers & the Cover-up*, New York: Vox Pop 2005
Hopsicker, Daniel, *Welcome to Terrorland. Mohammed Atta und seine amerikanischen Helfer*, Frankfurt: Zweitausendeins 2004
Hufschmid, Paul, *Painful Questions. An Analysis of the September 11th Attack*, Greensboro: Endpoint Software 2003
Kean, Thomas H.; Hamilton, Lee H., *Without Precedent. The Inside Story of the 9/11 Commission*, New York: Knopf 2006
Laurent, Eric, *9/11/01. Die Wahrheit*, München: Piper 2005
Lévy, Bernard-Henri, *Wer hat Daniel Pearl ermordet? Der Tod eines Journalisten und die Verstrickungen des pakistanischen Geheimdienstes mit Al-Qaida*, München: Econ 2003
Leyendecker, Hans, *Die Lügen des Weißen Hauses. Warum Amerika einen Neuanfang braucht*, Reinbek: Rowohlt 2004
Lindauer, Susan, *Extreme Prejudice: The Terrifying Story of the Patriot Act and the Cover-Ups of 9/11 and Iraq*, Scotts Valley, CA: Createspace 2010
Longman, Jere, *Todesflug UA 93*, München: Goldmann 2002
Marshall, Philipp, *False Flag 9/11. How Bush, Cheney and the Saudis created the Post-9/11 World*, pilotsof911@aol.com
McDermott, Terry, *Perfect Soldiers: The Hijackers – Who They Were, Why They Did It*, New York: HarperCollins 2005
Meyssan, Thierry, *Der inszenierte Terrorismus. Auftakt zum Weltenbrand*, Kassel: Editio de Facto 2002
—, *Pentagate. Angriff auf das Pentagon*, Kassel: Editio de Facto 2003

Napoleoni, Loretta, *Die Ökonomie des Terrors. Auf den Spuren der Dollars hinter dem Terrorismus*, München: Kunstmann 2004
National Commission on Terrorist Attacks Upon the United States (Hg.), *9/11 and Terrorist Travel: Staff Report*, Washington, D.C.: August 2004; http://www.9-11commission.gov/staff_statements/911_TerrTrav_Monograph.pdf
Pitt, William Rivers; Ritter, Scott, *Krieg gegen den Irak. Was die Bush-Regierung verschweigt*, Köln: Kiepenheuer & Witsch 2002
Rétyi, Andreas von, *Die Terrorflüge. Der 11. September 2001 und die besten Beweise, dass wirklich alles anders war*, Rottenburg: Kopp 2007
Ruppert, Michael, *Crossing The Rubicon. The Decline of the American Empire and the End of the Age of Oil*, Gabriola Island: New Society 2004
Shaffer, Anthony, *Operation Dark Heart: Spycraft and Special Ops on the Frontlines of Afghanistan – and the Path to Victory*, New York: St. Martin's Press 2010
Shenon, Philipp, *The Commission. The Uncensored Story of the 9/11 Investigation*, New York: Hachette/Twelve 2008
Spencer, Lynn, *Touching History. The Untold Story of the Drama that Unfolded in the Skies Over America on 9/11*, New York: Free Press 2008
Stinnett, Robert B., *Pearl Harbor. Wie die amerikanische Regierung den Angriff provozierte und 2476 ihrer Bürger sterben ließ*, Frankfurt: Zweitausendeins 2003
Strasser, Steven (Hg.), *The 9/11 Investigations, Staff Reports of the 9/11 Commission*, New York: Public Affairs/Perseus 2004
Tarpley, Webster Griffin, *9/11 Synthetic Terror Made in USA*, Joshua Tree: Progressive Press 2005
Thomas, William, *All Fall Down. The Politics of Terror and Mass Persuasion*, Hornby Island, British Columbia: Essence Publications 2002
Thompson, Paul and the Center for Cooperative Research, *The Terror Timeline. Year by Year, Day by Day, Minute by Minute*, New York: Regan Books 2004
Thorn, Victor, *9-11 on Trial. The World Trade Center Collapse*, Joshua Tree: Sisyphus Press 2006
Vidal, Gore, *Bocksgesang. Antworten und Fragen vor und nach dem 11. September*, Hamburg: EVA 2003
Walther, Christian C., *119 Fragen zum 11.9.*, München: Heyne 2003
— *Der zensierte Tag. Wie man Menschen, Meinungen und Maschinen steuert*, München: Heyne 2004
Weldon, Curt, *Countdown to Terror: The Top-Secret Information That Could Prevent the Next Terrorist Attack on America … and How the CIA Has Ignored It*, Washington, DC: Regnery Publishing 2005
Wisnewski, Gerhard, *Operation 9/11. Angriff auf den Globus*, München: Knaur 2003
—, *Mythos 9/11. Der Wahrheit auf der Spur*, München: Knaur 2004
Wright, Lawrence, *The Looming Tower: Al Queda and the Road to 9/11*, New York: Alfred A. Knopf
Zelikow, Philip et al., *The 9/11 Commission Report*, New York: W.W. Norton & Company 2004; http://www.9-11commission.gov/report/911Report.pdf
Zwicker, Barry, *Towers of Deception. The Media Cover-up of 9/11*, Gabriola Island, British Columbia: New Society 2006

Web-Auswahl

9-11 Archiv (dt.), www.911-archiv.net
9-11 Blogger, www.911blogger.com
9-11 Review, http://911review.com/
9-11 Revisited, www.orediggerб1.org
911Myths, www.911myths.com
Architects & Engineers for 9/11 Truth, www.ae911truth.org (1416 Architekten und Ingenieure, 11 000 Unterstützer)
Congressional Reports, http://www.gpoaccess.gov/serialset/creports/911.html
Debunking 9/11 Conspiracy theories and Controlled Demolition Myths, http://debunking911.com/
Family Steering Committee for the 9/11 Independent Commission, www.911independentcommission.org/
FBI Records: The Vault, http://vault.fbi.gov/9-11%20Commission%20Report
Fire Fighters for 9-11 Truth, http://firefightersfor911truth.org
History Commons, www.historycommons.org
Lawyers for 9/11 Truth, http://l911t.com/
Loose Change 9/11, http://s1.zetaboards.com/LooseChangeForums/index
Mathias Bröckers. Question Authority – Think for Yourself, www.broeckers.com/
Mosaik 9/11, http://mosaik911.de/index.html
National Commission on Terrorist Attacks Upon the United States, http://www.9-11commission.gov/
NYCCan – Vote for Answers, http://nyccan.org/ (»It's not too late for the Truth«)
Physics 911 – Scientific Panel Investigating Nine-Eleven, http://physics911.net
Pilots for 9/11 Truth, http://pilotsfor911truth.org
Political Leaders for 9/11 Truth Statement, www.pl911truth.com
Religious Leaders for 9/11 Truth, http://rl911truth.org
Scholars for 9/11 Truth & Justice, http://stj911.org
Senior Military, Intelligence, Law Enforcement and Government Officials Question the 9/11 Commission Report, www.patriotsquestion911.com (mehr als 3000 Universitätsprofessoren, Militärs, Piloten, Polizisten, Architekten, Ingenieure, Physiker, Geheimdienstexperten, Richter, Prominente, Wissenschaftler und Politiker, außerdem mehr als 300 Überlebende und Angehörige der Opfer des 11. September)
Shoestring 9/11. Investigating 9/11 and Other Acts of the Secret State, http://shoestring911.blogspot.com/2007/02/welcome-to-shoestring-911.html
The 9/11 Truth Movement, www.911truth.org
Veterans for 9/11 Truth, http://v911t.org/
Woody Box, http://911woodybox.blogspot.com/

Anhang

Anhang I
Widerlegung einer Widerlegung: Auszüge zur »Debunking«-Strategie eines als seriös geltenden Mainstream-Magazins.

Wie der *Spiegel* recherchiert

Einige Erwiderungen auf die Titelgeschichte
»Verschwörung 11. September« (Nr. 37/8.9.2003)

Seite 68

ren Guru Mohammed Atta war. Eine Lehrerfamilie, bei der Atta eine Weile lebte, warf ihn raus – weil der fanatische Islamist mit seiner Prüderie das Familienleben unmöglich machte.

Kein Problem, die Lösung der Autoren: das doppelte Attchen. „Die Anzeichen mehren sich also, dass es eventuell einen Doppelgänger Attas gab." Auch das: höchst ungenau, weil die Ursache für die Verwirrung ausgeblendet wird. Atta nannte sich in Deutschland Amir. Sein kompletter Name lautet: Mohammed Mohammed al-Amir Awad al-Sajjid Atta. In den Ermittlungsunterlagen tauchen verschiedene Schreibweisen und unterschiedliche Bestandteile dieses Namens auf. Das ist alles.

Nein, »Ursache für die Verwirrung« ist nicht der Umstand, dass Mohammed Atta seinen Namen nach Gusto veränderte und sich in Hamburg Amir nannte. Verwirrend ist vielmehr, dass auf den Namen Mohammed Atta am 10.1.2001 in Miami gleich zwei Einreisevisa ausgestellt wurden, dass der Hamburg-Atta und der Florida-Atta sowohl von der Statur (schmächtig vs. stattlich) als auch vom Verhalten her (prüde vs. dem Alkohol und den Frauen zugeneigt) als zwei unterschiedliche Figuren beschrieben werden, dass eine Hausbesitzerin auf dem offiziellen FBI-Foto nicht den Mohammed Atta wiedererkannte, dem sie Monate zuvor ein Zimmer in North Port, Florida, vermietet hatte. So einfach, wie der *Spiegel* es sich macht, ist die Doppelgänger-These nicht zu widerlegen.

Seite 61

vorlag, die das FBI am 14. September veröffentlicht hatte. Fotos gab die US-Bundespolizei erst am 27. September heraus, vier Tage nach den zitierten Meldungen.

Mit den Fotos war der Unsinn von den überlebenden Terroristen schnell erledigt.

Am 13.9. veröffentlichte das FBI eine reine Namensliste der verdächtigten Attentäter, ohne Bilder. Aber schon ab dem 15.9. kursierten via CNN die ersten »inoffiziellen« Fotos als Newsmaterial, darunter das bekannte Porträt von Mohammed Atta. Woher hatte CNN diese Fotos? Wohl doch vom FBI. Sie erschienen dann u.a. am 20.9. in der Londoner *Times*, am 21.9. in der *New York Times* und am 23.9. bei BBC. Am 27.9. gab das FBI eine zweite Liste mit »offiziellen« Fotos und Daten der 19 Angeschuldigten heraus. Deren Identität war aber auch damit mehrheitlich nicht geklärt, der »Unsinn« also nicht »erledigt«. Dennoch ist diese Liste seither (bis zum 19.11.2003) nicht mehr geändert worden.

Seite 61

Nur: Bei der BBC erinnert sich der zuständige Mitarbeiter erst nach Angabe des Sendedatums an die angebliche Sensation. „Nein, Video- oder Fotoaufnahmen der Betreffenden hatten wir damals nicht", sagt er. Quelle für die Meldung seien Berichte arabischer Zeitungen, wie der englischsprachigen saudischen „Arab News" gewesen.

Der zuständige BBC-Mitarbeiter (warum nennt der *Spiegel* keinen Namen?) irrt. Was der *Spiegel* nicht gemerkt hat: Der BBC lagen bereits zu diesem Zeitpunkt die ersten, von CNN verbreiteten Fotos vor. In ihrem fraglichen Bericht »Hijack ›suspects‹ alive and well«* vom 23.9. veröffentlichte die BBC Fotos dreier verdächtigter Attentäter (Walid Al-Sheri, Abdulaziz Al-Omari und Khalid Al-Midhar), auf denen sich dann unbeteiligte Personen wiedererkannten.

*http://news.bbc.co.uk/1/hi/world/middle_east/1559151.stm

(Quelle: Bröckers, Mathias; Hauß, Andreas, Fakten, Fälschungen und die unterdrückten Beweise des 11.9.)

„Das Problem war", so Samman, „dass nach der Veröffentlichung der ersten FBI-Liste CNN ein Foto des Piloten Said al-Ghamdi veröffentlicht hatte, das aus den Akten jener saudischen Piloten stammte, die irgendwann einmal offiziell in den USA trainiert hatten."

Was sind das für merkwürdige Akten, aus der sich FBI und/oder CNN mit Fotos der »Hijacker« bedienten? Gibt es eine bundespolizeiliche Liste aller Saudi-Araber, die je in den USA fliegen lernten? Wenn ja, warum und seit wann? Hier fängt es an, spannend zu werden, aber da bricht der *Spiegel* seine Recherche ab.

„Asharq al-Awsat"-Internet-Seite vom 18. September 2001 mit dem Foto des „Saudi Arabian Airlines"-Piloten Said al-Ghamdi

1. Das FBI veröffentlicht drei Tage nach den Anschlägen des 11. September die Namen der Attentäter, darunter Said al-Ghamdi. Daraufhin sendet ein amerikanischer TV-Sender fälschlicherweise ein Foto eines gleichnamigen saudischen Piloten.

2. Die arabische Zeitung „Asharq al-Awsat" interviewt den gleichnamigen Piloten Said al-Ghamdi und meldet am 18. September, dass dieser am Leben sei.

Die Frage ist nach wie vor, von welchem Said Al-Ghamdi eigentlich die Rede ist. Bei CNN findet sich bis heute der – journalistisch korrekte – Hinweis: »Identity is disputed.«*

Das Foto, das sich CNN aus den ominösen Flugschülerakten besorgte und nur wenige Tage nach dem 11.9. »fälschlicherweise« verbreitete (wofür sich dann der Sender in aller Form entschuldigte), gibt den zur Tatzeit in Tunesien stationierten Piloten Said Al-Ghamdi wieder. Dieser Said Al-Ghamdi beklagte sich jedoch am 23.9. im *Telegraph*, dass das FBI seine zutreffenden »personal details« (also vermutlich Geburtsdatum, Beruf usw.) zusammen mit einem falschen Foto veröffentlicht habe.** Wenn sich jetzt also der Reporter Mohammed Samman auf Bitten des *Spiegel* das FBI-Foto von Al-Ghamdi anschaut, kann er darauf natürlich nicht den Piloten erkennen, mit dem er gesprochen hat. Wessen Rätsels Lösung das nun sein soll, bleibt ein Rätsel. Bekräftigt worden ist nur, was vorher schon klar war: Der Pilot kann keiner der Täter gewesen sein.

Der Bitte, sich die FBI-Foto-Liste noch einmal anzuschauen, kommt Samman gern nach: „Der Ghamdi auf dem Foto ist nicht der Pilot, mit dem ich geredet habe."

*http://www.cnn.com/SPECIALS/2001/trade.center/invest.section.html
**http://www.telegraph.co.uk/news/main.jhtml?xml=/news/2001/09/23/widen23.xml

---

Dass des Rätsels Lösung so nahe liegt, hätte den Geheimniskrämern auffallen müssen. Unisono schreiben sie, ein Abd al-Asis al-Umari sei vom FBI als Täter benannt worden, und es gebe offenbar mehrere Personen dieses Namens. Bröckers und Hauß fiel sogar auf, dass das FBI zunächst einen falschen Vornamen an die Presse gegeben hatte. Fakten, die auf eine Verwechslung deuten – was den Verschwörungstheoretikern offenbar nicht plausibel schien.

Wir haben es zu tun mit einem zunächst fälschlich beschuldigten Abdulrahman Al-Omari (den es gibt und der noch lebt), einem ersten Abdulaziz Al-Omari, der sich nach dem 11.9. darüber beschwerte, auf die erste FBI-Liste geraten zu sein, einem zweiten Abdulaziz, der bis heute auf der zweiten FBI-Liste prangt, aber mal am 24.12.1972, dann laut Visaantrag wiederum am 28.5.1979 auf die Welt gekommen sein soll, und einem dritten Abdulaziz, der nach den Anschlägen auf einem dubiosen Bekennervideo bei Al Dschasira auftauchte und dort genauso aussah wie der zweite. Das sind zu viele »Verwechslungen« und zu fragwürdige »Fakten«, als dass die Identität dieses »Attentäters« als geklärt gelten könnte.

Anhang II
Exhibit A und B. Was ein gründlicher Terroristenanführer so alles in seinen letzten Koffer packt, von dem er doch ganz genau weiß, dass er mit ihm explodieren wird: eine Meldebestätigung …

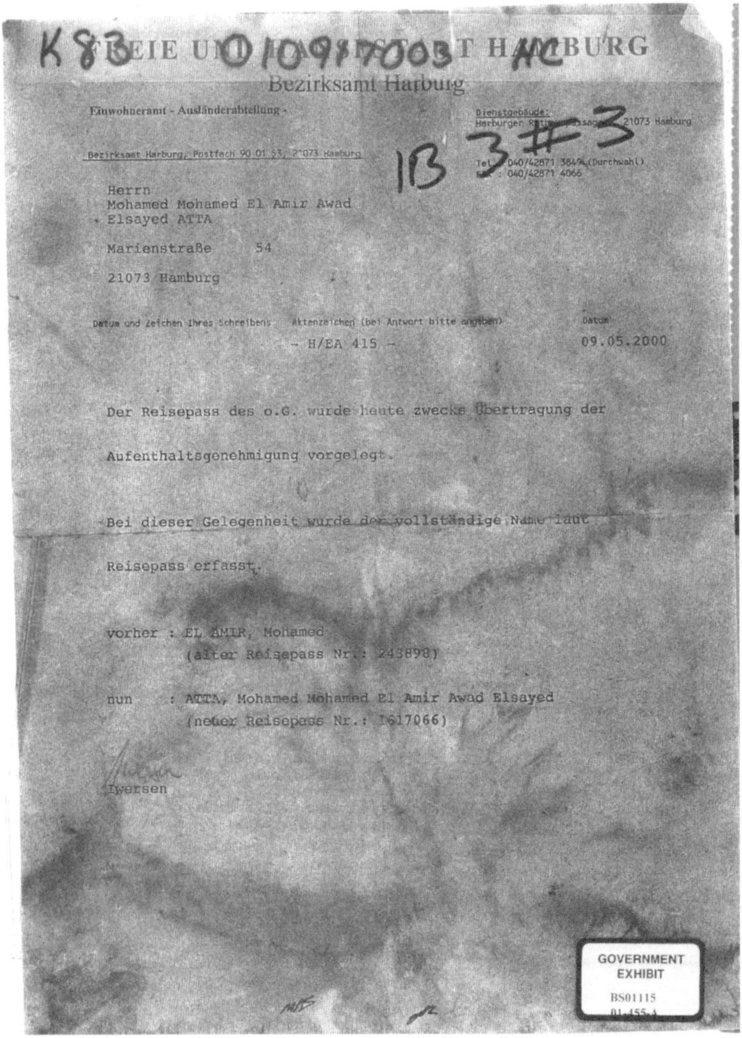
Bezirksamt Harburg

Einwohneramt - Ausländerabteilung -

Dienstgebäude:
Harburger R... 21073 Hamburg

Bezirksamt Harburg, Postfach 90 01 53, 21073 Hamburg

Tel.: 040/42871 3849 (Durchwahl)
Fax: 040/42871 4066

1B 3 #3

Herrn
Mohamed Mohamed El Amir Awad
Elsayed ATTA

Marienstraße 54

21073 Hamburg

Datum und Zeichen Ihres Schreibens	Aktenzeichen (bei Antwort bitte angeben)	Datum
	- H/EA 415 -	09.05.2000

Der Reisepass des o.G. wurde heute zwecks Übertragung der Aufenthaltsgenehmigung vorgelegt.

Bei dieser Gelegenheit wurde der vollständige Name laut Reisepass erfasst.

vorher : EL AMIR, Mohamed
(alter Reisepass Nr.: 243898)

nun : ATTA, Mohamed Mohamed El Amir Awad Elsayed
(neuer Reisepass Nr.: 1617066)

Iwersen

GOVERNMENT EXHIBIT
BS01115

(Quelle: FBI)

Anhang III
... und ein Schreiben der Technischen Universität Hamburg-Harburg mit Prüfungsergebnissen.

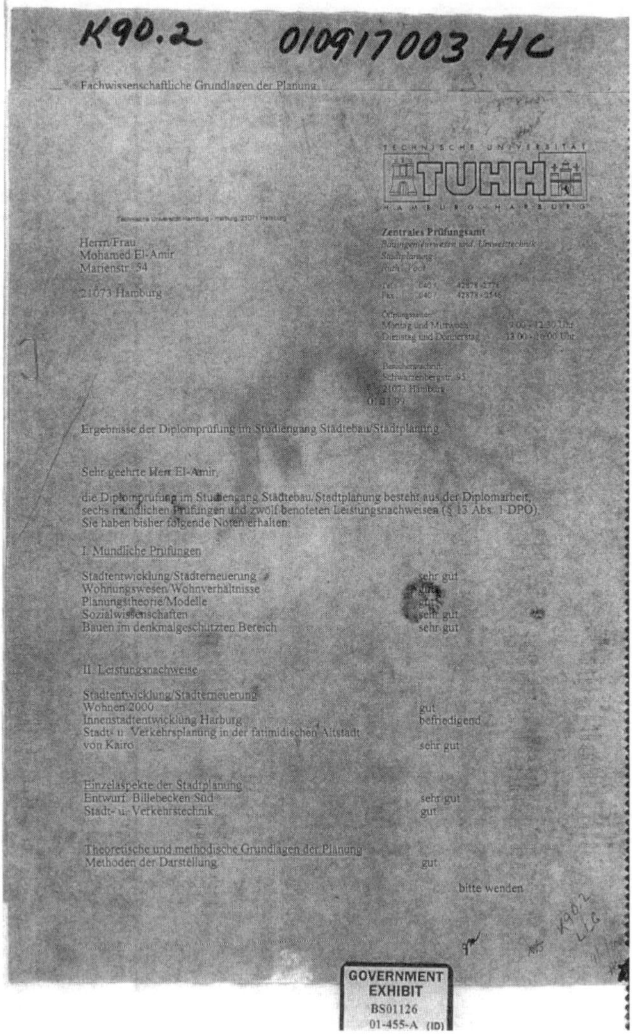

K90.2 010917003 HC

Fachwissenschaftliche Grundlagen der Planung

TECHNISCHE UNIVERSITÄT
TUHH
HAMBURG-HARBURG

Herrn/Frau
Mohamed El-Amir
Marienstr. 54

21073 Hamburg

Zentrales Prüfungsamt
Bauingenieurwesen und Umwelttechnik
Stadtplanung

Öffnungszeiten:
Montag und Mittwoch 9.00 - 12.30 Uhr
Dienstag und Donnerstag 13.00 - 16.00 Uhr

Besucheranschrift:
Schwarzenbergstr. 95
21073 Hamburg
[illegible]

Ergebnisse der Diplomprüfung im Studiengang Städtebau/Stadtplanung

Sehr geehrte Herr El-Amir,

die Diplomprüfung im Studiengang Städtebau/Stadtplanung besteht aus der Diplomarbeit, sechs mündlichen Prüfungen und zwölf benoteten Leistungsnachweisen (§ 13 Abs. 1 DPO). Sie haben bisher folgende Noten erhalten:

I. Mündliche Prüfungen

Stadtentwicklung/Stadterneuerung	sehr gut
Wohnungswesen/Wohnverhältnisse	gut
Planungstheorie/Modelle	gut
Sozialwissenschaften	sehr gut
Bauen im denkmalgeschützten Bereich	sehr gut

II. Leistungsnachweise

Stadtentwicklung/Stadterneuerung	
Wohnen 2000	gut
Innenstadtentwicklung Harburg	befriedigend
Stadt- u. Verkehrsplanung in der fatimidischen Altstadt von Kairo	sehr gut
Einzelaspekte der Stadtplanung	
Entwurf Billebecken Süd	sehr gut
Stadt- u. Verkehrstechnik	gut
Theoretische und methodische Grundlagen der Planung	
Methoden der Darstellung	gut

bitte wenden

GOVERNMENT EXHIBIT
BS01126
01-455-A (ID)

(Quelle: FBI)

Anhang IV

Unvollständige Aufstellung der NORAD-Übungen von 1998 bis 2001, die den von der Untersuchungskommission attestierten »Mangel an Vorstellungskraft« des US-Militärs nicht unbedingt belegen.

NORAD EXERCISES
Hijack Summary

Date	Exercise	Subject	Type	Element	From	To	Aircraft	Remarks	Response
								FY99	
10/25/1998	Vigilant Guardian 99	Deviation HIJACK	Outside-Inside	SEADS	Slomonia	Boston	IIL62	Demand for political asylum	FAA will comply with request and a/c will land safely in Boston
10/25/1998	Vigilant Guardian 99	HIJACK A/C	Outside-Inside	NEADS	Gander	Miami	B747	A/C will start turning for Boston and squawk Mode 3 7500. No contact with a/c	FAA requests military assistance. A/C will land Boston without approval
10/26/1998	Vigilant Guardian 99	HIJACK HK to LAX	Outside-Inside	WADS	Hongkong	LAX	B747	Terrorists plan on using plane to commit **suicide run into metropolitan area of SF**	**"Shoot or not shoot" that is the question that needs to be answered.** Either way, the a/c will be shot down or explode over water. A/C will never reach land. Need NORAD intel to support event. Objective: **Hijack procedures/shootdown**
10/27/1998	Vigilant Guardian 99	HIJACK Europe to East Coast	Outside-Inside	CANR	Firkennon	Montreal	B747	Campaign against US imperialists and minions	Picked up on radar by USS Princeton in North Atlantic. DDO at NMCC conferences FAA and NORAD CD and taks NORAD to covertly shadow
10/27/1998	Vigilant Guardian 99	HIJACK JUNTA JUBBA	Outside-Inside	CMOC, ANR, CANR	Narita	Chicago	US B747	Divert to unknown destination	Picked up on radar by USS Shiloh in North Pacific. DDO at NMCC conferences FAA and NORAD CD and taks NORAD to covertly shadow
1/21/1999	Coronet White 99	Live AST Hijack from JFK to Miami	Inside-Outside	NEADS, CONR	JFK	Gander	B747	A divert hijack. "Hijacked" aircraft is to **change mode 3 at a specific point** [not to an emergency code]	Live fly Hijack, slated to scramble Langley AFB; Objectives to exercise battle staff and SAOC operations checklist. Will involve Vacapes GIANT KILLER (Washington) and NY ARTCC. **FAA will call HUNTRESS for military assistance to force the aircraft to land** at nearest possible airport.
1/22/1999	Coronet White 99	Hijack Miami to Oklahome City	**Inside-Inside**	SEADS	Miami	OK City	B737	Federal prisoners being transported take over an aircraft, led by a Colombian cartel leader. Hijackers were disguised as corrections officers.	Simulated Miami Center will call SEADS to trail a/c as far south as possible as it heads for South America
1/23/1999	Coronet White 99	Hijack San Diego to Anchorage	**Inside-Inside**	WADS	San Diego	Anchorage	B747	Hijackers have hostages and want to divert to Vancouver	WADS is to hand off to Canadian fighters. A/C will land and hijackers to be apprehended by RCMP
4/11/1999	Amazon Condor 00-1	Hijack diverted to unknown US location	Outside-Inside	SEADS	JSB SA	Miami	US 747	Terrorist group unknown has claimed responsibility and may have WMD on board. There are US and Canadian citizens on board. No comms with plane since hijack.	A Significant Events Conference should result. State Department decision to contact SECDEF/CJCS and NMCC and request NORAD assistance and surveillance. FBI JOC and FAA EAC/ATCSCC are contacted. CJCS is informed by ATCSCC about approximate route information. NORAD tasking is covert shadow. **Track monitor is to fly down the airway as though it might be going to Washington DC.** Air crew will regain control.
9/30/1999	VFFI 99-1	Hijacked Aircraft with demands	Outside-Inside	CANR	HK	Vancouver	B747	Terrorists on board with sarin and weapons, threatened to blow up plane	A/C will be allowed to land and demands met upon release of passengers

Commission Sensitive

NORAD EXERCISES
Hijack Summary

FY00									
10/21/1999	Amazon Condor 00-1	Hijack with WMD on board	Outside-Inside	NORAD crisis planning	France	Montreal	B747	Terrorist group that has will and means to strike North America with WMD. There are American and Canadian citizens on board. No comms with plane since hijack.	NORAD should convene Significant Event or Air Event Conference with law enforcement and civil authorities on line. **Will not allow aircraft to be shot down until last moment.** Crew will overpower terrorists at last second. **CJCS CAT will be passed info from ATCSCC** based on last known position, flight plan and enroute speed and altitude. DDO will conference FAA and NORAD CD and task NORAD to covertly shadow. **TRACK MONITOR: FLY TRACK AS THOUGH IT MIGHT BE GOING TO NY OR WASHINGTON DC.**
2/16/2000	Fencing Indian 00-2	Hijacked Aircraft with WMD (Sarin) on Board	Outside-Inside	NORAD	Tokyo	Anchorage	B747	Terrorists will blow up this aircraft in a populated area of Alaska if there are military actions taken	Effective Battle Staff coordination with outside agencies is the objective. FAA notifies ANR and NORAD directs covert shadow
4/12/2000	VO 00	HIJACK DAL	Inside-Outside	SEADS	Atlanta	St Pierre	L1011	Hijacks wish to seek asylum from the French	FAA will request military assistance from SEADS and will have forwarded same request thru NORAD HQ. NEADS expected to perform all aspects of prosecution, queued by SEADS. Covert shadow monitor.
4/14/2000	Amalgam Warrior 00-2	HIJACK by an armed crew member	Inside-Inside	WADS Seattle, Oakland and LA ARTCC	McChord	Ft Irwin	L1011	Crew member hijacks an air transport loaded with Stingers to sell to a Central American Contra faction. Crew members will convince hijacker to give up	F-15s from Portland and F-16s from McChord will shadow
Amalgam Warrior 01 Final Plan Briefing: "Cold Start" CMD Counterterrorism. AW 00-2 Lesson Learned "'The Grey Area' Who is Responsible for what and who is in charge?"									
4/16/2000	VO 00	HIJACK siezed by terrorists	Outside-Inside	ARN CANR CONR	Beijing	Detroit	B747	Terrorists demand to land at Anchorage, plane does. Then takes off as primary only south along coast line through CANR to WADS with intent to go to South America. Land at LAX because shots fired caused decompression	NMCC simulated will ask NORAD to shadow and excort. **Hijack learned of from ARINC transmission**
4/19/2000	VO 00	Crop duster chemical incident	Inside-Inside	WADS	Holloman	Holloman	Crop Duster	Crop Duster flies over Holloman and release an areosol. Six mechanics display symptions of pesticide poisoning.	WADS to execute NORAD NBC Warning and Reporting procedures

NORAD EXERCISES
Hijack Summary

FY01

10/20/2000	Vigilant Guardian I	HIJACK London to Cairo	Outside-Inside	NORAD	London	Cairo	B747	Exercise NORAD procedures at all levels. 100 religious fanatics will take over the aircraft	FAA to contact NMCC and request hijack conference. NMCC, DDO will convene and request FAA update. DDO will task NORAD to provide covert surveillance. Aircraft will land at JFK without incident and FBI will escort hijackers. **Simulated FBI/LEA " We have alerted civilian emergency services close to JFK as well as local hospitals of possibility of an accident."**
10/21/2000	Vigilant Guardian I	HIJACK WADS/CANR/ANR	**Inside-Inside**	WADS/CANR/ANR	SEATAC	Juneau	B737	Lands safely	**FAA will have convened their own hijack conference** shortly after a/c is assessed to be valid hijack and will quickly request military assistance, aircraft shadow and escort. FAA will contact NMCC, NMCC will initiate the conference, a requested Civil Aircraft Hijack Conference.
6/2/2001	Amalgam Virgo 01-02	**Suicide Mission**	Inside-Inside	SEADS	Clearwater	Tybndall	Private aircraft	Hatian AIDS victim makes deal with Colombian cartel to destroy a C2 node for Southeastern US (SEADS)	SEADS to launch with intent to intercept and turn target away. Target remains on course and situation will become an ROE drill that will challenge the battle staff as they work to keep aircraft from impacting SEADS. NORAD leadership is cued by simulated FBI notification of individual with intent to be a martyr. Target aircraft will not answer any calls. Scenario fruition is "up to Blue Forces."
9/6/2001	Vigilant Guardian I	ANR ROE HIJACK 1/6	Outside-Inside	NORAD	Toyko	Anchorage	B747	Threat of harm to passengers and possibly large population within US or Canada. "MUM HYKRO" will **rain terror from the skies onto a major US city** unless the US declares withdrawal from Asian conflict	CJCS/HQ FAA directed military assistance in form of covert shadowing. NORAD will liaison with appropriate ARTCC
	Vigilant Guardian I	ANR ROE HIJACK 2/6		ANR	Toyko	Anchorage	B747	Some passengers have been killed	
	Vigilant Guardian I	ANR ROE HIJACK 3/6		CANR	Tokyo	Anchorage	B747	Changed course for Vancouver then SF	
9/6/2001	Vigilant Guardian I	HIJACK of KAL 357 1/6	Outside-Inside	NORAD	Seoul	Anchorage	B747	10 members of terrorist org "LIN PO" seize airliner and issue demands, threaten to blow up plane if demands not met	**CINCNORAD will direct fighters to position to shoot down aircraft**
	Vigilant Guardian I	HIJACK of KAL 357 2/6		NORAD	Seoul	Anchorage	B747	Two passengers killed, threat to use gas in some manner	CINCNORAD orders ANR to intercept and shadow
	Vigilant Guardian I	HIJACK of KAL 357 3/6		NORAD	Seoul	Anchorage	B747	CIA and NSA cautioned that LIN PO has means/motivation to carry out CB attack	Aircraft lands in Seattle
	Vigilant Guardian I	HIJACK of KAL 357 4/6		NORAD	Seoul	Anchorage	B747	Gas containers **smuggled aboard by baggage handlers** during pre-flight, arming devices attached to containers are remotely detonated. Hijacker weapons **smuggled in small tote-bags by ground crew prior to take off**	Aircraft on ground Seattle

NORAD EXERCISES
Hijack Summary

9/9/2001	Vigilant Guardian I	Hijack	Outside-Inside	NEADS	London	JFK	DC-10	Terrorists with explosives who plan to detonate them over NYC	Blue Force diverts the aircraft, when terrorists realize they are not near NYC they detonate explosives over land near the divert location. No survivors.
9/10/2001	Vigilant Guardian I	Special-23 Hijack (Cuba)	Outside-Inside	SEADS	Havanna	Shannon	IL-62	Cubans demanding political asylum demand to be taken to NYC	FAA requests NORAD support. FAA directs plane to Jacksonville based on input from DoS and DoT. Hijackers then demand Atlanta. Plane will land safely at Dobbins AFB.

Commission Sensitive

(Quelle: NORAD)

Anhang V

Was der unbestechliche Computer versehentlich festhielt: Flug United Airlines 93, Tail Number (»Fahrgestellnummer«) N591UA, dockte am 11. September um 8:01 vom Gate ab und war um 8:28 in der Luft (»Wheels-of-Time«). Die offizielle Darstellung basiert zentral auf der behaupteten Startzeit 8:42 Uhr, eine Erklärung für den Widerspruch fehlt bis heute!

RITA Research and Innovative Technology Administration
Bureau of Transportation Statistics

About RITA | Press Room | Offices | Jobs | Photos & Video | Contact Us

Search

About BTS | BTS Press Room | Data and Statistics | Publications | Subject Areas | External Links

RITA > BTS

Print

Detailed Statistics Departures

Airport: New York-New Jersey-Long Island, NY-NJ-PA - Newark Liberty International (EWR)
Airline: United Airlines (UA)
Month(s): September
Day(s): 11
Year(s): 2001

NOTE: A complete listing of airline and airport abbreviations is available. Times are reported in local time using a 24 hour clock.
Airlines began reporting tarmac times for cancelled and diverted flights in October 2008. Tarmac times for cancelled or diverted flights operated prior to Oct. 1, 2008 are not available. Cau available on this database beginning with flights operated in October 2008. For cause of delay data from June 2003, when cause of delay data was first reported, see BTS Causes of Dela Performance database For an explanation of the Cause of Delay reporting, see Understanding the Reporting of Causes of Flight Delays and Cancellations.
All Cause of Delay (in minutes) are referring to the Arrival Delay.

Excel | CSV

Carrier Code	Date (MM/DD /YYYY)	Flight Number	Tail Number	Destination Airport	Scheduled Departure Time	Actual Departure Time	Scheduled Elapsed Time (Minutes)	Actual Elapsed Time (Minutes)	Departure Delay (Minutes)	Wheels-off Time	Taxi-out Time (Minutes)	Delay Carrier (Minutes)	Delay Weather (Minutes)	Delay National Aviation System (Minutes)
UA	09/11/2001	0031	UNKNOW	DEN	11:30	00:00	0240	0000	0	00:00	0000	N/A	N/A	N/A
UA	09/11/2001	0075	UNKNOW	SFO	14:30	00:00	0359	0000	0	00:00	0000	N/A	N/A	N/A
UA	09/11/2001	0077	UNKNOW	SFO	19:20	00:00	0371	0000	0	00:00	0000	N/A	N/A	N/A
UA	09/11/2001	0079	UNKNOW	SFO	17:30	00:00	0371	0000	0	00:00	0000	N/A	N/A	N/A
UA	09/11/2001	0081	N520UA	SFO	07:00	06:56	0370	0000	-4	07:13	0017	N/A	N/A	N/A
UA	09/11/2001	0083	N402UA	LAX	07:00	06:54	0355	0000	-6	07:20	0026	N/A	N/A	N/A
UA	09/11/2001	0085	UNKNOW	LAX	12:20	00:00	0340	0000	0	00:00	0000	N/A	N/A	N/A
UA	09/11/2001	0087	UNKNOW	LAX	18:00	00:00	0356	0000	0	00:00	0000	N/A	N/A	N/A
UA	09/11/2001	0089	UNKNOW	LAX	15:20	00:00	0343	0000	0	00:00	0000	N/A	N/A	N/A
UA	09/11/2001	0091	UNKNOW	SFO	09:20	00:00	0374	0000	0	00:00	0000	N/A	N/A	N/A
→ UA	09/11/2001	0093	N591UA	SFO	08:00	08:01	0374	0000	1	08:28	0027	N/A	N/A	N/A
UA	09/11/2001	0419	UNKNOW	DEN	17:05	00:00	0255	0000	0	00:00	0000	N/A	N/A	N/A
UA	09/11/2001	0425	UNKNOW	DEN	08:20	00:00	0254	0000	0	00:00	0000	N/A	N/A	N/A
UA	09/11/2001	0521	N523UA	DEN	06:15	06:40	0246	0231	25	06:57	0017	N/A	N/A	N/A
UA	09/11/2001	0545	UNKNOW	DEN	18:51	00:00	0257	0000	0	00:00	0000	N/A	N/A	N/A
UA	09/11/2001	0635	UNKNOW	ORD	20:30	00:00	0151	0000	0	00:00	0000	N/A	N/A	N/A
UA	09/11/2001	0637	N815UA	ORD	06:00	05:57	0134	0129	-3	06:12	0015	N/A	N/A	N/A
UA	09/11/2001	0639	N450UA	ORD	07:15	07:12	0150	0137	-3	07:33	0021	N/A	N/A	N/A
UA	09/11/2001	0641	N952UA	ORD	08:15	08:10	0154	0000	-5	08:45	0035	N/A	N/A	N/A
UA	09/11/2001	0643	N7297U	ORD	09:15	00:00	0139	0000	0	00:00	0000	N/A	N/A	N/A
UA	09/11/2001	0645	UNKNOW	ORD	10:15	00:00	0139	0000	0	00:00	0000	N/A	N/A	N/A
UA	09/11/2001	0647	UNKNOW	ORD	11:15	00:00	0141	0000	0	00:00	0000	N/A	N/A	N/A
UA	09/11/2001	0649	UNKNOW	ORD	12:15	00:00	0143	0000	0	00:00	0000	N/A	N/A	N/A
UA	09/11/2001	0651	UNKNOW	ORD	13:15	00:00	0137	0000	0	00:00	0000	N/A	N/A	N/A
UA	09/11/2001	0653	UNKNOW	ORD	14:15	00:00	0143	0000	0	00:00	0000	N/A	N/A	N/A
UA	09/11/2001	0657	UNKNOW	ORD	16:15	00:00	0147	0000	0	00:00	0000	N/A	N/A	N/A
UA	09/11/2001	0659	UNKNOW	ORD	17:10	00:00	0155	0000	0	00:00	0000	N/A	N/A	N/A
UA	09/11/2001	0661	UNKNOW	ORD	18:30	00:00	0165	0000	0	00:00	0000	N/A	N/A	N/A
UA	09/11/2001	0663	UNKNOW	ORD	19:30	00:00	0153	0000	0	00:00	0000	N/A	N/A	N/A
UA	09/11/2001	0665	N942UA	ORD	06:30	06:26	0152	0132	-4	06:40	0014	N/A	N/A	N/A
UA	09/11/2001	0907	UNKNOW	DEN	15:10	00:00	0239	0000	0	00:00	0000	N/A	N/A	N/A
UA	09/11/2001	1007	UNKNOW	ORD	15:15	00:00	0147	0000	0	00:00	0000	N/A	N/A	N/A

SOURCE: Bureau of Transportation Statistics

Research and Innovative Technology Administration (RITA) • U.S. Department of Transportation (US DOT)
1200 New Jersey Avenue, SE • Washington, DC 20590 • 800.853.1351 • E-mail RITA

Accessibility | Disclaimer | Fast Lane | FedStats | Freedom of Information Act | No FEAR Act | OIG Hotline | Privacy Policy | RSS | Site Map | USA.gov | White House | Wireless

Plug-ins: PDF Reader | Flash Player | Excel Viewer | PowerPoint Viewer | Word Viewer | WinZip

RITA's privacy policies and procedures do not necessarily apply to external web sites.
We suggest contacting these sites directly for information on their data collection and distribution policies.

(Quelle: www.bts.gov)

Register